喻园新闻传播学者论丛

张昆自选集

（全四卷）

SELECTED WORKS OF ZHANG KUN

(FOUR VOLUMES)

卷 一

新闻传播教育研究

RESEARCH ON THE EDUCATION OF
JOURNALISM AND COMMUNICATION (Vol.1)

张 昆 著

社会科学文献出版社
SOCIAL SCIENCES ACADEMIC PRESS (CHINA)

喻园新闻传播学者论丛
编辑委员会

总　序

　　置身于全球化、媒介化的当下,我们深刻感受与体验着时时刻刻被潮水般的信息所包围、裹挟和影响的日常。这是一个新兴的信息技术日新月异快速变革和全面应用的时代,媒介技术持续地、全方位地形塑着人类社会信息传播实践的样貌。可以说,新闻传播的形态、业态和生态,在相当程度上被信息技术所决定和塑造。"物换星移几度秋",信息技术的迭代如此之快,我们甚至已经难以想象,明天的媒体将呈现什么样的面貌,未来的人们将如何进行相互交流。

　　华中科技大学的新闻传播学科,就是在全球科技革命浪潮高涨的背景下开设的,在学校所拥有的以信息科学为代表的众多理工类优势学科的滋养下发展和繁荣的。诚然,华中科技大学新闻与信息传播学院还是一个相对年轻的学院。1983 年 3 月,在学院的前身新闻系筹建之时,学校派秘书长姚启和教授参加全国新闻教育工作座谈会。会上,姚启和教授提出,时代的发展,尤其是科学技术日新月异的进步,将对新闻从业者的媒介技术思维、素养和技能提出比以往任何时代都高的要求。当年 9 月,我们的新闻系成立并开始招生。成立后,即确立了"文工交叉,应用见长"的发展思路,强调培养学生的动手能力和应用能力,强调在科学研究和人才培养中,充分与学校的优势理工类专业交叉渗透。

　　1998 年 4 月,新闻系升格为学院。和其他新闻传播学院的命名有所不同,我们的院名定为"新闻与信息传播学院",增添了"信息"二字。这是由当时华中科技大学的前身华中理工大学的在任校长,也是前教育部长周济院士所加。他认为,要从更为广阔的视域来审视新闻与传播活动的过程和规律,尤其要注重从信息科学和技术的角度来透视人类传播现象,考察传播过程中信息技术与人和社会的关系。"日拱一卒，功不唐捐"。一直以来，这种思路被充分贯彻和落实到我院的学科规划、科学研究、人才培养、社会服务等各项工作中。

因此，华中科技大学新闻与信息传播学院的最大特色，就是我们自创立以来，一直秉承文工交叉融合发展的思路，在传统的人文学科和"人文学科+社会科学"新闻传播学科发展模式之外，倡导、创新和践行了一种全新的范式。在这种学科发展范式下，我们以"多研究些问题"的学术追求，开拓了以信息技术为起点来观察人类新闻传播现象的视界，建构了以媒介技术为坐标的新闻传播学科建设框架，形成了以"全能型""高素质""复合型""创新型"为指向的人才培养目标，建立了跨越人文社会科学、科学技术和新闻传播学的课程体系和师资队伍，培育了适合学生实践技能和科技素质养成的教学环境。

就学科方向而论，30多年来，学院在长期的学科凝练和规划实践中，形成了相对稳定的三大支柱性学科方向：新闻传播史论、新媒体和战略传播。在本学科于1983年创办之时，新闻传播史论即是明确的战略方向。该方向下的教学和研究工作主要包括：马克思主义新闻观与思想体系、新闻基础理论、新闻事业改革、中外新闻史、传播思想史、传播理论、新闻传播学研究方法等领域；在建制上则包括新闻学系和新闻学专业（2001年增设新闻评论方向），此后又设立了广播电视学系和广播电视学专业（另有播音与主持艺术专业）、新闻评论研究中心、马克思主义新闻观教研平台等系所平台。30多年来，在新闻传播史论方向下，学院尤为重视新闻事业和思想史的研究，特别是吴廷俊教授关于中国新闻事业史、张昆教授关于外国新闻事业史的研究，以及刘洁教授和唐海江教授关于新闻传播思想史、观念史和媒介史的研究，各成一家，卓然而立。

如果说新闻传播史论方向是本学科的立足之本，那么积极规划新媒体方向，则是本学科建构自身特色的战略行动。20世纪90年代中期，互联网进入中国，"新媒体时代"正式开启。"不畏浮云遮望眼"，我们积极回应这一趋势，成功申报并获批国家社科基金重点项目"多媒体技术与新闻传播"（主持人系吴廷俊教授），在新闻学专业下开设网络新闻传播特色方向班，建设传播科技教研室和电子出版研究所，成立新闻与信息传播学院并聘请电子与信息工程系系主任朱光喜教授为副院长。此后，学院不断推进和电子与信息工程系、计算机学院等工科院系的深度合作，并逐步向业界拓展。学院先后成立了传播学系，建设了广播电视与新媒体研究院、媒介技术与传播发展研究中心、华彩新媒体联合实验室、智能媒体与传播科学研究中心等面向未来的研究平台，以钟瑛教授、郭小平教授、余红教授和笔者为代表的学者，不断推进信息传播新技术、新媒体内容生产与文化、新媒体管理、现代传播体系建设、广播电视与数字媒体、新媒体广告与品牌传播等领域的研究和教学工作，引领我国新媒体教育教学和科学研究风气之先。

2005 年前后，依托于品牌传播研究所、广告学系、公共传播研究所等系所平台，学院逐步凝练和培育了一个新的战略性方向：战略传播。围绕这个方向，我们开始在政治传播、对外传播与公共外交、国家公共关系、国家传播战略、中国特色网络文化建设等诸领域发力，陆续获批系列国家课题，发表系列高水平论文，出版系列学术专著，对人才培养起到了积极支撑作用，促进了学院的社会服务工作，提升了本学科的影响力。可以说，战略传播方向是基于新媒体方向而成型和建设的。无论是关于政治传播、现代传播体系、对外传播与公共外交，以及国家传播战略方面的教学还是研究工作，皆是立足于新媒体发展和广泛应用的现实背景和演变趋势。在具体工作中，对于战略传播方向的进一步深入推进，则是充分融入了学校在公共管理、外国语言文学、社会学、中国语言文学、哲学等学科领域的学科资源，尤其注重与政府管理部门和业界机构的联合，最大限度整合资源，发挥协同优势。"既滋兰之九畹兮，又树蕙之百亩"。近年来，学院先后组建成立了国家传播战略研究院和中国故事创意传播研究院，张昆教授、陈先红教授等领衔的研究团队在建构本学科的社会影响力方面，起到了非常积极的作用。

"却顾所来径，苍苍横翠微。"本学科诞生于 20 世纪 80 年代初信息科技革命高涨的时代背景之下，其成长则依托于华中科技大学（1988—2000 年为华中理工大学）信息科学和人文社会科学的优势学科资源，凝练和规划了新闻传播史论、新媒体和战略传播三大支柱性学科方向，发展的基本思路是学科交叉融合。30 多年来，本学科的学者们前赴后继、薪火相传，从历史的、技术的、人文的、政策与应用的角度，观察、思考、研究和解读了人类的新闻与传播实践活动，丰富了中外学界关于媒介传播的理论阐释，启发了转型中的中国新闻传播业关于媒介改革的思路，留下了极为丰厚和充满洞见的思想资源。

现在，摆在读者诸君面前的"喻园新闻传播学者论丛"，即是近十多年来，在这三大学科版图中我院学者群体留下的知识贡献。这套论丛，包括二十余位教授的自选集及相关著述。其中，包括吴廷俊、张昆、申凡、赵振宇、石长顺、舒咏平、钟瑛、陈先红、刘洁、何志武、孙发友、欧阳明、余红、王溥、唐海江、郭小平、袁艳、李卫东、邓秀军、牛静等诸位教授的著述，共计 30 余部，其论述的领域，涉及新闻传播史、媒介思想史、新闻理论、传播理论、新闻传播教育、政治传播、新媒体传播、品牌研究、公共关系理论、风险传播、媒体伦理与法规等诸多方向。可以说，这套丛书是华中科技大学新闻传播学者最近十年来，为新闻传播学术研究所做的知识贡献的集中展示。我们希望以这套丛书作为媒介，在更广的学科领域和更大知识范畴的学者、学人之间进行交流探讨，切磋学术，为当代中国的新闻传播学术研究提供华中科技大学学者的智慧结晶和思想。

当今是一个新闻业和传播业大变革、大转折的时代，新闻传播业正在经历人类历史上"百年未有之大变局"。首先是信息科技革命的决定性影响。对当前和未来的新闻传播业来说，技术无疑是第一推动力。大数据、云计算、区块链、物联网、人工智能等技术，持续带来翻天覆地的变革，不断颠覆、刷新和重构人们的生活与想象。其次是国际化浪潮。当前的中国正在越来越走近世界舞台中央，"讲好中国故事""传播好中国声音"，中国文化"走出去"和提升文化软实力，是国家层面的重大战略，这些理应是新闻传播学者需要面对和研究的关键课题。最后是媒体业跨界发展。在当前"万物皆媒"的时代，媒体的概念在放大，越来越体现出网络化、数据化、移动化、智能化趋势。媒体行业的边界极大拓展，正在进一步与金融、服务、政务、娱乐、财经、电商等行业产生更紧密的联系。在这个泛传播、泛媒体、泛内容的时代，新闻传播的研究本身也需要加速蝶变、持续迭代，以介入和影响行业实践的能力彰显学术研究的价值。

由是观之，新闻传播学的理论预设、核心知识可能需要重新思考和建构。在此背景下，华中科技大学新闻传播学科正在深化"文工交叉，应用见长"的学科建设思路，倡导"面向未来、学科融合、主流意识、国际视野"的发展理念，积极推进多学科融合。所谓"多学科融合"，是紧密依托华中科技大学强大的信息学科、医科和人文社科优势，在新的时代条件下，以面向未来、多元包容和开放创新的姿态，通过内在逻辑和行动路径的重构，全方位、深度有机融合多学科的思维、理论和技术，促进学科建设和科学研究的效能提升和知识创新。

为学，如水上撑船，不可须臾放缓。展望未来，我们力图在传统的新闻传播史论、新媒体和战略传播三大支柱性学科方向架构的学术版图中，在积极回应信息科技革命、全球化发展和媒体行业跨界融合的过程中，进一步凝练、丰富、充实、拓展既有的学科优势与学术方向。具体来说，有如下三方面的思考。

其一，在新闻传播史论和新媒体两大方向之间，以更为宏大和开阔的思路，跨越学科的壁垒，贯通科技与人文，在新闻传播的基础理论、历史和方法研究中融入政治学、社会学、语言学、公共管理学、经济学等学科的思维方式和理论资源，在更广阔的学科视域中观照人类新闻传播活动，丰富学科内涵。特别的，在"媒介与文明"的理论想象和阐释空间中，赋予这两大学术方向更大的活力和可能性，以推进基础研究的理论创新。

其二，在新媒体方向之下，及时敏锐地关注5G、人工智能、云计算、区块链等新兴技术日新月异的发展演变，以学校支持的重大学科平台建设计划"智能媒体与传播科学研究中心"为基础，聚焦当今和未来的信息传播新技术对人类传播实践和媒体行业的冲击、影响和塑造。在此过程中，一方面，充分发挥学校的计算机科学与技术、电子信息与通信、人工智能与自动化、光学与电子信息、网络空间安全等优势学科的力量，大力推进学科深度融合发展，拓展本学科的研究领域，充实科研力量，提高学术产能；另一方面，持续关注和追踪技术进步，积极保持与业界的对话和互动，通过学术研究的系列成果不断影响业界的思维与实践。

其三，在新媒体与战略传播两大方向之间，对接国家面临的健康中国、生态保护、科技创新等重大战略，以健康传播、环境传播和科技传播等系列关联领域为连接带，充分借助学校在基础医学、临床医学、公共卫生、医药卫生管理、生命科学与技术、环境科学与工程、能源与动力工程等学科领域的优势，在多学科知识的有机融合中突破既有的学科边界，发掘培育新的学术增长点，产出标志性的学术成果，彰显成果的社会影响力和政策影响力。

从 1983 年到 2019 年，本学科已走过了 36 年艰辛探索和开拓奋进的峥嵘岁月，为人类的知识创造和中国的新闻事业改革发展贡献了难能可贵的思想与智慧。在人类的历史长河中，36 年的时间只是短短一瞬，但对于以学术为志业的学者们而言，则已然是毕生心智与心血的凝聚。对此，学院谨以这套丛书的出版为契机，向前辈学人们致以我们最崇高的敬意！同时，也以此来激励年轻的后辈学者与学生，要不忘初心，继续发扬先辈们优良的学术传统，奋力在当今和未来的时代里书写更为辉煌的历史篇章！

"潮平两岸阔，风正一帆悬。"在技术进步、全球化发展和行业变革的当前，人类的新闻传播实践正处于革命性的转折点上，对于从事新闻传播学术研究的我们而言，这是令人激动的时代机遇。华中科技大学新闻传播学科将秉持"面向未来、学科融合、主流意识、国际视野"的思路，勇立科技革命和传播变革潮头，积极推进多学科融合，以融合思维促进学术研究和知识创新，彰显特色，矢志一流，为建设中国特色、世界一流的新闻传播学科，为我国的新闻传播事业改革发展，为人类社会的知识创造，为传承和创新中华文化与文明做出应有的积极贡献！

张明新

华中科技大学新闻与信息传播学院教授、博士生导师，院长

2019 年 12 月于武昌喻园

自 序

　　2019年国庆节前夜，我出差回来，一进家门，发现家里有些异样。客厅餐厅的白炽灯换了日光灯，不似往日明亮，但显得更加温馨，只见餐桌上摆着一个蛋糕，两支鲜红的蜡烛在静静燃烧着。原来妻子是在准备为我过生日。过了这一天，我就进入58岁的年轮了。真是人生如梦，昨天还是青春少年，生龙活虎，今天却忽然年近花甲。如果说长命者百岁，我已经过了大半辈子了。

　　那天晚上，心情实在难以平静，许久没能入睡。那个蛋糕和蜡烛的火焰令我在记忆中穿梭，犹如一台永动机，怎么都难以停下来。乘着这个兴奋劲，我尝试着梳理这已过半百、平淡的人生。

　　我是一个典型的农家子弟。生于三年困难时期结束后的1962年。至今我还清晰地记得，我家那个破旧的小院，以及生产队集体出工，"斗私批修"大会和"割资本主义尾巴"等属于那个时代特有的场景。8岁时，父亲去世，我和母亲相依为命。虽然家境贫寒，却并没有影响我接受学校教育。那时由于初等教育的强制普及，我们这些农家子弟想逃学都很难。但是那时的学校教育被打上了鲜明的时代烙印。由于实行的是半天的学习制度，每天下午我还要到生产队挣工分，从最初的每天3分到7分、8分。还有学农、学军、学医，加上没完没了的大字报、黑板报，我们学到的书本知识实在是少得可怜。托邓小平同志的洪福，在改革开放的初期，我考上了武汉大学，并在最后以在职的方式拿到了博士学位。这是在早年农村时期我做梦都没有想到的事情。

在同龄人中，我可以说是属于最幸运的那一群。出生时躲过了困难时期；少年时接受了强制免费的中小学教育，半天上学，半天劳动，没有补习班，也没有升学的压力，度过了快乐的少年时光；上大学不拼资历、不论家世，只凭考试成绩，读书期间还有奖助学金；临毕业时，国家还包分配；到了工作单位，单位又负责分配住房。我们是好处占尽的那一群。在这群人中，我留校在武汉大学参与新闻学系的筹办，做了一名令人羡慕的大学教师，一干就是三十多年，从助教、讲师、副教授到教授兼博士生导师。虽然其间换了单位，从珞珈山迁移到了喻家山，但是工作岗位、性质一直没变。一直是教师的身份，园丁的光环一直照耀着我，以至如今。

在大学工作完全不同于中小学，中小学教师教授的是成熟的知识、经典的知识。师生之间的传授关系相当确定。大学则不然，大学阶段不仅要传授经典的知识，而且要探索未知的领域，还要不断地创造新知。师生之间，彼此启迪，教学相长。三十多年来，我一直在新闻传播学领域从事教学研究，一边教书，一边从事着枯燥的研究工作，并试图在新闻传播学的经典知识领域之外，做出一些新的探索，希望有一些新的发现、新的创见。我先后在新闻传播史、政治传播、高等教育等学术领域中，做过一些研究，发表、出版了一些研究成果，三十年延续下来，略有小成。

我的幸运还体现在比同龄人得到了更多的服务社会、出头露面的机会。三十多年来，我不仅是一个大学的专业教师，在高校新闻教育领域，我还担任了两所"985"高校（武汉大学、华中科技大学）新闻与传播学院的行政负责人。在教学科研组织、社会服务方面，做了不少管理工作。同时，我作为一个学者，还参加了各种学术组织，并在其中担任各种领导职务，如中国新闻史学会副会长，中国新闻史学会新闻传播教育史研究委员会会长，中国传播学会副会长，中国高等教育学会新闻与传播专业委员会副理事长，兼任第六、第七届国务院学位委员会新闻传播学科评议组成员，教育部新闻学科专业教学指导委员会副主任，国家社会科学基金规划评审专家，《中国新闻传播教育年鉴》编委会主任等。这些公益性的社会服务岗位，不仅让我有机会服务社会、服务学界，也使我能够更加深刻地认识、了解中国学界和教育界的运作机理。这对于我的学术研究也起到了促进作用。

今天回想起那个生日，我仍然感到丝丝的幸福和温馨。古人常以白驹过隙形容时光飞逝，但是雁过留声，人走留名。人生苦短，即使再短暂的人生，也会在世间留下些许痕迹，犹如流星划破夜空，留下耀眼的绚烂，或者是令人心悸的灾变；这些痕迹有的清晰，有的模糊；有的成为财富，有的则成为负担。年轻的时候，轻装前行，没有负重，少有顾忌，人们常常习惯于往前看，追逐不确定的未来；一旦上了年纪，以往的资历累积叠加起来，有可能带来荣耀，也有可能成为负担，来日无多，前程难测，反而容易怀念过去。

在 2018 年华中科技大学新闻传播教育创办 35 周年纪念之际，院长张明新教授告知我一个令人兴奋的计划，新闻与信息传播学院准备为教授们出版一套丛书，并且希望我能够出版一部自选集。当时我没有立即答应。一是因为工作忙，一时难以顾得上；二是感到一生庸碌无为，乏善可陈；三是自己对过去发表、出版的研究文字没有一个整体印象，不知怎么下手。后来，明新院长又多次催促，我只好答应，并利用假期时间对自己三十多年来发表、出版的文字进行了初步的梳理。

经过这番梳理，我才对自己的研究形成了一个总体印象。三十多年来，由我独著、主编的专著、教材、年鉴、蓝皮书、专题论文集共 24 本。此外，我还在国内外学术期刊上发表了学术论文、研究报告约 260 篇，还有近百篇专访、讲话、工作报告以及为朋友著作撰写的序、跋和书评。其内容涉及历史、新闻、教育、政治、文化诸多方面，形式也多种多样。这些文字自然是自选集内容的重要来源。但是鉴于篇幅的限制和主题的要求，我首先将自己独著的学术专著、教材，主编的年鉴、蓝皮书排除在外，主要从公开发表的学术论文、报告以及自己的专题论文集和学术性讲话、致辞及序跋中挑选，最后形成了今天四卷本自选集的格局。

第 1 卷的主题是新闻传播教育研究。我从事新闻传播教育有三十五年，从一个青年助教到教授，从普通教师到学院负责人，扮演了教育过程中的多重角色。长期生活在学生之中，生活在教师之中，成天思考的是如何培养优秀的职业传媒人，如何做好专业与学科建设，面对传媒转型如何进行新闻教育改革。在国内新闻传播教育界，不少前辈学者认为我是一个有想法、能干事的院长与学科带头人。不谦虚地说，像我这样对新闻传播教育议题进行全面、深入思考的院长并不多。围绕着新闻教育问题，包括师资队伍建设、学院文化建设、教材与课程体系建设、学科专业定位、院系管理改革等议题，我先后发表了几十篇论文，还有针对学生的不少讲话、专访，我还先后出版了两本新闻传播教育文集《新闻教育改革论》（华中科技大学出版社，2012）、《三思新闻教育》（华中科技大学出版社，2017）。最后收录进第 1 卷的文章、报告、讲话等有 50 多篇，在这些文字中，比较集中地阐述了我的教育理念、办学思路。

第 2 卷的主题是传播思想史研究。我大学第一学历是历史学本科，在武汉大学历史系，我系统地接受了历史学理论与方法的训练，这使我对新闻传播史尤其是新闻传播思想史有一种天然的兴趣。在 20 世纪 90 年代中期，我即开始对新闻传播史上的代表性历史人物，如报人、出版家、思想家和政治家的新闻传播观念，以及他们对新闻传播现象的解读、对新闻传播规律的阐释、对新闻传播人物和事件的评价、对媒介使命与功能的认识，从社会文化史的大背景中进行探讨，撰写了一系列论文，并且在一些比较重要的杂志，如《中国广播电视学刊》《北京广播学院学报》《新闻与传播研究》《国际新闻界》等杂志上发表。1997 年我曾将这些文章结集，在武汉大学出版社出版了《传播观念的历史考察》。这本小书在当时还产生了一定的影响。这方面的研究一直持续下来，2015 年，我又在武汉大学出版社出版了《传播观念的历史考察》（第二版）。此次自选集编纂，除了收录了这两本书中的内容，我还从那些未收录进这两本书的相关论文中挑选了一些文章收进了本文集的第 2 卷。

第 3 卷的主题是政治传播研究。在念大学时，我就对政治学非常感兴趣，阅读了不少政治学方面的学术经典。如卢梭的《社会契约论》、孟德斯鸠的《论法的精神》、列宁的《国家与革命》和李达的《社会学大纲》等。进入新闻教育界后，又发现新闻与政治不可须臾分离，所以我接着选择了攻读政治学的博士学位。在政治传播领域，主要涉猎两个具体的方向：一是政治传播基础理论，先后探讨了政治社会化、政治认同、政治信任、政治宣传、政治动员等议题；二是国家形象研究，在全球化、信息化时代，随着中国作为一个大国的崛起，国家形象建构问题引起了社会的普遍关注。我从 20 世纪 90 年代中期即开始了这个方面的研究。先后申请了四个国家社会科学基金课题，其中两个是国家社会科学基金重大招标课题。这些选题的核心议题都聚焦国家形象。如果说，我在进入新闻学术界之初，主要研究的是新闻史或新闻思想史，那么自 21 世纪以来，我的研究重心逐步转向政治传播领域。正是在第 3 卷，集中收录了我在政治传播研究方面的论文、报告共计 37 篇。这些文字对政治社会化、政治认同、政治动员、跨文化传播及国家形象建构诸议题进行了比较深入的探索。

第 4 卷的主题是新闻史论、专访及部分序、跋、书评。关于新闻传播史研究，属于新闻传播思想史的内容已被纳入第 2 卷。其他关于新闻传播史的基础理论研究，涉及新闻史体系建构、新闻历史规律、新闻史空间、新闻史方法论等议题，我也曾在一些文章中进行了专门的探讨，这些文章与新闻思想史研究的内容显然有别，而且第 2 卷本身也存在篇幅的限制，所以把它纳入第 4 卷。第 4 卷的主体部分是我为自己或他人的著作撰写的序言、跋、书评，这方面的文字一共选出了 40 余篇。此外，在过去二十年间，我还接受了一些媒体的专访，所谈的内容均涉及新闻传播教育、新闻史研究、新闻学科建设或国家形象传播等，作为学术性专访，文体形式与前面几卷存在较大的差异，也一并纳入第 4 卷。

以上四卷文字虽然排除了我的专著和我主编的教材、蓝皮书，但总体上还是涵盖了我三十多年来学术研究的各个方面，基本上反映了我在一些学术问题、教育问题及其他问题上的思考和见解。由于成文及发表的时间跨度比较大，文字的表现风格不尽相同；加上时代环境和学术氛围的差异，这些文字的内容难免会有前后不一、彼此矛盾的情形。但是这些文字本身已经融进了历史，成为历史的一部分，为了尊重历史，收进本选集时，除了对少数错讹文字的订正外，基本上保持了原文的格局。

今天看到这些文字，连带地回忆起当时写作的情景，不禁产生了许多感慨。作为一个农民的儿子，来自社会的底层，竟然能够跻身学术界，在高等学府谋得教职，居然还能够留下这些文章，这绝对是上苍对我的眷顾。凭我个人的资质及家世，不用脑袋思维，就可以想象到自己的人生轨迹是怎样的。我要感谢这个伟大的时代，是时代给了我机会。如果早十年，或者晚二十年，我绝对不可能有这样的人生际遇。早十年出生，只有保送上大学一途，绝对没有我的机会，我也不会有大学梦；如晚二十年，贫寒的家境无法支持培优补习，也难以让我考上一流大学。我还要感谢我的祖国，在我的成长时期，祖国的经济持续高速增长，高等教育迅速普及，新闻传播事业长足发展，从而促进了高等新闻传播教育的繁荣，这才使得我有了进入大学、进入新闻学院任教的机会。

我还要感谢我供职的两个"东家"，武汉大学和华中科技大学。武汉大学也是我的母校，我在这里上完了大学，后来还以在职的形式攻读并取得了博士学位。我在武汉大学任教整20年。从一个青年助教、讲师到副教授、教授兼博士生导师；从一个普通教师，到系主任、学院负责人，中间没有任何梗阻，特别是在1998年36岁时，没有任何预兆，我突然被任命为武汉大学新闻学院院长。对于武汉大学新闻学院诸位前辈的栽培、提携，我没齿难忘。华中科技大学是我的第二个"东家"，2006年，我应李培根校长之邀，调入华中科技大学新闻与信息传播学院担任院长，这一干就是12年。学界不少人评价，华中科技大学新闻传播学科在我的主持下，进入一个新的发展阶段，其中有不少鼓励的成分，但也道出了一些实情。我之所以能够在这里干成一些事情，与华中科技大学的文化氛围，与华中科技大学的领导、前辈、同事的理解和支持是分不开的。

客观地说，我不是一个特别聪明的人，但是一个比较努力、比较认真的人；我也不是一个傲慢固执的人，但我有自己的坚持和底线。本着一份真性情，言必由衷，不讲违心之言，也不会曲意逢迎。这部自选集可以作证。我不敢说这部自选集的学术水平有多高，但是我敢讲文中所说的都是真话。在这个意义上，这部自选集作为一个大学教授心路历程的坦露，作为这个时代的客观历史在一个学者精神世界的投射，还是有一定的存在价值的。所以我不揣愚陋，编选了这部文集，期待着学界同仁的指正。

张　昆

2019 年 12 月 28 日于喻园

目　录
CONTENTS

新闻理想与教育情怀

——写在《三思新闻教育》付梓之前

　　结缘新闻教育，是我这辈子最大的幸事。在 55 岁这个节点上，有三十多年的职业生涯在大学校园度过，与学生一起学习、共同成长，保持年轻的心态，不是一般人能拥有的人生体验。三十年来，我一直工作在新闻教育第一线，从助教到讲师、副教授，直到破格晋升教授；从一个普通老师到系主任、院长；从一所 985 大学到另一所 985 大学。其间碰到了不少的问题，既有个人层面的，也有院系层面的；既涉及新闻理论，也涉及教学实践。针对这些问题，我再三思索，小心求证。这本小书记录了我从事新闻教育以来尤其是近二十年的心路历程，记录了我对教育的衷情、苦恼和忧思。不敢说有多少创见，但我敢肯定这些是属于自己的独立思考。"季文子三思而后行。子闻之，曰：'再，斯可矣。'"我不敢攀附先贤，却是心向往之。要克服自己的愚钝，唯有三思多思。因此将这本小书命名为《三思新闻教育》。拙著由两部分组成，凡 50 余万言。一部分来自本人 2012 年出版的《新闻教育改革论》，其篇幅约占全书的一半；另一部分则是近五年来，我对于新闻教育理论与实践问题最新的思考，多以论文方式在期刊、网络上公开发表。全书在整合的基础上，围绕新闻人才培养、新闻教学改革和新闻学科建设三个核心议题展开，比较集中地探讨了当前新闻教育存在的问题及症结，深入、系统地思考了新闻教育改革及其路径选择等问题。

一　关于新闻人才培养

教育的根本问题是培养人的问题，它关系到文脉的传承和社会的延续。那么，理想的新闻传播教育，究竟应该以培养什么样的人才为目标？换言之，什么样的学生是社会需要、行业欢迎的传媒人才？这种人才在知识、能力、人格结构方面有什么特点？要培养这样的人才，新闻院系应该怎么做？应该建构什么样的课程体系？应该怎样认识学生在教育过程中的地位？如何发挥学生的积极性、主动性和创造性？如何推进教学相长？等等。这些问题应引起学校、媒体和社会的关注。

笔者认为，当下新闻传播领域最需要的是具有人文情怀、批判精神和新闻理想的传媒人。这是新闻教育的目标。新闻教育不能满足于职业技能的养成和专业知识的灌输，当务之急乃是专业之魂的铸造。但是专业之魂内涵丰富，博大精深，包括责任感、使命感、信仰、理想、价值观、道德、人格和理性。具备专业之魂是传媒人所以区别于其他职业、确保自己权威性、公信力的根本条件。专业之魂的熔铸，更是一个复杂的系统工程，涉及人才培养过程的各个环节、各个层面。从课程、教材、教师、实习，到培养模式及全程教学计划，无不影响到学生的内在精神。新闻院系是浇铸传媒人专业之魂的熔炉，通过合理的教学体系、周到的导师引领和前沿的社会实践，水滴石穿，积沙成塔。

笔者以为，由于过于突出政治，当下新闻教育在一定的程度上忽略了人文精神的涵养。所以在媒体报道中，人特别是普通人没有得到应有的重视，媒体从业者心目中对人的权益、价值、尊严乃至人类命运缺乏必要的关注，以至于媒体话语与民间话语日渐疏离，尤其是主流媒体，与主流人群渐行渐远。当务之急，应该强化学生的社会责任意识，唱响人文精神的主旋律。人文精神指的是人类一种普遍的自我关怀，表现为对人的尊严、价值、命运的维护、追求和关切，对人类遗留下来的各种精神文化成就的高度珍视，对一种全面发展的理想人格的肯定。其核心就是"以人为本"，即把人放在最重要的位置上，一切为了人，尊重人的价值，维护人的权益，敬畏人的生命。这种精神应该熔铸在各个教学环节、各门具体课程之中，从而最终流进学生的血液，进驻学生的心灵深处。

笔者主张，在信息化时代，优秀的传媒人应该具有多方面的综合素质。考查学生是否满足社会的期待，可以从四个维度，即长度、宽度、高度、温度着眼。第一是长度。所谓长度指的是传媒人的职业素养、专业能力。在人类早期的群居时期，生产力低下，传播是人的一项本能，每个个体都是信息传播者同时也是接受者。随着社会分工的不断细化，信息传播职能开始从一般的生产活动中剥离开来，于是出现了最早的传播工作者，如行吟诗人、包打听。20世纪末21世纪初，由于网络新媒体的崛起，信息传播又一次模糊了职业与非职业的界限，人类社会进入了一个人人都有麦克风，人人都有摄像机的时代。似乎谁都是传媒人，谁都可以做传媒工作。其实不然，网络时代看似抹杀了传媒职业的门槛，但社会更加需要权威的声音，职业传媒人的公信力比过去任何时期都显得重要。这种公信力与传媒从业者的职业素养、专业能力是分不开的。第二是宽度。宽度意味着开阔的视野，广博的学识，完善的知识与能力结构。作为社会的守望者和灵魂的工程师，传媒人应该对自己报道的事件、人物、过程有透彻的理解。这就需要从不同的视角，运用不同的理论与方法，去全方位地透视。由此决定了，单一的知识和能力结构，无法胜任信息时代的传媒工作的需求。传媒人的知识结构不应限于新闻学，而应该涉猎与传播相关的其他学科，诸如政治、经济、法律、文化等领域，建构广博、合理的知识体系。第三是高度，也可以说是深度。它指的是思想的高度、道德的高度、政治的高度，也指敏锐的洞察力，深刻的反思与批判精神。在传播过程中，如果传媒人格局狭隘，见识不高，缺乏大局意识，没有道德操守，很难想象他们能善尽自己的社会责任，履行自己的职业使命。第四是温度。所谓温度，就是人性、人情味，就是爱人，就是敬畏生命、同情弱者，就是慈悲心肠。一个传媒人应该具有悲天悯人的情怀，敬畏生命，对于弱者，能够自然地流露出关爱之情；应该推己及人，"老吾老以及人之老，幼吾幼以及人之幼"。当专业追求与人性的善良发生冲突时，应该回归人性本身。人不是一般的动物，主宰人世间的不应是丛林法则。

也就是说，在新闻人才培养过程中，重点不在于提升学生的智商，而在于强化其善良、正直的秉性和仁爱之心。在专业能力的培育方面，与其重视操作的技巧，不如强化发现的能力和批判、反思的精神。这样我们的学生才有可能成为一个有深度、有广度、有长度、有温度的传媒人，成为一个可爱的人，一个值得人们信赖的人。

二　关于新闻教学改革

　　面对社会变革、媒介转型及人才需求的变化，新闻教育怎么办？环境发生变化，需求改变了，可是新闻教育界一如既往，专业结构雷打不动，仍然是不断地进行细分，划分出新闻、广播电视、出版、广告、网络与新媒体、电子出版等专业，还有继续分化的趋势，完全没有考虑到业界融合的态势。在教学手段、课程体系、培养模式等方面，也延续了过去几十年来的传统。这不能不引起我们的思考。该如何处理新闻院系与媒体的关系？怎样理解理论教学与专业实践的关系？怎样才能建设一支充满活力、结构合理的师资队伍？课程体系与培养方案应该如何调整？十年来，我在华中科大尝试了一些改革，虽然受制于现有体制，但还是力所能及地在课程体系、实践环节、第二课堂、创新创业等方面，进行了一些探索，颇有成效，得到了领导和学界、业界的肯定。

　　笔者以为，当前新闻教育改革不力，难以跟上时代的步伐，主要有两个方面的原因。首先是新闻院系定位不准，思路不清。几乎所有的高校，一流的、二流的、三流的，都是同一个定位，而这个定位都是源于新闻教育的职业型特征，千篇一律，没有区隔，没有特色。在高等教育发达的美国，著名的常春藤盟校，包括哈佛大学、耶鲁大学、普林斯顿大学、哥伦比亚大学、宾夕法尼亚大学、达特茅斯学院、布朗大学及康奈尔大学，其中只有哥伦比亚大学设置了新闻学院，而且其主体是研究生教育。英国牛津大学、剑桥大学都没有传媒专业。日本东京大学也没有传媒专业。其他国家也相似，顶尖大学普遍都没有设置新闻传媒类本科专业，设置该专业者只是例外。但在我们国内，根据国家的要求，一流大学全部定位为研究型大学。而这些学校几乎都设置了新闻学科。从教育部颁布的专业目录来看，无论什么类型、什么层次的大学，其新闻传播类专业所培养的都是新闻传播专业人才，属于应用型人才的范畴。对于研究型大学而言，新闻传播学科是比较尴尬的。因为现行的学科评价体系，基本上是学术导向。如在师资队伍考核方面，重视高端学术人才，重视来自海外的博士研究生，重视学术论文的发表，重视重大课题、研究经费等。而与人才培养相关的要素在评估体系中权重很低。于是，一方面要保证学术水平，要重视研究和论著的发表，另一方面又要进行一流的职业教育。两手都要抓，两手都要硬，实在难以做到。

其次是新闻教育系统的支点错位。新闻教育作为一个完整的系统，建构在三个重要的支点之上，即教师、学生和人才市场。市场需求决定师资配置，师资结构影响学生规格，学生质量决定市场需求的满足与否。三者关系正常，新闻教育就能够顺利发展；如果关系颠倒了，就会出现种种问题。一般而言，教育能否正常运行，首先取决于教育的主体——教师。教师的天职是传承文化，培养人才。没有教师，就没有教育；没有教育，文脉就会断绝。教师因学生而存在，学生因教师而成才。教学系统的中心是学生。学生是教师的工作对象，也是学校的终极产品。但是人才产品是否能够适应社会的需要，才是问题的关键。人才市场的需要对大学教育具有牵引、推动或决定性作用。可是在当下新闻教育领域，教师似乎并不是完全根据人才市场的需求在培养和塑造学生。一些教师自身的利益格局、思维方面的惰性，成为教学改革的阻碍。从学生方面来看，其中心地位越来越淡化，以教学为业的教师在师资队伍中的比例在持续地下降，科研的权重越来越高。在市场方面，过去市场需求能够引领资源配置。可是在当下新闻教育界，人才市场的引导力量没有显示出来。需求侧没有能够影响到供给侧。

正是这种错位，才使得我们难以找到改革的着力点，找不到具体的抓手。怎么解决这个问题？笔者以为，在定位方面要因地制宜，因校施策。重点大学的教育类型可定位为研究型职业教育，一般大学可以尝试职业教育。支点错位是个普遍的现象，当务之急是复位。为此必须打开封闭的教育之门，让学校能够感受到社会的脉动，回归教育的本质，提升教师的使命感和责任意识。在此基础上，实行错位竞争，凸显学校特色；推进全员育人，强化创新教育；注重行业实践，提升职业能力；关注传播科技，引领教育改革。

三 关于新闻学科建设

中国高等教育界继"211 工程""985 工程"之后，"双一流"建设方兴未艾。在这个背景下，新闻传播学科该如何强化文化传承与创新，加强社会服务，提升学术水平？在坚持本土化和中国特色，服务中国社会发展的目标下，如何与国际常规接轨？在市场化环境下，在争取学校资源的同时，如何筹措社会资源，保证教师有一个体面的收入，维护老师们的自豪感和成就感？在学科竞争、学校竞争日益激烈的语境下，新闻学科该怎样扬长避短，寻觅差异化发展的路径，凸显自己的学科特色？如何在服务社会、贡献地方的同时开拓新的教学资源？

笔者以为，学科建设的根本在于人才队伍建设，有了一流的人才，什么奇迹都有可能创造。必须围绕着人，主要是围绕学术人才生存、成长和发展做文章。要承认人与人的差异，每个人都有不同于其他个体的独特性。不同的学术岗位，需要的从业者在知识与能力结构方面也有不同。新闻业务课程的教授，不一定需要博士学位，也不一定会写学术论文；同样，新闻理论研究方面的教授，虽然都有博士学位，但不一定懂具体的操作业务。所以对于不同岗位，应该有不同的考核评价标准，分类管理符合实际也最具人性关怀，能够调动师资的积极性。

学术队伍的建设，需要和谐的环境。内部和谐、安定，外部的人才愿意进来。和谐不等于平均，平均主义维持不了和谐，更不能促进发展。在利益分配方面，适当的差距有利于激励先进。笔者主张在新闻院系设置冠名教授席，本意有三：一是给应聘者尊荣的学术地位，在一般高校冠名教授席位很少，属于稀缺资源。人们可以视钱财如粪土，但是荣誉、地位和尊严，对于多数人而言，是其人生追求的目标。二是给应聘者优厚的薪酬，在一般情况下，冠名教授席的职位薪酬要远远高于一般教授职位。三是给应聘者稳定感，一旦受聘为冠名教授席的一员，将有至少三年的任期。在任期，他可以不受年度考核之累，专心致力于学术研究。这三点对于吸引高级学术人才，能够起到积极的建设性作用。

笔者以为学科建设重在学术团队、学术平台的建设。这是学科发展水平的主要标志。而团队、平台的组建，必须面向社会的现实需要和重大问题，凝练学术方向，加强组织协同与合作。人文社科学学者长期习惯于个体生产，而不习惯于团队协作。所以，要培养老师的团队意识、集体精神。在笔者所在的华中科大新闻学院，最初老师们各个都强调主体性，不愿意加入团队。经过多年的努力，终于实现了研究方向的聚合，逐渐形成了三大学术领域：新闻传播史论、战略传播与网络新媒体研究。力量汇聚了，就可以承担大项目，实现大突破。

以上思考一半是我作为一个大学教师的天职使然，另一半则是作为一个新闻学院院长的职责所在，所谓在其位，谋其政。拙作临近出版之际，承蒙武汉大学原校长刘道玉、华中科技大学原校长李培根欣然作序，为拙作增色不少。这两位校长，都是我尊敬的师长，也是当代中国名重一时的教育家。刘道玉老师是我大学时代的校长，也是我心中的英雄，是他引领我步入新闻教育的殿堂；李培根院士，即学生心目中敬爱的根叔，是我最敬仰的领导和知己。正是他在十年前把我调进了华中科技大学，给了我全心服务新闻教育的黄金十年。他们在序言中不仅给予我鼓励和鞭策，更重要的是阐扬了教育的理想和情怀。这正是新闻教育界所缺乏的。唯有新闻理想和教育情怀交融，才能引领我们走向远方。

（本文发表于《新闻与写作》2017 年第 8 期）

新闻教育应坚持人文精神的主基调

  自 1918 年"北京大学新闻学研究会"成立至今，中国的新闻教育事业已经走过了九十余年的历程。经过几代人的努力，我们的新闻学科建设取得了有目共睹的成就。但是，由于新闻学是伴随"欧风美雨"而来的舶来品，中国新闻教育草创之际，不免因陋就简。而在后来的发展过程中，不时为战乱、政治动荡所干扰，以至于我们的新闻教育还存在着很多问题。其中最突出者，乃是过于重视技能和实践环节，忽略了完整知识系统的建构；过于强调政治原则，忽略了人文精神的涵养。尤其是后者，已经在越来越大的程度上影响到新闻媒体。在媒体的报道中，人特别是普通人没有得到应有的重视，媒体从业者心目中对人的权益、价值、尊严乃至人类命运缺乏必要的关注，以至于媒体话语与民间话语日渐疏离，尤其是主流媒体，与主流人群渐行渐远。所以，中国新闻教育的当务之急，不是课程体系的调整、实验设施的改善和实践环节的强化，而应该是强化学生的社会责任意识，唱响人文精神的主旋律。

  人文精神一词，具有极为丰富的内涵，它是人类一种普遍的自我关怀，表现为对人的尊严、价值、命运的维护、追求和关切，对人类遗留下来的各种精神文化成就的高度珍视，对一种全面发展的理想人格的肯定。人文精神的核心就是"以人为本"，即把人放在最重要的位置上，一切为了人，尊重人的价值，维护人的权益，敬畏人的生命。这种精神应该熔铸在新闻传播院系的各个教学环节、各门具体课程之中，从而最终流进学生的血液，进驻学生的心灵深处。对于新闻工作者而言，要弘扬人文精神，必须做到如下几点。

一 敬畏生命

在宇宙洪荒时期，地球上没有生命。后来生命出现了，地球上才有了色彩。我们能设想一个没有生命的地球吗？生命使地球充满了活力与精彩。尊重生命、敬畏生命，是人文精神的必然诉求。在汶川地震救援报道中，有一组耐人寻味的镜头：当一位姑娘被救援人员从瓦砾中救出，现场所有记者的镜头一起对准她的时候，劫后余生的姑娘做出的第一个动作便是努力提起有些脱落的衣裤，以掩盖裸露的肌肤。这一细节告诉我们，生命是圣洁的，人在生命的展示过程中需要获得尊重、理解、呵护。不仅人，地上搬家的小蚂蚁，春天枝头鸣唱的鸟儿，高原雪山脚下奔跑的羚羊，大海中戏水的鲸鱼等，都是生命世界的重要成员。我们敬畏地球上的其他生命，不仅仅是因为人类有怜悯之心，更因为它们的命运就是人类的命运：当它们被残杀殆尽时，人类就像是最后一块多米诺骨牌，接着倒下的便是自己了。所以我们热爱生命、敬畏生命，最终还是爱人类自己。丰子恺曾劝告小孩子不要肆意用脚去踩蚂蚁，不要肆意用火或水去残害蚂蚁。他认为自己那样做不仅仅出于怜悯之心，而是怕小孩子那一点点残忍之心以后扩展开来，以致驾着飞机装着炸弹去轰炸无辜的平民。

当前我国的新闻报道，有很多不尽如人意之处，其中最突出的便是对生命的敬畏、尊重不够。例如：在批评性报道中，经常出现火药味十足、攻击性极强的语言暴力；在政治、军事、经济等重大题材报道中，常以枯燥的数字、罗列的图表取代对鲜活的个体命运的关注；在犯罪、灾难新闻中，以饱受摧残的生命形象去赢取眼球资源；在娱乐新闻中，热衷于对思维另类、举止怪异者的炒作，误导民众集体"审丑"……凡此种种，不一而足。溯其根源，在于传统的新闻教育单纯从专业技术的层面教授学生如何表达，怎样表达才能吸引公众的关注，而没有考虑到怎样才能使学生真正认识到生命的伟大与神圣，并产生由衷的敬畏之心。这种重术而轻道的教学方式，使学生走上工作岗位之后，无法将报道对象视为和自己一样的生命，而是将其物化为一种信息载体或者是为赢得竞争而努力去占有的资源。即便他们有时会抒发一丝悲天悯人的情怀，但最终也会因为内心的虚无而有失真诚，让受众感到带有很大的表演成分，无法产生震撼人心的力量。

要落实敬畏生命的宗旨，新闻工作者首先要怀抱平等意识，不仅对人要平等相待，正所谓"老吾老以及人之老，幼吾幼以及人之幼"，而且也要尊重动物生存的权利。这既是为了动物，也是为了人类自身。其次要坚守恕道。恕道是儒家思想的精髓，也是中国传统人文精神的核心价值。所谓"恕"，按照孔子的解释是"己所不欲，勿施于人"。新闻工作者不能总以个人为中心，要学会换位思考，自己不愿意做的事情，不能让别人来做；自己不希望面对的问题，不能让别人面对。最后要有博爱精神，博爱不是西方社会独有的价值取向。中国自古以来，便有自己的博爱思想，从孔孟的"仁爱"、墨子的"兼爱"，到孙中山的"公爱"。2007 年 3 月 16 日"两会"后的记者会上，温家宝就明确指出，民主、法治、自由、人权、平等、博爱，这不是资本主义社会所特有的，这是整个世界在漫长的历史过程中共同形成的文明成果，也是人类共同追求的价值观。新闻工作者有了对生命的大爱，自然会产生对生命的敬畏和由衷的呵护。

二　服膺真理

当今世界虽然已进入科学昌明的时代，但是水变油等形形色色的伪科学、迷信、非法宗教活动却时常见诸媒体，误导舆论、混淆视听；以法治国、以德治国的观念虽然已深入人心，但是担任社会哨兵的新闻媒体却不断爆出践踏真相、屈从权势、收受贿赂的丑闻。其原因固然很多，但从新闻教育的角度分析，主要是因为在我们的日常教学过程中，只注重传授真理，而忽视了服膺真理的精神。所谓服膺真理，就是衷心地信奉真理。《礼记·中庸》曰："得一善，则拳拳服膺而弗失之矣。"只有服膺真理，才能够发现真理，真正按照真理的要求行事，并自觉地维护真理、传播真理。

要服膺真理，必须坚持实事求是的原则。媒体的报道关系到大众对社会真相的把握，影响大众的事实判断。要帮助大众接近真理、认识真理，新闻工作者必须以事实作为出发点。坚持实事求是的原则，按照事物的本来面貌如实播报新闻，就是服膺真理的精神在新闻行业中的具体体现。同时，新闻工作者还要有捍卫真理的勇气。新闻工作者不是"无冕之王"，无论在新闻系统内部，还是置身于整个社会之中，都只是普通的一员。而新闻工作者在日常工作中所接触的群体极为广泛，不仅包括一般的群众，还涉及党政领导、商界巨头以及各个领域的精英人物。在权、钱、名面前，新闻工作者很容易未曾开口便先生三分怯意，一旦发生分歧，更是退多进少。真理的客观性本质告诉我们，真理是不以人的意志为转移的，职务、权势、资历、财富都无法左右真理。也就是说，在真理面前、在事实面前，人人都拥有平等的地位。如果新闻工作者是在自己的工作范围之内，就新闻事实与他人产生争执、分歧，那么无论对方处于什么样的地位，拥有什么样的力量，都应有与之平等对话的勇气。

三　独立人格

人格特征与职业适应性有着密切的关系。如果一个人的人格特征与所从事职业的要求相适应，这个人就可能在事业上获得成功。反之，则会妨碍事业的发展。新闻工作者是公平正义的捍卫者，是社会的良心。他们必须具备独立、高尚、健全的人格。范长江曾经这样讲，有了健全高尚的人格，才配做新闻记者。有了健全的人格，才可以谈到其他各种技术问题。令人惋惜的是，时下新闻院系的学生培养与新闻单位的人才选拔，往往本末倒置，片面强调专业技能而忽视对人格的要求。

新闻工作者究竟需要具备怎样的人格呢？除了道德意义上的健全、高尚之外，今天尤其需要独立人格。所谓独立人格，是指个人依据自己的观察、判断和意愿去行动而不受环境和他人影响的个性特征。具有独立人格的人，善于独立思考，具有对个人信念、判断的坚定性和行动的独立性。这对于新闻从业者来说，特别重要。首先，独立人格是独立发现的保证。新闻同质化是目前困扰媒体的一大难题，要解决这一难题，无非是报道独家新闻，独占或抢先占有新闻资源。但是，记者要发现独家新闻，并非单纯依靠率先发现新闻线索，而主要取决于率先解读出新闻线索中的特别意义。这就要求新闻工作者打破思维定式，独立思考，而此能力非拥有独立人格者不能具备。其次，拥有独立人格有利于形成独特的风格。站在新闻传播者的角度，决定受众接受状况的重要因素主要有两种：一是作品或节目所包含的信息及外在表现形式；二是在新闻传播过程中，记者、主持人及相关工作人员是否具有引人瞩目的独特风格。因为只有具备独立人格的人，才能够按照自己的思维方式指导行动。他们耻于模仿，不甘从众，保持个性，久而久之便形成了独具魅力的风格。否则，要么陈陈相因，千报一腔，万台一面，要么东施效颦，贻笑大方。

正是因为独立人格对于新闻工作者的重要意义，我们今天的新闻教育才应当摒弃传统的教育观念及压抑人的个性的现代应试教育，唤醒学生的个性，塑造他们的独立人格。为此我们必须创造自由开放的学习氛围，鼓励学生独立思考。在课堂上，教师应当避免一言堂，要尊重学生的自主性、独立性，变灌输式的教学为启发式教学，努力营造一种自由互动的课堂氛围，鼓励学生大胆质疑，主动思考，发表自己的看法。此外，我们还要提倡尊重个性，因材施教。要尽量少开大课，多开小课。在课程设置上，要做到面向全体与照顾个体相结合。在基础课、专业课的设置方面要面向全体，有统一的标准；而在选修课的设置上，应当尽量增加种类，特别是任意选修课的比例要有所提高，尽量给学生自由选择的空间。

四　社会责任

在法治社会，权利与义务是对等的，一种职业被赋予什么样的权利，取决于其所承担的社会责任。如果某行业的从业者，从整体上未按照社会的期待履行其职责，那么，轻则会丧失社会的尊重与信任，重则会受到相应的制裁。中国新闻界当前最大的问题便是社会责任缺失，以致信息传播滞后、虚假新闻泛滥、有偿新闻屡禁不止。在《焦点访谈》创办十周年的前夕，国务院总理温家宝致信《焦点访谈》栏目组，专门论及了媒体的社会责任问题。他指出，责任就是新闻工作者对国家的责任，对社会的责任，对人民的责任。责任源于对国家和人民深刻的了解，对国家和人民深厚的感情。只有对国家和人民了解得深，爱得深，才会有强烈的责任感。责任体现为对焦点的关注和正确的把握，特别是要善于抓住关系人民切身利益的事情。责任还体现为坚持真理，实事求是，一切从实际出发，讲求社会效益。

可见，社会责任最终的落脚点还是人民和国家，而国家不过是人民的安身立命之所，所以说到底，社会责任还是对人民的责任，体现为对人民的了解、对人民的感情、对人民的热爱有多深，这是人文精神的核心所在。长期以来，我国媒体和新闻教育界一直强调政治责任，而对媒介的社会责任重视不够，往往是以政治责任取代社会责任。中国共产党新一代领导集体提出的"权为民所用，情为民所系，利为民所谋"，应该成为新闻工作者行事的指南。新闻工作者，包括高校新闻院系的学生，要时常反躬自问："人民在我们的心中究竟处于什么位置？我们时常牵挂的是人民的利益还是自己的利益？""民之所欲，常在我心"，应该成为我们的座右铭。

总之，在这个媒介化社会，新闻传播的影响无处不在、无孔不入，它在越来越大的程度上决定了社会的走向和人民的福利，甚至会影响到人类未来的命运。作为致力于这一事业的新闻工作者，必须坚持人文精神的主基调，完善独立人格，怀抱无疆大爱，以人为本，心系民生。只有这样，媒体及其从业者才能善尽责任，对社会进步有所贡献。

（本文原载于《新闻与写作》2010年第6期）

新闻传播教育的支点错位

在媒介化社会，新闻传播教育扮演着重要的角色。它承担着向社会输送职业传媒人的责任。但凡经济发达、信息化程度高的国家，都会有发达的新闻传播教育。新闻传播教育作为现代大学教育的主要分支，本身也是一个完整的系统。如果把新闻传播教育界视为一个平面，那么这个平面就建构在三个重要的支点之上。犹如几何学告诉我们的：非共线的三个点确定一个平面。这三个支点是什么？愚意以为是教师、学生和人才市场。一般而言，市场需求决定师资配置，师资结构影响学生规格，学生质量决定市场需求的满足与否。这三者的关系正常，新闻传播教育就能够顺利发展；如果关系颠倒了，新闻传播教育就会出现种种问题。今天的新闻传播教育，可谓问题丛生，困难重重，推其大原，在于这三者关系的错位。

一　新闻教育常态下三大支点

教育是千秋大业。古人云，十年树木，百年树人。而教育的正常运行，首先取决于教育的主体——教师。唐代学者韩愈说："古之学者必有师。师者，所以传道受业解惑也。人非生而知之者，孰能无惑？惑而不从师，其为惑也，终不解矣。生乎吾前，其闻道也固先乎吾，吾从而师之；生乎吾后，其闻道也亦先乎吾，吾从而师之。吾师道也，夫庸知其年之先后生于吾乎？是故无贵无贱，无长无少，道之所存，师之所存也。"教育者的天职是传承文化，培养人才。历史上虽然不乏自学成才者，但是从社会文化传承的历史意义上讲，没有教师，就没有教育；没有教育，文脉就会断绝。但教师存在的价值在于启迪学生的心智，在于栽培引导学生成才。学生是教师彰显其价值和存在感的名片。孔子之所以被称为中国历史上最有影响的教育家，就因为他不仅有三千弟子，更有七十二贤人。教师因学生而存在，学生因教师而成才。教师与学生的关系是教育过程中一对基本的矛盾关系。

如果说教师是教育过程的主体，那么学生就可以说是教育活动和教育过程的中心。学校的一切工作，教师的一切工作都要围绕学生培养、围绕学生成才来展开。在知识社会，学校特别是大学被视为一个大规模的标准化的人才工厂，而学生就是其主要的产品。华中科技大学原校长、学生心目中敬爱的偶像校长李培根说，在教学过程中，学生是待雕琢的原材料，是教师的工作对象。在其担任华中科技大学校长时，就提出要实现从"以教师为中心的教育"向"以学生为中心的教育"的转变。[①] 大学的核心就是，一切都是为了学生的成才。评价大学的绩效、大学的好坏的重要标准之一，就是这所学校培养了多少优秀的学生，这所学校的校友们在国内、国际社会扮演着什么重要的角色，为社会发展和文化昌明做出了哪些突出的贡献。学生在教学过程中的中心地位，在市场经济条件下更为突出。因为学校的运作所需的物质供给，相当部分来自学生的学费，或者是基于学生教育的政府拨款，也就是说教师的薪酬中，有相当的份额是学生的学费或者因学生存在而产生的政府投入。教师之所以能够在大学这个象牙之塔安身立命，学生在其中起到了重要的作用。

学生是学校工作的中心，是教师的工作对象，也是学校最重要的终极产品。但是这个人才产品，是否能够适应社会的需要，是否能够为社会所接受，才是问题的关键。人是人类社会历史的主体，历史能否延续取决于一代一代的接班人在保证自己生存的同时，是否能够传承前辈创造的文化。如果回答是肯定的，这样的人才产品才是社会所需要的。根据经济学

---

① 李培根：《师问》，载《批判性思维与创新教育通讯》电子双月刊总第 19 期。本文系李培根院士 2014 年 7 月 22 日在全国第四届批判性思维教学研讨会上的发言。

需求决定生产的原理，只有能够满足社会需求的生产才是有效的生产，也只有这种生产才能够实现它的最终价值。在这个意义上，人才市场的需要对大学教育具有根本性的牵引、推动或决定性作用。若大学培养的正是社会需要的人才，学生的专业能力和知识结构、学生的综合素养能够胜任社会分配给他的工作，社会或者职场必会以开放的胸襟欢迎、拥抱这些学生。

由此可见，在现代大学教育中，教师是学校教育的主体，学生是学校工作的中心，学校的一切工作必须围绕着学生教育运转。而学生的培养目标、学生的知识与能力规格，必须适应社会的人才需求，只有适销对路的人才产品才能受到社会的欢迎。而学校的产品只有适销对路，人才产品才能源源不断地流向社会而不致产生积压或过剩。因为有了优秀的人才，社会的发展才有了绵绵不绝的动力。同时，学校也能够从社会获得更多物质资源的反哺，于是学校才能步入良性的人才生产循环。

教师、学生与人才市场的三角关系，不仅对一般教育而言具有普遍的意义，对于新闻传播教育更是如此。无论是国内还是新闻传播事业发达的欧美国家，新闻传播教育的繁荣无不是建立在这种良性关系的基础之上。战后 40 年代到 60 年代，美国新闻传播事业发展的一个重要的原因就是新闻传播教育为传媒行业提供了人才和智力的保障。20 世纪末 21 世纪初，在改革开放、经济发展的背景下，中国大学新闻传播教育迅猛发展，新闻传播专业教学点遍地开花，有超过四分之一的高校创办了新闻传播类专业，在校新闻传播专业大学生由几百人增长到二十余万人。其重要的原因便是中国新闻传播事业空前繁荣的拉动，正是这种繁荣发展产生了对职业新闻传播人才的巨大需求。新闻教育的发展与新闻传播行业的繁荣相得益彰，彼此互助，实现了共赢。在这个过程中，新闻院系的教师也得以分享发展的红利；作为学校教育产品的新闻传播专业的学生们，也获得了施展抱负的广阔天地。

二　当下新闻传播教育支点的错位

置身今天的信息化社会，审视我们的新闻传播教育界，会发现存在着诸多问题，如教育与业界脱节、人才培养质量下降、学生能力不强、知识结构不合理、就业水平不高等。社会的批评，学生、家长的质疑不绝于耳，新闻传播业界的满意度也有所下降。其原因虽然多种多样，但最主要的还是三大支点的错位。

在常态的教育体系中，教师是教育过程的主体，主体决定着教育的展开和结局，决定着学生的知识与能力规格，决定着社会需求的满意程度，但是这个主体必须围绕着一个中心工作，这个中心就是学生。教师的一切工作都是为了学生的成才，都是为了让学生能够满足社会的人才需求。可是在当下新闻教育领域，教师队伍的工作似乎并不是完全地围绕着学生展开，似乎并不是完全根据人才市场的需求在培养和塑造学生，教师的自我成长、自我价值的实现、自身利益的追求似乎成了其职业行为的基本动力。一些教师自身的利益格局、思维方面的惰性，在越来越大的程度上成为教学改革的阻碍。在师资队伍中，年轻者，加入教育行业时间不长者，或许更容易对时代的诉求做出敏感的反应，主动地摄取新知，探索驾驭新的传播技术，拓展自己的思维空间，努力开设新的课程；而资历越深、地位越高者，可能在知识与能力的转型方面，面临的困难越大，阻力越大。

从学生方面来看，在常态教育的格局下，学生是学校工作的中心，是学校能够提供给社会的主要产品，培养学生是学校教育的基本目的。可是现在，学生在教育过程中的中心地位越来越淡化，越来越模糊。因为在越来越多的高校，特别是重点高校中，真心地以教学为本、以教学为业的教师在师资队伍中的比例在持续地下降，人才培养作为教师本职工作的重要性也大不如前。在一些教师看来，与其把精力耗费在学生的身上，还不如在科研上多做一些工作，对自己的成长、发展更加有利。教学工作说起来重要，但是在学校的考核评价中，科研的权重越来越大。在这种情况下，教师们很难把精力分配到学生的身上，而不得不关注自身。另一方面，由于中心地位的削弱，学生的主动性、积极性和创造性自然会受到影响。学生们缺乏学习兴趣，对学习之外的事务则充满了好奇。教师和学生好像行进在两条平行的轨道，没有交集，这影响到师生互动，教学相长。

那么人才市场呢？根据经济学的原理，在一般的情况下，市场需求的导向能够起到引领资源配置的作用。市场上需要什么产品，生产部门就会组织各种资源生产这种产品。市场上需要什么规格的人才，教育部门自然会根据这一要求配置相应的师资和物质资源。市场需求有一种强大的传导力量，会让生产部门在生产资料、生产过程中做出相应的调整。可是当下的新闻传播教育界，似乎并没有展示人才市场的这种引导力量。需求侧没有能够影响到供给侧。现在我们看到基于数据技术的革命性发展，媒介融合方兴未艾，可是新闻传播教育界仍然困守在细分的专业壁垒之中；我们知道业界在呼唤全能型的传播人才，可我们仍然深陷于基于不同介质媒体的专业教育的窠臼难以自拔；我们明明知道，传播在越来越大的程度上成为公众的基本素养，新闻传播专业学生的就业正趋向于多样化，可我们仍然坚守着专业对口的教育理念。

总之，市场的人才需求的变化没有及时传导至教育领域，没有形成对教育领域的压力、牵引力和驱动力。也就是说，人才市场没有发挥其最终决定人才生产的作用，以至于在教育领域中，一方面，教师的主体地位过度强化，甚至在一定程度上扮演了学校中心的角色，教师在教育教学方面的责任弱化，其自我发展、自我实现的诉求成了其职业行为的主要驱动力；另一方面，学生在学校、在教学过程中的中心地位在弱化，学校系统、教师并不是心甘情愿地围绕着学生运转，人才培养作为学校、教师基本工作的定位越来越淡化，学生主动学习的积极性、创造性也弱化了。换言之，以常态的眼光审视当下中国的新闻传播教育，教师有些不像教师，学生有些不像学生，人才市场有些不像市场。角色混淆，支点错位，滋生了新闻传播教育界的一系列问题，如定位模糊、质量下降、就业困难、师生疏离等，影响到教育目的的实现，进而制约了新闻传播媒介功能的发挥，以至于在相当的程度上辜负了社会的期待。

三　为什么会出现支点错位？

新闻传播教育界为什么会出现如此严重的支点错位呢？原因很多，最主要的表现在如下三个方面。

其一，狂飙突进的传媒转型，将新闻传播教育系统远远地抛在了后面。在 20 世纪末 21 世纪初，基于信息传播技术的突破，网络传播迅速崛起，各种新的媒介形式，如互联网、移动互联网、数字电视网络、博客、微博、微信、客户端等等，像雨后春笋般遍地生长。在网络新媒体的冲击下，传统媒体陷于停滞，甚至萎缩状态。不同性质的媒体之间的渠道融合正在如火如荼地进行，新闻生产的流程在再造，内容生产的机制在转型，人们信息消费的形式与渠道在变化，传媒单位的岗位设置及其技能要求也在发生深刻的变化。中央厨房主导下的内容生产与分发，基于大数据技术和移动互联平台的信息推送，全能记者在报道前线活跃的身影等，改变了新闻传播生态。这种变化必然会对新闻传播教育界提出新的要求，期待新闻院系在专业设置、课程体系、知识能力规格、培养模式、教学环节等方面做出相应的改变。可是，传媒系统的急剧变革并没有及时拉动新闻传播教育系统的发展，新闻传播院系与业界渐行渐远。

其二，高等教育的改革严重滞后。20世纪80年代以来，中国的改革开放全面推进，社会系统的各个子系统、各个要素无不受到波及，从政治到经济、文化各个领域，都发生了深刻的革命，以至整个社会发生了颠覆性的变化。今天回过头来审视这段改革的历史，如果要评价各个领域、各个部门的改革力度及成效，那么教育部门尤其是高等教育部门可能是最差的，这也几乎是全民的共识。教育系统基本上是一个自我封闭的系统，它与社会大系统及其他子系统互动的活跃度远远低于其他系统间的互动联系。系统之间的物质、信息和能量的交换，在教育领域也处于较低下的水平。在外部世界今非昔比的情况下，教育系统特别是高等教育领域俨然一个世外桃源。高等教育领域的管理制度、运行机制、人事政策、教育模式、质量评价、资源分配等，基本上沿袭了传统的做法，行政主导了学术学科，而求稳又是最基本的权力逻辑。所以，政治、经济、军事、外交、文化等领域都换了人间，而教育领域依然故我，基本上没有感受到变革的压力。

其三，教师也有人性的弱点。如前所述，教师是教育系统的主体，教师决定了教育、决定了学生的发展空间。教师能够想多远，学生才能够走多远。教师作为学生的引路人和启蒙者，本来应该走在社会的前面，走在学生的前面。对新闻传播类专业而言，教师更应该走在新闻传播行业的前面，与时俱进，日新日新又日新。可是教师也是人，是人就会有人性的弱点，就会有惰性。这种惰性表现在对现状的维持方面，很多老师认为多一事不如少一事，能够不改的最好不改，等到实在是不改不行了，才不得不被动地改，被动地适应。正如大家所知的，最近10多年新闻传播行业在信息技术革命驱动下的急剧变革，完全超越了人们想象的极限。在20世纪末，人们极少能够想象到今天的信息传播生态。而新闻传播院系的教师们，其主体部分是在20世纪末或21世纪初毕业的，而且还有相当一部分不是出自新闻传播类专业。他们在学校学习的课程，他们的知识体系与能力储备，他们现在研究的课题和学术兴趣，大多与当下信息传播的现实不搭界。换言之，他们的知识与能力结构在相当的程度上都过时了，都不是学生和社会急需的，这是一个残酷的现实。要让他们正视现实，转换视角，另辟新的未知领域，开设新的课程，研究新的问题，练就新的专业能力，实在是一件很痛苦的事情。

因为这些原因，新闻教育界面对外界火热的现实，缺少一种内生的革新冲动。在教师、学生和人才市场三大支点的关系方面，学生作为教育活动的中心，地位大大地被削弱。作为学校教育的终极产品，作为老师们的工作对象，学生丧失了磁吸各种教学资源的能力，无法完全地调动教师和各种物质资源服务于自身的成长。另一方面，人才市场新的需求压力因为教育系统的自我封闭难以传导至新闻院系，难以对教师们的教学科研活动起到引领作用，于是安于守成成了教师们的思维定式。在这种情况下，教师在教学过程中的角色悄然地发生了嬗变，不仅坚守了主体的地位，还渐渐地具备了"中心"的特质。其对自我利益的追求逐渐压缩了对学生、对社会服务的空间。学生的中心地位因此被大大地削弱，教育终于在越来越大的程度上背离了使学生成为人的本质使命。

四　复位：新闻传播教育当务之急

如前所述，三大支点的错位严重地影响到新闻传播教育系统的稳定运行，动摇了新闻传播教育的根基。要改变这种现状，愚意以为，应该综合施策，统筹应对。

其一，当务之急是打开封闭的教育之门，让高校直接感受到社会的脉动，使社会的人才需求成为教育资源配置的决定性引导力量。新闻教育界目前的问题在相当的程度上源于高等学校与社会系统的疏离，大学自成一体，与社会大系统基本上处于隔绝状态。在改革开放的大背景下，全社会都打破了铁饭碗，破除了计划经济的藩篱，市场成为决定资源配置、利益分配的基本杠杆。可是高等学校，执行的仍然是计划经济、行政主导制度。在学校运行、学科建设、人才培养方面，看不到社会需求在背后的影响。学校与社会的脱节程度，到了匪夷所思的地步。所以，如果再不打开学校的封闭之门，学校如果仍然呼吸不到社会的空气，感受不到社会生理的脉动，任凭风浪起，稳坐钓鱼台，学校的人才培养体系与社会需求必然愈加背离，其结果是可以想见的。怎样才能打开教育之门呢？一方面，教育系统应该主动开放，倾听社会、行业对传媒人才的特殊诉求，了解当下人才培养规格与需求的差距达到了何种程度。另一方面，教育行政管理部门应该制定引领高校开放的可操作的具体政策，对于主动开放、积极适应的高校予以物质的激励。反之，则给以必要的处罚。学校敞开了大门，外部与内部，学校与社会就能够实现空气对流，能量交换，心灵感应。社会、行业的人才需求自然就容易落实到学校的培养方案之中。

其二，回归教育的本质，落实以学生为中心的教育理念，强化学生的中心地位。教育的本质是什么？这是一个一直困扰着人们的哲学问题，可谓见仁见智，言人言殊。"真正的教育，其责任必须以引导学习者成人为务，以发展人性、培养人格、改善人生为目的。"① 简而言之，我以为教育的本质是使人成为人，即使学生成为一个大写的人、一个舒展的人、一个人格健全、恣肆汪洋的人。俞敏洪说过这么一句话，可以说是对这个本质的注解："教育的本质应该是培养一个人格健全，加上知识结构完整的人，同时还要加上旺盛的求知欲、创新能力和探索未知世界的能力。"② 这是教育的本质使命。围绕着这个使命，为师者须聚精会神地唤醒学生的灵魂。正如德国存在主义哲学家雅斯贝尔斯所说："教育就是一棵树摇动

---

① 贾馥茗：《教育的本质——什么是真正的教育》，世界图书出版公司，2006，第201页。
② 《俞敏洪：中国教育需要回归本质》，网易教育频道，http://kids.163.com/15/1109/17/B80DTFGS00294MO6.html。

另一棵树，一朵云推动另一朵云，一个灵魂唤醒另一个灵魂。"老师们要致力于唤醒或启迪学生的灵魂，不仅老师要有这种自觉意识，更重要的是，在学校层面还需有一种可操作的制度安排。只有这样，这种本质要求才能落地生根，开花结果。

其三，强化师者的使命感和责任意识，促使他们完善自我，提升境界，把爱心、责任、义务贯彻到教书育人的实践全过程。教师是教育的主体，教师的水准决定了学生成长的高度和广度，这是毋庸置疑的。虽然在今天这个"后喻时代"，老师的主体地位今非昔比，但是老师在引领学生成长方面的作用仍然不可或缺。从历史进化的角度看，教师在人类文明传承中的角色更是不能忽视的。所以教师应该有更加强烈的使命感和责任感，为了学生，为了社会，为了明天，老师们应该与时俱进，不断地完善自我，让爱心、责任、知识丰富自己的内心，掌握新技术、新技能，勇敢地以今日之我告别昨日之我。这种觉悟在今天这个瞬息万变的信息时代，对于新闻教育领域的从业者尤其重要。没有这种自觉、没有这种觉悟，承担传道授业职能的师者，就难以战胜自我、超越自我，回应社会的期待。

（本文发表于《新闻记者》2017 年第 6 期）

新闻传播教育的理想与困惑

在媒介化时代，传媒及其从业者在社会上扮演着重要的角色，其日益增强的横向影响与纵向穿透力，得到了社会各界的公认。传播媒介被视为社会系统的神经网络，而传媒从业者理所当然地成为社会机体的神经末梢。来自外界的刺激经末梢神经传导至中枢神经系统，从而引发社会机体的适应性反应。在政治经济全球化和各地联系空前紧密的情况下，信息弥漫于人类全部的社会空间，渗透到社会系统的各个环节和各个角落。人们无法想象一旦出现神经麻痹或神经系统紊乱，将会导致什么样的后果。何况，传播媒介在社会系统内，还担负着沟通、教化及监督的职责。如果传播媒介不能履行自己的社会责任，必将对人类社会的永续发展产生巨大的消极影响。要促使传播媒介在社会期望的正常轨道上运行，唯有在提升传媒从业者思想境界、规范传媒从业者言谈举止上下功夫。在这方面，大学的新闻传播院系承担着重要的责任。

一 培养什么样的传媒人

大学新闻传播院系以培养什么样的人为目标？在不同的语境下，不同的人有不同的回答。笔者认为，在当前的媒介化社会，在信息泛滥的氛围中，大学新闻传播院系的培养目标，一言以蔽之，就是培养富有批判精神的报道者。

人们习惯上把传媒看成社会的一面镜子，在传媒反映、报道现实功能的意义上，这种说法有其合理性。但是，如果仅仅将传媒作为社会的镜子，则会忽略传媒的建设性作用。传媒的建设性作用，体现在传媒的批判力量上。正是通过理性的批判力量，传媒实现了对社会的引领、对传统的超越。批判精神或批判思维，是人类文明的基本标志。一个社会的精英阶层一旦失去了批判能力，社会就会停滞不前。所谓批判精神，就是站在一个比现实更高的层面上，运用各种高度的思维技巧，对历史或现实做理性的甄别和审视，对人或事进行深刻分析和解剖，以期发现问题和解决问题。其目的是在现实的基础上超越现实，以实现更大的发展，其着眼点是光明的未来。

一个社会最可怕的是缺失批判精神。一个没有批判精神的民族、国家，将会只有一种按统一标准制定的思想、观念，统一的行为模式，划一的制度设施，单调、沉闷、万马齐喑。所以，正常的民族、国家、社会，都需要批判的力量。但是由于人性本身的弱点，批判本身在人类文明史上往往是以叛逆的形式出现的，并且往往得到不公正的待遇。因为在一般情况下，一个社会成形了，各个阶层的地位就相对固定了，并且成为传统，社会的一切似乎合理化了，秩序井然。如是，一切对社会现实的批判都容易被大众视为异端或者叛逆，被视为对秩序的破坏。所以历史上很多伟大的批评家，在当时都被视为异端，在世时遭到各种非人的折磨，而最终得到社会公正的评价，往往是在当事人离世数百年甚至千年之后。这是历史的悲哀，也是人性的悲哀。

必须指出的是，批判不等于破坏，媒体批判的目标不是颠覆社会系统本身，而是为了使社会机体更加健康，犹如城市的清道夫，他们的工作是清除垃圾，是为了让人类的家园更清洁、更卫生。不要把批判看成对立，看成对秩序的挑战。出于责任感的正确批判，是建设性的同义词。一个正常的社会，应该包容媒体的批判，应该有容纳富有批判精神的报道者的雅量。

当前中国处在前所未有的重大历史转型期，虽然经济社会高速发展，人民生活持续改善，但是不可否认，各种矛盾聚集，社会乱象纷呈。这时尤其需要批判的力量。作为社会哨兵和引领社会前行的力量，传媒工作者必须具备批判精神，诊疗社会疾患，清除社会垃圾，成为促进社会健康前行的理性力量。对于传媒工作者来说，其批判精神立足于理性，并且借助于科学的分析、归纳、推理，借以透过现象捕捉本质，揭示各种社会弊病的内在、外在根源。同时，批判的必要条件是批判者思想、人格和精神的独立。一个思想贫瘠的依附者，不可能萌生挑战传统的思想火花，只有独立思考，另辟蹊径，才能提出与众不同的见解，描绘出众人难以想象的愿景。媒介从业者建设性的批判思维，源于其强烈的社会责任意识。温家宝曾在致中央电视台《焦点访谈》节目组的信中指出，责任就是新闻工作者对国家的责任，对社会的责任，对人民的责任。责任，源于对国家和人民深刻的了解，对国家和人民深厚的感情。只有对国家和人民了解得深、爱得深，才会有强烈的责任感。责任体现在对焦点的关注和正确的把握上，特别是善于把握关系人民切身利益的事情。责任还体现在坚持真理、实事求是上，一切从实际出发，讲求效益。"知屋漏者在宇下，知政失者在草野"，人民的意见、要求和呼声，是对政府工作最好的批评和监督。只有人民敢于批评和监督，政府才不敢松懈，才不会犯骄傲自满的错误。正是因为他们对人类、民族、国家的了解和深厚的爱，他们的批判才具有深刻性、正确性，并且成为推动社会进步的动力之源。

新闻传播院系应该以富有批判精神的报道者为培养目标。其中批判精神是魂，它决定着传媒工作者的精神境界和价值取向。一个没有批判精神的传媒工作者，其全部工作只会沦为合理性论证的注脚。他只会看到自己脚下的土地，而看不到头上的蓝天，更看不到社会的未来，这不是一个拥有愿景的健全社会所乐见的。同时，作为报道者的基本技能，它是传媒职业赖以与其他职业区别开来的本质特征，让学生拥有批判精神是新闻传播院系在日常教学中必须达成的基本目标。虽然在媒介化时代，公民写作成为时尚，但是它毕竟不是信息传播活动的主体。媒介融合的现实，使得传媒职业的专业技能要求日趋复杂化，远非只有一般兴趣的普通公民所能胜任。融合传媒所需要的报道业务人员，应该能够掌握并且熟练地运用各种通用的传播技术手段，驾驭文字、图片、音频、视频等多种形式的表现艺术，满足传媒企业内部整个业务流程各个环节的基本要求，不仅能够采访写作、摄影摄像，而且可以编辑制作，甚至能够直接对外传播。传媒企业内部业务流程的十八般武艺，他们应该样样精通。这种要求对于传统的基于媒体界别而设置专业的新闻教育格局，提出了严峻的挑战。

二 传媒教育者的困惑

理想的新闻传播教育不可能建立在真空中，它需要有起码的条件支撑。适任而充足的教师队伍，开放而宽松的育人环境，必要的物质技术条件，以及高水准的专业实践基地，是办好新闻传播教育不可或缺的重要资源。但是，在当前的情况下，这些条件并不完全具备，传媒教育者常常面临"巧妇难为无米之炊"式的煎熬；来自社会及业界的不当要求和责难不绝于耳，令教育者不知所从；在日趋功利化的社会氛围下，校园的学风和教风建设也日趋艰难，传媒教育者的困惑有增无减。

第一，传媒教育所必需的物质技术条件匮乏。如今的传媒教育，已不同于 20 世纪廉价的文科教育。随着传播技术的日新月异，媒介的技术装备日趋先进，进入传媒行业的门槛越来越高，传媒教育也是如此。要缩短学校理论教学与媒体业务实践的差距，新闻传播院系必须具备完备的实验教学条件，从平面媒体到电子媒体，特别是广播电视专业的专业实验设施，如演播室、高清摄影及编辑制作设备，需要大量的经费投入。但是绝大部分高等院校都把新闻传播类专业视为普通文科专业，很少有学校能够为新闻传播专业建设完备的实验教学设施。学校不重视，新闻传播院系无能为力。这样，在新闻传播类人才培养方面，在知识结构与能力结构方面，存在着严重的不平衡。在大多数情况下，学生们在知识体系建构方面可以达标，在专业技能的培训方面却严重不足。来自业界的评价也呈现两极化，少数重点大学的新闻传播学院教学质量稳定，学生的知识结构与专业能力得到业界的认可，但是大多数普通大学新闻传播院系的毕业生在职业能力上达不到业界的入门标准。这种情况越来越严重，必须引起大学及教育行政管理部门的高度重视。

第二，来自方方面面的要求与压力，令新闻教育者无所适从。新闻传播教育依赖于大学及社会各方面的支持。包括报社、广播电台、电视台、出版社、通讯社、网站在内的传媒业界，既是新闻传播各专业毕业生就业的基本目标单位，也是新闻传播人才培养过程中不可或缺的实践教学平台。在学校投入相对有限的情况下，争取业界的资助也是新闻传播院系筹措办学资源的重要途径。可是，近年来，随着新闻传播类专业的持续扩招，媒体接受专业实习生的能力也受到挑战，传媒单位对实习学生的选择更加挑剔，甚至有相当部分媒体还要向学生收取实习指导费。在就业市场上，媒体对新进员工的专业选择也趋向多样化，而对新闻传播类专业毕业生的学历和业务技能的要求也日益提高，在激烈的市场竞争中越来越多的媒体难以给予新进员工宽松的职业适应期。这种鲜明的功利意识反馈到大学，在很大程度上扰乱了新闻传播教育单位的教学安排。家长的要求也受到浮躁的社会心态的影响。基于长期以来的应试教育，家长普遍意识到，对于经过考试大战进入大学的学生而言，应该放松放松了。他们对业界的需求、人才市场的激烈竞争，还缺乏足够的心理准备。

第三，学风与教风日益颓废。在近三十年的市场化进程中，功利化成为社会意识领域的主流，浮躁成为大众社会心理的主要特征。这一切反映在高等教育界，就是学风和教风的颓废。在如今的大学校园，很难再看到20世纪80年代如饥似渴地学习知识的莘莘学子，很难再看到在图书馆争抢座位的热烈场面。学生进入大学后继续学习的动力严重不足，目标、方向感也扑朔迷离，很难坐下来认真看书，很难按照教学计划安排按时上课，迟到、早退、旷课现象越来越普遍。对学生来说，第二课堂的吸引力高于第一课堂，外部社会的吸引力远大于学校日常教学的吸引力。特别是新闻传播类专业的大学生，对他们最富诱惑力的是沸腾的业界动态和校园内的各种社团活动。与其他文科类专业的学生相比，新闻传播类学生最大的不足就是无法沉潜，坐不下来，阅读量严重不足。同样年龄同样年级的学生，在掌握的理论资源与人文社会科学的积淀方面，表现出很大的落差。另一方面，在教师教风上，也呈现出令人揪心的倾向。近年来大学持续扩招，高校普遍升级，大专升学院，学院变大学，本科教学点办硕士生教育，硕士点升格为博士点，成为中国高等教育发展的基本轨迹。许多新闻传播院系，教师虽然还是那么多，学生的规模却增长了几倍，而且学生的层次变得越来越多样化，过去只有本科生，现在有了硕士生，少数学校还有博士生。更何况还有日益频繁的社会活动，不断增长的纵向与横向合作项目，老师们能够用于日常教学尤其是本科教学的精力实在有限。相当一部分一线教师对教学缺乏激情，教学内容难以及时更新，教学形式相对单一，基于新媒体技术的教学手段难以推广，课堂教学无法展现吸引学生的魅力。这种应付式的教学活动，必然会影响到学生的培养质量，无法满足社会及业界的期待。

三　传媒教育者的呼吁

中国社会正处在全面转型的关键时刻，新闻传播也面临着有史以来最为剧烈的变局。在这种背景下，新闻传播教育要适应社会的需求，培养传媒业界急需的高级专业人才，需要多方面的共同努力。

第一，社会及业界要承担传媒人才培养的责任。社会特别是传媒业界与大学新闻传播院系是利益共同体，虽然分工不同，职能不一，但是它们的目标应该是一致的。新闻传播院系为传媒业界输送专业人才，满足其对人力资源的需求。这些传媒从业者担任着社会系统环境监测者的角色，履行着社会哨兵的职责。专业人才质量的好坏，直接影响到媒体运作的效率，影响到社会的和谐和永续发展。所以，在传媒专业人才培养方面，社会及传媒业界具有同样的责任。虽然学生是在学校学习，但是他们的出路在于传媒业界，最终还是要拥抱社会；虽然学校是传媒人才培养的主体，但是更多的教育资源，特别是物质资源掌握在社会系统，特别是传媒手中；虽然学校是学生人格形塑、知识体系建构的主要场所，但是学生职业能力、专业素质的养成，却更多地依赖于业界的实践平台。离开了社会系统和业界的支持，传媒教育将寸步难行。另一方面，社会系统、传媒业界如果得不到优质的专业人才补给，其运行将难以避免各种困扰。所以，支持传媒教育，在物质、道义上支持大学新闻传播院系，并非单纯意义上的付出，而是回报丰厚的投入。在这个意义上，支持传媒教育就是在支持自己。社会系统，特别是传媒业界，应该有这样的自觉，将支持、资助传媒教育视为自己不可推卸的社会责任。

第二，大学要改变对新闻传播类专业性质的认识，改进教学管理，优化教学资源配置。如前所述，一般大学普遍把新闻传播类专业视为普通的文科专业，一方面，不断扩大招生规模；另一方面，在教学资源的投入上又非常吝啬。由于当今的媒介环境日新月异，传媒业界技术装备的门槛越来越高，与高校新闻传播院系实验教学设施的差距越来越大。虽然近年来教育部在少数高校建设了十几个国家级传媒教育实验教学示范中心，但是绝大多数高校的新闻传播院系与业界的技术设施存在着"代沟"，有的差距还不止一代。这种装备落后的现实，影响到学生专业能力的建构，加大了学生就业后适应新岗位的难度。大学管理者必须改变对传媒教育的定位，重新认识新闻传播类专业的性质。要学习发达国家新闻传播教育的先进经验，把新闻传播类专业当作工科专业来建设，加大对实验教学设施的投入，用现代化的实验器材建设高水准的实验室，缩小与传媒业界技术装备的差距。这是时代的需要，也是新闻传播院系莘莘学子的呼唤，大学管理者应该积极回应这种呼唤。

第三，传媒教育工作者必须与时俱进，加倍努力。当今社会被称为媒介化社会，而媒介系统本身又正在经历着融合化的历史进程。不同性质媒介的功能聚合于一个统一的数字化传播平台，完全打破了20世纪不同性质媒体各自为战的格局。媒介形态的变化，对于新进入者的知识与能力结构提出了全新的要求。而新进入者的素质在相当程度上取决于他们的老师——传媒教育工作者。可以肯定的是，目前大学新闻传播院系的师资队伍绝大部分是20世纪培养出来的，是媒体融合时代前培养出来的人才。要适应今天的传播现实，传媒教育工作者必须与时俱进，克服自己的弱点与盲点，努力完善自己的知识与能力结构。如果没有这种自觉，没有基于这种自觉的自我教育或继续教育，就有可能被这个飞速发展的时代所淘汰。人生不满百，常怀千岁忧。在这个意义上，传媒教育工作者也面临着严重的生存危机，也应该有忧患意识。同时，在这个功利化与浮躁的时代，传媒教育工作者还要耐得住寂寞，不要为外部浮华的世界所牵引，要坐得冷板凳，须知，传媒教育是信息化时代最崇高的职业之一，在这个岗位上，教育工作者能够享受到比一般人更高的成就感和光荣感。热爱传媒教育，热爱学生，敬畏社会期待，善尽社会责任，应该成为传媒教育工作者自觉的选择。

总之，在社会转型、媒介转型的环境下，中国大学的新闻传播教育面临着诸多困惑，许多困难影响到传媒教育的持续发展，影响到新闻传播专业人才的培养质量，从而导致传媒教育社会评价的下降。但是，我们没有理由悲观，中国社会三十多年来的持续发展，累积了大量的物质财富，传媒的社会影响力空前提升，社会各界包括传媒业界逐渐意识到新闻传播教育的重要性及自己应该承担的社会责任，社会的批评已经在一定程度上引发了大学领导层对传媒教育的反思，一个有利于新闻传播教育持续发展的舆论环境正在形成。现在的问题在于传媒教育者自身，在于新闻传播院系对于教育革新的自觉和实行变革的意志，还有新闻传播院系整个师资队伍对于教育职业的责任感、荣誉感。如果传媒教育工作者能够践行自己的社会责任，利用这种有利的舆论环境，就有可能得到来自社会、业界乃至学校的各种资源，传媒教育的振兴将会由理想变为现实。

（本文原载于《新闻与写作》2011 年第 9 期）

新媒体时代新闻教育的转型

我们今天处在一个新旧交替的时代。从旧人的角度来看，颇有礼崩乐坏的悲凉之感；而在新人的视野里，未尝不是推陈出新的大好机会。在新闻教育领域，这种感觉尤其明显。旧的社会环境在崩解，原有的传媒生态被新的媒介格局所取代，脱胎于原有媒介体系和教育体系的新闻教育界栖栖遑遑，无所措手足，新闻教育向何处去？这不仅引起教育界的深思，更是信息时代整个社会系统普遍关注的问题。

一 新媒体时代与传统媒体时代

新媒体是相对于旧媒体而言的。电视相对于报纸、广播就是新媒体。不过在今天，新媒体主要是指基于数字传播技术的网络媒介。新媒体时代肇始于 20 世纪末 21 世纪初，但其源头可以追溯到 1946 年第一台计算机的诞生。1969 年，美国国防部高级研究计划署的阿帕网正式投入使用，这是人类历史上第一个计算机网络。1993 年 9 月，美国政府宣布实施一项新的高科技计划——"国家信息基础设施"（National Information Infrastructure，简称 NII），旨在以因特网为雏形，兴建信息时代的高速公路。这标志着网络新媒体时代的帷幕正式拉开。

新媒体时代与传统媒体时代的不同，主要表现在如下几个方面。

首先，信息传播从知识特权阶层垄断发展到全民参与。自信息传播从一种社会活动演变为一项社会事业，直到出版、报纸、广播电视的出现，传播领域的秩序基本上由知识特权阶层所控制。传播者、把关人只是少数受过教育的社会精英，信息传播基本上限于自上而下的单向流动，或由中心向边缘的辐射式传播。一般大众处于被动的接受者地位。进入网络时代后，情况发生了根本的改变，信息传播呈现出一种越来越明显的去中心化趋势，人人都有麦克风，人人都有摄像头，过去被动的信息接收者如今也成为信息的生产者、发布者。传统意义的传收对立的传播关系随之瓦解。普通大众的参与使得信息传播在越来越大的程度上消除了知识贵族的特征而具有全民性。

其次，基于数字传播技术的文化信息产业在国民经济体系中的地位大大提升。在网络新媒体出现之前，以传媒为主体的信息产业规模很小，能够吸纳的就业人口，能够释放的经济能量都很有限。新闻媒体主要是通过其报道和言论来影响舆论，进而影响社会。数字传播技术的发展，以及传播对社会系统的全面渗透，大大地增强了传媒媒介的经济服务功能。美国的 Google、Facebook、Twitter，中国的阿里巴巴、百度、腾讯、京东等，横跨社会各大行业，包括传媒产业，其规模市值都在千亿美元以上。整个媒体行业成为信息时代巨型的造富机器。

最后，信息传播对文化传承、经济发展、国家治理、社会进化的影响空前。在网络无远弗至、信息无处不在的情况下，传播的影响不仅限于守望社会、环境监测、传承文化，在社会动员、公民教化、舆论监督、国际交流诸方面，也扮演着越来越重要的角色。

以上变化，使得信息传播行业的内涵大大地超越了传统媒体的范围。由于技术门槛的降低，信息处理与接受不再为少数知识精英所垄断。一般公众也能参与到信息传播的过程中来。在这个背景下，人们对于新闻教育的期待，也不再限于媒体岗位所需的职业（专业）素养或技能，更多的是在坚持专业教育的基础上，将传播素养提升为信息时代公民的基本素质。

二 新时代人才需求、就业去向的变化

在新的媒介生态下，整个社会系统实现了在网络数字技术基础上的重构。社会的结构与功能都发生了重大的变化。各行业的人才需求亦随之改

变。这一切自然会反推至教育系统，引发教育系统的反思和改革。

首先，新闻院系学生的就业面向发生了变化。在传统媒体一统天下的时代，由于新闻院系基本上是按照现实的媒体结构来设置专业的，每一个专业对应一个特定的媒体或行业，如新闻专业对报纸，广播电视专业对应广播电视媒体，编辑出版对应出版行业等，新闻院系学生的就业取向，基本上是专业对口，学什么专业，就到这个专业对应的媒体或行业里面去就业。进入网络时代以后，一方面由于传统媒体及所属的行业开始萎缩，另一方面由于技术的发展，各种媒体之间的界限日趋模糊，特别是传播素养日益成为全民的基本素养，新闻传播院系的学生就业早已超越单一的媒体行业，而逐渐地实现了全方位的就业。来自媒体行业和教育部门的数据表明，不仅新闻院系的学生越来越多地走向媒体之外的其他行业，而且传媒行业在接受新员工方面，新闻传播类专业所占比例日益下降，而其他专业的比例则日趋上升。

其次，即便是传媒行业，对于新入职者的要求，也发生了根本性的变化。过去，传媒行业招收新入职者，更多的是面向与行业相对应的名牌大学名牌新闻院系，这些院系在专业教育方面有很高的水准，其毕业生在知识与能力结构方面，在适应性与发展潜力方面都达到了相当的水平。可是现在不同了，传媒行业尤其是新媒体行业，完全颠覆了对新入职者的知识与能力结构的要求，从过去单一专深的知识结构要求转变为跨（多）学科的综合的知识构成的要求。过去强调干一行爱一行，鼓励在某一固定岗位长期坚守，如今，则鼓励在整个新闻生产流程上自由流动，能够应对不同岗位提出的挑战。

最后，从强调技能至上到强调知识、能力与责任意识的平衡。在传统媒体时代，媒体从业人员的专业能力是至关重要的。从学校到媒体就业，职业技能是不可替代的核心竞争力。没有报纸行业的实践经历和实操能力，新闻学专业的学生根本就不可能进入报社。其他新闻类专业也是如此。进入网络时代，随着媒介融合与融合报道的发展，传媒业界越来越重视从业者职业技能外其他素质的拓展，如开阔的视野、广博的学识及社会责任感，以增强适应传媒行业发展的弹性。现实的新闻实践表明，新闻传播院系的毕业生，不能满足于职业技能的强化，而必须全面发展，至少在职业技能、综合知识与社会责任方面达致平衡。

很显然，对于传媒行业人才需求的变化，新闻传播教育界并没有做好相应的心理准备。所以在应对时显得有些慌张失措。

三　新闻教育转型的路径选择

要适应传媒行业的变迁和人才需求的变化，新闻教育必须进行彻底的改革，在此基础上实现结构性转型。愚意以为，当下新闻教育转型的路径，可做如下的安排。

第一，重新厘清人才培养目标和专业边界。新闻院系究竟应该培养什么样的人才，究竟是应该面向某一单一的媒体，还是面向包括不同（新旧）媒体的全媒体行业？是仅仅面向媒体行业，还是回应整个社会的人才需求？是应该将现有的不同的新闻传播类专业融合起来，还是应该对现有的新闻传播类专业结构做进一步的细分？这是必须首先解决的问题。答案可能不止一种，或许根本就没有统一的标准答案。不同的学校、不同的学院可以根据自己的理解来做出不同的选择。如果目标定位不清，专业界限不明，办学的人稀里糊涂，学习的人也会不明所以。在这个急剧转型的信息时代，新闻传媒扮演着重要的角色，其对于新闻教育界的期待与过去自然是不能同日而语。新闻教育界必须明了自己之所为与社会之所需的差距何在？如何才能培养社会需要的优秀传媒人才？

第二，创新课程体系。在明确培养目标、厘清专业边界之后，最重要的当是重构课程体系。课程体系的立足点是专业的目标定位，这个专业究竟要培养什么样的人才，其质量标准如何，要达到哪些具体的指标？在知识、能力、政治与道德素养方面，应该保持一种什么样的均衡？要达到既定的人才培养目标，课程体系是应该坚持原有的格局，还是进行一定程度的调整？如果必须要调整，是应该以做加法为主，还是以做减法为主？是否应该对某些相关的课程进行必要的合并，还是应该增加一些原来就没有的课程？或者，是否应该取消一些因为新的技术发展而遭到淘汰的老课程？课程体系的重构，关系到人才的质量规格，影响到学生的职业适应。没有一个合理的课程体系，教育就将落后于时代。合理的课程体系，必须立足于现实，同时又要富有前瞻性。这个现实，就是新媒体时代，各种媒体的传播实践。而前瞻则是对未来新闻传播实践发展趋势的适应。

第三，吸收新知，更新教材。合理的课程体系是实现人才培养目标的前提，但是课程体系又落实在一门门具体课程的基础上。承载课程的有两大核心要素：一是教师的教学，二是教材。客观地说，在当前的情况下，国内新闻院系的专业教材大多已经过时，其关于知识点的介绍、实操案例的选择、原理规律的论述，离今天的传播实践越来越远。新闻传播作为一个与现实联系紧密的应用型专业，必须紧跟时代的步伐。所以教材的编纂也应该与时俱进，关照当下最新的传播实践，吸纳最新的实践经验，荟萃最新的理论成果。这样的教材内容，才能与时代同步，与传媒实践同行。

第四，创新人才培养模式。在这里要强调两点。首先是开门办学。新闻教育不同于其他学科，它有一个庞大的传媒行业作为支撑，学生的学习目的和就业目标比较明确，传媒行业也有参与办学的积极性。所以新闻院系一定要面向传媒行业、面向社会，回应社会的期待。努力加强对社会、对传媒行业的服务，充分地利用传媒行业的资源，诸如专业实践基地、兼职师资、经费资助。同时新闻院系也可用自己的智力资源服务传媒行业的需求，为他们提供战略企划咨询等。其次是双师队伍的建设。有什么样的老师，就有什么样的学生。作为应用型文科的新闻传播类专业，其师资的配置与其他专业不同。其他基础学科专业，师资几乎全部是学术型的，必须有博士学位并且还要发表高水平的论文。但是新闻类专业的师资基本上是由两种不同的成分组成的。一是学术型的，这部分与其他学科的师资没有两样；二是技能型的，他们不是来自学校的博士，而是来自业界的高手，其主要职责就是帮助学生提升职业技能。这两支队伍相辅相成，缺一不可。新闻院系应该为这两支队伍的和谐共生营造良好的环境。

（本文发表于《中国社会科学报》2017 年 10 月 19 日）

铸　魂

——新闻传播教育的天职

　　在信息时代，没有比新闻传播更重要的职业；但是随着网络媒体的崛起，人人都有麦克风，人人都有摄像头，"公民记者"论开始甚嚣尘上。不过，在众声喧哗中，在信息弥漫和奔涌之下，公众并没有感到欣喜，反而平添了更多的不确定性和惶恐之感，人们还是在期待理性的声音。职业传媒人的公信力和权威性仍然是不可替代的重要品质，只不过，他们还要适应网络时代的传播现实，应该习惯于插上网络的翅膀。

　　新闻传播教育存在的价值在于向社会输送有专业理想、有职业能力、有道德操守、有大局意识的传媒人才。这种人才对于信息时代社会的有序运行，对于媒介社会的社会沟通，对于文明的传承是不可或缺的。习近平最近在和新闻工作者的座谈会上说："做好党的新闻舆论工作，事关旗帜和道路，事关贯彻落实党的理论和路线方针政策，事关顺利推进党和国家各项事业，事关全党全国各族人民凝聚力和向心力，事关党和国家前途命运。"在这个意义上，新闻传播教育可以说是百年大计。

　　所以在中国高等教育迅猛发展的情况下，新闻传播教育成为高等教育界的一个不可或缺的重要领域。以中国当下的情况而论，截至 2015 年底，全国有高等学校 2824 所，其中 681 所大学开设新闻传播类专业，开设新闻传播类专业的高校占全国高校总数的约 1/4。而"985""211"大学中开设新闻传播类专业的比例高达 55.9%。可见大学层次越高，创办新闻传播教育的积极性越大。这些学校共设有 1244 个本科专业点，其中新闻

326 个，广电 234 个，广告 378 个，传播学 71 个，编辑出版 82 个，网络
与新媒体 140 个，数字出版 13 个。其本科生在校学生总规模达 22.5691
万人。① 这还不包括研究生，事实上，许多重点高校研究生的招生规模远
远超过了本科生。

　　新闻传播教育一片繁荣，同时也面临着社会各界的批评。首先是表面
上的问题，在媒介融合如火如荼的背景下，新闻传播院系的专业设置却越
来越细，专业之间的壁垒越来越深，似乎与社会进化、传播大势背道而
驰。新闻传播院系的毕业生到传媒行业就业的比例呈持续下滑的态势，此
不赘述。其次是内在的问题，即繁荣表象下的问题。这方面的问题集中体
现在教育过程中一些主要矛盾关系的轻重失衡。具体而言，有如下四点：
一是重物质而轻精神。在办学理念上，重视硬件建设，物质投入增加了，
技术条件大大改善了，却忽略了软件建设，忽视了文化建设，以致精神境
界没有随着物质一起提升。二是重技巧而轻操守。把新闻传播视为一种普
通的职业，专注于职业技巧，而忽略了新闻传播的社会责任，忽略了传媒
行业的职业操守和行为底线。三是重知识而轻道德。无论是教师还是学
生，大多都以为学生的天职是学习，摄取知识，却不知道德的重要性，忽
略了做人优先于做学问的基本道理。四是重现实而轻理想。现实是行为的
出发点，但不应该成为人们的最终归宿。我们的行为应该立足于现实，但
是应该有高于现实的理想追求。但是我们现在的教育，只注重引导学生如
何尊重现实，与现实妥协，却没有给学生愿景，没有引领学生追求理想。

　　总之，现在中国的新闻传播教育，表面上轰轰烈烈，蔚为大观，十分
繁荣。实际上问题严重，其要害之处在于拘泥于现状，落后于现实，丧失
了理想，忽视了灵魂。须知，从古到今，中外的教育家们无不把教育的本
质定位为格物致知、形塑人格、净化灵魂，三者缺一不可。可现实的情况
是，我们只是关注了致知，而忽略了人格和灵魂，尤其是灵魂。这里所谓
的灵魂不是宗教意义上的灵魂，而是属于意识形态范畴，它是指在一定的
教育和社会环境的熏陶影响下，经过主体长期的积淀和内化而形成的理
想、信仰、人格、责任感、价值观等精神内涵。这种精神内涵一旦形成，

---

① 本数据系教育部新闻传播学教学指导委员会 2015 年底的统计数据。

将会在一个比较长的时间内保持稳定，不仅会对主体的行为产生导向性的作用，而且还会对其同伴或所在的群体的心理认同产生一定的影响。

在当下，中国新闻传播教育界最应该做的事情，是在教书育人的过程中，营造良好的学习氛围，在建构学生合理知识和能力体系的前提下，重视学生灵魂的熔铸和精神的引领。应该说，在新闻传播院系学习新闻传播类专业，专业知识摄取和业务技能的锻炼，自然是题中应有之意。但是如果没有高尚而纯洁的灵魂，没有崇高的精神境界，即便具备了完备的专业知识，掌握了高超的专业技能，也未必能够在传媒岗位上服务人民，为社会的进步提供正能量。

因此，为新闻传播院系的莘莘学子熔铸专业之魂，升华他们的精神境界，乃是新闻传播教育工作者的天职。但是专业之魂本身，内涵丰富，博大精深。专业之魂的熔铸，更是一个复杂的系统工程，涉及人才培养过程的各个环节，每个层面。从课程、教材、教师、实习，到培养模式及全程教学计划，无不影响到学生的内在精神。作为一个教育工作者，我以为可以从如下几个方面努力来达成铸魂的目标。

第一，责任感。责任感乃是一种意志力的表现。它是主体不仅对自己，更重要的是对他人、对家庭、对组织、对社会、对国家，乃至对自然界，主动积极地施以正面、积极影响的心理状态或精神状态。这种责任感在本质意义上，肯定主体利己的行为，但是同时又必须利及他人、利及组织、利及社会、利及国家，而且当个人的利益与组织、社会、国家的利益发生冲突时，要以后者为优先考虑。责任感与责任最大的不同，在于责任是主体分内应做之事，有不得不做的被动性质；而责任感则是主体积极自觉地做好分内分外一切有益事情的一种主动的精神状态。新闻传播专业学生的未来，是从事新闻传播事业，这一职业最大的特点是公益性，故责任感是从事这一职业的基本前提。

第二，使命感。在社会系统中，每一个人都有属于自己的并且适合于自己扮演的社会角色，如医生、教员、牧师、军人、科学家等，与这种角色直接对应的责任、任务或者命令，就是使命。使命感则是主体对这种属性的追寻和实现。新闻传播职业被定位为社会的瞭望者、公平正义的守护者、社会文化的传承者，对于社会的有序运行，对公众利益的维护，不可或缺。由于在履行职业使命时，必然会牵动既有的利益格局，所以连带地会产生一定的风险。在和平时代，记者可能是风险系数最大的职业。但是新闻报道事关国家和人类的命运，所以从事此业者，必须有强烈的使命感，乃至为了使命奉献生命的勇气，正如孟子所言，"虽千万人，吾往矣"。没有这种精神准备，传媒人是难以胜任自己的角色的。

第三，信仰。一般来说，信仰是主体的一种强烈的情感体验，是一种心灵的产物。它表现为主体对某种宗教、主义、主张，或者对某种人、组织，或者是对某种事物的信奉和敬仰。强烈的信仰是人们行为源源不绝的动力，它会排除一切障碍，使人们不达目的不罢休。在当代中国，对马克思主义理论、对共产主义愿景的信仰，是传媒人的精神皈依和职业行为的动力。当然，在一个日趋多元的社会，人们的信仰也会趋向多元化。信仰自由是宪法赋予的基本人权，只要是不违背人类的共同价值，只要不危及人类共同的利益，只要不是极端的主义和信条，这种信仰就值得肯定，就应该坚持。不同信仰的人们从事着同一的事业，有利于从不同的角度共同推进这一事业的发展。

第四，理想。理想是对未来的愿景，是主体对未来美好的想象和希望。理想是人生的奋斗目标，有理想才会有追求。在这方面，理想与信仰有相同之处。但是理想是源于实践、基于现实的有可能实现的向往和追求。理想不是空想、不是幻想，更不是妄想。新闻传播教育应该引导学生适应现实，但又应该鼓励他们超越现实，不满足于现状。新闻传播院系应该给学生以未来的愿景，给学生以理想，但是这种理想、愿景，应该有其实现的现实和可能性。有理想的新闻工作者，才会有进取心、创造性，才会有绵绵不绝的原动力。

第五，价值观。价值观是主体对各种客观事物的评价，这种评价往往是从是非、善恶、轻重等维度展开的。诸如民主、自由、平等、幸福、权威、服从、诚信、自尊等，在主体的心目中，自有主次轻重之分，是非善恶之别，从而构成了他的价值体系。人们的价值观的形成是一个漫长的过程，家庭、学校、朋友、媒体都会在不同的程度上影响到它的形成。而价值观一旦形成，就会在相当的程度上决定人们的态度和行为。大学是学生价值观形成的重要阶段，应该在培养过程中，通过完善的课程体系和实践环节，帮助学生形成正确的价值观，从而为其今后的职业生涯打下坚实的基础。

第六，道德。道德是一种社会意识形态，是调节人们行为的规范或准则。道德常常以善恶为准则，通过内心信念、社会舆论和传统习惯来评价人们的社会行为，调整现实生活中人们之间包括人与人、人与社会间的相互关系。有一般的道德，也有行业或职业的道德。新闻传播是一项影响深远的公共事业，其职业道德准则对于传媒的有序运作，具有重要的意义。所以，新闻传播院系在给学生灌输知识的同时，应该使学生具有完备的道德理念，使学生掌握判断善恶的标准。这样才会有有操行的传媒人和有道德的媒体。

第七，人格。人格主要是一个心理学的术语，它是指主体独特的稳定而统一的心理品质，是融合思想、情感和行为于一体的心理特征的总和。一般而言，人格由两个部分组成，性格和气质，性格主要体现在行为模式上，气质则主要体现在心理活动层面。人格最主要的特征是独特性，世界上没有两片完全相同的树叶，也不可能有两个完全相同人格的人。所以特立独行是人格的核心诉求。新闻传播重视独家视角，多元社会要求多样思维，唯有人格独立，唯有张扬个性，传媒才不会成为划一的世界。

第八，理性。理性往往与感性、激情相对应。理性一般是指主体能够自信、冷静地面对现实和问题，基于现有的科学理论与方法，通过判断、分析、综合、比较，运用合理的逻辑推理得到确定的结果。理性这种思维品质对于新闻传播从业者特别重要，在信息化时代，时空的压缩，节奏的加快，要求及时、正确、全面地报道现实世界的变化。这就要求新闻工作者以冷静的心态，求真务实的态度，处理新闻事件。而绝对不能以感性的态度，煽情主义的手法，放任自己的激情。唯有理性，才能维持传媒的公信力，才能彰显传媒人的权威性。

传媒人的专业之魂是传媒人所以区别于其他职业，确保自己权威性、公信力的根本条件。而这种专业之魂又有着丰富的内涵，包括责任感、使命感、信仰、理想、价值观、道德、人格和理性。这种内在的精神内涵的形成，在相当的程度上依赖于大学教育。换言之，大学新闻院系是浇铸传媒人专业之魂的熔炉，通过合理的课程体系，周到的导师引领，前沿的社会实践，水滴石穿，积沙成塔。在这个意义上，传媒教育工作者责任重大，要想让受教育者得到教育，教育者必须先教育好自己。同样，要让学生具备专业之魂，新闻传播院系的教师们则必须事先拥有。这是教育者的天职，也是教育者的使命。

2014年春节，笔者感于时势变幻和传媒行业的艰困，仿四言古诗作了一首《传之魂》，现录于下，以与读者诸君共勉。"喻家山麓，东湖水滨；乔木参天，人杰地灵。学子问津，切磋争鸣；楚才砥柱，于斯为盛。大学之道，善止德明；矢志弘毅，木铎金声。春秋大义，昭彰群伦；天听民听，至真至诚。经世文章，鉴古察今；闯关越险，拨乱反正。迁固风流，铁笔垂勋；术精思锐，求微索隐。匡扶社稷，与时俱进；秉中持正，求新博闻。穿云破雾，洞照万仞；天地共鉴，斯为传魂。"

（本文发表于《新闻与写作》2016年第9期）

媒介转型对新闻教育的挑战

当今社会，常被称为信息社会或媒介化社会。大众媒介对社会的渗透可谓无所不在、无孔不入。人们无法想象一个没有传播的时代。我们依赖信息媒介，传播成为社会共同体的黏合剂。我们的思维情感、生活方式、活动空间，乃至社会愿景，都与我们的媒介素养及社会的传播发展直接或间接相关。最近一段时间以来，世界信息传播的总体格局正在发生重大的变化，或者说正在进行着深刻的转型。在中国，除了与一般国家相同的媒介融合趋势以外，还有一个更为重要的体制转轨问题。也就是说，体制转轨与媒介融合，正在影响着中国目前的传播生态，而且给中国的新闻传播教育提出了新的挑战。

一 中国传媒的转型

近年来学界、业界关于传媒的转型有很多的讨论。这些讨论大多集中在两个主要的方面：一个是传媒体制的转型，另一个是资讯传播技术发展带来的媒介融合。传媒体制的转型在中国是一个持续了三十余年的历史过程，与改革开放三十年的历史进程互为表里。从初期的事业单位到事业单位企业化运作，从 20 世纪 90 年代开始传媒集团化及投融资体制改革，到进入 21 世纪，开始把传媒看作文化产业或文化事业。根据中央文化体制改革的基本要求，我国传媒已进入了事业与企业两分开的时代。不同性质的媒体实行不同的改革策略。随着传媒改革力度的加大，中国传媒在市场化的道路上大踏步迈进。传媒企业越来越强，传媒集团的规模越来越大，由过去单一媒体的裂变到跨媒体的兼并融合，再到跨地区的传媒集团的建立。一个媒体，一个传媒集团就成了一个社会的缩影。传媒景观远非昔日所能想象。在经济全球化、经济信息化的知识经济年代，传媒集团不仅是一个日益增强的经济组织，更是一个充满活力的学习型组织。知识资本而不是政治资本在越来越大的程度上成为传媒的核心竞争力。

至于媒体的融合，更是当下学界、业界的热门话题。媒体融合应该说是 20 世纪晚期资讯传播技术，特别是计算机网络技术迅猛发展的产物。应该怎样来解释媒体的融合？学界是见仁见智。"媒介融合"（media convergence）这一概念最早由美国马萨诸塞州理工大学的浦尔教授提出，其本意是指各种媒介呈现出多功能一体化的趋势，这种关于媒介融合的想象更多地集中于将电视、报刊等传统媒介融合在一起。还有一个美国学者也谈到了这种媒体融合，他把媒体融合定义为印刷的、视频的、音频的以及互动性的受众媒体之间进行的战略性、操作性的文化上的融合。这种媒体融合已经不仅仅是一个理论上的想象，而是一种有着实在进展的传播实践。不仅在西方发达的传播大国，媒体融合如火如荼，就是在中国内地，在最近几年因政策推动，特别是由于"三网合一"的国家战略，加之媒介自身动力的推进，媒体融合进展迅猛，尤其是中央级权威媒体和发达地区重要媒体，在融合的道路上迈开了大步。

无论是循序渐进的传媒体制转型，还是迅猛发展的媒体融合，都在越来越大的程度上改变着当今社会的传播景观，影响着传播内容与传播形式，进而对媒体从业者的知识结构和素质能力提出了全新的要求。这必然会进一步回馈到新闻传播专业人才的培养环节，从而对高等新闻传播教育产生重要的影响。

二　转型背景下新的传媒人才需求

在媒体转型的背景下，传播业界的人才需求出现了哪些变化？这是每个新闻教育工作者必须正视的问题。因为它直接关系到新闻传播教育的生存与发展，影响到新闻传播教育改革的路径选择。笔者以为，新闻传播业界的人才需求变化主要表现在如下三个方面。

1. 新闻传播业界人才需求的多元化

随着传媒产业的发展及其集团化趋势，特别是跨媒体、跨行业综合传媒集团的出现，传媒组织的人才需求日趋多元化。它们不仅需要传媒专业采编、广告营销人才，更需要管理、策划、金融、技术、会计甚至法律等方面的人才。也就是说，现在的新闻院系、新闻传播专业并不是传媒组织唯一的人才需求来源。而且，新闻传播专业人才在传媒组织总体人才需求中所占的比重在持续下降。换言之，传媒组织不仅面向新闻院系，而且面向整个教育系统；不光面向国内教育系统，而且面向全球范围，寻觅它们所需要的人才。

此外，新闻院系人才培养的目标定位也在悄然发生变化。过去主要是面向媒体组织，如今企业、党政机关等，也成为新闻院系毕业生的主要输出方向。也就是说，传媒组织不是新闻院系的唯一主顾，新闻传播教育必须拓展自己的视野，认清自己必须服务好的各位"上帝"，准确把握其需求差异及变动曲线，所生产的人才产品才会适销对路、畅行无阻。近年来一些数据表明，国内一流大学新闻传播院系的毕业生，包括中国人民大学、复旦大学、华中科技大学，只有30%左右的学生走向了传媒组织，而70%左右新闻传播专业的毕业生走向了其他行业。对于这种人才需求的变化，新闻教育界必须予以正视。因为只有按需生产，才能有效地满足供给。

2. 业界对传媒专业人才本身也提出了新的要求

长期以来，由于新闻工作的特殊性质及中国的特殊国情，我们对于新闻传播专业人才的要求，被简单地归纳为"又红又专"，既要党性强，又要业务精。应该说这种要求到现在也没有过时。但是由于我们对于"红"和"专"的褊狭理解，在新闻教育领域，影响了新闻传播人才品质规格的全面提升。在传媒转型的背景下，对新闻传播专业人才的品质规格，应该有新的理解。我认为在坚持"红""专"统一的前提下，对新闻传播专业人才还要提出三点具体的要求。

第一，成为全能型传播人才。也就是说在媒体融合的背景下，新的新闻传播人才应该能够适应传播业务流程中不同新闻岗位、不同工作环境的流动，掌握纸质媒体、广播电视媒体乃至网络新媒体运作的基本技能，也就是说，对全媒体领域的十八般武艺，新闻传播人才要样样精通。

第二，做有深度、有思想的观察者。新闻工作者不仅要能写、会采访，更重要的是还要有深度、广度和高度。仅仅掌握采写技巧是远远不够的，这样的人充其量只是一个懂得码文字的工匠，这并不需要高深的学养，甚至一个高中生就可以做到，在简单的手工作坊就可以训练出来。在媒介化时代，信息爆炸的社会现实，使得新闻传媒及其从业者不仅要尽环境守望者之责，更重要的是还要扮演社会领航者的角色。这就要求传媒工作者必须具备高出普通人的思想广度和深度，不仅能够描述变化的社会万象，更能解读万象变幻背后的本质，揭示社会发展的趋势。

三是要有强烈的社会责任感和深厚的人文情怀。作为社会的守望者和领航者，为了彰显其公信与独立，传媒工作者不能不保持一定的超然地位，与现实的利益关系做适度的切割。但是，他绝对不能置身事外，只是作为一个冷峻的报道者，仿佛一切与他无关。新闻传媒工作者必须具有强烈的社会责任感，对公平正义、社会发展、民生福利保持深切的关心；必须敬畏生命，服膺真理，对弱势群体要有真诚的同情，对强权和不义要敢于直面抨击。如果没有这样的人文情怀，新闻传媒及其从业者存在的价值就会大打折扣。

3. 业界对传媒专业人才需求的相对饱和

进入 21 世纪以来，中国经济高速发展，各行各业的人才需求日趋旺盛。但是，新闻传播领域的人才需求虽然在持续增长，其增幅却明显低于其他行业。是什么因素导致了这种饱和状态的出现？一是目前传媒领域大力推进的集团化和经营合理化，要求对人力资源进行优化配置，即要求以最少的人力资源投入产出最大的价值，特别是媒体融合的趋势对全能型传播人才的需求，使得媒体为使其规模与业务量相当，设岗数大为减少。同时，国内由政府主导推进的媒体结构调整，使得绝大多数县级报纸被取消，以及对地、县（市）级电视台自办节目的限制等等，在一定程度上压缩了新闻传播专业人才的需求空间。

三 新闻教育体制的不适应症

相对于媒体的转型，新闻传媒教育基本上仍停留在 20 世纪八九十年代，本着那个时代的思维，以不变应万变，以至于整个新闻教育界原地踏步。面对眼花缭乱的社会现实，新闻教育领域表现出了诸多的不适应症。

1. 陈旧的教育理念束缚了新闻教育发展的空间

教育理念陈旧是新闻教育界存在的重要问题。这主要表现在如下三个方面。一是目标定位与就业指向过时。在人才市场需求日趋多元的背景下，新闻院系在日常教学中仍然强调专业对口。似乎新闻传播专业的学生只有到媒体部门就业才算是正途，否则就是不务正业。殊不知，国内高校新闻传播专业约 70% 以上的毕业生走到了非媒体岗位，在企业、社会、政府部门找到他们的归宿。即使是到传媒部门，也未必就是到采编岗位工作，而是面向媒体传播业务全流程的不同环节。过于狭隘的定位与就业指向，束缚了学生在就业、创业方面的想象力，在一定程度上不利于业界相关需求的满足，从而阻碍了新闻传播教育的发展。二是对于专深的过分执着。新闻教育界存在着这样一种趋向，课程设置、内容建构越专深越好，似乎专深就代表着水平、代表着品质。这样一来，专业之间的界限越来越明晰，乃至出现了专业鸿沟，学平面媒体的，不了解电子媒体，反之亦然。这与国际高等教育界淡化专业色彩的潮流背道而驰。由于课程设置过于专业，专业与专业之间缺乏融通，学生的社会适应性大打折扣，一旦找不到对口的专业，就难以实现跨专业就业。三是职业意识的偏颇。我们到现在仍在强调新闻与宣传的共同性，在专业教育中更多地强调政治挂帅，更多地强调服从党性，传播意识、受众观念与职业精神没有得到应有的重视。在这种职业意识的指导下，我们培养出的学生大多遵守纪律，服从全局，坚持党性。但是在专业精神、创造意识和社会责任感方面严重不足，这种情形与信息时代社会对媒体及其从业者的期待是背道而驰的。

2. 大工业生产模式与细分化人才需求的矛盾

新闻传播教育是工业时代大众化报业发展到一定阶段的产物。这种时代特征决定了新闻传播教育的生产模式。不同的大学不同的新闻院系，基本上是按照同一模式、同一规格、同一流程，也就是说按照大工业生产的思路生产品质相同的专业人才，这些专业人才的目标指向也是同一的。可是如今在工业领域，相同规格产品的大规模生产已逐渐被精细化、个性化的生产模式所取代。如生产同一规格或级别的汽车，在颜色、配置等方面，消费者会有不同的需求。如果产品完全相同，固然能够满足部分人甚至是大部分人的需求，但是必然会有一部分人因为局部的不满意而转向其他产品。新闻传播专业人才的培养也是如此。同样是面向报纸，不同的报社，如党报、都市报、专业报等对人才的需求会表现出相当的差异；同样是面向电视台，不同的电视台以及电视台的不同频道，对专业人才的规格也会有不同的要求。但是，我们的专业人才教育，培养模式、课程体系，乃至教材教案，基本上都是根据统一的国家标准设计的。同一规格的产品，面向不同趣味、不同要求的消费者，这是当前新闻教育界的又一重大问题。

3. 既有新闻教育格局与媒介融合的矛盾

现有的教育格局或者说专业格局基本上与传媒格局是相适应的。长期以来，在传播业界，大体上划分为报纸、广播电视、出版、广告、网络新媒体等几大领域。与此相对应，高等学校新闻院系的专业设置，也是新闻、广播电视、出版、广告、网络等专业并列。专业与专业之间壁垒森严，不相往来。可是自进入21世纪以来，随着资讯传播技术的发展，媒体融合已经成为传播发展的基本趋势。媒体融合及融合新闻的发展，提出了一种全新的人才需求。这种人才应该能够适应传播流程中不同新闻岗位、不同工作环境的流动，掌握纸质媒体、广播电视媒体乃至网络新媒体运作的基本技能，属于全能型传播人才。很显然，这样全能的传播人才，在现有的新闻传播教育格局下是难以培养出来的。因为专业与专业之间的鸿沟，在一定程度上阻断了彼此之间的交流与互动。在这种情况下，学生的跨专业学习能力和跨专业适应能力自然就很弱了。

4. 老化的课程体系难以应对媒介转型的挑战

与专业格局相适应，专业课程教学体系也严重老化。它与媒体融合及融合新闻语境下对媒体从业者知识与能力结构的要求之间，存在着很大的落差。现有课程体系的老化，不仅体现在失败的外语教学和政治理论课学分的占比过大，而且在专业课程设置方面，也延续了过去几十年的传统。业务课程将采访、写作、编辑、评论分开，独立授课，忽略了这些课程之间的内在联系，不断重复，相互矛盾；新闻史课程则中外分治，割裂了中外关联，忽略了世界新闻历史的整体性；课程的内容指向，则是基于专业导向，忽略了不同媒体之间日益融合的总体态势，忽视了业界火热的生活现实，理论与实践脱节，历史与现实割裂，中国与外国隔离，等等。课程体系问题必然会反映到人才培养的质量和规格上，不解决这个问题，新闻教育界将难以满足社会及业界的期待。

5. 现有的技术装备无法满足现实的需要

根据教育部 1998 年颁布的学科专业目录，新闻传播学下属各专业应归属于人文学科。这一学科定位给新闻传播教育带来了很大的困扰。在高校一般管理者看来，既然是文科专业，自然就没有实验室建设的问题，充其量就是购置一些电脑。其实，在国际高等教育界，几乎所有国家的新闻院系，都是被当作工科专业来建设的，至少被看成是文科中的工科。教育界的共识是，新闻传播专业教育必须按工科的要求投入，按工科的要求建设教学实验设施。应该说，国内新闻教育界在 20 世纪末期，随着高等教育的迅猛发展，在物质技术装备方面有很大改进。但是国内新闻院系现有的教学实验设施基本上都是基于原有的新闻传播格局建设而成的，其理念与运作，已远远落后于媒介融合语境下的新闻传播实践，以致学校新闻教育与媒体实际业务运作方面的差距越来越大，学生的业务技能和上手能力无法满足业界的需要。

6. 专业教师的知识与能力结构不合理

教育的主体是学生，而其根本则在老师。有什么样的老师就有什么样的学生，老师的水平决定了学生的水平。应该说，近十年来，高校新闻院系的师资结构在改善，高学历的老师在成长，新进青年教师成为教师队伍的主体。但是问题也不少。20 世纪八九十年代，新闻院系在师资队伍方面存在的主要问题是，来自其他专业的非科班出身的老师是师资队伍的主体，其中大多数教师尤其是业务课程的教师又没有业界经历，在这种情况下，不少老师的教学是纸上谈兵，在专业意识上老师甚至不如学生强烈。如今，新闻院系的老师基本上是科班出身，而且博士学历所占比例持续上升。但是现在又出现了新的问题。首先是具有业界经历的老师比例过低，学校的考核导向是鼓励学术型老师，业务课程教师发展空间有限；其次，受制于专业细分的教育格局，教采访的不搞写作、评论，教编辑的不懂评论、采访和写作，研究报纸的不关注广播电视、网络新媒体，绝大多数老师知识面过窄，面对学科融合与专业交叉，惶然无措；再次，理论脱离实际，对于业界媒体融合大潮，既缺理论分析也缺实际操作，涉及新媒体业务时，学生反过来能成为老师的老师。高校新闻院系专业教师的这种知识与能力结构，显然落后于实际，难以应对媒体转型语境下的挑战。

四　改进新闻传播教育的路径

如前所述，在媒体转型语境下，新闻教育界面临着新的挑战，已然表现出种种不适应。那么，怎样才能克服这种不适应，正确地应对环境的挑战，激发新闻教育持续发展的动力呢？只有改革。唯有通过改革来实现新闻教育的自我革新，才能推动新闻院系克服惰性，迎难而上，与时俱进。笔者认为，新闻教育改革可从以下四个方面着手。

1. 观念更新

人才培养质量的高低，取决于办学者和教育者的基本理念。只有在先进、科学的教学理念指导下，才能办出社会满意的新闻高等教育。如前所述，教育理念的陈旧已经严重地制约了新闻教育的发展。要实现观念的更新，至少要解决如下三个问题。首先是培养什么人的问题。目前新闻教育界最大的弊端就是目标一致、标准同一，几乎所有的新闻院系都是按照一个规格培养人才。这是一个巨大的历史错误。要改变这一点，各高校新闻院系应该根据自己不同的情况，不同的办学条件和历史传统，结合人才市场多样化的需求，提出具有独家特色的培养方案，与其他高校新闻院系实行差异化定位，如此才能办出自己的特色。其次是怎么办学的问题，是关起门来办，还是开门办，也关系到学生的品质与对社会需求的满足程度。在这个信息化时代，新闻院系必须开门办学。开门办学有两层含义。一是加强与媒体及社会的互动，建设开放的传媒教育平台。媒体可以向新闻院系提出订单，明确指出人才培养的具体规格；媒体负责人可以担任当地新闻院系的兼职教授，直接介入教学过程；媒体本身又可以向新闻院系提供专业实践的平台。在与媒体的合作中，新闻院系也不全是被动的，新闻院系不仅可以向媒体提供急需的人才，开展媒体所需的员工继续教育，还能够接受媒体的委托来推进相关战略咨询与研究工作。二是加强新闻教育领域的国际合作，不仅要加大国际学术交流与合作力度，还要实现与国际一流高校新闻学院的接轨，扩大交换生规模，实行互认学分制度，拓展学生的国际视野。再次是如何看待学生在教学中的地位。在教育思想史上，早就有教学相长的说法。可是我们在实际的教学过程中往往会忽视学生的主体地位，实际教学基本上是以老师为主体，一切围绕着老师进行。学生的主动性、学生的个性条件、学生的正当需求、学生的接受能力，难以引起老师的重视。教学过程难以做到有的放矢，缺乏针对性，结果自然会影响到人才的质量。所以必须正视学生在教学过程中的主体地位，一切围绕学生，一切为了学生，来展开新闻院系的教学研究工作。

2. 队伍建设

一流的新闻教育依赖于一流的教学平台，一流的教学平台依托于一流的专业师资。师资队伍建设是新闻教育的核心所在。师资队伍建设，首要在于结构合理。一个学院、系，其专业师资应该包括来自不同专业、不同学校乃至不同国籍的学者，这种多样化的学缘，有利于学科交叉和彼此互补，有利于形成和谐的小气候。同时，专业师资中还要有一定数量的来自业界的具有媒体从业经历的精英，这对于新闻传播专业业务课程的教学是一笔重要的财富。此外，在年龄结构方面，还要呈合理的梯形结构，年龄的高低应与教师的人数成反比，这样的年龄结构有利于新老交替，同时保持过渡中的稳定。其次，在队伍建设达到一定程度时，要把机制建设放在首位。要保持队伍的活力，激发队伍的创造力，就必须形成一定范围和一定程度的竞争和激励机制，通过竞争与激励机制，奖优罚劣，引领师资队伍不断进取、敢于创新、勇于超越。没有竞争，新闻院系就会成为一潭死水，毫无生机。但是竞争不等于一切，竞争也不是解决所有问题的灵丹妙药。事实上，在新闻院系这个知识分子的圈子内，只强调竞争是不够的，只有竞争，没有合作，就无法造就一个和谐的人居环境。只有把竞争与合作联系起来，形成一个既竞争又合作的人力资源管理机制，现有的师资队伍才能支撑起新闻传播教育的大厦。

3. 组织再造

目前国内各高校新闻学院的组织结构，绝大多数是在学院下设系。由于国家教育部颁行的专业目录规定，新闻传播学一级学科下设新闻学、广播电视新闻、广告、编辑出版等四个本科专业，所以各新闻学院一般据此下设四个专业，系的名称与专业保持一致。在系下一般再根据课程的相关性设立若干教研室。专业跟系等同的组织模式几十年来一直没有变化。这一模式最初来源于台湾政治大学，几十年前在确立时有其合理性，这主要表现为有利于突出专业特色和学生的社会适应。但是，如今社会发展、业界环境远非昔比。随着信息传播技术的发展，不同媒介之间的边界日益模糊，在数字化技术平台上，出现了媒体融合与融合新闻的趋势。在这种背景下，新闻学院原有的组织结构就显得不合时宜了。首先，现有的院系组织结构，刚性十足，每个系都相对独立，是一个小而全的封闭圈子，系与系之间缺少横向交流，不利于在全院的范围内优化人力资源的配置，发掘教学资源的潜力。其次，过去的每个专业，其目标都是瞄准一个单一性质的媒介（或传播）领域，如新闻系面向报业、广播电视系面向广播电视业、编辑出版面向出版业、广告面向广告与市场营销业。可如今，专业面对的媒体或专业领域已经发生了变化，如报社早已上网，网上不仅有文字，更有视频；广播电视与出版行业，也涉足报纸与网络；通讯社不仅出版报纸，兴办出版社，开办新闻网站，而且涉及网络、电视台。变化的业界需要能适应业界全流程不同岗位的通才，即便是记者也要是全能记者。而专业的课程体系与人才规格的设计仍然照旧，没有跟上时代的步伐。新闻院系要与时俱进，就必须再造组织体系，以一种更加柔性的教学组织，适应社会新的人才培养需求。

4. 课程重构

现有的课程体系存在着很多问题，十分不利于专业人才培养。一是硬性的公共基础课比例过大，学校学院在这一块都没有自主权。仅外语一门课就占了总学分的10%以上，而且效果很差，四年本科下来，外语成绩不进反退。政治理论课也在相当程度上炒现饭。二是专业课程的设置基本固化，在一定程度上照顾老师的既得利益，几年甚至几十年一以贯之。如新闻业务课程，多年来就是新闻写作、新闻采访、新闻评论、新闻编辑、新闻摄影分设，新闻史教学也是分成中国新闻史和外国新闻史，没有人对其合理性提出质疑。事实上，学生和业界都了解这样设置课程的弊端，并且建议考虑到课程之间的内在联系，进行必要的整合。三是专业课程开设越来越深、越来越细，专业学分越来越高，比例越来越大。这与各新闻院系学科发展的现状密切相关。要发展学科，提高办学平台，就必须增加专业师资。专业老师增加了，就得考虑为他们度身定制开设课程，否则，这些老师就无法在高校安身立命。也就是说，现在新闻院系的课程设置并非出自实在的社会需求，反而在相当程度上出现了因人设庙的倾向。要提高专业人才培养质量，满足社会对新闻传播教育的期待，就必须对现有的课程体系进行结构性的改造。为此，可以从三个方面着手：基于新闻传播的业务流程和课程内容之间的逻辑关联，对现有的课程进行必要的整合，如采访与写作合并，外国新闻史与中国新闻史重组等；对一些现在没有迫切需要的课程，或者可以在更高层次开设的研究性课程，要大胆删减，须知减法有时比加法更有用；对一些过去没有，而现在特别需要的理论知识或业务技能，如融合新闻业务、新媒体技术等，应努力想办法开设。只有通过这些努力，陈旧的课程体系才能在根本上得以更新，新闻传播专业人才的规格和品质才能满足社会和业界的需求。

总之，在媒介转型的语境下，中国新闻传播教育面临着诸多困难和挑战，新闻传播院系已经不能再因循守旧，得过且过了。新闻传播院系及教育工作者要有危机意识、责任意识。只有直面现实，大胆革新，从教育理念、教学组织、课程体系到师资建设诸方面，全方位推进改革，才能摆脱困境，利用技术发展和社会进步提供的全部可能，全面提升新闻教育的品质，满足社会和新闻传播业界的期待！

（本文原载于《今传媒》2010 年第 9 期）

后喻时代新闻人才培养中的
教学相长

　　教育是传承知识文化的重要途径，同时也是个人发展过程中重要的社会化手段。因而教育中的师与生、教与学的关系一直是人们所关注的重点。在过去，作为晚辈的学生一直都接受着来自长辈老师的文化传喻，美国人类学家玛格丽特·米德在《文化与承诺：一项有关代沟问题的研究》一书中将这种人类文化称为"前喻文化"，是指晚辈主要向长辈学习。同时，她也提到了另一种长辈反过来向晚辈学习的文化："后喻文化"。这两种文化都反映了不同时期人类社会中的文化变迁，而在不同的社会文化的背景下，教育的主、客体及其方法也都发生着改变。

一　"前喻文化"环境下的师生关系

　　原始社会的生产资料单一且简陋，人类一直在竭力维持自身的生存，因而缺乏社会变革所需要的物质手段，整个社会的发展进程十分缓慢。老一辈人为了维系整个文化的绵延不断，将自身对生活的理解以及公认的生活方式传授给年轻一代。而年轻的一代为了顺利地生存下去，自然会接受父辈的训诫。

　　在古代社会的师生关系中，文化传承的形式正体现了"前喻文化"的特征。师生关系是教育活动的表现形式，也就是说，师生关系就是教育本身的表现方式。① 在"前喻时代"的教育活动中，老师是组织者、实施者和承担者，是教育的主体，而学生则是客体，往往只是教育活动中被动的参与者。韩愈曾在《师说》中说道："师者，所以传道授业解惑也。"他认为老师是讲授道理、传授学业和解释疑难的人。因此一名好的老师应当懂得许多道理，掌握相当多的专业技能，以此来承担整个教育活动的核心职能。在"前喻时代"，学生了解信息的渠道窄、获取信息的速度慢，因而知识的储备量较少，这就造就了师生之间信息极其不对称的情形。在这种不对称的局面中，老师由于掌握了大量的信息，从而处于权威地位。正是由于权威不可动摇，缺少其他途径的补充和修改，知识在传播的过程中往往容易固化。米德认为，为了维系整个文化的绵延不断，每一代人都会把将自己的生活原封不动地传喻给下一代看成是自己最神圣的职责。② "前喻文化"下的老师也正是如此。最早的新闻教育仅以培养新闻媒体从业人员为目的，老师们从老一辈那里承袭了专业的技能和知识，在传统媒体作为主要传播渠道的时代，这些技术和信息具有一定的专业门槛，在他们心中是相当具有权威性的，因而老师们很难接受知识的更新和改变，更不用说来自晚辈的质疑和批判。

知识的固化和以老师为主体的教学方式使得"前喻时代"下的学生缺乏质疑和自我意识。由于教育活动中地位的不对等、信息的不对称，老师对学生知识的灌输具有自上而下的强制性。学生们会慢慢形成一种观念：老师所教授的知识是正确的，是毋庸置疑的。而他们却并不会去考虑这些知识是如何产生的。缺少对信息本源的探索以及质疑使得教育活动变得单一且重复。由于社会变化迟缓，他们尚能顺利地在所熟悉的社会中生存下去，却很难推动社会的发展。学生们习惯了以老师为主体，自然而然地忘记了自身作为一个独立的个体也具有创造和传播信息的能力。一味模仿使得学生的自发性被扼杀，主动性和创造性也随之减弱，从而导致社会变革的动力不足，社会进程缓慢。

老一辈人在潜意识里认为，后辈们所生活的世界应当与自己所生活过

---

① 金生鈜：《理解与教育——走向哲学解释学的教育哲学导论》，教育科学出版社，1997，第 125 页。

② 〔美〕玛格丽特·米德：《文化与承诺：一项有关代沟问题的研究》，周晓虹、周怡译，河北人民出版社，1987，第 8 页。

的世界无其差别，因此他们希望通过对后辈们直接教化，让后辈能够快速地适应社会生活。诚然，在以纸媒为主的社会变化缓慢的时代，由掌握了大量新闻业务经验的前辈们对知识经验寡淡的后辈们直接进行灌输式教育，是帮助后辈们快速掌握职业技巧、适应当下传播环境的最佳途径。但这种做法的弊端也十分明显：年轻一代能够稳定地维持既有的报刊处理方式，而当广播、电视等新的媒体相继出现后，业务条件发生改变，只记住知识结果却不知演变过程的学生们无法根据已掌握的知识举一反三。当有更多的新媒体出现时，他们很难立马做出调整，适应新的社会环境。

"前喻时代"的教育模式也使得学生类型单一。老师将自身所教授的知识作为标准，来对学生的学习做出指导。对于超出老师所掌握知识范围的领域，老师往往不鼓励不支持学生去发展。一方面超出部分触及老师的知识盲区，有损他们的权威；另一方面，老师对于他们所不了解的部分无法给学生提供指导和帮助。学生没有别的获取更多信息的渠道，而老师又旨在将学生教化成自己所熟悉和掌控的类型，久而久之，学生的个体差异被磨平，老师教出的学生类型也趋于单一。

总的来说，"前喻时代"的老师具有绝对的权威，是教育活动中的主体，他们掌握了学生所学知识的来源，因而很难接受知识的改变和晚辈的质疑。以老师为主的形式也使得学生缺乏质疑精神和自我意识，主动性、自发性和创造性相对较弱，同时知识的固化使他们的学习方式逐渐变得单一，难以适应其他文化环境。

二 "后喻文化"环境下师生关系的变化

19世纪的工业革命使机器代替了原始简陋的手工生产，自此世界变革的火车开得越来越快。互联网诞生后，世界性社区的出现，使得整个人类第一次共同生活在一个能够互相沟通信息、交换反应的社会之中，分享着知识和忧虑。[①] 信息浪潮借助媒体的变革以一种势不可挡的力量渗透进

---

① 〔美〕玛格丽特·米德：《文化与承诺：一项有关代沟问题的研究》，周晓虹、周怡译，河北人民出版社，1987，第78页。

了人们的生活，作为新闻学院的学生，原本就频繁接触媒体，因而对于新媒体的运用更加迅速和娴熟，也能更多地获取资源。当年轻的学生正不断吸收着变革之后的信息时，他们的老师们由于信息的爆炸、世界的变化跨越了数代人的经验，在艰难且缓慢地与新的信息方式进行协商。由此"前喻时代"老师向学生单向传喻的方式被打破，"后喻时代"的师生通过不断的对话，改变了以往"传者""受者"的身份，在信息化的课堂教学中磨合出了新的互动模式。

进入"后喻时代"，学生最先开始发生变化。信息技术造成社会泛媒介化，每个人都能够通过多种媒介来接触世界，新闻学院的学生更是能够快速学会运用新旧媒介来获取自己所需的知识资源。当学生们发现在课堂中所学到的知识已经与现实世界脱轨，甚至存有矛盾冲突的时候，他们不再片面地接受书本上的知识。而一旦跳出了课堂，学生们才开始意识到自己是学习的主体，过去以老师为主体的教育模式渐渐不被学生们所接受。对于同一个新闻事件，学生们不仅可以从老师那里接收一个观点，更能够从网络世界中获取千万个看法，由此形成对事物更加全面的评价。老师无法强求学生只听从他一个人的观点，科技所带来的信息爆炸让学生的视野更开阔，同时也给予了他们反驳老师、反对既有学习模式的勇气和动力。

玛格丽特·米德在《文化与承诺：一项有关代沟问题的研究》中认为，今天，整个世界没有哪一处的长辈知道晚辈所知道的一切。不仅父辈已不再是人生的向导，而且根本不再存在向导。[①]"前喻时代"信息闸口单一，且主要掌握在老师的手中。随着媒介的发展，从报纸、广播到电视，一直到现在遍布全球的互联网，越来越多的信息闸口被打开，信息交流达到了前所未有的畅通程度，过去老师垄断知识的局面被打破。学生与老师获取信息的地位趋于平等，根据个人搜集信息的能力不同，甚至会出现学生信息量超过老师等信息不对称的逆转局面。可以说，在信息量的掌控上，新闻学院的老师面临着前所未有的"困境"。学生从网络中了解到新的媒介知识和技术，而这些知识和技术恰恰可能是老师也不了解的。当

---

① 〔美〕玛格丽特·米德：《文化与承诺：一项有关代沟问题的研究》，周晓虹、周怡译，河北人民出版社，1987，第85页。

老师还在谈论互联网时，学生已经开始熟练使用移动互联网中的各种应用。此时的课堂形式已经不是老师向学生灌输知识，而是掌握着新知识的学生将其基于各种媒介收集来的信息分享给老师，从而形成师生之间信息的交流与互动。老师和学生不再是知识的传授者和接受者的关系，而是一种共同学习、相互影响的合作学习关系。后现代思想家多尔（W. E. Doll）曾指出："这种关系将更少地体现为有知识的教师教导无知的学生，而更多地体现为一群个体在共同探究有关课题的过程中相互影响。"① 也就是说，老师的"权威主宰"地位逐渐被瓦解，师生之间界限趋于模糊。

信息的互通也意味着各个领域破除壁垒逐渐渗透、融合。课堂教育也无法只局限在某一专业领域，学生的思维敏捷、开阔，往往能对老师所提出的问题给予多角度、新思路的回答。一方面看，这似乎是对传统老师的"权威"的一种挑战，从另一方面看，"后喻时代"师生正是通过这种方式相互启迪，教学相长。在过去，新闻学相关的研究基本上都属于文科领域，近些年来，一些学科相互交叉，彼此借鉴，学科之间相互融合，新闻学尝试着借用理工科的视角和技术来进行专业的研究。如今新闻学院大多以文科出身的老师为主，而学生则可能拥有多样的学科背景，这就极大地促进了学科之间的交融、弥补了专业知识领域的空缺，同时也大大提升了专业研究的创新程度。老师与学生之间，更多的是学科知识的互补与合作，甚至于学生启发老师，带动老师的创新能力。

三 "后喻时代"新闻人才培养中的教学相长

不论是过去还是现在，人们始终关注着教育活动中师生的共同成长。当学生们也能站上讲台介绍自己收集的信息、陈述自己的观点时，他们已经不仅仅是在学习，同时也在进行着传授的行为。老师则拥有了更多的学习空间，"教学相长"在"后喻时代"的老师身上体现得更加明显。有学者指出，最早载于《礼记·学记》中的教学相长的思想是针对教师而述

---

① 阳荣威、卢敏：《后喻文化时代师生关系解构与重构》，《中国教育学刊》2013年第3期，第64~66页。

的，强调教师运用理性思维，把握自己学习知识和教学技能的缺失，积极开展自主反思，刻苦钻研。[①] 在如今不仅仅是老师要做到"教学相长"，学生也要能够边学边"教"，进行信息的交流与补充，提升自己对知识的理解和应用能力，这就使得"后喻时代"的学生对老师提出了种种要求。

首先，除了知识的传授外，学生更需要从老师那里获得更多高效的搜寻知识的方式。瞬息万变的世界每分每秒都产生着大量信息，在过去人们利用媒介筛选出有价值的信息进行传播，互联网诞生后却将所有信息尽收网中，随时可供人们调用。人们从被动的接受转向了主动的探索，根据自己想要的去寻找相关线索并进行挑选吸收，成为当下学习型社会的典型特征。不过，信息量虽然庞大，接触各种信息的渠道虽然便捷，但努力去搜集有用的信息、快速找准目标信息，使自己不被淹没在浩瀚的信息海洋中，这对于老师和学生来说，是一项重要的能力。对于学生而言，比起传统的传授知识，他们更希望老师教给他们如何搜寻到这些知识的渠道。所谓"授人以鱼不如授人以渔"，"渔技"才是保证学生们能够持续学习的关键。但是，检索信息的能力并非与生俱来，通过老师的传授能够最高效地获取基本的信息检索能力，在此基础上，学生自己进一步地去了解更多的信息收集技能。通过一段时间的自我摸索，每个人所掌握的方法可能有所不同，师生之间通过交流合作能够相互补充和启发，各自的能力都能有所提升。

其次，挖掘深度比泛泛了解更重要。对于学生而言，老师应当是帮助他们深度剖析信息的伙伴。在当下的许多课堂中，老师往往先抛出整个课程的大致框架，介绍几个基本理论，然后让学生们分成小组在课后去查找相关资料，通过阅读文献和小组讨论来对知识理论有更加深入的了解。通过学生在课堂上的演讲分享，完成师生角色的互换，加深学生对专业知识的掌握，同时也给老师开启了新的思路、补充了新的知识信息。这种教学模式在"后喻时代"的课堂中应用广泛，然而离所期望达到的教育效果可能还有一定的距离。一方面，学生利用媒介所检索到的文献繁多，在短

---

① 李保强、薄存旭：《"教学相长"本义复归及其教师专业发展价值》，《教育研究》2012年第6期，第129~135页。

时间内难以消化，难以从海量文献中摘取最重要的信息，因而对某个理论往往只停留在浅层的理解上；另一方面，由于学生分成小组进行学习，对于非本小组的其他理论，学生们可能并没有进行系统的查询。此外，课堂上同学们的展示与陈述可能并没有老师讲授得生动有趣，其他学生难以接受和吸收，由此容易造成学生对非本小组的理论学习的印象不深。在当下的课堂中，知识的广度已经借由媒介得到了无限的拓宽，人们需要重视的反而是对于知识深度的挖掘。学生拥有了扩大自己知识空间的渠道，同时也需要老师对其进行引导。有学者认为，知识在这个时代，更需要讲究传承的方式，有很多核心能力和价值，仍需要通过教师来传承。① 挖掘知识背后深层次的因素，才能使学生的学习不流于表面，真正对理论知识理解透彻并能运用到实际的研究中去。

再次，尽早让社会来检验学生的能力，老师同样也需要保持业务活力。除了理论的学习之外，掌握社会所需要的专业技能同样是教育培养的重点。随着技术的革新，传统的技巧渐渐被从业者弃之不用，一些新兴的方式为人们所欢迎，成为业界主流。这些新诞生的技能对于老师来说同样是一个新知识，甚至有可能是一个未知的领域，而一些对技术感兴趣的同学可能比老师更早地接触和了解了这些新技能，但他们尚不具备系统化的专业整合能力。因此，老师不仅应该和学生们一起探索研究这些新进的技术，同时也要紧密联系业界，让社会来检验学生的成果。当微信公众号兴起之时，无论业界学界，许多媒体人都在探索它的经营传播之道。不同于传统媒体的是，学生能够轻易地接触到互联网，并且能够低成本地建立个人的媒体，在此平台上进行有效的实践活动。而检验学生成果的，不再是老师，也不是业界人员，而是学生们步入社会后将要面对的受众们。此时老师的角色就处于一个备受挑战的地位。当学生在实践方面有天赋和热情时，老师自身应当快速了解和掌握新技术，并在从学生身上学到新技巧的同时，同样地给予学生以启迪，维持专业素养，保持业务活力。

---

① 张小琴、陈昌凤：《后喻时代的新闻教育——清华大学新闻与传播学院的"清新传媒"实践教学模式》，《国际新闻界》2014 年第 4 期，第 150~157 页。

最后，学生还需要老师尊重他们多样化的发展。新闻教育需要培养学生独立思考的能力，而每一个人的所思所想都与他所见到的事物和习得的知识息息相关。利用互联网和其他媒介，学生和老师接触到的信息多种多样，因而做出来的新闻产品也各有千秋。老师应当鼓励每一种不同思路的做法，而不只是让学生依照范例去模仿。学生们的创新能力会得到时代的检验，他们的作品很有可能会成为另一个别人争相学习的案例。学生的发展不再单一，老师也能够从众多学生的身上拓宽自身知识面。在米德眼中，"后喻文化"的发展将依赖两代人之间的持续不断的对话，通过这种对话，积极主动地自由行动的年轻一代，一定能够引导自己的长辈走向未来。① 或许未来的新闻教育正如米德所想，师生之间持续不断地对话，亦"教"亦"学"地成长，无论是老师还是学生都能够在不断变化发展的世界中获得广博而新颖的知识，最终达成良性互动，共同进步。

（本文系张昆教授与研究生王宇婷合著，发表于
《新闻与写作》2017 年第 4 期）

---

① 〔美〕玛格丽特·米德：《文化与承诺：一项有关代沟问题的研究》，周晓虹、周怡译，河北人民出版社，1987，第 98 页。

从传播学视角看当代中国
新闻教育的缺失

1948 年，美国传播学者拉斯维尔在其《传播在社会中的结构和功能》一文中，提出了其著名的"5W"传播模式，即：谁（who）—说了什么（says what）—通过什么渠道（in which channal）—向谁说（to whom）—取得了什么效果（with what effect）。以后传播学的研究，基本上就按这一模式分为传者分析、内容分析、媒介分析、受众分析和效果分析五大领域，并且在每一个领域都取得了很大的成就。① 传播学虽然发源于西方，但在近年来日益受到国人的重视。从传播学的角度看，新闻传播教育无疑也是传播行为的一种，同样存在着传者、内容、媒介、受众、效果诸问题。那么，我们的新闻传播教育是否遵循了传播学的规律？从这一视角看，我们的新闻学教育存在哪些缺失？传播学有哪些原则值得新闻教育工作者借鉴？本文想就此略做探讨。

一 传者分析——传播者的角色定位和角色规定

从古到今，对教师的基本定位是"传道、授业、解惑"，新闻教育者概莫能外，只是在"传什么道、授什么业、解什么惑"上有更具体的规

---

① 〔英〕丹尼斯·麦奎尔、〔瑞典〕斯文·温德尔：《大众传播模式论》，祝建华、武伟译，上海译文出版社，1987，第 16~19 页。

定罢了。从传播学角度分析，作为信息收集、加工、发送的"把关人"——新闻教育者，认清自身的角色定位、角色规定，对于搞好新闻教育，具有重要的意义。

新闻教育者的角色定位应该是新闻价值观、理念和业务技能的先行者和传播者。也就是说，作为新闻教育者，其第一要务应是传道，其次才是授业、解惑。20世纪初，美国著名报人普利策建议在哥伦比亚大学内成立一所新闻学院时，宣称学院的宗旨是使新闻工作者在采集和报道新闻的过程中变得更有责任感。普利策曾在《北美评论》上撰文指出，只有最高尚的理想、最严谨追求真理的热望、最正确的丰富知识以及最忠诚的道德责任感，才能将新闻事业从商业利益的臣民、自私自利的追求以及社会效益上的敌对中拯救出来。也就是说，新闻教育者不仅应培养新闻工作所需的各种专业技能，还要把社会责任感的养成，以及高尚的人品、敬业精神的塑造放在新闻人才培养的首位。在这里，普利策明确提出了新闻教育的价值取向问题。这种价值取向会直接影响到学生未来的职业生涯。而学生的责任感、人格、专业精神与教师是密切相关的。有什么样的教师就有什么样的学生。所以，对教师本身的教育显得尤为重要。教育者首先必须接受教育。教师作为"人类灵魂的工程师"，不仅要教好书，还要育好人，各个方面都要为人师表。[①] 要通过我们的教育，培养出一批富有责任感、高尚人格和专业精神的新闻工作者，新闻教育者自身就要具备高尚的理想和情操。反观现实的新闻学教育，十分明显的问题是部分新闻教育工作者在价值取向上发生了倾斜，在义与利、责任与义务等方面迷失了方向。一些教师要么是关起门来做学问，做纯粹的概念推演，内容空洞，术语成堆，很少具有社会价值；要么下海走穴、四处办班，到处讲课，全力追求经济利益的最大化。还有一些教师对自己的学生漠不关心，缺少最起码的交流和沟通，师生关系日趋淡化。为人师表是教师的天职，身教胜于言教。在市场经济大潮的冲击下，新闻教育单位应是一方净土，教师应该是高尚人格的留守者，客观真理的追求者，不熄火种的播种者。我们提倡

---

① 〔苏联〕加里宁：《论共产主义教育和教学》，陈昌浩、沈颖译，人民教育出版社，1979，第51页。

新闻工作者要有高尚的职业道德和强烈的社会责任感，那么作为培养新闻工作者的新闻教育者，当然应该首先做到。

在新闻教育者的角色定位中，新闻理念是一个十分重要的方面。有什么样的理念就会有什么样的运作。一个科学的新闻理念，有时会产生不可估量的社会效益和经济效益。新闻教育工作者应该是科学的新闻理念的创造者、力行者。新闻教育者应承担起科学新闻理念的教育工作，在某种程度上，这比传授知识更为重要。如对新闻工作者的人文关怀意识的培养，使职业新闻工作者从人本的层次上，怀抱着对人类的尊严、权益、自由意志、价值的尊重，对人类的命运、灾难、痛苦的理解和深切的关怀，以此为基点去观察社会和自然，去发掘事件潜在的新闻价值。还有平等意识、自由精神、疾恶如仇、追求真理、监督权力等理念，对于新闻工作者、对于新闻传播事业、对于社会体系的有序运转，都具有十分重要的意义。

对于新闻教育工作者来说，丰富的实践经验和娴熟的专业技能是不可缺少的。新闻学科在性质上属于应用学科，在新闻传播诸专业背后，存在着一个庞大而且生机无限的媒介产业。新闻传播专业的学生将来就业的趋向是既定的、明确的。这一特点决定了他们必须具备其他行业所没有的特殊素质和专业技能。既如此，新闻教育工作者的角色规定中就应该强调实践经验和业务能力。现在走上工作岗位的许多毕业生感到在学校学到的理论知识和工作实践是两张皮，存在着严重的脱节现象。究其原因，是高校新闻教育重理论轻实践，而这也与新闻教育者自身实践能力不够有关。一项调查显示：在美国大学的新闻学院里只有 17% 的教授没有当过记者；在美国大学新闻学院中，5 个教授中有 4 个坚决主张把具有丰富实践经验的记者聘为新闻学院的教授，只有 37% 的人认为新闻教育工作者需要有博士学位。而大部分教授认为，和博士学位相比，新闻从业经验更是聘任新闻教育工作者的一个先决条件。比如加州大学伯克利分校是美国最著名的新闻学院之一，该学院院长是原《纽约时报》驻北京记者，在这个学院的教员中只有 18% 的教授或教员拥有博士学位。另一所美国著名的新闻学院——纽约州立大学新闻学院，其教师更是以有经验的新闻记者为主，这些教师的成果包括对新闻学和新闻媒体深刻的批评著作。最近的一项调查发现，在新闻学教育的各个专业中，并不是每个专业都需要博士或会做学问的人。比如在美国大学里从事新闻采写和编辑教学的教授中，很少有博士学位的，这类新闻学教授具有的是丰富的实践经验，而不是概念性的理论和方法，而这些教授是美国新闻学教育中最成功的老师。当邀请媒体一线的记者来评估他们早年在新闻院校中上的课程时，在"谁对他们现在从事的工作最有帮助"这一项中，56%的记者的回答是，最好的新闻学教授是那些有丰富的新闻工作经验而没有博士学位的老师；36%的记者认为新闻学教师应该拥有"大众传播学理论"的博士学位。① 笔者认为，要从根本上改变新闻学教育中理论与实际脱节的现状，最重要的是新闻教育者要真正走出"书斋"，探索出一条"产、学、研"相结合的共同发展的道路。比如：新闻媒体和新闻学院可以一方面联合办学，另一方面联办媒体；新闻学院可以聘请具有丰富工作经验的资深记者作为客座教授，新闻媒体的一些年轻记者也可以到新闻学院接受系统培训；新闻学院每年可选派一部分教师到媒体兼职做主任、编辑、记者、策划等，新闻学院的学生也可以把媒体作为常年的实习基地。如果有条件，新闻单位和新闻学院可以联办一些子报、杂志或者栏目，这样可以互通有无、取长补短，并能从根本上解决理论和实践脱节的问题。

二 内容分析——信息价值判断和选择

在传播过程中，信息内容对传播效果有着十分重要的影响。只有那些具有传播价值并且能够吸引人的内容，才能引起受众的注意，并为其接受。传者要把那些有价值的信息传播给受众，首先就涉及一个价值判断和选择问题。具体到新闻学教育中，就是新闻学教育工作者要选择有价值的知识传播给学生。可是，在目前的新闻学教育中，大家普遍感到存在这样一个问题：新闻学专业不专。新闻学专业的毕业生能干的工作，中文、哲学、历史、法律、经济学专业的学生同样能干，而且在媒体中更受欢迎，因为其他专业的学生更有后劲，这不能不说是对新闻学教育的莫大讽刺。

---

① 李希光：《是新闻记者的摇篮还是传播学者的温室？》，《新闻记者》2001 年第 1 期，第 24~27 页。

目前，在一些高校新闻学院中，甚至一些著名教授开的课，学生听课上座率也很低，更不用说青年教师了。逃课成为学生的一种时尚，并不是说学生都不愿上课，而是上课收获极小，与其这样，不如自己上自习，泡图书馆，学生自嘲为"教育就是自我教育"。有些学生尽管不逃课，但人在课堂心在外面，或者心作他用。一些老教授也惊呼："如果这样发展下去的话，不出 10 年，新闻学教育要全线崩溃。"造成目前这种局面的原因，除了和新闻学学科定位有关外，还和新闻学所开设的主干课程、核心课程有直接的关系。那么，新闻学的核心课程到底应该是什么呢？笔者认为，核心课程的设置应该有助于培养学生系统地收集、分析和传播信息的能力。一些专家认为，在面临各种利益集团强大压力的今天，新闻学教育应该把对新闻媒体质量的评估、公众的关注点和提高新闻记者与公众的水平变成当代新闻学教育的主要课程。比如目前公众对媒体的关注点有：新闻报道的公信力、信誉度、可靠性、准确性、公正性以及对个人隐私的保护；新闻报道中的阴暗面太多，如煽情、暴力、丑闻、耸人听闻的报道和明星逸事等，这些与现实生活显然是不相称的；某些记者不讲求职业道德，在采访中采用欺诈行为或隐瞒真实身份等。这些基本问题，是未来记者们在新闻学院读书时就应该解决的最基本的价值观和伦理道德问题，很显然，与这些问题相关的知识信息应该成为新闻学专业教学的主要内容。

大学新闻学院是学术中心，更是人才培养的工厂。就对社会的贡献而言，后者的影响可能还更大。因此，新闻学院的重点不是也不能是从概念到概念的空洞的纯理论的研究，而是传授给学生们最基本的新闻学原理、基本采写技能和基本价值观，使学生们在走进复杂的社会从事新闻报道前受到严格的职业训练，这种新闻学训练的严格性不亚于医学院、法学院、商学院对学生的职业训练。那么，怎样衡量一个新闻学院的教学安排、课程设置是否合理？美国新闻界的标准十分简单：看教学中有多少资源被用于新闻采访编辑、新闻史、新闻法规和新闻伦理等课程。曾经做过 40 年记者的波士顿大学新闻系系主任比尔·凯特说，新闻的基本价值观、职业道德观、伦理道德观、新闻的公平和公正原则应该列为新闻院校的核心课程。新闻的核心价值包括：真实性、可信性、准确性、完整性、全面性、公正性、平衡性、言论多元性、为公众服务性，以及避免个人利益冲突、不惧怕权威、不煽动仇恨、不传播谣言、无人高于法律之上，等等。关于新闻学院的教学重点，美国最有影响的新闻研究机构和媒介集团"自由论坛"曾在美国各大媒体的人事部门做了专门的调查，其结果是：70%以上的人主张应该开设"高水平的写作课程""培养学生对新闻的兴趣""培养具有批评精神的思想家""聘请新闻记者担任教授"；有40%的人建议"把新闻学与公共关系和广告分开""突出新闻伦理学课程"；而有40%以上的人完全不同意"用传播学取代新闻学""突出传播学理论课程"。"自由论坛"还分别对美国各新闻学院的教授和业界媒体专家就传播院校的学生应该学习和掌握的知识领域、价值观念等问题做了专业性调查，结果表明，二者都认为下列知识领域和价值观是必须掌握的："新闻采访写作的基本技能""采访技能""信息分析和产生思想的能力""清晰的写作能力""截稿压力下的写作能力""深度报道调研能力""对新闻事业的献身精神""产生新闻灵感和点子的能力""对时政和重大事件的关注""与各种背景的信息源谈论问题的能力""发现新闻报道中的陷阱的能力""明快流畅地报道复杂新闻事件的能力""相信准确性和真实性是新闻学核心""信仰美国宪法第一修正案""相信公民知情权并提供他们需要的信息""新闻院系一毕业就成为合格记者的能力"等。至于"了解社会对新闻媒体的批评""为各种媒体（报纸、广告和网络）做报道的能力""了解新闻发展和演变史的知识""了解新闻媒体内部变化""培养记者需要的勇敢精神"等，二者也近乎一致地认为不太重要。[①]

由上面的调查可以看出，在自由主义的美国——事实上其他西方发达国家也是如此——新闻学院应该给学生开设的课程，主要集中于专业技能、职业精神、道德法律、基本知识等几个方面。至于传播理论、历史课程等内容，在这个孕育实用主义哲学的国家中，并没有引起媒介部门和新闻学院教授的重视。很显然，这种课程体系的核心是专业技能的培养。

中国的情况有所不同。作为世界上最大的社会主义国家，作为一个正在开放之中的发展中大国，新闻传播媒介在政治体系中特殊的政治法律地

---

① 李希光：《是新闻记者的摇篮还是传播学者的温室？》，《新闻记者》2001年第1期，第24~27页。

位，使得社会对新闻工作者的角色期待完全不同于资本主义性质的美国。在现有体制下，新闻工作者被视为灵魂的工程师，是执政党的耳目和喉舌，其次才是信息传播工具、社会舆论工具。因此，我国与西方国家相比，对于新闻从业人员的业务能力要求基本一致，但在政治要求、道德要求、学养要求、语言能力要求等方面则远远超过了其他西方国家。所以在构建课程体系时，政治理论、社会科学、语言能力等被提到了几乎与专业主干课程相同的高度。

三　媒介分析——教育者人体的延伸

加拿大著名传播学者马歇尔·麦克卢汉有一著名的观点：媒介是人体的延伸，如广播是人的嘴巴和耳朵的延伸，电视是人的眼睛、耳朵和嘴巴的延伸。"人这个制造工具的动物，长期以来使自己的感官延伸。"[①] 这一观点把媒介在传播中、在人自身发展过程中的重要作用形象地描绘出来了。在新闻传播史上，每一次媒介的革新、每一种新媒体的出现，都会带来一次深刻的传播革命。同样，在新闻学教育中，传播手段对传播效果也会产生很大的影响。

现代科技一日千里，特别是第四媒体的出现，对新闻教育中教学手段的变革提出了更高的要求。除了极少数条件很好的知名大学新闻学院外，目前我国大多数新闻院系的办学条件、教学手段还十分落后。不少学校仍然视新闻专业为普通文科，其实在信息传播发达的社会，新闻传播诸专业都被视为文科中的工科。专业性质认识上的误区，决定了教学资源分配的不均衡。如今，网络作为新媒体在传播领域中的影响与日俱增，但一些新闻院系的计算机数量少得可怜，即使学生自己买了计算机，也很难上网，学生对此叫苦不迭。电视作为覆盖率最高的现代媒体，其更新换代是最快的，电视早已从手工的影片剪辑发展到电子编辑，现代用的都是非线性编辑、三维动画，而在教学过程中用的大多还是落后的旧式编辑设备，甚至

---

① 〔加〕埃里克·麦克卢汉、弗兰克·秦格龙编《麦克卢汉精粹》，何道宽译，南京大学出版社，2000，第561页。

有的新闻院系连这也没有；其他如演播室、摄影机、多媒体教室等设施或设备，要么根本没有，要么十分落后。广播已有了微型无线话筒、高档录音设备，而教学中用的还是旧式采访机，就连这些落后的设备数量也是少得可怜。[①] 教学手段的落后，制约了教学方法的改革，使得课堂上无法采用双向互动、学生参与的模式，而只能沿袭传统的"满堂灌"的单向传输方式，这无疑会影响传播—教育—效果。如果具备足够的教学试验条件，不仅可以活跃课堂气氛，开阔学生视野，学生的动手能力也会有很大的改善。例如：老师可以让学生经常观摩一些国内外经典的专栏节目、电影、电视剧，领略一些知名主持人的风采；让学生自己动手拍一些短片，或策划一些小栏目等；可以让学生运用先进的软件练习版面编辑、制作网页等。这样在实践中学习，把理论教学与专业实践结合起来，其效果比起单向灌输来要好得多。

目前，国内新闻院系中普遍存在教学手段落后问题，这已是不争的事实。人们一般把原因归结为经费不足。笔者以为这只是触及了问题的表层，深层次的问题是教育单位、新闻教育者和新闻管理者的观念问题，即在观念上是否认识到现代科技手段对新闻教育的重要性，并切实采取措施去改变目前的状况。诚然，作为传统意义上的文科教育，普遍存在着经费不足的状况，但也不能说我们不能去创造条件。在申请学校加大办学投入的途径之外，新闻院系能否和新闻媒体加强合作，新闻院系作为技术股、人才股加入广电集团、报业集团中去？能否从新闻学院社会服务收入中划出一定的比例用于改善教学条件？如果这样多管齐下，新闻院系的办学条件、试验教学设施一定会有很大的改善，人才培养的质量也会有切实的保障。

四　受众分析——"受众中心论"的启示

以"使用与满足"理论为代表的受众研究确立了受众在传播过程中

---

① 王志敏、张芹：《从应用型广播电视人才调查看广播电视新闻教育》，《中国广播电视学刊》2003 年第 3 期，第 23~25 页。

的重要地位。"受众中心论"的提出，使得受众不单单是媒介产品的消费者，而且是信息、媒介以至传播者的最终检验者，受众是新闻传播活动中又一个活跃因素，是新闻传播活动中积极主动的参加者，是不可忽视的反馈信源。选择性注意、选择性理解、选择性记忆的接受过程，以及求知、求新、求异、求趣、求美等心理取向，使我们需要研究受众、了解受众，在满足他们的要求中进行引导，同时发挥受众的主观能动性，在传者和受众双向互动中，适时调节传播的内容，从而达到理想的传播效果。在新闻学教育中，学生也不是被动的接收者，而是积极的主动的受众。因此，新闻教育者也要研究自己的"受众"，才能收到较好的传播效果。

我国古代大教育家孔子提出教育要"因材施教"，距今已经几千年了。古人尚且自觉不自觉按照"受众中心论"原则进行教学，现代信息社会中的新闻教育工作者，却似乎把这一至理名言抛在脑后了。我们的教授上课采用的是"填鸭式"教学，管你学生爱听不爱听，只管照本宣科，难怪一些学生说，听某老师的课，是给他面子，否则才不愿意坐冷板凳活受罪呢。而且，这样上课浪费的机会成本也太大了！所以，新闻教育者要深入学生、了解学生，才能知道他们的需求，懂得他们的情感，了解他们的心理活动，这样老师在讲课时才能有的放矢，才能给受众提供适合他们口味的精神食粮。

"受众中心论"还要求新闻教育工作者在教学过程中，要充分发挥学生的积极性、主动性，变"我说"为"他说"。比如某一学科的教师可以把自己的授课内容分为若干个专题，然后征求学生的意见，待学生认可后，再组织教学；或者让学生围绕某一专题去收集信息，然后在课堂上进行广泛的讨论，最后教师再点评和进行总结，"纸上得来终觉浅，绝知此事要躬行"，这比老师"满堂灌"要好多了。另外，组织各种各样的活动，也是发挥学生主动性的很好的方式，如让学生自己举办一些前沿的学术知识讲座，举行演讲会，邀请一些校内外的知名专家召开座谈会等等。方式可以不拘一格，关键是发挥学生的主观能动性，教师不妨当一下听众或观众，提出一些合理化建议。

如果我们把学生比作新闻教育的产品的话，"受众中心论"要求我们满足不同受众的偏好，这样的产品才是具有广泛市场前景的好产品，一个新闻学院才能有特色，才能有旺盛的生命力。

五　效果分析——传播的出发点和归宿

传播效果是传播活动的出发点和归宿。效果问题是整个传播活动的中心，这个问题贯穿于传播活动的全过程，设定效果的实现，需要传播者、受众的良性互动，需要相当质量的信息，需要畅通无阻的传播通道。所有这一切协调运作的结果，就是满意的传播效果的获得。

新闻教育的目的同样也是为了获得理想的传播效果，这种效果具体表现为高质量的人才产品。它和上述新闻传播活动的各个环节都有关系，在这里，笔者想提出三条不成熟的建议。

1. 要对新闻教育者建立竞争激励机制

不可否认，目前的新闻教育管理中，存在着一定程度的竞争激励机制，但笔者认为其力度还不够。其具体表现是重奖轻罚，只上不下，师资队伍中缺乏危机感和使命感。高校新闻院系应该废除教授职务终身制，定期审核教授任职资格，如果某位教授连续两年无论文发表，则应该自行解聘；反之，对那些有突出贡献的教授和教师要实行重奖，破格提拔等。教授的选聘要在全国甚至全球范围内进行，力求用优惠的条件吸引一流的人才。对于教育者的评审机构，不能只由学校的领导和学者组成，还应该加入媒体专家和学生的代表。现在一些学校开始实行学生给老师公开打分的制度，笔者认为，这是监督老师的一种很好的举措，学生是应该有发言权的，对于人品差、学问差的老师，学生有理由拒绝上课。

2. 要在教育者和学生之间建立有效的互动反馈机制

传播活动不应是单向的，而应是双向互动的。在新闻教育者与学生之间建立双向的互动反馈机制是十分迫切和必要的。学生对老师有什么意见和建议，可以和老师进行沟通，老师也应该倾听学生的意见，对学生进行有针对性的指导。这样，教学双方既加强了了解，又增深了感情，还提高了业务水平。笔者设想，新闻院系能否仿照政府的"市长信箱""市长接待日"，也设立"院长信箱""院长接待日"，给学生一个表达自己的机会，也给院系领导增加一扇了解学生的窗口。这样的反馈不能只局限于在校师生之间，也应扩展到老师和毕业生之间，因为毕业生更接近实际，更能提出合理化建议。新闻院系应该有专职人员做这方面的工作，建立毕业生跟踪调查档案，利用计算机进行管理，提交学院领导和老师作为参考。

3. 拓宽筹资渠道，尽量改善办学条件

新闻专业是文科中的工科，需要高投入，其成本之高远非其他普通文科专业所能比。要满足新闻专业人才培养的条件，单靠学校的经费投入是远远不够的，必须在此之外，在与业界的互动之中、在社会服务之中开辟新的财源，改善办学条件，更新试验设施，为高素质新闻专业人才的培养创造必要的前提。

本文原载于《武汉大学学报》（人文科学版）

2003 年第 4 期，与张永德合著

大变局与新闻传播教育面临的选择

最近三十年来，随着中国社会经济的全面发展，教育的普及及文化的繁荣，中国的新闻传播教育迅猛发展。国内高校设置有1080多个新闻传播类专业，设立新闻传播类专业或新闻院系的大学越来越多，专业师资队伍空前壮大，在校的新闻传播院系本科学生超过了23万余人，约占全国在校大学生总数的1%。新闻传播教育的繁荣是一个可以看见的客观现实，但是最近一段时期以来，由于外在环境的变化，繁荣的背后，新闻传播教育却面临着诸多的问题，似乎在一个接一个的十字路口前迷失了自我，难以选择前进的路径。这是新闻教育界应该正视的不容回避的重大问题。

一 大变局对传媒的新期待

在工业革命、信息技术革命的推动下，近来社会环境的变化正呈现出加速度发展的态势。这一态势集中表现在三个方面。

第一是全球化进程如火如荼，世界的空间距离大大缩短，地球村由幻想变成了现实。马克思早年曾说过，世界历史不是一开始就有的，作为历史，世界历史本身是历史发展的结果。① 人类早期的历史是分散的，分散在不同地区的人类创造了不同的文明，当这些不同的文明实现了交汇融通的时候，统一的世界历史就形成了。这一重要的进程开始于15、16世纪，

---

① 《马克思恩格斯文集》第8卷，人民出版社，2009，第34页。

当时的新航路开通，环球航行，全球贸易，以及稍后的殖民地开拓，使人们的世界观发生了根本的变化，历史开始具有了世界的格局。到了19世纪30、40年代，蒸汽动力带来的工业革命，使商品市场扩大到真正意义上的世界规模，一些原本自立于欧美经济体系之外的亚洲大国被打开国门，被动地纳入世界经济体系。20世纪的两次世界大战，都是全球规模的战争，建立于战后的各种国际军事组织，都是跨越各个大洲的超级结构。进入21世纪以来，在新的信息技术革命、网络迅猛崛起的背景下，各地区各大陆的经济文化联系更加紧密，全球化不仅具有物质的外壳，而且拥有了更加充实的精神内核。全球化的现实，给地球人的适应能力提出了严峻的挑战。

第二是城市化进程加速。20世纪80年代初改革开放刚刚启动时，中国基本上还是一个农业国家，城镇人口不过占全国总人口的20%。在长达30年的高速经济增长的带动下，中国城乡人口的大流动可谓空前绝后，来自农村的青壮年劳动力源源不断地涌向城市，农村越来越趋于空心化。到2012年底，中国城市化率超过了50%。城市集中了大量的人力资源，不仅是政治权力中心，是商品经济的中心，也是信息交流的中心。进入城市的农村人口要融入城市，化身为城市市民，需要一个再社会化过程。于是传媒媒介成为新入城市者社会化的重要渠道，借助于各种传播媒体，这些新市民接受城市文化，适应城市生活的各种规则，寻觅事业发展的空间。所以，城市化进程与新闻传媒的扩张实际是统一过程的两个不可分割的方面。

第三是信息化程度空前提高。特别是20世纪90年代以来，计算机的网络数字技术的突破，终于引发了媒介融合的潮流。各种不同性质的媒介，借助于超高速计算机技术，在数字化信息平台上实现全面的融合，大数据、云计算、云传播成为当今时代不同于既往的重要景观。信息传播深入渗透到了人类社会生活的各个层面、各个环节，真可谓无孔不入，无处不在。弥漫的信息资源影响到我们的呼吸，我们的感受，我们的情感，我们的行为。我们无法想象一个没有传播、没有信息的时代。由于信息爆炸，我们同时也面临着冗余信息的困扰。在过去农耕时代、工业时代，人们常常苦于信息匮乏，所以占有信息资源最多的人往往是社会上最有权势的人。如今的情况不同了，只有有效的、高质量的信息，才能成为社会大众的必需。作为信息传播者，作为把关人，新闻传媒在大数据、云计算时代，承担着更重要的责任。

以上三个方面的急剧变化虽然是全球性的，但是在中国的表现尤其突出。因为在工业时代，中国作为超大经济体创造的持续 30 年的超高速增长和大规模、急速的城市化进程，无论是速度、规模还是质量，都是史无前例的。其带来的深刻的社会影响，丝毫不亚于一场社会革命。新闻传播的历史表明，每当社会面临重大转折，或每当重大的社会转型来临时，人们的思想领域都少不了一场深刻的革命。而转折或革命中的新闻传媒将作为新时代的助产婆发挥巨大的历史动能。这种历史经验，使得人们自然地对传媒，对传媒从业者，进而对传媒教育提出更高的期待。人们期待传媒在这个转型的重要历史节点上，不仅能够如实地记录历史，而且还要能够正确地引领时代。新闻传媒何以能够实现如此重要的历史使命？除了制度、技术的完善之外，重要的还是在于传媒从业者自身。

我认为，作为历史纪录者和时代的引领者，传媒从业者要履行自己的社会责任，首先，必须达到一定的思想高度，具备较强的理性批判能力。传媒从业者不仅是报道者、瞭望者，更是思想者。通过媒体的报道不仅要提供高质量的新闻，揭示事件背后的信息，还要引领时代的航向，提供可资决策的选项。面对变动不居的大千世界，媒体不能仅从合理性的一面做镜面的呈现，还应该以批判的眼光审视其不合理的因素。其次，传媒从业者还要有超越地区、国家、民族的视野，拥有世界公民的情怀。我们现在置身于地球村，全球化的语境决定了哪怕相去千万里，不同语言、不同发肤的人类也是命运相连，肝胆相照。我们只有一个地球，所以作为引领时代的传媒人，必须超越狭隘的地区利益、民族利益、国家利益，而要以整个人类、整个世界作为思考问题的基点，以一个世界公民的情怀面对纷争不息的世界。最后，也是本质性的要求，那就是新闻工作者还必须具备崇高的职业理想和杰出的专业能力。所有这一切，都与新闻传播教育密切相关，都需要新闻传播教育与时俱进，顺应时代的变化，做出切实的改进。

二　新闻传播教育的迷失

在上述大变局面前，新闻教育界显示出诸多的不适应症，甚至可以说是迷失了方向。我们没有准备好怎样迎接这场大变局，也不知道怎样才能适应这场大变局，我们不知道在这种全新的格局下究竟需要什么样的新闻人才，或者说社会需求的人才应该具备什么样的规格，仓皇应对之下，免不了荒腔走板。检讨当下新闻传播教育，不难发现存在的各种问题，其最主要者莫过于如下四点。

首先是盲目的技术崇拜。当前的新闻教育界洋溢着一种盲目的技术崇拜热，各学校、各院系比拼的不是软件、不是内力，而是外在的物质、硬件。似乎设备越齐全，数量越多，技术越先进，办公大楼越是豪华气派，院系的水平就上了档次。殊不知大学之大，不在于大楼之大，而在于是否有大师；不在于物质的完备，而在于精神的丰富。此前，新闻教育之弊在于视新闻专业为普通文科，视新闻教育为廉价教育，毫不重视实验设备等硬件的投入。如今完全倒过来了，不少学校片面地强调新闻传播类专业与工科专业的相似性，在设备投入方面求新求尖求全；同时，教育行政管理部门的考核指标体系，也越来越重视技术设备的投入，而忽视了软件，忽视了人的能动作用，忽略了教育的经济效益追求。事实上，技术上再先进，物质上再富裕的国家，其高校的教学实验设备也难以跟上业界的先进水平，实际上也没有这个必要。教学实验设施，只需达到最低的必要限度即可，其功能在于帮助学生深化了解基本原理及实践操作的基本程序，至于专业技能的训练，完全可以利用业界提供的专业实践基地，发挥业界作为人才培养合作伙伴的作用。

其次是疯狂的数字扩张。最近十年以来，随着高校一轮又一轮的扩招，高校在校生规模已屡创历史新高，超过了现有条件所能承载的极限。而且还需注意的是，扩招最厉害的并不是办学水平高的一流大学，而是那些新办的条件比较差的二本、三本院校。扩招固然是出于社会的需要，但是这种需要的满足，靠的是合格的人才产品。扩招带来的人才质量的下降已是不争的事实。与扩招同时，还有一种现象愈演愈烈，那就是学院升级为大学，专科升格为本科，本科争取硕士学位授予权，有硕士授予权的学校，争取设立博士点，已经成为教育界的全民运动。很少有人安心致力于自己分内的工作，或者全力以赴把现有的专业、学科办好，一切的目标都是围绕着升级升格，心情浮躁，缺少定力。从正面而言，或许可以将之理解为追求上进，但是从实际的效果来说，是很难予以积极、正面的评价的。

再次是技能至上的教育理念。目前新闻教育界流行着技能教育至上的趋势，课程体系主要围绕着新闻传播的业务流程设计，在教学过程中，在课堂内外，都强调实践环节，强调第二课堂，强调深入新闻传播的业务流程。学生一进校，就置身于技能之上、实践为王的氛围之中，根本没有办法静下心来读几本书，根本就没有心思深入地思考新闻及与新闻传播相关的理论与实践问题。新闻传播教育固然是有很强的职业教育特征，具有鲜明的职业导向性。通过教育过程强化学生的专业能力，是新闻传播教育的题中应有之义。但是新闻传播从业者不仅应该拥有专业技术，而且还应是一个有思想、有情感、有意志的血肉之躯。如果一味地强调专业技能、业务技巧，忽略了学生精神、情感境界的提升，忽视了学生人格的塑造，那么这种新闻从业者充其量只是新闻生产流水线上的一个标准的熟练工，而不会是思想深刻、富有创造性的职业传媒人。

此外，还有片面地强调政治认同，而忽略了独立的理性思考。新闻传播学有很强的意识形态属性，在社会主义中国，新闻传播教育与其他专业教育一样，必然是在主流意识形态下进行，绝对不可能完全脱离政治。在行为规范方面，新闻传播从业者也绝对不能忽视道德规制与政治纪律。现在的问题是，我们过于强调政治认同和下级对上级的服从，而放弃了独立思考；过于强调对传统的坚守，而忽略了对创新的追求；片面地肯定现实的合理性，而忽视了从合理到不合理再到新的合理的辩证的发展过程。

由于以上的问题，我们新闻传播教育界呈现出物质发达，精神匮乏，指标上升，灵魂失落的现状。检讨今天新闻教育的得失，最直接的途径是对作为教育产品的新闻人才进行检验。相对于今天信息化时代的传媒人才需求，目前新闻院系输出的产品固然大部分都合格乃至优秀，特别是在专业技能方面，在政治合格方面。但是不容否认的是，在精神层面上还存在着诸多不足。

当前新闻传播教育的问题反映在学生的精神层面，主要有如下四点。其一是责任意识淡漠。目前在校的大学生绝大多数是独生子女，都是在父母祖父母的呵护下成长，自幼形成了比较强烈的个人中心意识。对他人、对社会要求多，反求诸己的少；权利意识强烈，责任意识淡漠；个人、小团体中心倾向鲜明，欠缺全局观念和协同意识；习惯于顺风顺水的环境，缺少逆境奋斗的忍耐力。待其进入社会，入职新闻岗位时，难以与他人合作，习惯于享有权利，而不习惯于善尽义务；不知道个人对他人、对团体、对社会、对国家的责任。其二是缺乏深刻的洞察力。传媒的重要性不在于对事物表象的简单呈现，而是透过表象对本质的深刻剖析，对事物发展趋势的解读。要做到这一步，传媒从业者必须具备深刻的洞察力，由此方能察微知著，由表及里，举一反三，触类旁通。洞察力的可贵，在于其观察世界时不停留于表层，不满足于对现象的描摹，而是致力于探索现象背后的原因，从而在认知思维上表现出巨大的穿透力。这种能力对传媒从业者而言，是不可或缺的。其三是欠缺批判思维。传媒的建设性力量，不仅表现在对社会现实的认同，建构现实的合法性基础，更重要的还在于在认同现实合理的同时，揭示现实的不合理性，并且从建设的角度，探讨消除不合理因素的可能选择。认同现实不等于一味地唱赞歌，揭露现实的阴暗面，批判落后与腐败现象，致力于这些负面现象的消除，是另一种更高形式的认同。目前新闻界突出的问题之一，就是批判意识、批判思维的缺失，对现实的剖析只有一种视角，对未来愿景的描绘，只有一种选择，而提不出可资借鉴的参照系。这不仅不能实现传媒的功能，反而会削弱传媒的力量。其四是缺失独立人格。在中国，新闻传媒作为党和人民的喉舌，固然应该坚持党性，保持与党和政府的高度一致，而不能够闹独立。但是作为一个传媒从业者，在履行自己的职业使命时，必须具备独立的人格，养成独立思考，自我判断的习惯，坚持真理，不能人云亦云。传媒从业者是监测社会环境的哨兵，其能否如实报道亲眼所见的情况，关系到社会的安危。在大是大非面前，在危及社会的紧要关头，必须秉笔直书，绝不能见风使舵，否则就是对职业使命的亵渎。

由于这些问题的存在，大众传媒及其从业者在社会上难以有效地树立起职业的权威，媒介的公信力亦难以形成，加上自媒体、社会化媒体的挑战，自然在相当的程度上消解了大众传媒在社会进程中的建设性功能。

三　新闻教育应该回归教育的本质

新闻教育的迷失及其对新闻传媒功能的消解，消极地影响了社会的有序运行，辜负了社会大众对于传媒职业的期待。要改变目前的窘境，重塑新闻传媒及从业者的职业形象，树立传媒的公信力，必须从源头抓起，从新闻教育界开始审视各种问题的由来。反思当前中国的新闻传播教育，我认为要回应社会的期待，当务之急是重新认识教育的目的，回归教育的本质。

孟子曾说，人生有三大乐事。其中之一就是"得天下英才而教育之"①。《说文解字》云："教，上所施，下所效也。""育，养子使作善也。"教育作为一个专门术语，其内涵有两个核心，或者说教育有两大职能。一是传授知识，启迪心智，增进受教育者的知识与技能；二是发展受教育者的人性，完善他们的人格，提升他们的道德修为。

检讨当前的新闻传播教育，大家普遍的感觉是，第一个职能发挥得还可以，但是还有进一步提升的空间。目前各新闻院系的教学过程，都非常重视专业技能，在四年学制中，试验实践贯穿始终，所以大多数新闻院系的毕业生，其动手能力还是能够满足业界上手快的基本要求的。但是，由于过于重视业务技能，学生花在这方面的精力远远大于在理论学习方面的精力，于是在系统的知识建构方面，在必要的自然科学和社会科学知识的积累方面，在基本的认识论、方法论的掌握使用方面，新闻传播类专业毕业的学生就显得不足。在社会普遍功利的情况下，新闻传播院系的学生也难以静下心来，在冷板凳上享受阅读的快乐，其结果自然是知识结构不完善，理论功底不够扎实，看问题浮于表面，其见解缺乏深度，也没有说服力。所以，新闻教育界在第一个职能方面还应有所加强，重点是要拓展学

---

① 《孟子·尽心》。

生的学科视野，鼓励学生静心读书，加强理论修养，或者利用学校其他学科的资源，通过主辅修或第二学位的方式，建构合理完善的知识与能力结构，增加理论思维的长度、宽度和高度，强化想象力和创造力，进而提高认识问题解决问题的能力。

如果说新闻教育在第一个职能方面大体合格，那么其在第二职能，即在发展人性、塑造健全人格方面，存在的问题就十分突出了。所谓人格，是个体所具有的与他人相区别的独特而稳定的思维方式和行为风格。它是一个复杂的结构系统，包括许多成分，其中主要有气质、性格、认知风格、自我调控等方面。在共同体中，是否具有健全的人格，不仅关系到个体对社会的融入，而且还直接影响到他对世界的认知及其行为方式。当前新闻教育的最大问题，就在于忽略了对学生人格的培养。对于传媒人而言，其健全的人格有四大标志。首先是主动而非被动。主动是与被动相对而言的，指的是个体面对外部事物（环境）的变化，不靠外力推动、促进，而积极地采取相应的行动。唯其如此，才能在事物发展进程中，始终把握大局，顺势而为。其次是独立而非依附。独立的人格特质，一般是指个体依据自己的观察、判断和意愿去行动而不受环境和他人影响。有独立人格的人，善于独立思考，具有对个人信念、判断的坚定性和行动的独立性。再次是中和而非偏执。中和人格特质的突出表现，就是主体能够恰当地调节自己的情绪，而不致陷于极端。古人云："喜怒哀乐之未发，谓之中；发而皆中节，谓之和。中也者，天下之大本也；和也者，天下之达道也。致中和，天地位焉，万物育焉。"[①] 用今天的话说，喜怒哀乐没有发作失控，是为中；喜怒哀乐情绪宣泄的时候，都恰到好处，是为和。君子如果能够到达中和的境界，天下才能归于正道，各安其位，各展所长，和谐共生。与中和相对的就是偏执。最后是果断而非犹疑。对于传媒人而言，没有比果断的人格特质更重要的了。在信息化的时代，社会系统的横向联系日益密切，社会变化的节奏日趋频密，时间与速度不仅意味着效益、胜败，更是意味着生命。面对大千世界的莫测变幻，新闻媒介必须及时反应，充当社会系统的监测者，通报正在发生的或即将发生的重大变

———————

① 《礼记·中庸》。

化，如是，即便不能防祸患于未然，也能在事发后引导大众及时因应。也就是说，一个优秀的传媒人，在人格特质方面，必须主动而非被动，独立而非依附，中和而非偏执，果断而非犹疑，如此，方才算是人格健全。具备这种人格，才能胜任传播工作，履行自己的社会责任。

在当前的环境下，要回归教育的本质，就是要在尊重教育规律的基础上，致力于学生知识与能力体系的完善建构，不仅重视专业技能，更要重视能够升华技能的理论素养，这样在未来的工作适应上，学生才能够上手快，起点高，视野宽，后劲足。同时，还要在教育的过程中，重视学生的人格塑造，关注学生的内在的精神世界。这样才能避免技能与思想、道德的背离。教育的本质要求我们，发展新闻教育，不能有太多的功利意识，不要太重视各种物理的指标和数据，也不要太在意学科排名，我们的关注点应该由外在转向内在，从形式转向内容，从物质转向精神，更多地关注学生的心灵，关注学生的精神世界。杰出的技能只有与高尚的情操、崇高的精神境界结合在一起，才能迸发出震撼世界的力量。

（本文原载于《传媒评论》2014 年第 6 期）

略论传媒教育的十大关系

在媒介化时代，传播作为社会的黏合剂，对社会机体的正常运行发挥着不可替代的作用。而传播系统的运作始终离不开有思想、有意识、有感情的人，人始终是传播活动的主体。传媒教育的基本职能就是向传媒业界输送专业人才，以满足新闻传播事业发展的需求。自20世纪初期美国率先出现传媒教育以来，传媒教育在其他国家和地区也迅速发展起来。在网络新媒体崛起及整个社会全面转型的今天，中国的传媒教育面临着过去无法想象的困难和机遇。要保持传媒教育的持续、健康发展，满足社会和业界的期待，必须处理好如下矛盾关系。

一 教学与科研

就大学的社会职能而言，它既是为社会培养高级专业人才的工厂，又是社会系统的智库。从人才生产的角度来看，学生是大学能够提供的主要产品，产品的质量高低不仅取决于原材料和生产工艺，更取决于生产者的工作动机和精神状态。大学教师就是专业人才工厂的主要生产者。教学是大学教师的基本工作，教授的职称就来自教学工作。不搞教学，哪来教授？所以教育部规定，教授不担任本科教学工作，就会自动失去教授职务；教学工作量不满，也不能晋升更高一级的教师职务。在这个意义上，教学是大学教师的安身立命之本。同时，大学的职能不仅在于传授知识、培养人才，更重要的还在于它能够创造知识、发现真理。这种创造和发现，显然是通过严谨的科学研究活动实现的。科研不仅是大学的灵魂，而且是衡量大学水平的重要指标。科研与教学工作是相辅相成的，新的科研成果，能够充实教学内容，完善教学手段，吸引学生兴趣，提高教学质量；而持续进行的教学活动，会给科研提出新的课题，在教学相长的过程中，师生相互切磋、彼此砥砺，也会激发各自的灵感，点燃智慧的火花，从而促成科学问题的解决。

教学与科研的矛盾是大学教育中的一对永恒的矛盾。在高度功利化的社会环境下，大学的实际运作，往往使教学的重要性受到忽略。虽然各个学校、学院都强调教学与科研并重，但是在教学与科研的比较选择中，几乎所有大学的政策导向，都是重科研，轻教学。教学与科研，一手软，一手硬。有的干脆将教学与科研对立起来。特别是在进行教师职务评审时，科研方面的指标，如经费、项目、论文成了绝对的硬指标，可以一票否决，而教学方面的要求则相对要软得多。这是没有远见的短视行为。教学和科研本是一个问题或一个过程的两个方面，两者唇齿相依，相辅相成。教学水平的提高要靠科研来保证，科研的灵感、动力和突破往往来自教学过程。一个没有科研经历、没有学术成就的人，绝对搞不好教学；同样，一个没有经过教学磨炼的人，要搞好科研也是非常困难的。所以，世界一流大学流行的做法是，在坚持重视科研的同时，加大对教学的投入，不仅加大经费投入，而且鼓励教师在时间、精力方面加大投入，及时地将科研成果转换为教学内容，使教学活动紧随科研前沿向前推进；此外，还在政策上鼓励教师根据教学的需要，或者根据教学过程中的新发现，不断地拓展新的研究方向，探索新的科学问题，从而实现科研与教学的有机统一，实现科研与教学的彼此促进。

二　理论教学与实践教学

在人文社会科学领域，新闻与传播各专业是偏重于应用的文科专业。根据教育规律和业界的人才需求，新闻与传播类各专业的大学生应该在规定的学业年限内，掌握系统的理论知识，具备宽广的视野、活跃的思维和突出的专业技能，能够在尽可能短的时间内，胜任业界赋予的各项工作任务，同时具有深厚的专业潜能。要做到这一点，传媒教育单位必须根据业界的需求，做好专业定位，建构合理的课程体系，使理论课程与业务技能课程保持大致的平衡，在第一课堂和第二课堂之间也能保持总体的均衡。这样才能使学生达到知识与能力的协调，既有深厚的理论学养，强烈的职业意识，基础扎实，思维活跃，视野开阔，又有杰出的专业能力，能够适应新闻传播在全行业、全流程不同业务岗位上的自由流动。

要做到理论课程与业务课程的平衡，相对而言不是那么困难。在目前的情况下，新闻传播类各专业理论课程基本上大同小异。纯理论课程有新闻理论、传播学概论、新闻伦理与法制、马克思主义新闻经典导读等，再加上新闻史方面的课程，如中国新闻史、外国新闻史、广告史、广播电视史等，约占专业核心课程的一半。这些史论类的课程决定了学生基本的知识架构和理论基础，以及思维的广度和深度。而业务方面的课程涉及采访、写作、编辑、评论、摄影及媒介经营与管理等，其内容直接涉及新闻传播的实践操作层面，是相关职业的看家本领。这方面的内容弱了，会影响到学生的职业技能，关系到学生能否在专业上很快上手，迅速进入状态，从而直接影响到学生的就业。合理的课程结构，必须使这两类课程达到或保持总体平衡。史论课程比例过大，业务课程比例过小，容易造成学生眼高手低、纸上谈兵；反之，业务课程比重过大，史论课程比重过小，则容易使学生满足于专业技能而忽略理论功底，最终虽然可能使学生成为一流的匠人，但是难以使学生成为有思想、有深度的传播工作者。

在理论与实践教学方面，还有一个课堂教学与实践教学的关系问题。[1] 新闻传播专业的特殊性质，注定了实验实践环节在人才培养过程中的重要地位。就在校培养过程而言，应当将理论教学与实验教学并重，不可偏废。特别是对业务类课程，如摄影、编辑、采访等，应在坚持理论教学的同时，辅之以必要的实验实践，在课堂上或实验室里，让学生自己动手，以验证性实验强化理论教学，有利于提高教学效果，并且强化学生的专业意识。除此之外，由于学校实验实践平台的局限性，要提高学生的职

① 苏成雪、张旭亮、张昆：《完善实践教学环节，培养创新型复合型新闻人才》，《实践教学改革的理论与实践》，武汉大学出版社，2003。

业素质，还需要拿出较长的、成块的时间安排高年级学生到媒体或专业公司进行集中的专业实习。为了保障专业实习的稳定和可持续性，与媒体和专业公司合作建立高水平的实习基地，以协议的方式确定双方的权利与义务，实现学校与媒体、专业公司的互利双赢，已成为当下流行的做法。如华中科技大学新闻与信息传播学院沿京广线实行专业实习基地的布点建设，在与全国性媒体，如《人民日报》、新华社、《经济日报》、《中国青年报》、中央电视台、新浪网、腾讯、网易、搜狐等联合建立实习基地的同时，还在郑州、武汉、长沙、广州、深圳等地，与当地主要的传统媒体和新兴媒体建立了稳定的合作关系，每年能安排 200 人在此实习 3～6 个月的时间，从而保证了实践环节的高水平运行，进而保证了人才的质量。

理论与实践教学如车之双轮、鸟之双翼，在传媒专业人才培养过程中，不可偏废。由于大学教育毕竟不是职业教育，所以，在整个大学期间，特别是在大学阶段的前半期，应该以理论教学为主，通过系统的理论学习，进行科学的思维训练，开阔视野，夯实基础。要鼓励学生潜下心来，多读些书，像古人要求的那样，板凳要坐十年冷。但是，面向业界的实验实践教学，绝对不能被忽略，在整个课程体系中要确保其占有一定的比例。即便是在理论教学过程中，也要强化实践意识、专业意识，否则，新闻院系的人才产品将难以受到业界的欢迎。

三　研究生与本科生，全日制教育与非全日制教育

到目前为止，国内有几百所大学设有新闻传播院系或专业。而这些院系或专业，除少数二、三本学校外，大部分院系都同时进行着不同层次的传媒专业教育。由于教学资源有限，加上持续多年扩大招生规模，即便是一流的新闻传播院系，也难以满足不同层次传媒专业教育对教学资源的需求，于是便出现了不同办学层次间的矛盾。

新闻院系不同办学层次的关系，大体上涉及两方面的内容。首先是研究生与本科生教育的关系。其中本科生是绝大多数新闻院系在校学生的主体。开办传媒研究生教育的学校不到一百所。其中只有十四所高校同时设

有新闻传播学的硕士点、博士点，开展硕士生、博士生培养。近百所学校的新闻院系开办了本科点和硕士点。其他数百所学校的新闻院系只开设了新闻与传播类的本科专业。我们这里所讲的研究生教育与本科生教育，主要是针对前面近百所学校而言的。这些学校的新闻传播院系，教学资源丰富，师资力量雄厚，办学历史相对比较长，有一定的传统和经验。但是面对这些不同层次的学生，在资源分配方面，也有捉襟见肘之感。那么本科生与研究生，孰轻孰重，哪个应该得到优先保障，是不能回避的问题。笔者认为，无论是哪所学校，本科生都应该是立家之本，重中之重，它是大学教育的基础。没有高质量的本科教育，就不可能有好的研究生教育。本科教育的重点是知识的传授以及能力、技能的培养，其目标是向社会提供知识结构合理并且具有较强的专业技能和适应能力的传媒专业人才。而研究生教育则是培养高级研究型的人才，其规格比本科生高，其对师资、办学条件的要求也比本科生高。研究生教育，特别是博士生教育的水平，直接标志着一个办学单位的学术水平。质量是研究生教育的生命线。这就决定了，不是所有学院都能够办研究生教育，办研究生教育的学院也不是所有人都能够参与研究生教育，特别是博士生教育。在本科生、硕士生、博士生之间，应该有一个合理的比例，理想的状态是三者呈金字塔式结构，位于塔尖的是博士生，位于塔基的是本科生，介于两者之间的是硕士生。

对于全日制教育与非全日制教育的关系，也必须予以正视。全日制教育中，本科生、硕士生、博士生是大学正规人才培养的主体。其规模的大小决定了学院的基本编制和基本运行经费的下达情况。不管是什么学校，都把全日制教育当成塑造学校品牌的拳头，集中资源，全力以赴。近年来进行的本科教学评估就是针对全日制教育而言的。非全日制教育，主要指成人教育，本科层次包括自学考试、函授、夜大，研究生层次包括学位课程班等。对于办学单位来说，非全日制教育既是它们拓展社会服务的一种形式，是院系办学经费的主要补充，又是学院预算外的收入来源，可以直接表现为学院教职员工的福利。从直观上看，非全日制的直接目的主要是创收，增进教职员工的福利。非全日制教育的运作，是要讲究效益的，追求投入与产出的最佳比例。在办学资源总体固定的情况下，在非全日制方面投入资源多一些，必然会导致在全日制教育方面的投入减少。对于国家政策确保的重点大学，其基本任务是以全日制的方式，为国家培养高层次的专业人才。事实上，国家现行政策已基本上排除了重点大学从事自学考试等本科层次的非全日制教育的可能。所以，当下全日制教育与非全日制教育的关系，主要是就普通高校新闻院系而言的。虽然普通高校在获取国家资源方面比较困难，需要开展非全日制教育来弥补。但是，不管是全日制还是非全日制，都必须坚持质量至上的原则，都必须有高度的热情和责任心，都要坚持社会效益优先的原则，人才质量始终是教育的生命线。一般大学新闻院系必须坚持质量底线，在确保全日制教育质量的前提下，适度开展非全日制本、专科教育。重点大学在研究生层面，也要确保以全日制为重点，适度控制非全日制研究生规模，绝不能单纯受利益驱动。只有这样，才能满足社会的期待。

四　大规模生产与精细化生产

传媒教育是工业时代大众化报业发展到一定阶段的产物。这种时代特征不仅决定了工业产品的大规模生产模式，而且决定了新闻传播人才的生产模式。虽然世界上的媒体千姿百态，不同大学各具特色，但不同的大学、不同的新闻传播院系，基本上是按照同一模式、同一规格、同一流程，也就是说按照大工业生产的思路生产品质相同的专业人才，这些专业人才的目标指向也是同一的。可是，如今在工业领域，相同规格产品的大规模生产已逐渐被精细化、个性化生产模式所取代。如对同一规格或级别的汽车，在颜色、配置方面，消费者会有不同的需求。如果产品完全相同，固然能够满足部分人甚至是大部分人的需求，但是必然会有一部分人因为局部的不满意而转向其他产品。新闻传播专业人才的培养也是如此。同样是面向报纸，不同的报社，如党报、都市报、专业报等对人才的需求会表现出相当的差异；同样是面向电视台，不同的电视台以及电视台的不同频道，对专业人才的规格也会有不同的要求。但是，我们的专业人才教育，包括培养模式、课程体系乃至教材教案，基本上都是根据统一的国家标准设计，以同一规格的产品，面向不同趣味、不同要求的消费者，这是当前传媒教育界的又一重大问题。虽然社会对新闻传播教育的期待、业界对于新闻传播人才的需求，有相当程度的趋同化倾向，而且对人才质量最低规格具有共同的认知，但是，差异化竞争、个性化生存的现实，要求新闻传播院系对不同用人单位的特殊需求做出及时的回应，以柔性化的课程体系，进行精细化的人才生产，满足社会及媒体的个性化要求。

五　数量与质量

在大学新闻传播院系，数量与质量的关系，既表现在科研方面，也表现在人才培养方面。在科研方面，我们正面临着中国有史以来前所未有的泡沫化浪潮。数量式的粗放经营成为当前中国学术界的主要景观，在经费上追求数量，在成果上追求数量，讲师、副教授是如此，教授、大师级的学者也为数量的膨胀所迷惑。所以我们看到的情况是，不少的学校、院系，研究经费在上升，课题数量在增加，研究成果特别是专著、论文、教材的数量也在持续增长，但是真正有分量的、能够经受住时间考验的学术精品不多。在学术成果方面，数量与质量不成比例，这不仅有害于学术的进步，不利于新闻院系的形象和品牌的塑造，而且直接地影响到新闻传播专业人才培养的质量。

在人才培养方面，也面临着质量问题的严峻挑战。在利益驱动下，连续几年的扩招，包括本科生、硕士生的扩招，使大学的人才培养能力扩张到了极限，已经在一定程度上影响到学生的质量。因为同样规模的教学资源，面对数倍差距的学生规模，其效果是决然不同的。[1] 尽管规模扩大对于办学经费的筹措以及人员编制的维持，有正面的效益。但规模扩张一旦超过极限，就必然会影响到人才培养的质量。我们绝对不能以牺牲质量为代价。劣质的传媒教育，不仅误人子弟，而且会贻害社会。我们有必要适度控制新闻传播各专业的招生规模，在师生比上维持一个最佳的比例关

---

[1]　何梓华：《控制办学规模，提高教学质量——新闻教育亟待解决的问题》，《迈入 21 世纪的中国新闻教育》，中南大学出版社，2007。

系，一方面充分发掘现有的教学资源，另一方面则保证教师有足够的时间从事科研。如果学生的增加伴随着教师工作量的膨胀，超过了可持续发展能够忍耐的极限，则只能牺牲科研、牺牲未来，这是我们不愿意见到的。不管是在科研，还是人才培养方面，新闻传播院系都要坚持追求有质量的数量，质量是前提，没有质量的数量，不仅不会给大学增光添彩，反而会使大学蒙羞。

六　同国际接轨与坚持中国特色

在全球化时代，不仅科学无国界，就是经济乃至教育，也超越了国家的界限，实现了全球范围的大汇流。这种时代背景决定了科学与教育的发展，必须对外开放，加大国际交流的力度，实现与国际社会最高水平的接轨，以整个世界为平台实现学术资源的优化配置，这样才能主动融入世界经济、科学、教育发展的主流。新闻传播学科与新闻传播教育，在当今的媒介化时代，已成为中外各国的一门显学。因为随着新的传播技术的不断涌现，传播无处不在、无孔不入，全面渗透到社会生活的各个角落、每个环节。它不仅影响到社会的运行，影响到人们的物质生活，更是深刻地影响到人们的精神世界。而在传播技术、传播规律、传播流程及业务准则方面，具有跨越国家、政治乃至意识形态的共同特性。无论什么国家，在新闻传播领域，都有一些共同的话语或者同样必须遵循的规范，如快速、客观、公正、平衡、正义等。正是因为如此，不同国家不同地区的新闻传播院系，存在着极大的交流互动、取长补短的空间。通过学术交流，或者联合举办学术会议，或者交换师资，或者合组学术团队研究共同感兴趣的课题，探索新闻传播学术的前沿问题，与国际接轨，实现新闻传播学术的创新；通过交换学生，增进中外传媒大学生的交流和理解，弥合新闻传播的政治、文化鸿沟，培养人类命运共同体意识，激发课堂的创新氛围，促进教学相长。如果自外于世界传媒教育的主流，置身局外，自娱自乐，无论什么大学的新闻传播院系，都不可能有实质性的进步和知识方面的创新。

我们同时也要认识到，在新闻传播领域，由于媒介本身具有的意识形态属性，以及由国家制度安排所决定的政治及阶级属性，不同国家的特殊国情，也会给不同国家的新闻传播打上特殊的烙印，以至于对同样的传播现象，依据不同的话语系统会做出全然不同的解释，这必然会影响到不同国家的新闻传播教育。中国作为当今世界最大的社会主义国家，而且是具有中国特色的社会主义国家，其新闻传播系统的性质、运行模式、管理制度、社会功能及其对从业者的政治与业务要求，与西方资本主义国家是有显著区别的。所以，中国大学的新闻传播院系在推进与国际新闻传播教育界的横向交流与合作时，既要在技术与业务运作层面与国际接轨，坚持国际标准，以保证国内的新闻传播教育不低于国际水平；与此同时，中国大学的新闻传播院系还要彰显自己的特色，毕竟中国的传媒教育是植根于中国自己的土壤，其培养的人才主要是面向中国的传媒业界。中国的新闻界虽然也认同传媒业务的国际标准，但是在业务准则与政治准则发生冲突时，中国新闻传媒是有自己的不同判断的。政治标准优先于新闻标准，社会责任优先于新闻自由，国家利益优先于媒体利益，是中国新闻传媒不同于西方资本主义国家的关键所在。所以，中国传媒教育有自己必须坚守的底线，绝对不能为国际化而放弃自我，绝对不能全盘西化。

七 教师与学生

在大学，老师与学生的关系应该怎样理解，直接涉及基本的办学理念。老师是学校的根本，铁打的营盘流水的兵，学校这个营盘是靠老师坚守着，学校水平的高低更多地取决于学校的师资水平。所以每个教育家都知道，要以师资队伍建设为本，只有拥有一流的师资，才能有一流的大学。但是就人才培养的过程而言，学生又是办学活动的主体，学校的一切活动都是围绕着学生展开的。一方面，教学相长，教师要成为学术大师，离不开与学生的互动，如果没有学生智慧激发的创新火花，教师要想在学术上实现突破是很困难的；另一方面，现代大学都不是义务教育，政府的拨款有限，大学只有靠向学生收费才能生存。在这个意义上，学生是大学教育的消费者，是学校的"上帝"，是我们的衣食之源。从长远的角度看，学生更是代表着学校的未来，是学校、学院将来必须依赖的重要的社会资源。

教师对自己在学校、在人才培养过程中的地位应该有明确的认识。教师的责任是传道授业，启人心智，并且唯有如此，才能在大学里安身立命。学生是教师的服务对象，是我们的衣食之源，没有学生就没有教师的饭碗。教师要平等地对待学生，全身心地投入教学，真心地爱护自己的学生。[①] 最近几年，在中国农村广大地区，许多学校关门了，许多中小学老师被精简，原因就在于没有生源。多数大学目前还感受不到这种压力，特别是重点大学，学费再贵也不怕没有学生。但是，高校之间激烈的竞争，已经从生源争抢延伸到整个培养过程，因为这一过程直接关系到其最终的产品质量。品质低劣的产品不可能赢得市场，教学质量低劣的学校也不可能得到学生及其家长的青睐。所以，学校及新闻院系要重视学生工作，重视学生在人才培养过程中的主体地位。学生工作不仅是主管学生工作的副书记的事情，不仅是学生工作领导小组的事情，而且是全体教师的事情。学校首先要把好进口关，争取最好的生源；其次在培养过程中，也要尽心尽力；同时，要找好出口，教师们要尽其所能帮学生找到最好的归宿。教师的作用不仅限于课堂之上，在课堂之外，教师的言传身教，对学生的成长也有不可忽视的影响。所以，教师作为灵魂的工程师，不仅要为人师表，善尽责任，而且要坚守师德底线，捍卫学校这方净土，为社会的未来固本培元。

八 专职教师与管理员工

大学的员工关系，主要是指教师与管理人员的关系，同时还涉及教师队伍内部的老中青不同年龄段的关系。这两大关系影响到学院的稳定与和谐。一般认为，教师是学校的主体。没有教师，就没有大学。学校之所以能够吸引学生，能够正常运转，是因为有老师传道授业。但是对于学校的运行，仅有教师是不够的。教师只是大学这部机器的一个组成部分，一个关键的齿轮；没有其他的部件，教师是难以发挥他们作为灵魂工程师的职

---

① 〔美〕肯·贝恩：《如何成为卓越的大学教师》，明廷雄、彭汉良译，北京大学出版社，2007，第 140~144 页。

能的。在这个意义上，管理人员也是大学及院系不可或缺的重要组成部分。他们和教师一样，具有同等重要的存在价值。教师和管理人员的关系应该是唇齿相依、荣辱与共的关系。教师和管理人员，要明确自己在学院的定位，凡属职责范围内的工作，一定要做到位，但不能越位。管理人员和教师只有相互理解、彼此支持、相互尊重，学院才能够正常运转，才能营造一个良好的育人环境。为此，必须提倡平等的价值观，尊重不同岗位员工在权利、地位及人格上的平等。同时，也要承认劳动差异、报酬差异的合理性，但是要防止差异的过大化；否则，将导致教师和管理人员的对立，从而破坏大学及院系的团结与和谐。

在教师队伍中又有中老年与青年之别。一般而言，中老年教师是院系的支柱和招牌，院系的历史是他们创造的，院系的光荣属于他们。正是他们搭建了全体教职工赖以安身立命的平台。同时，中老年教师有着丰富的人生阅历以及多年的知识积淀和教学经验，青年人与他们在单位时间的劳动付出和绩效是不能相提并论的。所以在利益分配方面，必须照顾他们正当的物质权益。另一方面，青年教师是学校及院系未来的希望，是未来的基石，他们思想活跃，敢于创新，深受学生的欢迎，是教学科研的主力军。但在目前的利益分配格局中，青年老师们往往处于弱势地位。而青年时期，又是人生最困难的时期。这时他们最需要一个能够放下宽敞书桌的安静书房。但是这时的他们没有名气、缺少经费、没有项目，正需要院系的扶植。所以，院系在政策上，应该对青年教师予以一定的支持，在最困难的时候，雪中送炭远比锦上添花好得多。要处理好教师与管理人员、中老年教师与青年教师的关系，必须在发展中适当调整院系的利益分配格局，缩小两极分化，使中老年教师与青年教师能够共享发展成果，营造和谐的院系氛围[1]；同时，还要在院系提倡青年教师尊重中老年教师，中老年教师也要爱护、提携、关怀青年教师。只有这样，才能形成和谐、温馨的院系文化，维持正常的学术生态，保证全体员工利益共享、和谐共生。

---

[1] 张昆：《媒介转型对新闻教育的挑战》，《今传媒》2010年第9期，第14~17页。

九 稳定队伍与竞争机制

对于任何社会组织来说，稳定是重要的。稳定是发展的前提，只有在稳定的状态下，才能思考发展之策。但是稳定总是相对的，如果一个社会组织变成了一个超稳定系统，这种稳定不仅难以促进发展，反而会使社会凝固起来，从而在一定程度上扼杀发展的可能性。中国封建社会就是一个超稳定系统，它周而复始地循环，却鲜有突破性的革命进步。

传媒教育领域也是如此。新闻院系要发展，也要有稳定的环境。院系要稳定，首先要稳定队伍，特别是专职师资队伍。全体教职工安心工作，心无旁骛，就能集中精力完成所有既定的目标。但是，如果队伍太稳定，长期不进不出，几年、几十年一以贯之，就会形成一个超稳定系统。在超稳定的环境里，没有风险意识、危机意识，没有竞争，没有压力，员工就会不求上进、消磨斗志、尸位素餐。现在社会上许多人认为，高校是最好的避风港，工作最安稳，薪水又高。事实上也是如此，不少高校在老师之间没有设立竞争机制，老师们没有风险压力，日子很好过，每周几节课，反复讲，用不着准备，科研上没有课题、经费、文章、专著，也没有压力，每个月工资、津贴照拿不误。进取精神、创新动力都没有了。管理人员方面也有这个问题：责任心不强，奉献意识缺失，专业精神淡漠，自我利益至上。这样的稳定是一种不正常的超稳定，是以牺牲发展为代价的。所以，大学及新闻传播院系要保持活力、永续发展，必须引入竞争机制和合理的评价机制，奖优罚劣，使教学与科研资源向优秀的、富有责任心的教师倾斜，使学院变成一汪活水。同时，还要引进优秀人才，通过顶尖人才的加入，重组学术团队，运用狼入羊群的效应，激活学术团队的潜在能量。当然，当顶尖人才进入院系的学术平台后，还必须处理好"外来和尚"与"本土和尚"的关系。"外来的和尚好念经"，是客观现实，但是不能因为对"外来和尚"的过分倾斜，而冷了"本土和尚"的心。对于"本土和尚"与"外来和尚"，在物质待遇与精神待遇方面应该保持适度的平衡。

十 院与系（教研室）

院与系（教研室）的关系也可理解为整体与局部的关系。根据学院制的精髓，学院是得到学校充分授权的办学主体，在学校的领导下，学院拥有一定的人财物权利，既是组织教学、科研和社会服务的主体，又是一级不完全的财务分配主体；而系（教研室）则隶属于学院，是从事教学、科研工作的实体。在坚持学院集中领导的前提下，如何调动各系（教研室）的积极性、主动性，直接关系到新闻院系的发展。

从国内新闻教育界的一般情况来看，院与系（教研室）的关系，用政治学的术语来说，主要有三种形式：中央集权式、联邦式、邦联式。①中央集权式。学院是绝对的权力中心，掌控全院的人财物。各系（教研室）主任由学院任命，履行学院赋予的职能。各系（教研室）是办事实体，而不是权力主体。其好处是便于学院调控，集中力量办大事；不利的是各系（教研室）缺乏积极性、主动性，工作比较被动。②联邦式。其核心在于各系既是办事实体，也是一定程度上的权力主体，拥有一定的人财物控制权。各系（教研室）工作积极、主动，富有创造性，学院也有一定的调控能力。③邦联式。邦联式院系（教研室）结构的核心标志为，各系（教研室）是权力主体，也是办事实体，拥有独立的人财物控制权。学院徒有其表，仅具有形式的意义，对各系（教研室）缺乏必要的调控力，各系（教研室）独立运行。

目前国内新闻传播院系在院与系（教研室）关系上大部分属于中央集权式。学院的权力相对比较集中，控制了人财物，在教学科研及社会服务方面，管得过多、过细，各系（教研室）的自主自为空间过小，主动性、能动性缺失。这在学科发展的上升期是有其必然性的。当新闻传播院系处于爬坡阶段时，需要万众一心，集中力量办大事。但是，当院系的学科发展已经到了一个比较高的平台时，就需要适当调整院与系（教研室）的关系，学院要把集中控制的权利适当下放到系（教研室），调动它们的积极性、主动性。同时，又要保持学院必要的调控能力，避免"诸侯坐大，藩镇割据"。只有这样，才能调动院与系（教研室）双方的积极性，进而避免一放就乱、一管就死的局面。

　　总之，在全球化加速和媒介转型的背景下，传媒教育面临着新的挑战与机遇，这不仅是世界传媒教育界的一般趋势，对我国新闻传播教育而言，更是具有特别的意义。面对特殊的时代环境和变化的业界需求，各大学新闻传播院系必须审时度势，认清各自面临的难题，思考应对的方略。而所有这些问题都或多或少地与以上十大关系相关。所以，处理好以上十大关系，对于我国大学的新闻传播院系，对于整个新闻教育界，甚至对于转型期的我国传媒业，都具有重要的指导意义。

　　　　　　　　　（本文原载于《西南民族大学学报》2010 年第 11 期）

中国传媒研究生教育的重大转型

2010 年 9 月，国务院学位委员会下发文件，正式公布了刚刚批准的2010 年新增硕士专业学位授权点名单。此次批准的新增专业学位授权点共 1431 个，分布在全国 350 个学位授予单位。到目前为止，中国已设置了 38 类专业硕士学位。其中金融、国际商务、应用统计、税务、保险、资产评估、应用心理、警务、新闻与传播、出版、文物与博物馆、林业、药学、中药学、护理、工程管理、旅游管理、图书情报等 18 种硕士专业学位为今年新增专业学位类别，也是首次纳入全国研究生统一招生计划。这一文件的执行，改变了中国高等传媒教育硕士阶段只有学术型硕士的单一高级人才培养模式，开始向学术型硕士与专业硕士学位并存的双轨体制转型。这是中国传媒教育史上的重大进展，它不仅会影响到传媒教育的基本生态，而且会深刻影响到中国传媒业界的运行。

一 从单一到双轨制转型的必要性

中国在 20 世纪 70 年代末恢复高考制度后，紧接着开始建立研究生教育体系，先是硕士生，随后是博士生。短短几年间，中国现代高等教育制度基本成形。由于经历了反右及"文革"十年的断层，社会各界特别是科技、教育领域，急需高层次研究型人才，所以，刚刚起步的硕士研究生教育毫无例外地都以培养高层次学术型人才为目标，而且为了弥补更高层次人才的缺口，硕士研究生学制定为三年，授权单位和导师受到严格限制。这种硕士培养模式与西方国家的作为博士前期的硕士教育不能同日而语，其规格倒有些类似于苏联的副博士教育。在整个 80 年代，硕士生教育蓬勃发展，为满足社会对高层次学术型人才的需求做出了巨大贡献。

进入 20 世纪 90 年代，由于社会的发展、进步，特别是科技文化的发展，社会的现代化程度越来越高，社会对于专业性学位人才的需求越来越大。所谓专业学位（professional degree），是随着现代科技与社会的快速发展，针对社会特定职业领域的需要，为培养具有较强的专业能力和职业素养，能够创造性地从事实际工作的高层次应用型专门人才而设置的一种学位类型。一般来说，专业学位具有相对独立的教育体系和教育模式，具有特定的职业指向性，是职业性与学术性的高度统一。从 1991 年起，中国高校开始设置和试办专业硕士学位教育，到 2008 年为止，国务院学位委员会相继批准设置 19 种专业学位，参与专业学位教育的高校达 431 所，占我国博士、硕士学位授权单位总数的 60%。在某种意义上，中国至此已经基本建立起了具有自己特色的专业学位教育制度。

但是，直到 2009 年，中国专业硕士教育的布点仍然没有覆盖到新闻传播学科及新闻与传播领域。众所周知，新闻传播学科本来就属于应用文科，新闻传播教育开始就是为了给新闻传媒培养专业人才，满足业界持续发展的需求。新闻传播学科与其他传统基础文科的最大差异，就是前者对应着一个庞大的社会产业。在对新闻传播人才的需求方面，随着知识经济及传播技术的发展，社会对学术型硕士的需求量在逐渐减少，而对高层次应用型专门人才，即专业硕士的需求在持续增加。事实上，新闻传播学科随着改革开放以来几十年的发展，其发达程度及重要程度远非昔比。在新闻传播诸专业对应的新闻与传播领域，被视为朝阳产业的报纸、广播、电影、电视、杂志、出版、动漫、广告公关等行业，吸纳了近千万的从业人员，其生产总值的年增幅远远超过了国民生产总值的年增幅。这一朝阳产业急需的人力资源就是高层次应用型专门人才。可是，高校的硕士生培养，完全是按照学术型硕士的培养模式，以同一规格，生产学术型硕士研究生，对应社会上两种根本不同的人才（学术型研究人才与高层次应用型专门人才）需求。而高层次应用型专门人才的绝对需求量远大于学术型研究人才。这种奇特的"小牛拉大车"的教育格局几十年一以贯之，以不变应万变，以致社会的人才需求结构与高校的人才培养结构明显脱节。

中国传媒教育界的结构性问题，已成为学界、业界普遍关注的话题。从 2007 年起，中国人民大学、北京大学、复旦大学、清华大学等 6 所知名高校的新闻传播学院，响应业界的呼吁，围绕着设置新闻传播硕士专业学位的论证进行了深入探讨，并向国务院学位委员会提交了论证报告。2008 年，新闻出版总署专门委托中国人民大学郑保卫教授牵头，组织北京大学、中国人民大学、武汉大学、华中科技大学、中国传媒大学等高校的专家，专题论证设置新闻传播学硕士专业学位的必要性与可行性。2009 年，国务院学位委员会同时委托北京大学、南京大学，分别就新闻与传播、出版两个专业硕士学位的设置方案进行了深入讨论。所有这些论证、讨论，都得出了几乎一致的结论，那就是新闻传播学科硕士生的单一培养模式必须改变，必须实现由单一模式向学术型学位、专业学位并重的双轨制过渡，只有这样才能顺应社会的期待。

同时，来自业界的呼声也十分强烈。"新闻传播学专业硕士学位论证报告"课题组 2009 年在北京进行调查，该调查面向北京市内 16 家媒体的从业者，发放了 356 份问卷。调查结果表明，其从业人员中，非新闻传播专业背景的人员占比达 69.4%，相当一部分从业者没有受过新闻传播的系统训练，他们在进入媒体后也缺乏正规的职业培训。随着传播技术的飞速发展和媒体融合的发展，媒体对从业者的专业素质要求越来越高，在接受调查的对象中，回答他们掌握的新闻传播学专业知识够用的仅占总人数的 13.5%。[①] 这足以说明现有的新闻传播学教育存在着严重的问题：新闻院系提供的人才，特别是研究生层次的人才，不能对应社会的需要；新闻传播业界的从业员工中，也存在着继续教育的庞大需求。所有这一切都要求，在现有的学术型硕士学位之外，另起炉灶，再设立新闻与传播硕士专业学位，专为社会提供高层次应用型专门人才，以完善现有的高等教育学位体系。

---

① "新闻传播学专业硕士学位论证报告"课题组：《关于设置新闻传播学硕士专业学位（MJC）的申请报告》，2009 年 6 月。

反观国外的情况，也给我们不少启示。早在 1921 年，哈佛大学就授予了美国的第一个专业博士学位——教育博士学位。第二次世界大战结束以后，欧美各国应社会需求，开始大力调整研究生教育结构，积极发展专业学位教育。其中，美国在经济文化快速发展的基础上，专业学位发展尤其突出，其专业学位已经成为国家高等教育学位体系的主要组成部分。不少大学的新闻传播硕士研究生教育设置有两种不同导向的培养模式，即专业导向的培养模式和学术型导向的培养模式。这两种模式在教学目标、针对对象、课程安排和获得学位的要求等方面都有明显的差异。在英国和澳大利亚等国家，也建立了完善的专业学位教育体系。我们的近邻日本和韩国，在 20 世纪 90 年代也奋起直追，开始建设独立的专业学位教育体系。

可见，在新闻传播领域设置硕士专业学位，一方面是基于新闻传播学科的性质，新闻传播学科本身就属于应用文科，其硕士研究生教育的主体，本来就应该是专业学位，何况其对应的庞大社会行业所需要的并非高级学术型人才；另一方面是社会巨大需求的拉动，传统的学术型硕士教育固然有其存在和继续发展的必要，但是比起社会对高层次应用型专门人才的需求来，社会对学术型研究人才的需求毕竟要少得多。可是，这几年大学的扩招，使学术型硕士规模越来越大，除了少数能够找到适合的学术型岗位或直接攻读博士外，绝大部分学术型硕士是被业界勉强接收的。这种情况已经到了非改不可的地步。

二　学术型硕士与专业型硕士的比较

由于国家政策的强力推动，新闻传播领域的硕士专业学位教育马上就要正式启动。2011 年，全国将有 48 所大学设置新闻与传播专业硕士学位、14 所大学设置出版专业硕士学位，并向全国公开招生，其设点学校分布在除贵州、海南、西藏、宁夏四个省、自治区外的各个省区市。新闻与传播、出版专业硕士学位，与新闻学、传播学学术型硕士学位并立，本身就说明中国新闻传播教育的重大转向，传媒研究生教育的一个新的时代到来了。

专业硕士学位与学术型硕士学位分属于两个不同的研究生学位教育体

系。如果对二者做一比较，就可以看出二者的鲜明差异。

在目标定位上，学术型硕士学位研究生教育，一般被视为博士研究生教育前期，其前景就是博士研究生，或者到相关领域从事理论研究，其目标是培养高层次学术型研究人才。与此不同，专业硕士学位研究生教育则是针对社会特定职业领域的需要，培养具有较强的专业能力和职业素养，能够创造性地从事实际工作的高层次应用型专门人才。在新闻传播领域，学术型硕士研究生下设的两个专业，即新闻学与传播学，基本是按照学术型研究人才的培养目标设置的；而专业硕士研究生下设的新闻与传播、印刷专业，则是瞄准新闻与传播业界，包括报纸、广播、电影、电视、杂志、出版、动漫、广告公关等行业，为这些行业培养合格的、高层次的从业者。必须指出的是，中外各国专业硕士学位教育，还有一个共同的特点，那就是专业硕士学位与行业就业资格衔接。两者的目标不同，决定了两种硕士研究生教育在其他方面的差异。

在人才规格上，按学术型硕士研究生模式培养的新闻学、传播学硕士研究生，偏重的是基础理论、系统知识建构及研究方法、研究能力的训练，虽然也要设置与新闻传播业务相关的课程，但业务技能在整个知识与能力结构中处于次要地位。而按照专业硕士研究生模式培养的新闻与传播、出版专业的研究生，则强调理论基础与专业能力的平衡，理论基础课程的设置是为了挖掘与提升专业能力，专业能力在学生的知识与能力结构中居于核心的位置。这种专业能力包括在发现、表达、批判、创新等方面的潜能。经过专业硕士研究生教育，学生应该能够及时胜任传媒行业全流程各岗位的工作要求，上手快，后劲足，具有成为行业领军人物的潜力。

在学制上，学术型硕士研究生教育以全日制学习为主，因为系统的知识习得和研究思维、研究方法的训练，不仅需要完整的时间，而且需要导师的及时指导。零碎的时间和滞后的师生交流，不利于学术型研究人才的培养。专业硕士研究生教育则不然，它采取灵活的学制，既可是全日制，也可是非全日制。全日制专业硕士研究生招收应届大学毕业生；非全日制专业硕士研究生则招收传媒行业的在职工作人员，他们可以一边工作一边学习，或者结合工作来学习，带着工作中的问题学习，这对于提高他们的专业能力具有非常重要的作用。与学制相关的还有招生方式的差异，根据国务院学位委员会制定的《硕士、博士专业学位研究生教育发展总体方案》，从 2010 年起，对学术型硕士研究生和专业硕士研究生招生，采取"分类报名考试，分别标准录取"的方式进行，按照"科目对应、分值相等、内容区别"的原则设置专业学位招生考试科目。其考试内容突出考查考生运用基础知识和基本理论分析问题、解决实际问题的能力。学术型硕士研究生招生考查的重点则是基础理论、系统知识、研究方法和思维能力。

在培养方式上，学术型硕士研究生与专业硕士研究生也大异其趣。学术型硕士研究生的教学以第一课堂为主，以理论讲授和课堂讨论为主，注重系统知识的建构和理论方法的训练，注重学生的问题意识和创造意识，基础理论、研究方法与思维创新是学术型硕士研究生教育的基本取向。专业硕士研究生教育则不然，它在教学方法上强调以学生为本，以能力培养为本，以职业导向为本；重视运用团队学习、案例分析、现场研究、模拟训练等方法，树立学生的自信、自强意识，强化学生的职业意识和专业精神，注重培养学生研究和解决实际问题的能力。

在学位论文环节，学术型硕士研究生与专业硕士研究生也有很大的差异。学术型硕士研究生的学位论文要求有鲜明的学术导向，其选题要有一定的学术价值和实用价值，尽可能与国家建设迫切需要解决的问题相结合，与导师的科研项目相结合；论文作者要在本学科掌握坚实的基础理论和系统的专门知识，具有独立从事科学研究的能力，遵循严格的学术规范；在了解本领域国内外研究动态及学术前沿的基础上，论文还要突出自己工作的创新点和新的见解。相比之下，专业硕士研究生的学位论文要求强化应用导向，论文选题必须来源于社会实践或实际工作中的现实问题，要有明确的实践意义和应用价值；其表现形式也可多种多样，鼓励采用理论研究、调研报告、规划设计、产品开发、案例分析、项目管理、业务作品等多种形式，重在考查研究生综合运用理论、方法和技术解决实际问题的能力；其论文答辩的方式也可灵活多样，但其答辩评估成员中必须有在相关行业实践领域具有高级专业技术职称的专家。

由上可见，学术型硕士研究生教育与专业硕士研究生教育是两股道上跑的车，这两条不同的道路通向不同的目标。当然，两者的差异也不是绝对的，在个别情况下，学术型硕士研究生也可以到传媒业界就职，专业硕士研究生也可以报考博士研究生或者从事学术研究工作。实际上，与其说专业硕士研究生教育与学术型硕士研究生教育是两条不相交的平行线，倒不如说是两股紧紧地交织在一起的绳子。虽然两者在目标定位、培养方式、人才规格、学制乃至论文环节上相差甚远，但是也有不容否认的共同基础，那就是有关新闻传播的基本学理。新闻与传播、出版专业硕士研究生教育，虽然自成体系，但实际上是新闻传播学科大树上长出的一个新枝。它们和新闻学、传播学硕士研究生教育一样，每时每刻都在从新闻传播学科的强大根部吸取营养，这便是新闻传播领域学术型硕士研究生教育、专业硕士研究生教育相异又不相离的根本原因。

三 按需生产，双轨并举

根据国家《硕士、博士专业学位研究生教育发展总体规划》，国家在未来十年内将积极发展专业学位教育，并在 2020 年实现我国研究生教育从以培养学术型人才为主转变为学术型人才和应用型人才培养并重，基本完善专业学位的教育体系。这是高等教育方面的基本国策。国策既定，剩下的当然就是执行的问题了，在研究生教育转型方面没有任何讨价还价的余地。在新闻传播领域，这次重要的转型，不仅给新闻传播业界注入了继续发展的动力，而且给传媒研究生教育以绝好的机遇。我们应该抓住机遇，按照教育的基本规律，改造我们的传媒研究生教育，双轨并举，按需生产。只有这样，中国传媒研究生教育才能顺应社会的期待，保持持续发展的活力。

第一，以教师为本，建设一支"双师型"的师资队伍。此前，国内新闻传播院系研究生教育的单一模式，使得新闻传播院系形成了以高水平学术研究型人才为主体的师资队伍。他们不仅具有高学历和很高的理论水平，而且其兴奋点集中于对理论问题的探讨。正是因为有这样一批教师，保证了新闻传播教育的学术水准。不足之处是，这些高水平的教师大多没有专门的业界经历，缺乏相关领域的实践经验。很显然，这样一支师资队伍是难以适应双轨制下硕士专业学位教育的需要的。要改变这一局面，各新闻传播院系必须采取切实措施，保证专职教师在一定时间内到对应的媒体从事调研或任职，提高专任教师的专业实践能力和教育教学能力，提升师资队伍的专业化水平；要大力引进既有理论水平，又有实践经验的优秀专业人才从事专业学位的教育教学工作；至少要保证三分之一的专业课程由来自业界的具有丰富实践经验的高层次专业人员担任，他们还应该积极参与教学实践、项目研究、论文考评和答辩等工作。在可能的情况下，新闻传播院系还要从业界聘请一批具有较高业务水平的记者、编辑、制片人、主持人等担任兼职教授。所有这一切努力，都是为了建设一支结构合理的"双师型"教师队伍。这实际上是国际新闻传播教育界的一种惯例。在美国大学的新闻传播学院，其师资就有"绿眼罩人"与"卡方人"之分。[①] 所谓"绿眼罩人"，就是具有丰富的传媒实践经验，在新闻院系担任业务课程教学，致力于提高学生专业技能的教师；而所谓"卡方人"，就是学术导向的理论课教师，他们一般具有传播学博士学位，具有较高的学术水平。只有建立起"双师型"师资队伍，双轨制的传媒硕士研究生教育才能顺利起步。

第二，重视实践教学环节，努力建构高水平的实验实习平台。在单一模式的前提下，国内各新闻传播院系的硕士研究生培养，普遍重视理论课程教学和研究方法，关注学生思维能力的训练，所以理论教学和研讨被置于重中之重的位置。相对而言，实验实践环节受到不同程度的忽略。现在专业硕士学位正式启动，学术型硕士与专业硕士学位双轨并行，要保证人才培养质量，满足社会需求，必须改变以前的做法。当务之急是业务课程的教学改革，业务课程不能只讲不练，要配合课程内容安排一定时间的教学实验、实训，要充分利用学校、学院的教学实验设施，特别是要利用各种校园媒体，强化学生的专业体验和职业意识。同时，还要加大与业界的合作力度，与媒体建立长期、稳定、实质性的联合培养机制，搭建高水平的合作平台，明确校企各自的权利和义务，建立专业实习（实践）基地，提高实践教学的学分比重，保证学生有不少于半年的专业实习时间。实验实践环节的强化，有利于学生的全面发展，对于培养能够满足社

---

① 张晓静：《战后美国新闻与大众传播教育研究》，湖北人民出版社，2009，第61~72页。

会需求的，专业能力强，职业素养高，能够创造性地从事实际工作的高层次应用型专门人才，是重要的物质保障。

第三，尊重教育规律，革新研究生课程体系。目前的研究生课程体系，是为适应单一制研究生培养模式而建立起来的。而按单一制研究生培养模式培养出的新闻传播硕士研究生，又要尝试着满足学术型、专业型两种完全不同的社会需求，其结果自然是两不像，两头不讨好。随着硕士研究生培养双轨体制的启动，随着对两种不同类型研究生的重新定位，我们不仅要根据社会需求的人才规格量身定制专业硕士研究生的培养方案，而且要革新原有的学术型硕士研究生的课程体系。学术型硕士的课程体系，应强调学术导向，以培养高层次的研究型人才为目标，注重基础理论的探讨、研究方法的训练、知识系统的建构，致力于学生观察视野的开阔以及批判思维、创新能力的培养和提高。至于专业硕士的课程体系建设，则要反映传媒职业领域对专业人才知识与能力结构的要求，要反映传播技术的最新发展，以实际应用为导向，以满足职业需求为目标，以综合素养和应用知识与能力的提高为核心，将行业组织、培养单位和个人职业发展的要求有机结合起来。这两套课程体系，不应该彼此封闭，相互设限，而应该是开放的，专业硕士研究生和学术型硕士研究生可以在一定的范围内互选对方的课程。

第四，以质量为纲，改革学业考核体系。质量是传媒研究生教育的生命线，只有数量而没有质量的教育，是对教育资源的浪费，是对社会的犯罪。教育的质量最终反映在学生的质量上。而学生作为教育的产品，其质量的高低，取决于在整个培养过程中每个阶段每门课程的学习成效。所以要提高人才培养质量，重在对学业的考核，要使考核建立在科学可靠的基础上。科学的考核方法，有利于引导学生全过程、全身心投入学习中。过去研究生的学业考核，一般只重视终结性评价，而忽略了形成性评价。应该把终结性评价与形成性评价有机地结合起来。重点是强化形成性评价，也就是加强学习过程评价，在整个教学过程中，要对其中的每一重要阶段展开评价。要鼓励老师广泛采取平时测验、大作业、课程论文、课堂讨论等多种考核评价方式，并将其作为平时成绩纳入课程总成绩。要逐步提高形成性评价在总体性评价中的比重，对终结性评价也要进行改革。过去的终结性评价，只需要一张有几种固定的题型且客观题多的试卷，重点关注知识点，而不注意知识、理论的应用，于是导致了死记硬背、高分低能。对于专业实习也要进行全过程的跟踪、管理、服务和质量评价，确保实践实训的质量。学位论文是人才培养过程的最终也是最重要的环节。对学位论文的考核不仅要制定严格合理的程序，而且要有明确细致的规范，论文的选题开题，论文的文本要求，论文的审查，论文的答辩等，都要坚持标准，绝对不能放水。考核的方法科学，考核的标准严格，考核的程序合理，才能够保证人才培养的质量。

第五，坚持市场导向，实行弹性学制。传媒研究生教育必须坚持市场导向，顺应市场需求，否则，如此大规模的在读研究生将难以为市场所接受，可能会酿成重大的社会问题。目前的传媒市场，不仅向全日制硕士研究生提出了具体的要求，更为重要的是，传媒业界从业员工的继续教育，也是新闻传播院系服务业界的重要领域。一般来说，全日制学术型硕士，甚至专业硕士的培养，都采取固定学制，这是比较合理的。但是，对于专业硕士研究生中来自业界的精英，也一律采取固定学制，要求他们在规定的年限毕业离校，实在是有些强人所难。由于来自业界的在职专业硕士研究生，是边工作边学习，基本上是利用假期或双休日学习，工作单位的重大日程变更、社会重大突发事件的发生等，难免会打断他们正常的学习进程；一些研究生将业界面临的新问题作为他们硕士论文的选题，而这一问题的呈现和解决需要时间，这也难免会延后他们的学业。所以，对于专业硕士学位研究生中的在职学生，应该采取弹性学制，规定他们可以在一个比较宽幅的时间段（如 3~5 年）内完成学业。这种弹性的安排，有利于调动专业学位研究生的积极性，便于他们利用在职学习的优势，发掘所在单位的教学资源，这对于提高专业学位研究生的教学质量是很有帮助的。

总之，中国传媒研究生教育现已进入了一个重要的历史阶段。单一模式向双轨制的过渡，是教育规律使然，是变化着的人才市场的拉动使然。在这个重要的节点上，中国传媒教育界应该抓住机遇，大胆推进研究生教育的改革，只有这样，中国传媒研究生教育才能健康发展，顺应社会的期待，满足业界的需求。

（本文原载于《新闻前哨》2010 年第 10 期）

关于一流大学传媒教育定位之思考

　　随着信息传播技术的突破性的发展，新兴媒体不断涌现，不仅传播格局和媒介生态发生了重大的变化，而且整个社会的结构和运行都在进行深刻的调整。在这个背景下，传播媒介、传媒职业、新闻传播教育成了引领社会前行的力量，从而引起了社会的普遍关注。近年来，一股来自传媒业界的呼吁越来越强烈，其基本诉求在于改革现有的新闻传播教育，以适应业界的变化了的人才需求。各高校新闻院系从不同的角度做出了回应，但是从实际效果来看，虽然有不小进步，但是远远没有满足业界的期待。

一　背景与问题

　　要分析当下中国的新闻传播教育，有三个时代特点必须把握。第一，媒介融合与传播生态的转变。由于数字传播技术的发展，媒介融合的趋势愈演愈烈，来自不同渠道不同介质的信息产品，如文字、图片、音频、视频等，可以承载于一个统一数字平台。原来各种不同媒体画地为牢、各行其道的局面被彻底颠覆。由此带来了新闻传播机制、信息传播模式、信息消费形态、新闻生产流程、传媒经营形态的变化，这一切又倒逼传媒人才在知识体系和能力结构方面适应再造了的新闻生产流程，满足媒介融合条件下不同岗位对于新闻传媒人才的需求。

　　第二，互联网崛起，网络巨头携其巨额资本进军传统媒体领域。在中国，以 BAT（百度、阿里巴巴、腾讯）为代表的网络巨头，在度过了与执政党和政府的磨合期以后，已经取得了政府的信任，并且成为党和政府的拱卫力量。12 月 11 日，阿里巴巴正式收购《南华早报》。此前，马云已通过直接、间接、关联公司、个人入股等方式，将 24 家媒体纳入其麾下，包括传统媒体与新媒体。如第一财经、光线传媒、新浪微博、头条、优酷、土豆、封面新闻等。这一迹象意味着，传媒产业链条及其生长空间还将得到进一步延长和扩张。

第三，大国崛起与中国教育的发展。得益于三十年来中国经济的高速发展，高等教育界吸纳了越来越多的资源，加上对外开放的政策，中国高等教育达到了新的水平。一些重点大学综合排名全面提升。北大、清华进入全球顶尖大学的前五十名。其中清华大学的工程教育超越麻省（全称麻省理工大学）居全球第一。当然不容否认，当前中国的高等教育存在着很多问题，但是世界教育发展的规律表明，一个国家经济上的腾飞，最终必然会推动其教育的提升，美国、德国的历史证明了这一点。如果说中国未来几十年发展的趋势不变，那么中国大学教育，包括新闻传播教育也会面临一个空前的发展机遇。

以上三个背景因素告诉我们，媒介融合背景下传统媒体式微，并不意味着整个传媒行业出现了危机。相反，随着互联网巨头的渗透与扩张，传媒业的生存空间得以拓展，社会对传媒及关联行业人才的需求将会大大增加。同时，基于综合国力的提升，中国教育发展的机遇自然会惠及新闻传播教育。

中国当前的传媒教育怎么样了？我们可以参考下面一组不完全的统计数字。截至 2013 年 7 月，中国有 1080 个新闻传播类本科专业，分布在 637 个学校；93 所学校设有新闻传播学硕士点，17 所院校设有一级博士点，在校大学生约 20 万人；大约有 5000 名在校专职教师服务于新闻传播教育。[①] 也就是说，中国大约有四分之一的高校涉足新闻传播教育，包括 985 高校、211 高校、一般高校、独立学院，可谓规模空前，但是问题也不少。仅就一流大学新闻传播教育而言，有两个问题值得注意，一是人才

---

① 转引自胡正荣、冷爽《新闻传播学学生就业现状及难点》，《新闻战线》2016 年第 11 期，第 27 页。

培养严重滞后于业界的需求。业界实践已经远远地抛离了教育界：全球传播、大数据、数据新闻、社交媒体、文化产业、政治参与、社会转型等的发展，大多数学校的新闻院系都没有跟上；大多数高校的新闻院系仍陷于专业细分化与融合化的矛盾难以自拔。二是学术生态的恶化。新闻传播学科在高校整体学科格局中的地位每况愈下，新闻传播学科对整个人文社会科学的贡献度没有提升反而在下降，新闻传播学科与其他学科之间的差距越来越大，与其他学科的对话日益艰难。

这些问题的根源在于新闻传播教育的定位不准，思路不清。几乎所有的高校，一流的、二流的、三流的，都是同一个定位，而这个定位都是由来于新闻传播教育的职业型特征，千篇一律，没有区隔，没有个性，没有特色，以致受到社会各界的批评。

二　一流大学传媒学科定位的内在矛盾

我们可以比较一下国内外一流大学。在高等教育最发达、信息传播最发达的美国，著名的常春藤盟校，包括哈佛大学、耶鲁大学、普林斯顿大学、哥伦比亚大学、宾夕法尼亚大学、达特茅斯学院、布朗大学及康奈尔大学，其中只有哥伦比亚大学设置了新闻学院，而且其主体是研究生教育。在英国，牛津、剑桥大学都没有传媒专业。日本东京大学也没有传媒专业。其他国家也相似，顶尖大学普遍都没有设置新闻传媒类本科专业，设置该专业者只是例外。之所以会出现这种情况，与这些顶尖大学的办学定位直接相关。一流顶尖大学大都定位为学术型研究型大学，以探索真理、追求真知为目的，而很少有功利上的考虑。所以其学科专业的设置，以基础理论学科为重点，致力于知识增量，而不大在意知识的应用。在人文社会科学领域，文史哲经法等学科被置于重要的位置，而一般应用型专业，则难以进入校长的法眼。

中国除港澳台外，目前排在前十位的重点大学，包括北京大学、清华大学、上海交通大学、复旦大学、浙江大学、南京大学、武汉大学、华中科技大学、中山大学等，全部涉足新闻传播教育，建设了从本科到研究生的专业体系。何以如此？恐怕与下面两个因素有关。一是近代中国的历史传统。中国共产党走上执政之路，缘于共产党宣传与武装并重，一手抓枪杆子，枪杆子里面出政权；一手抓笔杆子，笔杆子影响社会舆论，决定人心向背。在此之前的国民党也是如此。孙中山领导的兴中会、同盟会、中华革命党及后来的中国国民党，都把报刊宣传放在非常重要的地位。这种政治传统影响到学校的办学。二是媒介化时代信息传播的重要性。中国现代高等教育起步较晚，正值近代报业繁荣、广播电视兴起的时刻，特别是进入 20 世纪中后期，尤其是 21 世纪以来，随着网络新媒体的崛起，传播对社会的影响超越了此前的任何时代。信息弥漫于社会生活的全部空间，像空气一样，无处不在，无孔不入，不仅影响到个体的生产、生活，影响到个体的认知、情感和行为，而且直接影响到社会系统的有序运行。在这个背景下，将传媒纳入重点大学的学科专业体系，就顺理成章了。

根据国家的要求和学校自身的定位，一流大学全部定位为研究型大学，或学术型大学，以探究科学规律，增加知识存量，传承人类文化为己任。可是，新闻传播类专业又具有鲜明的职业教育性质。与传统的人文社会科学相比，新闻传播类专业背后，有一个影响巨大的文化产业，新闻传播类专业分类与这一产业的岗位设置高度相关，或者说有相当程度的匹配性。不仅人才需求量大，而且对社会的渗透和影响也极其深远。在人才培养方面，与信息传播相关的知识传授及专业技能的养成占有非常重要的地位，与作为基础学科的文学历史哲学完全不同。从国家教育行政管理部门颁布的专业目录和核心课程体系的要求来看，无论什么类型、什么层次的大学，其新闻传播类专业所培养的都是新闻传播专业人才，属于应用型人才的范畴。

也就是说，一个研究型、学术型大学，创办的新闻传播类专业实际从事的是职业型教育。而对于这些学科专业水平的评价，按照国内通行的标准和办法，却是完全的学术导向。其评价的指标体系，基本上是有利于研究型学术型的学科专业。如在师资队伍考核方面，非常重视高端学术人才，重视来自海外的博士研究生；特别重视学术论文的发表，尤其是 SSCI、CSSCI 期刊论文的发表；重视重大课题、重视研究经费；重视高级别的尤其是政府颁发的学术奖；变态地追求研究生学位点，起码是硕士点，稍有条件的就要追求博士点。而与技能、专业知识相关的要素在整个评估体系中所占的权重很低，如学生的质量、课程的水平、实务课程教师的业界经历、实验实践环节等。于是，一方面要保证学科的学术水平，要重视研究和论著的发表，另一方面要进行一流的职业素养教育，让学生具备良好的知识结构和杰出的职业技能。两手都要抓，两手都要硬，实在难以做到。

困难在于每个学科专业的人力资源都有限，编制有限，学术型的师资多了，事务型的老师就会缺额，反之亦然。同时每个教师的精力也很有限，能文能武、左右开弓的全才型老师是很少的，顾了教学，可能会削弱科研；重视了科研，可能顾不上教学。学校的经费投入也有限，可能只能满足研究或教学中的一种。学校的办学空间也会在一定的程度上制约办学者不得不在研究与职业教育方面做出选择。总之，在现有的办学格局下，国内一流大学的新闻传播学科普遍纠结于职业型与学术型的矛盾。在这种情况下担任新闻学院的院长，实在是一种苦刑，左右支绌，难以两全，乃至陷于人格分裂的境地。

三 一流大学传媒教育应如何定位

中国一流大学的新闻传播教育究竟应该如何定位？愚意以为，当前中国一流重点大学新闻传播教育的定位，应该是研究型传媒职业教育。这里有两个关键词应该注意。

首先是研究型。既然是研究型学院，在科研方面，就应该有一流的学术研究，致力于传播现象、自然现象、社会现象及人类命运的探索，不仅关注当下的现实，更要回溯既往，前瞻未来。学术研究旨在追求真相，填补空白，探索真理，创新知识，如两河流域的泥板书、埃及的纸草文书、中国的甲骨文，以及先贤对于信息传播的智慧等，今天看来未必实用，但是能够为既有的知识提供增量，填补人类认知的空白，有利于丰富人类的思想，提高人类的心灵境界。

在人才培养方面，在强化技能训练的同时，要注重基础理论、科学方法的教育，引导学生探究传播学理，或透过传播视窗，关注自然、社会和人生的问题，重视批判思维、独立思考，重视开阔学生的视野，提升他们的境界，激发他们的创想。这就是古人所说的"道"。也就是说，在新闻传播人才培养方面，道应该重于术。在对人道、世道的认识，在求道的路径探索和能力建构方面，一流大学的新闻学院应该走在一般大学的前面。

其次是职业教育。新闻传播教育不同于传统的文史哲等学科。社会上没有独立的历史学家、哲学家、文学家职业，或者学习了相应的专业，不一定就能够成为历史学家、哲学家、文学家。而新闻传播则不然，社会已经为新闻传播专业准备好了一个庞大的媒介产业，新闻传播学科的每一个具体的专业都可以在这个行业里面找到对应的位置，而且容量巨大。只要愿意，新闻传播学院的毕业生成为职业传媒人绝对不是一件难事。在新闻传播教育中，专业技能不可或缺。新闻的采写编评摄、广告与公共关系策划、媒介经营等，这些不可替代的专业技能，是传媒人的看家本领，是人才培养过程中必须给予学生的。要达到这一目标，就要重视实验实践环节，强化实验装备和实验教学，重视实践基地的建设，发挥实践基地在人才培养过程中的基础性作用。更为重要的是要重视对专业精神和职业理想的引导。虽然今天社会化媒体迅猛发展，人人都有麦克风，人人都有摄像机，但是绝不是每个麦克风传播出的都是权威的声音，也不是每个镜头都会对准我们应该注意的方向。众声喧哗之中，人们最需要的还是理性声音的引领，这就是职业传媒人存在的依据。

一流大学新闻传播教育的定位必须将这两个关键词结合起来。一言以蔽之，就是研究型传媒职业教育。坚持这样的定位，就能够将一流大学与一般大学的新闻传播教育区别开来。一流大学的新闻传播教育应该瞄准传媒行业的高端市场，应该占领主流媒体发出权威的声音。为此，从这里毕业的学生，应该独立思考，应该有批判精神，应该有历史的洞察力，应该有广阔的视野，应该有家国情怀。坚持研究型传媒职业教育还有利于将新闻传播专业与其他人文社会科学专业区分开来。新闻传播与其他学科专业一样，为人们提供了一种认识社会和自然的工具，但是新闻传播专业具有差异化的独特的认识视角，其基础在于其独特的知识体系与能力结构。因此，传媒从业者具有对新事物的敏感性，更加快速的节奏，更加活跃的联想，更加强烈的批判意识，在承担社会的瞭望者、守卫者的职能方面，新闻传播专业的学生具有其他人文社会科学专业学生难以替代的品质。而在学术研究方面，对新闻传播现象的探讨，或者通过传播视窗研究社会现象、问题，在方法论上新闻传播学科也有其独特的优势，能够在相当的程度上实现与其他社会科学学科的互补。

四 怎样办好研究型传媒职业教育

怎么才能办好研究型传媒职业教育，是困扰一流大学新闻院系的现实问题。在中国至少在目前还没有成功的范例。我以为，如果从如下四个方面努力，或许能够达成目标。

第一，以研究生教育为主，本科少而精。一流大学都是研究型大学，拥有一流的学术精英和研究设施，自然应该以学术研究为主，为社会培养高端的学术研究人才。故以高层次研究生培养为主，是一流大学的必然选择。但是研究生教育不仅一流大学有，一般大学也有。所以前者的定位也不能与后者混为一谈。研究型大学的研究生培养，目标更优、要求更严、水准更高。在研究生之外，本科生教育也不可或缺。本科教育也是一流大学的核心职能。因其拥有一流的师资、一流的设施，加上一流的生源，故在本科教育方面具有其他一般院校无法比拟的优势。要保持这一优势，必须适当地控制本科生的规模。这样一方面可以保证本科层次人才的优良品质，另一方面也能够保证其师资有足够的时间从事学术研究或研究生培养。

第二，研究生阶段，实行学术硕士与专业硕士分流，以学术硕士为主。目前国内已经设立了几十个新闻与传播、出版等专业硕士点，似乎解决了学术硕士、专业硕士分流的问题，其实不然。根据顶层设计，学术硕士的目标是培养研究型人才，是博士教育的前期阶段。唯其如此，其规模不宜过大，教育培养的重点是研究方法、学术规范、问题意识，引领他们进入学术前沿。专业硕士则不然，专业硕士有其鲜明的职业导向性，其直接目标就是培养高层次的传媒从业者，故其教育的重心在于专业知识的系统建构，专业技能的养成，职业理想的形塑。学术硕士与专业硕士目标不一，培养模式和基本要求也大异其趣。但是在国内高校，许多学校并没有理解学术硕士与专业硕士分设的真谛，而是将两者混为一谈。这不仅背离了顶层设计的宗旨，而且削弱了学术硕士的研究性，同时淡化了专业硕士的职业性。一流大学的研究生教育应该明确地将两种研究生教育区隔开来，学术硕士少而精，趋向前沿理论研究，专业硕士适当增加，注重专业知识和职业技能，以图占领高端传媒市场。

第三，贯彻双师制，实行分类管理。美国大学的新闻教育先于中国，其教育模式对中国有重大的影响。一些知名大学的新闻学院，如哥伦比亚大学、密苏里大学的新闻学院，在师资队伍建设方面，就形成了双师制的传统。他们的师资队伍由两方面的人组成，一是具有博士学位、受过系统学术训练的学者们，他们在教授学生基础理论的同时，结合传播专业进行系统的学术研究，其成果表现为论文、专著；二是来自业界或具有业界经验的传媒人，他们一般没有博士学位，没有经受系统的学术训练，但他们具有丰富的传媒从业经验，对传媒内容生产、信息产品分销、传媒管理与经营等环节驾轻就熟，在传播实务类课程教学方面具有不可替代的优势。这两种师资对于一所高水平的新闻学院都是不可或缺的。没有第一种人，就没有学术，研究型大学就会落空；没有第二种人，就没有高效的技能培养，职业教育就会成为泡影。但是国内大学，特别是一流大学的生态环境，并不利于第二种人的生存和发展。因此，有必要改革大学管理制度，对于新闻传播院系，明确实行双师制，对两类教师实行分类管理，给彼此都留下足够的成长空间。

第四，产学联通，组建利益共同体。高校的新闻传播教育不同于一般的社会科学教育。新闻传播院系面对着一个庞大的传媒产业。正是这个产业为学院的人才培养提供专业师资、实践基地、人才市场、资源补给地。没有这个行业，就不会有今天发达的新闻传播教育。另一方面，对于传媒行业而言，新闻传播学院又是他们人力资源的基本来源，是他们制定战略规划的重要咨询对象，是传媒发展不可或缺的智库。也就是说，一流大学的新闻学院和传播业界，在客观上是唇齿相依、肝胆相照、共存共荣的关系。这种关系在媒介融合环境下，应该进一步强化，上升到利益共同体的高度。只有从彼此合作中得到双赢，这种关系才能维持下去、发展下去。

总之，一流大学的新闻传播教育应该不同于一般大学的新闻教育，也应该与一流大学内的其他人文社会科学专业区隔开来。如果坚持研究型传媒职业教育的定位，并且在实际运作中保证这一定位落地，就能够拥有一流的学术研究成果，同时又有高端的专业传媒人才培养体系。在学术研究上，其新闻传播学科将拥有不输于其他人文社会科学学科专业的学术地位，同时保证对新闻传播教育的引领；在人才培养上，则能够拉开与一般大学的距离，占领高端的传媒人才市场，以权威的资讯服务于社会、国家和人类需要。

（本文原载于《新闻记者》2016 年第 2 期）

中国新闻传播教育的两大困境

我们今天生活在媒介化时代，媒介及其传播的信息充盈于我们全部的社会生活空间，它影响到我们的呼吸、我们的生存、我们的发展。在这个意义上说，传媒从业者是我们社会系统不可或缺的重要成员，而以培养传媒从业者为目的的高等院校新闻传播院系更是肩负着重要的社会期待。近年来，在强大的社会需求及经济社会发展所奠定的物质基础上，中国新闻传播教育事业迅速发展起来。作为一个传媒教育工作者，看到新闻传播教育欣欣向荣的景象，我和大家一样感到高兴，但同时，又为当下的浮躁、现实和功利化担忧。我认为，中国当前的新闻教育面临着两大悖论，应该引起社会的关注。

一　现实主义与理想主义

进入工业时代以来，大学不再是象牙塔，不再是与世隔绝的梦幻之境，也不是脱离现实的世外桃源。大学的使命不仅在于保护、传授和丰富人类的知识与文化，而且在于它是现实社会的人才工厂，以培养社会理想的接班人为目标。随着信息传播事业的发展，随着信息传播对社会系统的全面而深入的渗透，新闻传播教育也迅速发展起来，在一些经济文化发达的国家，相当数量的大学都设有专门的新闻传播院系，其目的就是培养能够满足社会需要的新闻传播人才。

在我们现在的社会系统中，新闻传媒堪称社会机体的神经网络，它不仅能够感知环境的刺激，对刺激做出反应，而且在很大程度上决定了社会系统的智力水平及其社会机能的发挥。在这个意义上，可以说传媒是引领社会前行的力量。一个国家如果没有发达的传播事业，绝不可能臻于文明的境界。

在任何国家，信息传播系统的主体是人，而人是有情感、有智慧、有性格的社会性动物，能够承担传媒社会责任的从业者应该是怀抱理想的现实主义者。这里所谓的理想，是基于职业信仰的一种追求。理想主义是跟信仰紧紧联系在一起的，有信仰的地方，理想主义才会形成，没有信仰的地方，绝不会有理想的存在。而现实主义则是一种长期存在的哲学传统和世界观，它是对待生活的基本态度。在现实主义者看来，适应环境、适应现实是第一位的，目的能检验手段，只要能够实现目标，过程不一定要完美、手段不一定要合理。所谓怀抱理想的现实主义，就是要在信仰、理想的引导下，适应现实，以现实的、合理的方式，引领社会，实现理想。这就是新闻传播院系的基本目标。

2012 年 5 月 21 日，温家宝总理在武汉接见中国地质大学师生时说："一所学校最重要的，是要倡导自由之精神、独立之思想。青年学生要有自己独立的思考，这是最宝贵的。""在母校的学习，使我养成了从不迷信权威的习惯，遇事总是要问一个为什么，通过自己，探寻追求真理的脚步。""同学们在学习时，一定不要忘记树立远大理想，把今天学习与今后工作结合在一起，练就本领，将来更好地为人民工作。"这是一个过来人的由衷之言。虽然他不是传媒从业者，但是他对于学生理想主义和独立思考的重视，对于以培养传媒人才为目标的新闻传播教育具有重要的指导意义。

新闻传播院系要实现自己的使命，满足社会的期待，必须在人才培养过程中，注重学生的独立人格、前瞻意识和批判思维的培养。独立人格是前提，新闻传媒从业者是社会的哨兵，是公平正义的守护者，在其履行社会职责时，尤其需要独立思考，独立实践，富有创造性，在报道事实的过程中，在追求真理的过程中，要坚持自己独立的判断能力，既不依附于外在的精神权威，也不依附于现实的权力。在此基础上，才能以基于历史与现实的优势，表现出前瞻的意识和理性批判的力量。只有这样，新闻传媒从业者才能在这个信息爆炸、物欲横流的时代，以自己的智慧之灯照亮人类的前途，引领社会前进的步伐。

可是目前的实际情况，与我们的想象和期待有相当大的距离。在当今中国的新闻教育界，几乎所有的新闻传播院系，无论是培养模式、课程体系、教学过程，还是教材讲义，其基本的价值导向却是现实主义，以体制接纳作为人才评价的基本准则，以认同现实和合理性论证作为其职业使命。

我们的目标很清晰，新闻传播教育的一切努力都是为了满足社会的需要，为了服务于国家和社会。但是，我们没有进一步思考我们致力于满足的到底是现实的需要还是未来的需要？上面的需要还是下面的需要？政治的需要还是文化的需要？内部的需要还是内外共同的需要？目前新闻院系所看重并且致力于满足的恐怕是现实的需要、上面的需要、政治的需要、内部的需要。正是这些需要正在压缩理想主义的空间，挫伤了独立思考的自由精神。

中国目前正处于社会转型期，30多年前，中国刚刚启动改革时，没有人能够想到今天会是这个模样。社会阶层的分化，思想意识的多元，民主观念的普及，完全超越了当时人们想象力的极限。30年后的情形，我们也很难预测，但是有一点是肯定的，那就是未来的中国绝对会越来越民主、越来越多元、越来越开放、越来越富裕、越来越文明。显然，未来中国的传媒从业者，更加需要自由思考、民主意识和独立人格。

我们当然是立足于现实的土壤之上，但历史不会停留在今天。有理想才会有未来。在新闻传媒人才的培养过程中，我们要有强烈的现实感，认同稳定是最重要的政治价值，所以我们要认同现实，接受规则，服务于当下。但同时我们还要鼓励学生们憧憬未来，怀抱理想；要鼓励学生独立思考，追求真理。毕竟，我们这个社会还有未来，我们的学生不仅要有适应现实的能力，更要在未来的社会中扮演建设性的角色。心有多远才能够走多远。只有怀抱理想的现实主义者，才可能拥有属于自己的未来。

二　物质至上与精神贫困

新闻传播类专业是文科中的工科，新闻传播教育是高投入的教育，是需要高技术装备的教育。这是教育界和业界的共识。所以，加大物质投入，改善办学条件，缩短学校与业界的距离，提高学生的适应能力，是必须的。如果还把传媒教育视为普通文科教育，新闻教育就不会有未来。但是，最近十年来，随着经济文化的长足发展，高校新闻传播院系的技术装备有了根本的改善，甚至有些院系的硬件水平超过了欧美一些发达国家的一流传媒学院。我们为此感到欣慰，但同时也有一些不安。我越来越明显地感到，目前中国新闻教育界存在着一种盲目的技术崇拜热，片面地认为新闻传播教育是高技术教育，盲目追求实验技术装备的高、尖、新、全，与此同时忽略了精神家园的建设。

目前我们经常看到的是：一个个先进的实验教学示范中心、一座座豪华的办公与教学大楼拔地而起，一个个面子工程相继落成，社会有限的物质资源被大量消耗在硬件建设上。这样做固然有其一定的必要性，但是否超过了必要的限度？从投入产出比上看这样做合理吗？由于信息传播技术飞速发展，技术装备更新换代频繁，如此的高投入在保持设备完好率要求的前提下，可以持续吗？院长和系主任的心思既然瞄准了物质和技术，尽全力而为之，必然会在一定程度上忽略精神建设层面。物质的列车在飞奔，精神却被抛在后面。GDP 上去了，灵魂却掉了下来。我们的躯壳只装得下物质、技术，而塞不进灵魂了。

2012 年 5 月，武汉大学原校长刘道玉在《深圳特区报》"名家论坛"上指出："中国教育需要改变'游戏规则'，从知识游戏转向思想游戏。"为此，这位深刻的教育家提出了"思想之光"理论，认为教育应培养学生的"四力"——想象能力、质疑能力、批判能力和反思能力。这正是我们所欠缺的。我们必须反思，我们在塑造学生的人格方面，在丰富与提升学生的思想方面，付出了多少？我们对学生的内心世界有多少了解？现在大学生的理想是什么？我们的学生有践行新闻理想的专业精神吗？我们的学生怎样理解传播行业的基本价值，如客观、公正、平衡、正义等，这些价值能够在多大程度上为同学们所接受？在物质利益之外，我们的学生还有对普通人的同情、社会责任和人文关怀吗？我们的学生是否认同并且愿意遵守传媒行业的职业底线？如此等等，对于以上这些，院长、系主任以及老师们知道多少，是否尽在掌握之中？

物质越丰富，技术越发展，则越需要精神关照，越需要灵魂统驭。

没有灵魂的物质，没有精神的技术，没有人性的媒体，不会造福于社会，更难服务于人类。对于未来的传媒工作者，不仅需要驾驭技术的能力，重要的是还要有起码的人文关怀，如对生命的敬畏，对弱者的同情，对异见的包容，对真理的追求，对灵性的呵护等等。未来的传媒工作者，应该是具有高尚情趣、热爱生命的报道者，是理性辩证、思想深刻的引领者，是能够与大众心灵沟通的朋友，是敢于担当、立于潮头的守卫者。既要具备细致、敏感、深刻的精神禀赋，更需要具备勇敢、进取和抗压的人格特质。

物质是重要的，技术也是不可或缺的，要发展新闻传播教育，培养能够适应传播发展、胜任传媒角色的高级专门人才，我们必须建设起码的技术装备体系，必须满足传媒人才培养的最低的必要需求。每个教育工作者，每个校长、院长、系主任都要有这种共识。但是我们在关注物质条件建设的同时，千万不要忽略了学生的心灵世界，在人才培养的各个环节，在第一课堂或第二课堂上，都要注意学生的人格塑造、灵魂净化、视野拓展、思维训练、情操陶冶、境界提升。在这方面不一定要有大量的物质投入，但是需要精神的关注，需要时间的投入，需要老师与学生心灵之间的沟通。我们应该反思，近年来，新闻传播院系在这里花了多少的精力，投入了多少的资源。

上述问题，是多种因素造成的。社会的评价机制、社会思潮，以及教育工作者的办学理念，特别是官方的评价机制，过于重视数字，而忽视了数字之外的因素；过于重视硬件，而忽略了软件的作用。还有普遍浮躁的社会氛围，对于面子工程、政绩工程的向往，使得越来越多的资源被投入到物质条件建设方面，而本应得到呵护的精神世界被置于遗忘的角落。在物质与精神的博弈中，精神处于极端的弱势地位。

面对新闻传播教育界理想与现实的博弈，物质与精神的分裂，笔者越来越感到不安。我们现在选择的路径，似乎有偏离正道的危险，与社会期待、教育规律背道而驰。所以，作为一个教育工作者，我要在此呼吁，在传媒人才的培养方面，我们要尊重现实，立足现实，但同时要给学生以理想。我们的学生，不仅应该适应社会，胜任社会系统的合法性论证，更要扮演引领社会前行者的角色。我们要重视教学条件改善，但不能奉行物质至上主义。在目前的情况下，少一些物质至上、技术崇拜，而适当地增加对学生精神和灵魂的关注，才能使物质与精神同步、平衡和协调起来。

（本文系根据张昆教授于 2012 年 4 月 12 日在清华大学新闻与传播学院建院十周年庆典上的演讲稿修改而成，发表于《新闻界》2012 年第 8 期）

解读中国新闻教育的"华科大模式"

在当今中国的高等教育界，新闻教育是一个重要的组成部分。这是因为新闻事业的发展，对传媒专业人才需求的拉动，追根溯源，乃在于当前的媒介化社会信息弥漫及传播对社会空前的渗透，使得传播系统扮演的角色日益重要。在网络时代，虽然传统媒体风光不再，但是包括新媒体在内的传播系统的扩张仍在继续。截至2015年底，全国681所大学开办了新闻教育。这些学校设有1244个本科专业点，其中新闻326个，广电234个，广告378个，传播学71个，编辑出版82个，网络与新媒体140个，数字出版13个。其本科在校学生总规模达22.5691万人。[①] 由于新闻院系隶属的学校及学校隶属的系统不同，与行业、政府部门关系的差异，或人才培养目标及课程体系的差别，各高校的新闻教育异彩纷呈。这就要求我们对不同的教育模式及其特色进行深入的研究，方便各院系取长补短，彼此借鉴。

一 模式、新闻教育模式与"华科大模式"

1. 模式与新闻教育模式

什么是模式？不同的学科有不同的理解，经济学、管理学、心理学、社会学、政治学等学科的解读各异其趣，人们可以看到企业盈利模式、经

---

① 中国新闻史学会新闻传播教育史研究委员会编《中国新闻传播教育年鉴2016》，武汉大学出版社，2016，前言第3页。

济发展模式、结构功能模式、政治模式、管理模式的提法。《中国大百科
全书》（第二版）中没有"模式"一词，但在信息学科里有一个"模式
识别"词条。"英文 pattern 源于法语 patron，本来是指可以作为大家典范
的理想的人，或用以模仿复制的完美样品。所谓模式，即客观事物的存在
形式。不同事物的差异必然构成模式的差异。"①《现代汉语词典（第 5
版）》对模式的解释是"某种事物的标准形式或使人可以照着做的标准
样式"②。不管是出自什么视角或行业领域，其对模式的理解都有一个相
同或相近的意思，即模式是同类事物中的样本、范例，它对于同类事物具
有指导、引领或示范作用。在这个意义上，愚意以为可以把模式理解为从
实际经验中经过抽象和升华淬炼出来的解决特定问题的方法论，或者核心
的知识体系。模式对某一类型的实际工作能够起到引领或指导作用，帮助
行为主体解决当下面临的困难。

在教育领域，人们也常常使用模式一词来概括不同类型的教育样式。
顾明远认为："教育模式是教育在一定社会条件下形成的具体式样。"日
本学者村井实把历史上先后出现的教育形式概括为三大模式：手工模式、
农耕模式和生产模式。这三种模式的共同点是，都不把儿童当人看待。而
现代教育应该是人类模式，即把儿童当人看待。③ 陈建平认为："教育模
式，是指高等学校根据人才培养目标和质量标准，为大学生设计的知识、
能力和素质结构以及怎样实现这种结构的方式。教育模式受社会的经济、
政治、文化所制约，不同的时代，有着不同的教育模式。"④ 对这一理解，
学界比较容易接受。

新闻教育模式就是在林林总总的多样化的新闻教育类型中，各种最具
代表性和示范意义的样式，是有效解决新闻教育诸问题的方法论和知识体
系。由于新闻教育的承载者是大学的新闻院系，所以新闻教育模式往往会

---

① 中国大百科全书总编辑委员会编《中国大百科全书（第二版）》（第 16 卷），中国大百
科全书出版社，2009，第 184 页。

② 中国社会科学院语言研究所词典编辑室编《现代汉语词典（第 5 版）》，商务印书馆，
2005，第 961 页。

③ 顾明远：《教育大辞典》（增订合编本），上海教育出版社，1998。

④ 陈建平：《高等教育改革的着力点：教育模式的转型》，《东南学术》2008 年第 1 期，第
150~158 页。

以这些院系所在的学校命名，如密苏里模式等。在全球化信息化时代，新闻教育早已超越了国家而成为一个全球性现象，几乎所有国家的大学都在不同程度上涉足新闻教育。所以，在论及新闻教育模式时，也会出现以国家为本位的思考；当然更普遍的，还是以学校为本位的研究。

2. 新闻教育模式：全球视角

作为一个全球性现象，新闻教育能划分为几种代表性模式？针对这个问题，研究者从不同视角出发，有许多不同的解读，最具代表性的观点，有以下三种。

清华大学李希光教授认为，当前世界上大概有四种新闻教育模式：法国模式、英国和德国模式、美国模式、拉美模式。法国原来没有新闻学院，近年来，法国的大学开始办新闻学院，但办学资格要由法国记协来认证。就像医生、律师一样，由行业协会进行资格认证。英国只有传播学院，没有新闻学院。传播和新闻是两个不同的学科。美国一流大学的新闻学院和传播学院是分开办的。而最好的大学，如哈佛、耶鲁大学，既不办新闻学院，也不办传播学院。"当前中国新闻与传播教育更接近拉丁美洲模式。拉丁美洲有一千多所新闻与传播学院。跟中国一样，拉美国家把新闻学院和传播学院搅在一块儿办。"①

马克·杜泽则将全球新闻教育模式分为五类：第一类是大学新闻学院教育。主要代表国家有芬兰、西班牙、美国、加拿大、韩国、埃及、肯尼亚、阿根廷等，这种模式渐渐地在英国和澳大利亚也开始兴起，渐渐成为占主导地位的模式。第二类是专门的新闻职业教育与大学学院教育相结合。主要代表国家有法国、德国、印度、印度尼西亚、巴西、尼日利亚、土耳其、南非。第三类是专门的新闻职业教育。主要代表国家有荷兰、丹麦、意大利。第四类是新闻媒体自身的在职教育，比如学徒制等，主要代表国家有英国、澳大利亚和日本。第五类是上述全部，尤其包括大学里的一些商业项目和媒体集团、出版商、工会及其他个人或政府等的内部训

---

① 李希光主编《新闻教育未来之路》，清华大学出版社，2010，前言第11~12页。

练。主要在东欧、古巴、北非、中非和中东等国家和地区实行。① 根据这一分类，中国新闻教育属于第二类。

华中科技大学（以下简称华科大）吴廷俊教授将分类的维度集中于新闻教育的内部运作，将世界新闻教育模式分为三类：第一类是与新闻实际融为一体的学院式，以美国为代表。这种模式的特点是办学与办媒体合二为一，理论与实践紧密结合。第二类是以新闻实务单位为主的学徒式，以1990年前的英国为代表，这种模式的特点是偏重于实践。第三类是以日本为代表，即大学与媒体联合，直接面向媒体开设新闻课程或者进行短期培训。② 中国人民大学蔡雯教授的看法与吴廷俊的观点相近，也把世界新闻教育模式分为三种，只是在特征的概述上略有不同：第一种是美国的教育模式，其特点是重视实际业务技能的传授，同时以社会科学为依托。第二种类型是欧洲模式，以英国为代表，侧重在职训练。第三种类型是日本模式。大学中很少开设新闻专业，新闻媒介从其他专业毕业生中招聘人才，通过内部培训完成新闻人才的培养。③

由以上观点可见，这些学者的分类基本上是以国家为本位，从办学者的身份、办学形式、学校与媒介行业的关系几个维度来分析的。这种归类有一定的说服力，对于把握全球新闻教育的总体态势是有启示意义的。

3. 新闻教育模式：中国视角

中国新闻教育开始得比较晚，在相当的程度上学习、借鉴了欧美国家的经验。20世纪20年代是中国新闻教育起步阶段，上海、北京、厦门等地的一些大学相继开办了新闻学（报学）系科。虽然办学主体不同，但办学模式基本一致。复旦大学新闻学院前院长丁淦林认为，这些学校在办学模式上，主要是仿效美国，以培养应用型人才为目标，以新闻专业知识与技能的教育训练为教学重点。"1929年创建的复旦大学新闻系，在制订办学方案时，就是以美国密苏里大学新闻学院为蓝图的。"其培养目标是

① Mark Deuze, "Global Journalism Education," 转引自吴廷俊《新闻传播教育的认知与践行》，复旦大学出版社，2013，第124~126页。
② 吴廷俊：《新闻传播教育的认知与践行》，复旦大学出版社，2013，第249页。
③ 蔡雯：《新闻传播人才培养模式观察与思考》，《国际新闻界》2003年第1期，第67~73页。

"养成本国报馆编辑人才与经营人才"①。这一模式的基本内涵包括：第一，以培养在报社、电台、电视台从事新闻工作的业务人员为主要目标；第二，培养人才的知识结构是以政治、语言文学和新闻知识为主，一般来说课程的比例是政治、法律和其他公共课占将近1/3，语言文学、历史类课程超过1/3，新闻专业课少于1/3；第三，重视道义的教育和人格的培养；第四，重视理论联系实际，强调课堂内外结合。②

新中国成立后，尤其是经过改革开放，新闻教育步入空前繁荣时期。在新闻教育模式上，百花齐放，异彩纷呈。学界对新闻教育的理解也是见仁见智。

蔡雯教授认为，当前中国新闻教育，大体上可以分为六种不同的办学模式。一是传统名牌新闻院系的办学模式。以中国人民大学新闻学院、复旦大学新闻学院、北京广播学院为代表，这些新闻院系具有较长的历史、雄厚的师资、完善的教材、良好的教学设施条件，并有良好的声誉和威望。二是综合性大学新闻院系的办学模式。以武汉大学、四川大学、南京大学等一批地方综合性大学的新闻院系为代表。三是全国著名大学新建新闻学院的办学模式。以北京大学、清华大学为代表，学院历史不长。四是专业院校创办新闻传播专业的办学模式。如师范、体育、财经、理工类院校近年来创办的新闻传播专业，以学科交叉、文理渗透、追求特色的新型办学思路引人注意。五是非全日制成人教育的办学模式。最后一种是民办大学创办新闻传播专业的办学模式，如北京吉利大学等。③

辛欣、雷跃捷等人借鉴蔡雯教授的分类，将国内的新闻教育划分为四种主要模式。④ 第一种以中国人民大学、复旦大学、中国传媒大学等国内著名的新闻院校为代表，还有一些地方综合性大学。第二种是一些专业性和应用性很强的高校，它们根据自身的性质和特点，探索出一条学科交

① 丁淦林：《大学新闻教育的培养目标与课程体系应该怎样确定?》，《新闻大学》1997年第4期，第70~73页。

② 申凡主编《华中科技大学新闻传播教育史稿》，华中科技大学出版社，2013，第31页。

③ 蔡雯：《新闻传播人才培养模式观察与思考》，《国际新闻界》2003年第1期，第67~73页。

④ 辛欣、雷跃捷等：《中外新闻传播教育发展研究》，中国传媒大学出版社，2009，第81页。

叉、文理渗透、优势互补的新思路，比如一些体育学院、外语学院、政法学院、财经学院等，分别利用专业资源的优势，开办体育新闻、国际新闻、法制新闻、财经新闻等专业。第三种是一些地方院校立足地方开设本土化专业，主要为地方培养新闻传播人才，如广州大学新闻传播学院在全国率先开设播音与主持艺术专业粤语播音方向。第四种类型是新闻传播学的成人继续教育及民办教育，这种类型办学方式灵活多样，但在生源素质、教学质量及社会实践等方面还有待提高。

也有一种比较大胆的划分，把国内的新闻教育归纳为三大模式。一是由传统名牌新闻院系、综合性大学新闻院系、全国著名大学新建新闻学院办学，新闻学与传播学并重，人文学科、社会学科与自然学科大跨度交叉的通才型模式。如复旦大学新闻学院、华中科技大学新闻与传播学院、清华大学新闻与传播学院等。二是由专业院校创办的，人文学科与社会学科交叉，以培养新闻通才与新闻专才为目标的"T型"人才教育模式。三是由省属地方本科院校、民办大学、高等职业技术学院、非全日制成人教育开办的，以人文学科为基础的，以培养技能型应用型人才为目标的办学模式。①

以上三种划分方式主要是依据主办者学校的性质，即学校的类型在相当程度上决定了其新闻教育的模式。还有研究者综合主办者的性质与特点来划分新闻教育模式。如清华大学陈昌凤教授对新闻教育模式就有综合性和专业性大学新闻教育之分。在其《中美新闻教育传承与流变》一书中，还特别提到了中国两大中央媒体（人民日报、新华社）主办新闻教育的情形。② 还有一些研究者根据办学者是自主办学还是联合办学，是独立设院系还是依附中文系或其他学科办新闻教育来解读新闻教育的不同模式。③ 也有学者就某一类细分的人才培养方式来分析，如国际新闻传播人才培养模式。唐润华教授把国际新闻人才培养模式划分为一种新模式和两种传统模式，新模式即政府主管部门、媒体和高校联手办学的人才培养模

① 贺明华：《国内三种新闻教育模式比较》，《皖西学院学报》2012 年第 1 期，第 109 ~ 112 页。
② 陈昌凤：《中美新闻教育传承与流变》，中国广播电视出版社，2006，第 106 页。
③ 路金辉：《关于新闻教育联合办学模式的思考》，《雁北师范学院学报》2005 年第 3 期，第 4~6 页。

式（如清华大学、中国人民大学、中国传媒大学），两种传统模式分别是以外语院校为代表的"外语+传媒"模式和以传媒院校为代表的"传媒+外语"模式。① 虽然这些划分方式的出发点和标准相差甚远，但是对于新闻教育工作者，还是有一定的指导意义。

4. 中国新闻教育是否存在一种"华科大模式"

综上所述，人们对新闻教育模式其实是存在着多种理解的。原因在于观察角度有差异，"横看成岭侧成峰，远近高低各不同"。愚意以为，新闻教育模式至少有三层意思。第一，新闻教育模式即办学模式，主要依据办学的主体来区分，依据办学主体与行业、政府的关系来区分；第二，教育模式即人才培养模式，即人才的知识与能力规格，与此相关的还有课程体系的差异；第三，教育模式即教学模式，包括理论课程教学模式、实验课程教学模式等。② 从这三层意思来看，华科大新闻教育是具有相当的代表性的，堪称一种模式的代表。

2017 年末，教育部公布了第四届全国一级学科评估的最终结果。在全部参评的 81 所新闻院系中，华科大新闻学科与复旦大学同列 A 档，仅次于中国人民大学、中国传媒大学。一些传统的名牌大学新闻学院排到了后面。华科大新闻学科的百分位也达到了 5% 以内。联系华科大四次参评结果，其百分位的上升曲线，可以说明一些问题。第一次评估时，百分位为 40%，第二次评估百分位为 20%，第三次评估百分位为 10%，最新一次为 5%。这种发展态势，应该不是偶然的，其中必然存在某些体制、机制的原因。

华科大在新闻教育方面还有不少创新，拿下了不少第一。华科大是国内工科大学创办新闻专业的第一家，也是国内非综合性大学创办新闻教育的第一家。综合性大学的经验难以移植。没有前例可循，只能依托工科实行文工交叉，通过专业融合扬长避短。于是在国内新闻院系中，第一个开设高等数学、计算机语言、汽车驾驶等课程。当时受到《人民日报》《光

---

① 唐润华、魏征：《国际传播后背人才培养模式的变革与思考》，《全球传播与新闻教育的未来》，清华大学出版社，2014，第 375~376 页。

② 张小琴：《数字化时代的全媒体新闻实践教学模式初探》，《全球传播与新闻教育的未来》，清华大学出版社，2014，第 399~400 页。

明日报》的报道推荐。① 华科大还是国内最早创办网络传播教育的学校，早在 1998 年就以"2+2"的模式招收计算机专业的学生进入新闻学专业 3 年级学习。两年后，网络传播专业正式面向全国高中生招生。华科大在新闻评论人才教育方面另辟蹊径，设立新闻评论实验班，为新闻媒体输送了一批批优秀的新闻评论员。如果说当今中国新闻教育在人才培养模式方面有三种基本模式，即传统的人文教育模式、人文与社科交叉模式、人文社科和自然科学大跨度交叉模式，这第三种模式就是华科大首创并正在实践的教育模式。② 李建新教授在《中国新闻教育史论》中，对华科大的新闻教育模式给予了高度的评价。③

可见，华科大新闻教育无论是就其作为工科院校或非综合性大学最早的领航者，还是在新闻人才培养方面，其采取的与人文、社科和理工大跨度交叉的复合型人才培养模式，或者是在具体的教学模式，如新闻评论人才培养、新闻实验和社会实践方面，都是独具特色的，引领教育界同类院校的风气。还有其学科建设的突出成就，以及在学院管理方面的创新，对于同类性质的新闻院系，都具有一定的启示和借鉴意义。

二　新闻教育"华科大模式"的内涵

经过三十多年的建设，华科大新闻教育模式已然成型，并且得到业界、教育界的普遍肯定。笔者有幸在华科大新闻学院任职十二年，对华科大的学科体制、学院文化有一定的了解。现尝试就新闻教育的"华科大模式"进行初步的解读。

1. 自主办学，学者治院

在中国新闻教育界，自主办学有两方面的含义，第一，新闻院系是否

① 申凡主编《华中科技大学新闻传播教育史稿》，华中科技大学出版社，2013，第 32~33 页。
② 石长顺、吴廷俊：《培养文理交叉的复合型新闻人才的研究与实践》，《中国广播电视学刊》2000 年第 12 期，第 14~15 页。参见吴廷俊《新闻传播教育的认知与践行》，复旦大学出版社，2013，第 74~76 页。
③ 李建新：《中国新闻教育史论》，新华出版社，2003，第 292 页。

纳入省部共建的轨道；第二，新闻学科在学校是否拥有独立建制。今天中国有新闻院系的七百多所大学中，有近百所属于省部共建，也就是由大学与大学所在地的省、市、自治区党委宣传部共同建设和管理。省部共建的内容有三，一是共同投入，学院的运行建设经费，不仅来自学校，学校所在地的省、市、自治区党委宣传部，也有投入的责任；二是共同管理，新闻院系的教育教学，也纳入学校所在地的省、市、自治区党委宣传部管理的范围；三是在教学过程中，加强马克思主义新闻思想研究，促进马克思主义新闻观进入课堂。到目前为止，国内位居前列的重点新闻院系，基本都纳入省部共建，唯有华科大尚未进入共建的行列。这一方面自然少了经费的投入，在与同行的竞争中，增加了经济困难；另一方面新闻院系的运行也就少了地方党委的直接管理，自主办学的空间相对就比较大一些。为了克服经费短缺，华科大新闻教育自创立开始，就十分注意与地方政府、媒体联合办学，而湖北省委也很重视学校的需求。1983 年，面对华中工学院（现为华中科技大学）缺少新闻专家的困境，省委宣传部"很快落实从湖北日报调复旦大学新闻系毕业的部主任汪新源到校任新闻系主任，不久又从湖北人民广播电台调来了人大毕业的程道才到校任副系主任"①。在经济方面，地方媒体也没有少给新闻学院支持、赞助。华科大新闻学院的冠名教授制度，就多亏了湖北日报报业集团、湖北广播电视台的支持。不过，湖北省委十分注重教育规律，也信任、尊重华科大新闻学院，没有介入学院教学运行管理。

至于独立建制，不少高校创办新闻专业时，鉴于专业草创，规模较小，一般将其纳入中文系或其他文科院系，一起管理、建设。等专业发展到一定的程度、时机成熟时，再独立设系或院。也就是说，新闻专业在学校开始没有独立的建制。直到今天，还有相当数量的学校是这样安排的。华科大新闻学科创办伊始，就拥有自己独立的建制，与强大的机械学科、电气学科一样，是一个独立的二级院系，被赋予学科规划、建设的全权。因为起点高，华科大新闻学科开设就被纳入学校的顶层设计，拥有学科规划、发展的自主权，经过几代新闻学人的努力，终于有了今天的规模与

---

① 申凡主编《华中科技大学新闻传播教育史稿》，华中科技大学出版社，2013，第 13 页。

水平。

还须指出，华科大新闻学院一直实行教授治院。教授，尤其是由教授兼任的系主任或院长对学院的发展承担了特别重大的责任。校长朱九思认为，作为教育机构，大学是培养高层次、创新型人才的熔炉。因此，大学理应是由知识最深厚、学术水平最高的教授拥有最高的发言权、决策权。① 在院系管理体制上，相关文件明确地划分了学院党委和行政的职责。由于学院是一个从事人才培养和知识生产的知识密集型单位，专业性非常强，所以在实际运行中，院长就成了学院发展过程中的关键角色。虽然没有院长负责制这一书面规定，但在学科发展、人才培养方面，院长事实上承担了最大责任。正是基于对院长角色的认知，华科大新闻学院35年来，行政班子一直很稳定，一共只经历了四任院长（主任），而党组织负责人的调任则要频繁得多。这一方面保证了教授治院的积极性，维持了学院的文化传统，另一方面也保证了学院发展战略、策略的稳定。

华科大还有一个传统，就是学校领导充分尊重学院的决策权。对于学校安排的各项日常工作、学科建设的重要任务，学院自然不打折扣地完成。在此前提下，学院自主决策的重大议程，只要不违反国家政策法令，学校领导都予以支持，哪怕会有一定风险，学校也会主动地予以保护。学校鼓励学院负责人"要注意长期地议大事，长期地懂全局"，"议大事，可以使我们有比较远大的眼光，不然，就会鼠目寸光"②。同时也支持学院大胆地闯、大胆地试。2012年新闻学院在进行综合改革时，在薪酬制度上步伐比较大，青年学者可跨档越级享受职务津贴，其他单位不敢做，新闻学院却敢于吃螃蟹，得到了学校的充分肯定，而且在全校推广。这是华科大新闻学科能够实现跨越式发展的重要原因。

2. 以人为本，教学相长

学校就其基本职能而言，是一个人才工厂和科研中心。学校能否办好，主要取决于师资队伍的强弱。"没有一支强有力的师资队伍，一切都

---

① 王炯华：《朱九思评传》，华中科技大学出版社，2011，第178页。
② 朱九思：《朱九思全集》（下卷），华中科技大学出版社，2015，第381页。

是空谈。"① 华科大之所以成为新中国办得最成功的大学，其中一个重要的原因就是其拥有强大的师资队伍。校长朱九思反复强调："加强师资队伍的建设是办好学校的一个带战略性的问题。""在师资培养工作方面，我们体会最深的有两点：一是要看得重，二是要抓得很。"② 新闻学院就是典型的例子。朱九思后来回忆："新闻系成立之时，在教师方面有一个很突出的特点，可以说'文革'之后，全国不少大学创办的新闻系当中，我们的教师科班出身的、从事新闻工作多年的占了统治地位，几乎是百分之百。我觉得要把新闻系办好，必须有一批行家，要有一个很好的教师队伍。直到现在，我们新闻系还保持着这样一个特点。这个做法是对的，只有行家来办，才能办好。"③

教师是办学的根本，要抓住这个本，必须尊重老师的人格、利益和发展权，基于人性制订学院的相关政策。要充分地照顾老师的物质利益，只能在薪酬制度、奖励政策方面下功夫。新闻学院学习国外先进经验，设计实施了冠名教授制度。④ 这些改革措施，基本原则是保底封顶，既照顾到了一般老师的面子，又考虑到优秀中青年教师的里子，受到教职工的好评，调动了中青年骨干的积极性。

新闻学院还重视教师队伍的学缘结构，自 2016 年起，学院补充师资时不再选留自己的博士。但是对于毕业多年在外校外地工作成绩卓著者，可作为杰出人才引进。由此教师的学缘结构大大改善。学院还重视师资发展的节奏，实行小步快走，避免大起大落。由于新闻专业是应用型学科，除了基础理论，还有大量的技能课程。其师资不仅要有学术水准，还要有杰出的业务能力。但以现在中国高校的考评制度，业务能力强而学术能力稍弱的老师在学校难以立足。这一直困扰着新闻教育界，长期没能解决重学术资历和学位、轻实践经验的问题。如大多数新闻院系招聘教师都将获得博士学位作为必备条件，更适合讲授业务课程的业界优秀人才却因为没有博士学位难以转入教学岗位，这严重地影响了实务类课程的教学水平。

---

① 朱九思：《朱九思全集》（下卷），华中科技大学出版社，2015，第 326~327 页。
② 王炯华：《朱九思评传》，华中科技大学出版社，2011，第 206 页。
③ 朱九思：《朱九思全集》（下卷），华中科技大学出版社，2015，第 514 页。
④ 张昆：《三思新闻教育》，华中科技大学出版社，2017，第 301~307 页。

这方面美国人比我们做得好。密苏里大学新闻学院有两种教师，传统的学术型的有博士学位的教师，他们教授很多概念上的、研究型的课程，学院也雇请专业实践教师（Professional practice faculty members）。密苏里大学新闻学院的81名教师中这两种类型大概是对半分的。专业实践教师是教授一些技能课的，如报纸采访……学院努力建立一种不同的轨道，使得专业实践教师也可以得到提拔并增加工资，感到在那里工作愉快。① 华科大新闻学院通过实行分类管理的综合改革，对新闻实务课程的主讲教师实行不同的考评标准，一次性地解决了双师型队伍建设的瓶颈问题。

教师作为学生恩师和领航者，不仅是一个有知识、有思想、有热情的人，而且是一个善于表达、精于沟通的人。这是他作为教师的前提。同时，"教师应该严格但不苛刻、温和而不随便地去教学……教师必须控制自己的脾气"②。教师还要善于让自己传授的知识保鲜，保持对学生吸引力。比这更重要的是，教师还应该是一个品德高尚的人。因为"即使最狭义的教学概念也有其显著的伦理内涵"。"虽然我们认定普遍的道德原理应该用来约束教育实际，但是我们早已看到，有某些具体的教育场合也会有具体的德行要求。"③ 华科大新闻学院以这些标准来要求教师，而教师们亦以教书育人为天职，严格自律，三十多年来，华科大没有发生师德师风方面的事件。

学生和教师一样，也是教育过程的主体。华科大新闻学院一直以学生为中心来配置教学资源。前校长杨叔子院士强调："大学的主旋律是'育人'，而非'制器'，是培养高级人才……我们的一切工作都是如此，都是以人为出发点，以人为归宿点，以人贯穿于各个方面及其始终；何况是直接培养人的教育？"④ 应怎样理解以学生为中心？华科大原党委副书记刘献君这样解释："'以学生为中心'不是指教师与学生角色、身份、地位的高低之分，而是指教学理念、管理理念、服务理念的转变，教学方

① 蔡雯、周欣枫：《新闻教育的"密苏里方法"——美国密苏里新闻学院办学模式探析》，《现代传播》2006年第2期，第123~125页。
② 昆提连：《教师的任务》，《教育的艺术》，汕头大学出版社，2009，第9~10页。
③ 〔英〕戴维·卡尔：《教育的意义》，徐悟译，中国人民大学出版社，2015，第27页。
④ 杨叔子：《杨叔子文化素质教育文集》，华中科技大学出版社，2009，第178页。

法、评价手段的转变。教学的目的、任务不在'教'，而在'学'。'以学生为中心'，最根本的是要实现从以'教'为中心向以'学'为中心转变，即从'传授模式'向'学习模式'转变。"① 基于这一理解，华科大新闻学院贯彻了全员育人机制，鼓励教师担任学生的导师、班主任，院长、博士导师，主动地参与学生工作；学院鼓励以专业兴趣为牵引组建学生创新团队，如陈先红教授的"红树林团队"、胡怡教授的"第二视觉团队"等就深受学生的欢迎；学院努力延长实验室开放时间，补充完善实验设备，在北上广深建立高标准的实习基地；学院还多方筹措资金，设立多种奖助学金。

"教育是教人们如何运用知识的艺术，这是一种很难掌握的艺术。""因为我们是在与人的思想打交道，而不是与没有生命的物质打交道。"② 其最终目的是培养学生的创造能力。创造能力的内涵有三：①学生要善于运用和发展已经获得的知识，要能举一反三；②要有很强的自学能力，不断而又及时地吸收新的知识；③更重要的是要具有 new idea，就是要具有产生新的思想、新的观念、新的见解的能力，要具有一种科学的想象力。③ 要实现这一目的，教师就必须了解学生、认识学生的个性、需求与潜能。另一方面，教师还应创造更多的机会让学生认识社会，认识行业，认识人生，以增强学生理解能力和适应能力。如今，我们置身于后喻时代。④ 老师不一定比学生强，在许多领域尤其是新媒体新技术领域，学生反过来可能启发引导自己的老师。怀特海说："学习领域如此宽广，而个人的时光转瞬即逝，人生亦不甚完全，所以，古典学者、科学家和校长，都同样是无知之人。"⑤ 教师也存在一个继续教育、与时俱进的问题。而大学正是把老师与学生结合在一起，实现彼此互动、相互启发的最佳平台。"大学存在的理由是，它把年轻人和老年人联合在一起，对学术展开

---

① 刘献君：《大学之思与大学之建》，华中科技大学出版社，2013，第161页。

② 〔英〕怀特海：《教育的目的》，庄莲平、王立中译，文汇出版社，2012，第8~10页。

③ 朱九思：《朱九思全集》（上卷），华中科技大学出版社，2015，第116页。

④ 张昆、王宇婷：《"后喻文化"背景下的新闻教育》，《新闻与写作》2017年第4期，第5~9页。

⑤ 〔英〕怀特海：《教育的目的》，庄莲平、王立中译，文汇出版社，2012，第63页。

充满想象力的探索，从而在知识和生命的热情之间架起桥梁。"如果说教育是对于生活探险的训练，那么"大学应该是年轻人和老年人共同分享探险的理想之地"①。华科大新闻学院通过建立正常的师生关系，营造和谐的学习氛围，将学生直接纳入教师的课题组，建设更多的创新团队，在教学过程中增加更多的互动环节，从而实现了教学引领科研，在实践中证明了教学相长这一规律。

3. 文工交叉，应用见长

华科大是一个以工科、医科为主体的大学，20 世纪 80 年代初创办新闻专业时，还没有一个正式的文科专业。所以其新闻教育的起点，与其他综合性大学是不能同日而语的。自然不能走综合性大学的老路，而应该另辟蹊径。老校长朱九思既是一位有丰富经验的老报人，又是一个掌握系统办学理论的教育家。他不仅以其宏大气魄在华中工学院创办了新闻系，而且以其真知灼见为华工新闻系的发展指明了道路，他希望华工新闻系在办系方针上要体现"应用为主""文理渗透"的特色。②"应用为主"是针对新闻学自身的学科特点来讲的。重实践，讲应用，既是新闻学的学科特点，也是新闻人才培养的特点。而文理渗透，则是希望作为文科专业的新闻学科，实现与工科的高位嫁接，彼此渗透，以办出自己的特色。

在思考华科大新闻人才培养方案时，可选择的余地是不大的。首届系主任王新源说："和人大、复旦、武大办的一样，我们就不需要办了。"在前期新闻干部专修班尝试的基础上，新闻系为本科生开出了高等数学、自然科学概论、计算机及算法语言三门必修课，选修课有科学学与科学哲学……这一培养计划打破了国内新闻教育的原有模式，在教育界和社会上产生了很大的影响。③《光明日报》1986 年 11 月 9 日头版以《培养新型新闻人才——华中工学院新闻系开设现代科技课程》为题，报道了华中工学院新闻系新的培养目标与新的课程体系。《人民日报》1987 年 11 月

---

① 〔英〕怀特海：《教育的目的》，庄莲平、王立中译，文汇出版社，2012，第 125~131 页。
② 吴廷俊：《新闻传播教育的认知与践行》，复旦大学出版社，2013，第 205~206 页。
③ 申凡编著《华中科技大学新闻传播教育史稿》，华中科技大学出版社，2013，第 33 页。

10 日头版以《改革教学推动理工结合、文理交叉——华中工学院培养跨学科人才》为题，报道了以新闻系为例子的新的人才培养模式。《光明日报》1987 年 12 月 2 日以《工科院校办新闻系新事新特色——华中工学院着力培养新型新闻人才——应用为主，交叉见长，一专多能》为题，《经济日报》1988 年 1 月 9 日以《适应信息社会需要　华中工学院将输送出新型新闻人才》为题报道了华中工学院新闻系的改革，肯定了华科大的课程体系由单一文科型向文理工管渗透型转变的重要意义。

　　进入 90 年代后，随着网络媒体的兴起，媒介生态开始转型，传统新闻教育关于培养目标的定位已经不能适应今天的现实。"本专业培养具备系统的新闻理论知识与技能、宽广的文化与科学知识，熟悉我国新闻、宣传政策法规，能在新闻、出版与宣传部门从事编辑、记者与管理工作的新闻学高级专门人才。"[1] 从文字上看，这一目标没有关照到当前的现实。华科大新闻学人开始思考近年来出现的科学教育与人文教育整合的趋向。"但这种趋向仍然是单向流动，只强调对理工科学生的人文教育，还必须重视将理工科技知识引向文科教育，并使之渗透融合。强调对人文社科学生进行自然科学知识的教育，对我们国家尤其重要。我们必须改变传统的教育观念，实现文理科大跨度交叉，确立起科学教育与人文教育双向整合的新理念。"[2] 在此基础上，提出了一种复合型新闻人才培养模式。这种模式有这样几个要点。1. 培养目标：培养复合型的新闻传播人才；2. 培养途径与传统模式相比实现了三个转变：从单学科教育转向多学科综合教育，从侧重技能训练转向学理教育和技能训练并重，从廉价教育转向投入教育；3. 课程体系：与传统模式相比，增加了传播学之类的学理课和现代传播科技的应用课，体现了知识的综合性，以增强学生毕业后的适应性。[3] 华科大新闻学院的探索和实践，得到了业界的好评和学界的肯定。2012 年，教育部新颁专业目录公布。其将新闻专业的培养目标最终定为

---

① 教育部高等教育司编《普通高等学校本科专业目录和专业介绍（1998 年颁布）》，高等教育出版社，1998，第 86 页。

② 石长顺、吴廷俊：《培养文理交叉的复合型新闻人才的研究与实践》，《中国广播电视学刊》2000 年第 12 期，第 14~15 页。

③ 吴廷俊：《新闻传播教育的认知与践行》，复旦大学出版社，2013，第 30~31 页。

"复合型人才"。① 这一变化，说明华科大在新闻人才培养目标与课程体系方面的改革是富有远见的，正确地回应了业界的期待。

与人才培养相适应，华科大在科学研究方面也贯彻了交叉融合的理念。华科大新闻教育起步晚，积累薄，在新闻传播学主要研究领域难以显示自己的存在。在这种背景下，华科大选择了差异化发展的学科建设战略，立足华科大特有的校情和办学资源，在坚持新闻本体的前提下，通过专业和学科交叉的路径，凝练学科方向，克服了文科个体生产的习性，将分散的个体汇集成几个具有特色和相对强势的研究方向。经过多年的努力，华科大基本上形成了以新闻传播史论、新媒体传播、战略传播为支点的品字形学科布局，在几个局部形成了自己的相对优势，彰显了华科大新闻传播学科的品牌。

4. 物质强基，文化铸魂

华科大新闻学科的发展，既得益于学校的重视和投入，也因为高度重视学院文化的建设，精心地营造精神家园，增强了学院师生的认同感、归属感。物质建设强化了学科专业发展的基础，而文化建设，则铸造了专业精神和职业魂魄。三十多年来，历届学院领导坚持两手都抓，而且都抓得很实。

在物质层面，一个学院的建设，自然免不了基本的物质投入。办公场地、实验室、资料室，都需要花钱。华科大是一个以工科为主的大学，工科不同于文科，建设一个重点专业，花费巨大。相比之下，办文科的成本要低得多。所以工科院校的领导，一旦下决心要发展某个文科学科，就会有大笔投入。华科大新闻专业创立之初，在办公空间、资料室、实验室建设方面，就显示了自己的气派。1983 年，新闻系创办伊始，学校就安排了宽敞的办公间，在学校的东五楼，办公室、资料室、实验室一应俱全。在当时兄弟院校中，条件是最好的。② 在资料室建设方面，学校通过图书馆调拨、购买相关图书一万多册，后来又保证每年划拨 1 万～2 万的图书

---

① 教育部高等教育司编《普通高等学校本科专业目录和专业介绍（2012 年）》，高等教育出版社，2012，第 119 页。
② 申凡编著《华中科技大学新闻传播教育史稿》，华中科技大学出版社，2013，第 29 页。

购买经费。尤其可贵的是新闻系资料室还调拨、购买了一批珍贵的报刊史资料，如《申报》、《大公报》、《朝日新闻》、《泰晤士报》、《新青年》、《红色中华》的合订本等。① 在实验室建设方面，学校领导坚持认为，新闻系的学生应该是全能记者，而技能的养成离不开实验室。"在1983年新闻系创建后就不惜花费1.8万美元的外汇进口了一套日本索尼公司的广播三管摄像机、录像机、编辑机、监视器等设备，其先进性当时在国内超过了许多省级台。……1988年又建成了一个中等规模的演播室。"对于别人的称赞，朱九思校长淡淡地回答："这些，还不及工科的一台计算机贵。"②

在大学建设方面，人们经常纠结于大楼与大师的矛盾。华科大新闻学院历任院长都坚信，大学仅有大楼是不够的，但没有大楼引不来、稳不住大师，大师需要有安身立命之所。所以大楼、大师不可偏废。但是所有的物质建设，都必须围绕着人、服务于人，即服务于老师和学生的需要。2018年，刚刚装饰一新的新闻学院大楼的建筑总面积为七千多平方米，但就在这有限的空间中，学院保证了每个教师都有一间独立的工作室（14~27平方米）、保证了实验室需要的空间。至于资料室，则不断地延长开放时间，为老师和学生提供周到的服务，为学科发展、人才培养提供了保障。

在坚持物质建设的同时，狠抓学院的文化建设，是华科大新闻学科发展的重要特点。学院文化是校园文化的重要组成部分，在共同的大学精神、学术氛围下，学院作为一个亚文化的主体，除了拥有校园主流文化的基因和脉络外，还具有自己学科、专业性的特色。学院文化在一定的程度上由校园文化所决定，但学院文化的发展和繁荣会丰富校园文化的内涵，增强校园文化的活力。一所大学由不同的学科、学院组成，每个学院都有不同的研究方向和历史传承，其学生的规格和最终归属也不尽相同。③ 各院学生的多样化的精彩表现，一方面取决于不同的课程体系、不同的师承

---

① 申凡编著《华中科技大学新闻传播教育史稿》，华中科技大学出版社，2013，第26页。

② 申凡编著《华中科技大学新闻传播教育史稿》，华中科技大学出版社，2013，第26页。

③ 张昆：《学院文化：新闻传播人才的培养基》，《新闻记者》2018年第2期。

及不同的实践历练;另一方面,不同的学院文化、专业精神的熏陶对其也有着重要的影响。正如法学院沉浸在公正、法治与独立的精神之中,新闻学院所敬仰的则是真实、公平和自由的精神。学院文化就是学院的环境,就是学院的"氛围",就是学院的"生态",就是学院中弥漫着的文化精神,乃至可以说是学院的灵魂。华科大涂又光先生的"泡菜坛理论"指出,校园是泡菜坛,文化就是泡菜水,学生就是泡菜;有什么样的泡菜水,就将炮制出什么样的泡菜。①

华科大新闻学院前任院长吴廷俊在阅读《华中科技大学新闻传播教育史稿》时,对书稿作者申凡说:"从新闻系到新闻学院,有'咄咄逼人'的初创期,有步履维难的维持期,到迈开大步的发展期,多么艰难困苦,华工新闻人都挺过来了,靠的是什么?是风气,是文化。我建议最后增加一章,集中写从草创开始积淀形成的学院风气,即学院文化:团结、实干、创新。这一点老汪(编者注:汪新源)在位时就经常念叨,老程(编者注:程世寿)也很重视,老申你也经常强调,也是学院生存发展之魂。"随后,吴廷俊又建议申凡教授:"行文可以上溯到初创时期。老汪时期被称之为风气,老程称之为氛围,后来提升到文化。系也好,学院也罢,看发展,除了外在的专业建设、学位点建设外,更重要的是内在的凝聚力、向心力,大家视其为精神家园。""我认为,养成良好风气,这既是我们学院发展之魂,也是我们学院的特色。"②吴廷俊教授的感受和建议是有说服力的。

华科大新闻学院的文化建设,首先是确定发展理念和塑造精神状态,理念和精神渗透着学院的价值取向及其对目标的追求。在这方面,敢于竞争,善于转化,体现了华科大新闻学人的进取意识。老校长朱九思说,通过竞争,就肯定有转化。转化有两种:一种是由弱转化到强,从小转化到大,从非重点转化成重点;一种是相反,从重点转化成非重点学校。作为领导,"要下定决心,敢于竞争,善于向好的方向转化"③。华科大新闻学

---

① 杨叔子:《杨叔子文化素质教育文集》,华中科技大学出版社,2009,第136页。
② 申凡编著《华中科技大学新闻传播教育史稿》,华中科技大学出版社,2013,第247页。
③ 朱九思:《竞争与转化》,华中科技大学出版社,2002,第243~245页。转引自王炯华《朱九思评传》,华中科技大学出版社,2011,第189页。

院三十多的历史，就是一个不断进取，敢于竞争，不断转化的历史。

其次是营造自由宽松的文化氛围。不管外部环境如何，新闻学院都应该是一个平安稳定的港湾，能够包容不同的意见和学术观点，并且能够激发人们的自由探索的勇气。朱九思校长告诫学校领导，学术思想的健康成长，不同学术思想的碰撞、交流乃至争鸣和批判，是学术健康发展所必需的前提条件，是培养创新人才不可缺少的氛围。若没有学术自由，哪能达到一流的学术水平？如无学术自由，哪来知识创新？……只有具备这种海纳百川的胸怀，才能够真正促进学术的繁荣。[1] 新闻学院在贯彻这一精神方面做得比较到位。孙旭培教授在世纪之交曾经在华科大工作近十年，他对新闻学院宽松的氛围赞不绝口。

最后是强化专业精神和职业理想。在 30 周年院庆时，新闻学院请专家编纂了一本《华中科技大学新闻传播教育史稿》，洋洋 50 万字，在学生和校友中深受好评，教育界同行也给予了高度的评价。因为从这本书中，大家看到了学院秉持初心、一路走来的身影姿态、路线轨迹。学院还通过确定院训、院歌、院徽，承载学院的精神文化。院训、院歌犹如座右铭，将学院的宗旨、信条、理想融入其中。千回百转，反复吟诵之中，自然地嵌入学生灵魂的深处。新闻学院院训"秉中持正，求新博闻"[2]，不仅彰显了学科与专业的特色，而且与校训一脉相承，彼此烘托。新闻学院还建立了一种机制，引领学生读书，回归学术经典，与圣贤对话。学院文化的建设与繁荣，为学院人才培养与学科建设营造了良好的氛围，形成了一种健康的学术生态，不仅增强了教职工和学生对学院、专业、学科的认同感和归属感，而且增进了他们之间的合作，这正是学科发展的前提条件。

三　结语

综上所述，华科大的新闻教育模式独具特色，至少在以下几个方面可

---

① 朱九思：《朱九思全集》（上卷），华中科技大学出版社，2015，第 204~205 页。

② 张昆：《新闻学院院长的四大要务》，《新闻与写作》2018 年第 3 期，第 49~55 页。

以作为同类或相近院系的代表。

华科大新闻学院诞生在一个以工科、医科为主体的院校，开非综合性大学或专业性大学办新闻教育的先河。其不同于综合性大学的环境及氛围，使它不得不探索自己的发展道路。2017年末公布的第四届全国一级学科评估结果显示，位居A档的8所新闻学院中，有3所是非综合性的传统工科大学（华中科技大学、清华大学、上海交通大学）。而进入前三位的只有华中科技大学。在以工科为主体的非综合性大学中，华科大具有相当的代表性。

截至2017年12月，当前中国有近700所大学办新闻教育，其中纳入省部共建的约占七分之一。[①] 共建使得相关的新闻院系获得了更多的资源供给，是非共建新闻院系难以望其项背的。华科大新闻学院是国内顶尖院系（8所A档新闻学院）中唯一没有进入共建系列的。没有共建不等于不能发展，华科大在自主发展的道路上，发挥了自己的主动性、创造性，不断地拓展办学空间，取得了不俗的成绩，为约600所非共建的新闻学院提供了借鉴。

在人才培养方面，华科大新闻学院率先探索出了一条"文工交叉，应用见长"的特色之路。从20世纪80年代到21世纪，不断地拓宽视野，与时俱进，从单纯地纳入自然科学课程，到实现人文学科、社会科学、工程学科大跨度交叉，培养高级复合型应用人才；从在专业目录内的改革创新，到率先创办目录外的网络传播教育，探索新闻评论实验班教育，为兄弟院校提供了宝贵的经验。

在科研方面，华科大新闻学院的历史积淀不是那么丰厚，没有强大的人文社会科学支撑，但是，在学术方向的凝练、学术团队的建设方面，学院找到了一条差异化发展的路径。如今在新闻传播史论、战略传播、新媒体传播领域，形成了自己的局部强势，巩固了自己的学科地位。

华科大新闻学院一手抓物质建设，更新物质装备，改善师资待遇，拓展办学空间，同时致力于学院文化建设，营造积极进取、敢于竞争、善于

---

① 《中国新闻传播教育年鉴2018》，武汉大学出版社，2018，第3页。

转化的氛围，强化新闻理想和职业精神，增强专业和学科认同，以及师生员工的光荣感、幸福感和归属感。这是华科大新闻学院持续发展的精神保障。

（本文系中共中央宣传部、组织部之国家文化名家与
"四个一批"人才项目"中国新闻传播教育
综合改革研究"系列成果之一）

新闻教育的华科大模式[*]

编者按　2018 年 4 月 24 日，华中科技大学新闻与信息传播学院（简称华科大新闻学院）举办了院长交接仪式，张昆教授正式卸任院长一职。从 2006 年 7 月进入华科大新闻学院起，张昆已经做了近 12 年院长。在卸任感言中，他说："经过这不平凡的 12 年，我从 44 岁来到了 56 岁，从满头青丝到华发丛生。这是我生命年轮中最重要的阶段。这一阶段能够融入华科大新闻学院的历史，成为推动华科大巨轮前行的一分子，是我人生最大的幸运。"张昆教授在院长的岗位上究竟做了什么？是否实现了当初的理想？留下了怎样的遗憾？本刊特刊发张昆院长与华中科技大学新闻与信息传播学院研究生张宇的对话文章，以飨读者。

问：您在华中科技大学新闻与信息传播学院当了 12 年院长，做得最满意的事情是什么？

张昆：我在华科大新闻学院做了近 12 年院长，有三件事情比较满意：第一，建设了一支优秀的学术队伍；第二，建立了一个在国内不错的学科平台；第三，达成了拥有学院自己的大楼的目标。

我刚来华科大新闻学院时，学院只有 28 位教师，其中 55 岁以上的教授有 5 位，55 岁以下的教授只有一位，教师队伍是一个哑铃型结构，两头大中间小，人才严重"断层"。这 12 年来，我们在人才队伍建设方面

　＊　本文对话嘉宾张昆为华中科技大学新闻与信息传播学院教授、博士生导师，对话人为华中科技大学新闻与信息传播学院研究生张宇。

下了很多功夫，通过引进人才、自我培养、激活机制、活跃氛围，形成了一种有效的合作竞争机制。教师队伍在保持动态平衡的基础上，增加到了目前的 40 人，队伍的整体结构发生变化，变成了橄榄球型结构。目前，学院绝大多数教授的年龄都在 55 岁以下，13 位教授里只有两人是 55 岁以上。中青年教师特别优秀，30 岁左右的副教授非常有实力，学院让富有学术潜力的副教授担任博士生导师，给他们压担子，让他们有出头的机会。

我已经 56 岁了，在学院里算是比较老的了。新上任的行政管理班子，3 位"70 后"都是教授。院长张明新是 1978 年生人，目前国内的重点新闻院系中，他是最年轻的掌门人。还有一位"80 后"副院长是副教授，也具备教授实力。他们都非常厉害，都有拿国家重大课题和当领军人物的能力。学院人才济济，还有不少有才干、有实力的人没有担任行政职务，这些人完全能够再办一个新闻学院。

问：您给自己当院长这些年打多少分？有哪些遗憾？

张昆：85 分吧，也就是良好。遗憾的是当初来华科大时立下的四个宏愿还有一个没能实现。除了建设一支队伍、一个平台和拥有学院自己的大楼，还想建设一个新闻传播博物馆。虽然没有对外说，但我一直在努力。现在看来，短期内学院还很难做到，但如果要成为世界一流的新闻传播学院，应该要有一个新闻传播博物馆。再就是受发展的阶段性制约，学院在国际化方面做得不够，国际认知度和认可度还有待提升。

问：在建设教师队伍方面，你做了哪些事情？

张昆：主要是在引进人才、形成良好的竞争激励机制方面做了一些工作。利益分配上，向中青年教师倾斜，鼓励他们早点冒头，只要有能力、有贡献，学院就会充分地肯定他们，并且在薪酬激励方面采取相应的措施。

在教师考核定级方面，我们允许老师跨档升级，干得好的可以大踏步往前走。副教授的教学科研成果只要达到了教授的标准，就可以拿教授标准的职务津贴，优秀的讲师也可以拿副教授标准的津贴。在现有的教师十三级（档）中，有些老师可以一次直接跨三级（档）。同时，对老教师也有保护措施，在职务津贴方面实行保底政策，以维护他们的个体尊严和物质利益。这样做，一方面调动了中青年教师的积极性，让他们有成就感、自豪感；另一方面，又维持了学院的稳定，大家比较和谐。

此外，对于特别优秀的人才，还可以破格任用，不受现有规则的限制。我很认同原中山大学校长黄达仁教授的一个重要理念：为中才立规矩，为天才留空间。天才是很难得的，一旦发现了天才，就要大胆地给他空间、给他舞台。

问：越来越多的新闻学院从业界引进教师，并设立"双师制"，华科大新闻学院的"双师制"做得如何？

张昆：师资队伍的结构应该多元化，对于新闻学院而言，应当以学术型教师与实务型教师这两种基本类型的教师为主。华科大新闻学院的"双师制"做得还算比较好，真正实行了分类管理，按照特长和教学任务把老师分在不同岗位。

不同岗位的老师对应不同的考核方式。第一类是科研岗，要求教师有全面的学术素养和扎实的理论功底，考核时对科研方面的要求比较高，学院目前有一两位老师属于这类；第二类是教学岗，主要是教授新闻传播业务和艺术类课程，要求他们在学生培养方面投入更多精力，教学任务比较重，还要指导学生创新团队。因此，适当地降低了他们在科研方面的要求，这类老师大约有 10 人；第三类是教学科研并重的岗位，要求教师既要达到一定的教学工作量，也要完成一定数量的科研任务，他们是教师队伍的主体部分，有近 30 人。

从传媒业界来的老师一般放在教学岗，主要担任新闻传播业务和艺术类课程，为了调动他们的积极性，必须给他们上升的空间。要帮助他们适应从业界到学界的转型。师傅能力决定徒弟水平，我们要培养一流的学生，教师队伍中必须要有顶尖的业务高手。只要他们能达到教授水平，我们就要优先考虑晋升他们为教授。

问：您曾倡导实行"冠名教授"制度，效果如何？

张昆："冠名教授"是在现有薪酬制度外单独设置的一种制度，初衷是稳定优秀师资队伍，激发教师潜能。当年实施"冠名教授"制度时，我们学院一共才 34 位老师，设立了 10 个"冠名教授"席位，给予每人每年 10 万元或 5 万元的津贴，这对老师们的激励很大。除了经济方面的意义，更重要的还是精神上的鼓励，给予老师们一种成就感和荣誉感。对于出资方而言，纯粹是一种公益事业；对于老师而言，获此荣誉是对前期工作成果的一种认定和酬赏。虽然每位冠名教授不需要承担其他的义务，但是其能产生的正能量是显而易见的。

那么，谁能获得"冠名教授"席位？理论上这些席位应该对社会开放，学院的在职教师和校外的教师都有申请的资格。但是考虑到学院资源有限，要让有限的资源发挥出最大的激励作用，所以决定采取先内后外的原则。首先是解决校内问题，华科大位于中部地区，工资水平不高，对于高水平的教授缺乏吸引力，也难以稳定教师队伍。当务之急是稳定院内的高水平教授和有实力的青年学术骨干，让老师们有获得感、自豪感；况且一年总共才70万元，资金有限，好钢要用在刀刃上。所以"冠名教授"开始主要是面向院内老师。等以后条件更好了，"冠名教授"席位会考虑授予从外界引入的杰出教师。

问：您曾说学院文化建设是新闻教育最大的短板，华科大新闻学院的文化是怎样的？

张昆：高校竞争既有硬实力的较量，也有软实力的较量。没有基本的硬实力，如队伍、硬件设施、学科平台等，学科就支撑不起来，但硬实力不能说明一切问题。当学科发展到达一定程度，物质条件能够满足基本需要后，决定胜负的就是软实力了，包括精神的力量和文化的力量。

在高等教育领域，学院文化是学院（学科）竞争的重要软实力。华科大新闻学院学科评估的成绩不错，我认为软实力方面起到了很大作用。院训、院歌和院碑等只是外在的东西，内在的文化精神已经渗入师生的灵魂深处，大家对专业和学院比较认同，对传媒行业心存敬畏，相互协作也增强了学院的稳定感。

新闻传播专业属于文科，文科老师一向是做个体生产的，很多人互不往来。但在信息化时代，在传播行业系统化、巨大化的情况下，单打独斗是不行的，要有团队协作精神。华科大新闻学院是很能够打团体战的，学院的家文化氛围很强，老师们的团队协同意识非常强，大家都愿意当配角。老师们把学院当成一个家，一个命运共同体。我们的教师团队相当稳定，我来这里12年，副教授以上的教师一个都没有调走。当然，内部也不是没有矛盾，但是在可控范围内，非对抗性的，老的爱护少的，少的尊重老的，氛围十分温馨。

学院学生的专业认同感比较强，充满理想情怀，真心热爱这个专业和学院。我们有红树林团队、V-fun团队、Loading团队、评论学社等创新团队，大家都有强烈的专业精神、责任意识和职业自豪感，具有一定的批判思维，为将来的职业生涯做好了准备。

问：您当院长期间遇到的最大困难是什么？怎么解决的？

张昆：困难主要是人才和硬件问题。人才嘛，急不来，要有韧劲。引进人才非常困难，我们没有地缘优势，经济待遇也不是很高，所以引进的成功率比较低。但是必须做，这是一场硬仗。要壮大自己的队伍，主要还是要立足于自己培养。我们从这两个方面努力，坚持了10多年，终于取得了一些成效。

关于物质条件问题，主要涉及资金投入和空间拓展。学院最初每年的运行费只有40来万元，只能够勉强维持开门。很多必要的投入没有着落。空间上尤其逼仄。这次学院装修后，空间问题全部被解决了。我们的办公室、实验室、资料室全面改观，另外还建立了50间教师工作室，让每一个老师都有一个安放灵魂的地方。

学院大楼是分两步解决的。第一步先解决了演播厅的建设问题；第二步是把东六楼（华科大新闻学院与另外一个单位联合办公的地方）全部拿下。学院大楼问题解决以后，短期内能够满足华科大新闻学院在空间方面的发展要求，也能增强老师对学院的认同感、自豪感和归属感。装修好后，一楼加上附属楼一层是资料（档案）馆，包括书库、报库、档案库等，面积约800平方米；二楼主要用于建设实验室；三楼主要是行政办公用房；四楼和五楼全是教师工作室；六楼是会议室和院史陈列馆。就我了解的情况，与国内同行比较，在空间方面华科大新闻学院应该属于中上之列。

问：任职院长期间，您如何处理学院的行政工作和自己的科研兴趣之间的关系？

张昆：院长就像一个生产队长，学院教职工有五六十人，学生千余人，不出事已经很难了，还要在不出事的基础上向前发展，压力自然非常大，而且不能很好地休息。当院长确实影响到了我自己的研究兴趣，因为学院的运转随时都会打断你，无论做什么，只要学院的事务来了，就必须停下来，赶紧处理学院事务。

虽然我的国家传播战略研究课题没有及时推进，但在教育方面的探索没有白费，算是有些心得。教育和人才培养也有技术含量，也有思考的空间，有很多值得探究的课题。我做院长时，对教育问题也有所研究，发表了一些关于新闻教育的文章，先后出版了两本小书——《新闻教育改革论》和《三思新闻教育》，同行还算比较认可。

问：您觉得一个好的新闻学院院长应该具备哪些条件？

张昆：首先，要有强烈的社会责任感和坚忍的意志。新闻教育要向媒体输送合格的传媒人才，同时要满足社会各界对于信息人才的需求。新闻学院能否为社会输送高质量的传媒人才，以承担历史记录者、环境守望者、文化传承者、公平正义捍卫者的职责，直接关系到社会的公平正义和文明的延续发展。所以，新闻学院院长不是一个普通的工作岗位，这个位置聚集了太多的社会期待，要有"舍我其谁，我不下地狱谁下地狱"的使命感。院长的工作千头万绪，既要面对上、下，又要接触里、外，服务老师和学生，兼顾教学和科研，所以要有超越常人的意志品质，坚韧不拔、迎难而上。

其次，要有人格魅力、牺牲精神和大爱情怀。比如清华大学新闻学院的范敬宜院长就非常有人格魅力，深受师生敬爱。这种人格魅力要靠长期积淀，短期内学不来，也是装不来的。当院长时要把学院工作放在第一位，其他的放在第二位，所以要牺牲小我，为了工作暂时搁置自己的学术追求。离开院长的岗位以后，就可以全心追求自己的学术理想了。大爱情怀也很重要，院长应该尊重学生和老师的个性，尤其是尊重他们的创新精神和批判意识，倾听和包容不同的声音，允许学生身上"长些刺"。院长的爱有多深厚、胸襟有多宽广，学院的发展空间、师生的成长舞台就有多大。

最后，要有突出的管理协调能力、广泛的人际交往和敏锐的学术嗅觉。院长的职务涉及学院上下、学校内外、老师学生，不仅要做好学院的事情，还要做好自己的本职工作，所以要有出色的统筹协调能力。由于院长是学院的代表，要跟学校各单位以及社会各方面保持密切联系，自然就有了"外交家"或"社会活动家"的特征，必须拥有广泛的人脉才行，这样才能从学校、社会争取到更多的资源，补充学院所需。由于新闻学院是一个学术单位，院长必须有敏锐的学术嗅觉。即便不是顶尖学者，也应该了解学术发展的前沿和学术生产的规律，为学院的学术发展做出正确决策。

问：华科大新闻传播的学科评估成绩逐年上升，第一次排位是前40%，第二次是前20%，第三次是前10%，第四次上升到了5%以内，主要得益于哪些因素？如何看待外界对于华科大新闻传播学科排位的质疑？

张昆：华科大是一所工科大学，校名"华中科技大学"也不是高大上的名字。排在华科大后面的很多学校，品牌都比华科大厉害。华科大本来就是一个弱势品牌，不为人所知很正常，外界不大了解华科大的情况。华科大的学校总体排位是在国内高校前10左右，加上工科的标记，一些人很自然地会认为它的新闻学科不怎么样。如果是同样位次的综合性大学，其新闻学科取得超常成绩，人们会很容易接受。这是人之常情，很正常。

但是真正懂行的人，真正了解新闻教育的人，就会知道华科大新闻学院不是浪得虚名。前不久到上海交通大学开会，复旦大学的刘海贵教授对我说，我们看到了华科大这么多年的成长，教师队伍不断壮大，科研水平不断提升，华科大在权威新闻刊物上发的文章仅次于中国人民大学、复旦大学和中国传媒大学，况且他们还有自己的刊物，所以华科大的排名实至名归。

看到这次评估结果后，我们自己也分析了原因，认为学科评估越来越科学了。第四次评估时（截至2015年底）华科大的教师队伍只有34人，有些学校的教师数量是华科大的两倍，总量比较高，成果自然也多。但这次评估既算总量又算人均，越来越公平了。华科大新闻学院就是怕不公平，越公平对我们越有利。因为华科大没有任何行政资源可以依仗。但是我们的整体实力比较强，人均论文、著作和科研项目数都排在前面。

过去的学科评估，比较重视平台和"帽子"，顶着"帽子"不干活也算成果。这次是以成果论英雄，把实际贡献的方面突出了，所以名气不大的学校比较容易脱颖而出。

还有一点，华科大新闻学院 50 岁以下的师资队伍力量雄厚，虽然单个拎出来可能难以和清华大学、北京大学、中国人民大学、复旦大学的老师相比，但是如果每个学校拿出一个 20 人的学术团队，我们的整体实力绝对是不弱的。这次评估，我们的队伍得分比较高。大多数老师都有国家基金课题，都有 A 类期刊论文，都有经费支持。总量或许不是最大，但整体实力很强、后劲很足，办学不就是看人嘛。

问：学科评估比较侧重学术成果等方面，是量化比较，如何看待华科大新闻学院目前的排名？

张昆：学科评估是学科建设的一个指南，因此要重视，但也不能太看重了。华科大新闻学科被评了 A，但千万不要认为自己就跟复旦大学一样了，或是跟"A+"的中国人民大学、中国传媒大学只差个"+"了。这次学科评估有很多东西没有充分体现出来，比如历史积淀、文化传统等，一些老牌学校难免会有些吃亏。

我们要看到自己的长处，更要看到自己的短处，比如国际化建设。华科大的新闻传播要想成为一流学科，未来还有很多路要走，需要加强已有优势，并提高短板。想要真正和排位相符，还得花很长时间扎扎实实打基础。

问：作为在工科院校中成长起来的文科学院，华科大新闻学院是否有自己的独特模式？

张昆：华科大的新闻教育很有特色，但是否可以提升到模式的层面，还不好说。作为一个比较资深的新闻教育工作者，我确实感到教育界同人大多认可华科大的经验和特色。我认为，华科大新闻学院的特色或模式，可以用三句话来概括。

第一，学者治院，开放办学。华科大新闻教育从学科建设开始至今，都是在学者的主导下运作的。学院党委当然也发挥了重要作用，但凡是涉及学科发展、专业建设、人才培养、科学研究等方面的问题，都是由有学者背景的院长和学术委员会做最终的决定。由于学院院长的任期都比较长，35 年的历史共经历了四任院长，所以华科大新闻的发展的战略相对稳定，其行进的步伐也相当稳健。

另外，就是开放办学，华科大新闻学院一直面向业界、政府和国际开放，不断与社会以及行业交换物质、能量、信息，所以办学资源源源不断，确保了学院的加速度发展。

第二，以人为本，教学相长。"以人为本"中的"人"实际上是指两个"人"。一个"人"指老师，华科大新闻学院一直致力于建设强大的师资队伍，这里的强大不是指数量上的盲目扩张，而是要建设学有专长，且有热情、有能力、有理想的教师团队，学院要为教师做好服务工作，让他们有获得感、荣誉感和成就感；另一个"人"指学生，因为学生是学院最基本的产品，也是学院的安身立命之本。新闻学院是由人组织起来的，老师和学生就像"人"字的一撇一捺，支撑着学院的发展。

过去强调老师的职责是传道授业解惑，但随着信息爆炸时代的来临，"后喻文化"在新闻教育中充分展现。信息技术带来社会的泛媒介化，新闻学院的学生能够快速运用媒介获取知识。课堂上已经不再只是老师向学生灌输知识，学生也可以边学边"教"，把自己从各种媒介上收集到的信息分享给老师，和老师交流观点，从而形成师生之间的交流互动。在日常的新闻教学活动中，我们充分调动老师和学生两个方面的积极性，以实现"教学相长"。

第三，文工交叉，应用见长。华科大是一所工科背景的学校，办新闻教育跟文科院校不太一样。正如土壤与气候决定植物的生长，不同性质的大学在办新闻传播教育时，其路径选择必然会有所差异。文科院校可以从历史、中文、哲学等专业调动教师资源，可以利用人文社科专业的相关基础和专业课程，但华科大创办新闻专业时，新闻专业是学校的第一个文科专业。后来虽然办了不少文科专业，但是在规模与水平上面跟工科专业都不在一个水平线上。所以文工交叉是一种必然选择。通过文工交叉，可以利用工科的优势，扬长避短，与其他综合性大学的新闻院系实行错位竞争。在这方面，华科大跟清华大学、上海交通大学等工科背景的高校情况差不多。工科院校的新闻传播专业必须走这条路。

老牌新闻院校的人文氛围非常浓厚，理论基础也非常扎实，如中国人民大学和复旦大学。这些高校的新闻学院在基础理论研究领域的实力十分雄厚。工科院校的新闻传播专业更偏向应用，虽然理论领域也不错，但应用研究尤为突出。华科大目前的学科建设有三个支点——新闻史论、战略传播和新媒体研究，后两个都是偏向应用领域的。

问：目前传播格局已经发生巨变，媒体纷纷寻求转型，媒介融合如火如荼，新闻传播教育却显得停滞不前，学科专业仍按照媒介进行细分，课程设置也落后于业界发展。您觉得主要原因是什么？

张昆：新闻教育确实和行业有相当程度的脱节，而且越来越严重，有几个方面的原因：

第一，传播技术发展太快，新闻传播教育跟不上。

第二，不仅是新闻传播学科落后了，实际上整个教育系统都落后了。不仅教育系统落后了，其他领域其他系统也落后了。金融、管理等行业都受到了互联网的冲击，实体银行、实体商业受不受影响？在整个社会大解构又重构的状态下，所有人都面临着同样的问题。

第三，新闻传播学科自身"尾大不掉"，几十年的问题积累下来，使得原来的优势变成劣势，原来的长处变成短处。比如，80年代高校新闻院系讲究专业对口，招老师时一定要招专业对口的老师，要求是新闻学硕士、博士。经过几十年累积，到现在，新闻学院的师资可能大都是新闻学的博士了，文学、经济学、法学等学科背景的很少，更不用说工科背景的了。原来教师单一的专业结构使得我们现在想改也改不了。知识结构单一，加上人的惰性，教师本身有可能成为新闻教育改革中拖后腿的力量。

问题是时间积累下来的，想要一下子解决很难，只能慢慢来，但是缓不救急，所以目前新闻教育的问题还是要严肃地面对。

问：最近几年，新闻传播专业的学生对传媒行业的认同感下降，进入传媒行业的毕业生越来越少，成为新闻记者的更是寥寥，您怎么看待这种现象？

张昆：我认为这是很正常的现象。对20世纪80年代的大学生来说，理想就业应当专业对口，我那时候已经算是不对口了，学历史的跑到了新闻系。信息传播在社会运行中发挥越来越大的作用，对社会进行了解构和重构，时间和空间都被大大压缩。新闻传播学科的就业方向也从传媒转向泛传媒。

这个问题可以从两个方面来看，一种是比较悲观的角度，传统媒体可容纳的人才越来越少，我们培养的人才没去做媒体，而是从事了专业不大对口的工作。但从乐观的角度看，我们的毕业生都过得挺好的，适应空间在增大。而为了使学生有更好的社会适应性，我们的专业设置、课程体系和教学内容等要不断改革，顺应时代需求。

国内新闻院校的毕业生里，真正进入传媒行业的人，最多占20%，大部分人都到企业、党政机关或是创业去了。学生毕业后虽然没到媒体行业，但做的工作跟新闻技能、传播素养依旧相关。这倒并不是专业不对口，而是说明专业的社会适应性更强了，比如公关、新媒体、秘书、宣传干事等工作都与新闻专业知识有关。

对一般公民而言，在这个信息化时代，没有媒介素养就没办法生存和工作。实际上，新闻传播的就业门路更广了，空间舞台更大了，选择性更多了。另一方面，传统媒体的生存状况其实已经很艰难了，干嘛非得扎到传统媒体去呢？能到企业拿100万元年薪的，干嘛还要到传统媒体拿10万元年薪呢？没这个必要嘛。

问：在您看来，应该如何提升学生的学院归属感和专业认同感？

张昆：第一，要加强专业教育，让学生正确认识本专业，不仅要掌握专业能力，还要有大爱情怀和社会责任感；第二，学院要真正把人才培养当作工作中的重中之重，老师们要思考，如果这些学生是自己的孩子，应该给他们什么样的教育。只要能做到这一步，所有事情都好办，资源配置、精力投入、教育方法等都会有很大的改变。

很多高校的师生关系出了问题，华科大新闻学院目前相对比较稳定。学院领导非常重视这件事情，经常提醒老师们。在学生培养方面，学院不惜代价，比如为所有学生解决找实习、实践的问题，专门成立实习运作小组，对老师和学生进行补贴等。绝大多数学生都真心喜爱这个专业。近年来，学生自愿转专业的统计数据表明，新闻学院的学生比较稳定，而其他院系的学生要求转进新闻学院的数量逐年增加。学生对专业、对学科、对学院的认同出现了增强的趋势。

问：您理想中的新闻教育应该培养出什么样的人？

张昆：新闻教育的目标应该是培养能够独立思考、具有批判精神的报道者。在报道事实和追求真理的过程中，新闻人要坚持自己独立的判断能力，既不屈服于外在的精神权威，也不依附于现实的权力。

首先，我们要培养学生的独立人格。独立人格是独立发现的保证，在这个变化迅速、信息爆炸的社会，环境演变具有极大的不确定性，迫切需要理性的声音对人们进行引领，只有理性观察、独立思考，才能提供正确的资讯，并在此基础上做出公正的评价，给人们提出可资选择的参考意见。如果没有独立的人格特质，凡事都依附主流、人云亦云，社会通过媒介看到的就只有划一的镜像，听到的只有一个主流的声音、一个统一的意见，没有选择，没有鉴别，这种镜像、声音、意见即便是正确的，其存在价值也会大打折扣。

其次，独立人格需要批判性思维作为保证。媒介从业者的批判性思维主要体现在两个方面：第一，对现实的批判。当一个国家陷入苦难深渊时，社会大众要么变得麻木，要么因为威权高压而噤若寒蝉；而当一个国家发展繁荣昌盛时，人们可能醉心于繁荣而忽视潜在的社会危机，这时候，历史和现实都强烈需要批判精神，需要振聋发聩的理性声音。第二，对权威的质疑。我们需要尊重权威，但不能绝对服从权威。一个社会如果没有条件地匍匐在权威脚下，不能对权威提出半点质疑，甚至当权威的观点破绽百出时依然无条件服从，那这个社会将是没有希望的社会。

当然，批判不等于破坏，媒体的批判是为了让社会机体更加健康。一个正常的社会，应该包容媒体的批判，也应该有赞许富有批判精神报道者的雅量。当前中国正处在前所未有的重大历史转型期，虽然经济社会高速发展，但各种矛盾聚集，社会乱象纷呈，这时尤其需要批评的力量。传媒工作者是社会的哨兵，要引领社会前进，必须具备批判思维，诊疗社会疾患，清除社会垃圾，成为促进社会健康前行的理性力量。

（本文发表于《教育传媒研究》2018 年第 6 期）

新闻评论教育的"华科大模式"

在新闻传播领域，新闻评论作为媒体的旗帜与灵魂，往往具有重大的社会影响力。尤其是在社会转型或变革时期，新闻评论员常常扮演着阶级政党喉舌的角色，一呼百应，成为政治运动的鼓动者和社会舆论的引导者。自有新闻教育以来，新闻评论教育就是新闻人才培养的重要内容，而优秀的评论员则是培养他们的新闻院系引以为自豪的资本。21世纪以来，华中科技大学在新闻评论教育方面另辟蹊径，创造了中国新闻评论教育的"华科大模式"。最近赵振宇教授、顾建明教授主编的《新闻评论研究与人才培养》一书正式出版。该书集纳了近20年来华中科技大学新闻与信息传播学院（以下简称华科大新闻学院）师生在新闻评论研究与新闻评论教育改革方面的成果。我有幸在华科大新闻学院担任院长近12年，亲自经历、见证、参与了新闻评论教育的改革历程。仔细拜读书稿之后，一个个精彩的瞬间，一个个难忘的事件，一个个鲜活的人物群像，浮现在我的眼前，激发了我思维的涟漪，引起了无限的感慨。

一　网络时代新闻评论教育存在的问题

我们现在置身于网络时代，媒体的触角和信息无处不在，无孔不入，犹如空气，它不仅决定了我们的呼吸，甚至决定了我们的生存。在媒体技术赋权的背景下，过往信息传播过程中传收对立的状态被完全改变，人人都有麦克风，人人都有摄像头，人们既是信息接收者，同时也可能是信息传播者。信息来源多元化，意见表达碎片化。人们不再苦于信息匮乏，而是苦于对信息的解读；人们不再满足于众声喧哗，而是苦于难以听到理性的声音。于是，新闻评论成了媒体上最抢眼的内容、最稀缺的信息资源，新闻评论员在媒介内容生产与传播领域的角色愈加持重。社会需要大量有思想、有洞见、有担当、有情怀的新闻评论员。

但是，反观当下的中国新闻教育界，虽然我们看到的是繁荣昌盛的局面，办学点数量呈爆炸式增长，专业的分化越来越细，办学层次越来越多，招生规模越来越大，可是对于社会及媒体对优秀新闻评论员的需求，没有及时的反馈。评论教育成为新闻传播教育的短板，这已是不争的事实。根据水桶理论，水桶的容量最终取决于最短的那块板子。评论教育的缺失，已经并在继续影响着人们对新闻传播教育的满意度评价。总的来看，当前中国高校新闻评论传播教育存在的问题，主要表现在如下三个方面。

第一，几乎所有高校的新闻院系都把新闻评论定位为一门纯粹的写作课，其功能在于培养或提升新闻从业者在评论写作方面的专业技能。很显然，这种定位严重地弱化了新闻评论在信息传播过程中的地位，消解了评论作为一种内容生产的重要性。在今天的信息时代，对事实、事件、过程的解读和评价，往往比事实、事件、过程本身更加重要。人们不仅要了解事实、事件和过程，更要认识其背后的意义及其来龙去脉。评论的重点不在于如何写，而在于透视复杂事件及动态过程的一双慧眼、深刻的洞察力和理性思维。在网络时代社交媒体高歌猛进的背景下，评论与表达更是一种应该普及的"公民素质"。在这个意义上，目前新闻教育界对评论教育的定位不仅过于狭隘，而且看低了新闻评论的现实价值和功能，与社会的期待相去甚远。

第二，几乎所有高校新闻院系在新闻评论教学内容与师资队伍方面都存在着投入不足的问题。由于定位的狭隘、位阶的低下，在大多数新闻院系的课程体系之中，新闻评论往往只有1门课程，2个或3个学分，只配备1名师资。其在整个课程体系和师资队伍之中的分量，与当下传播实践中新闻评论的分量极不相称。社会与业界的需求在相当的程度上被忽视了。要培养一个职业的新闻评论员，需要在评论教学方面投入更多的资源，给予更多的学分、课时，配备更强的师资，以强化新闻评论在教学过程中的地位。

第三，理论教学与实践教学脱节。新闻传播教育与其他高等教育一样，也存在纸上谈兵、理论与实践相脱节的问题，这一点在新闻评论教育方面表现得尤为突出。不少高校新闻院系的教师从学校到学校，从本科到博士，文凭靓丽，却鲜有业界经历。在承担一般史论课程教学时问题还不大。但是在新闻传播实务课程教学，尤其是新闻评论教学方面，就会出现与时代脱离、与实践脱节的问题。这使得学生、社会乃至媒体自身都对新闻评论教育的现状很不满意。新闻评论人才培养的创新不仅需要具有丰富实践经验的师资、完善的课程体系，更需要通过深入社会认知实践、网络舆情调查和案例数据库建设等方式，来解决这些问题。

二 华科大新闻评论教育的系列创新

针对上述问题，华科大新闻学院进行了深入、系统的研究。从办学理念的革新着手，从顶层设计的高度，对师资队伍、课程体系、教学手段、考查考核乃至招生方式诸方面进行了全面系统的改革。

其一，联通业界学界，建设强大的教学团队。教育的根本在老师，有什么样的老师就有什么样的学生。新闻评论教育必须有一流的师资，作为一种实务教育，其教师不仅要有深厚的学养，更要有丰富的实践经验，具有业界高手的经历。华科大新闻评论教育的改革起始于 2001 年，正是在这一年，长江日报资深评论员赵振宇教授被引进来作为新闻评论教学团队的负责人。赵振宇教授曾任长江日报评论理论部主任、文化报总编辑。为适应新闻评论人才培养创新体系，学院以赵振宇教授为核心组建教学团队，学院内的何志武、顾建民、孙发友等老师相继加入，还有文学院、马克思主义学院、经济学院的一些教授也被陆续地纳入团队。其中一些没有业界经历的新闻评论课教师被派往媒体进行实训，比如团队成员顾建明老师曾在光明日报评论部任一室主编挂职一年。在此之外，教学团队还眼睛向外，从 2006 年起陆续邀请复旦大学黄芝晓教授、中国人民大学涂光晋教授、暨南大学曾建雄教授、武汉大学强月新教授担任兼职教授作为顾问。除了学界的力量外，新闻学院还从业界聘请湖北日报社副总编辑胡思勇、凤凰卫视评论员何亮亮，后又邀请光明日报社评论部主任包霄林、红网副总编辑杨国炜担任兼职教授。2014年，湖北广播电视台漆文等16位资深媒体人被聘为新闻评论教学团队专业导师。2016年，聘任中央电视台王石川、经济日报齐东向等9位评论员担任兼职教授。新闻评论方向班已经形成专业教师、业界导师和新闻评论员三位一体的强大的师资队伍，这是华科大新闻评论教育改革的坚强后盾。

其二，改革招生方式，以兴趣为主导汇聚评论英才。教师与学生是支撑教育过程的两大主体。老师因学生而存在，学生因老师而成才，教学相长，这是一个基本的常识。华科大新闻学院的评论教育改革，在教师和学生两方面都有具体的措施。在学生层面，自2001年起，新闻学院发起组建新闻评论团，实行本科阶段特长生导师制，开创高校新闻评论教学改革的先河。2005年秋季，新闻学院列入招生计划开办新闻评论方向班，为全国首家。新闻评论方向班实际上采取的是实验班模式，小班教学，加上导师的个性化指导。新闻评论方向班的学生来自全校，在大一下学期自由选择转专业时面向全校（包括新闻学院）学生进行招生。对学生的基本要求是对新闻传播的兴趣和专业方面的才具。新闻评论方向班的组建，使得新闻评论教育的改革进入实质性的阶段。它不仅使得新闻评论教育有了一个可以依托的实体平台和体制的保障，而且由于专业兴趣的驱动，学生在评论专业学习方面的动力更加强劲，学习的氛围也更加浓郁。特别是生源方面的多元化，使不同学科背景的学生汇聚在一起，对于学生之间的交流、碰撞和知识的融汇，起到了很大的推动作用。

其三，改革、完善新闻评论的课程体系。如前所述，国内大多数高校的新闻院系只是将新闻评论作为一门新闻业务课程，有的是2个学分，有的是3个学分，主要内容是教授新闻评论的写作技巧。为了强化新闻评论的地位，充实新闻评论课程的内涵，提升学生的专业境界，活跃学生的评论思维，经过周密的调查论证，华科大新闻学院在新闻评论方向班建构了1门主体课加8门专题课的课程体系：新闻评论概论（40课时2.5学分）、新闻评论的思想与思维（16课时1个学分）、中外新闻评论比较（16课时1个学分）、广播电视与新媒体评论（16课时1个学分）、新闻评论佳作评析

（16课时1个学分）、社会认识发现（16课时1个学分）、经济评论（16课时1个学分）、法制评论（16课时1个学分）、文艺评论（16课时1个学分）等多门评论专业课程。课程、学分与课时的增加，使得新闻评论在新闻教育体系中的地位得以强化。这一体系的建构，不仅拓展了学生评论的视野，而且延伸了学生新闻评论的思维空间，促进了学生从知识、实践到职业能力的转换。为高水平新闻评论人才的培养打下了坚实的基础。

其四，完善教学手段，建设网络舆情实验室、案例数据库。在新闻媒体上，评论的主要功能是解读新闻事件、揭示新闻事件的价值与意义，同时代表不同的利益阶层表达他们的意见和态度。在评论教育方面，写作技巧固然重要，但更重要的还是评论员的立场及道德操守，还有社会的民意动向。这些内容在有限的课堂教学中，是没有办法完全讲解清楚的，必须建设大容量的辅助性案例库数据库。在这方面，华科大新闻学院新闻评论教学团队建立了中外新闻评论经典作品数据库，收集了百年来中外有影响的新闻评论作品几千篇，其中包括历届中国新闻奖所有的获奖评论作品，还有美国普利策新闻奖获奖评论作品，这些普利策新闻奖评论作品还附上了英文，俾能英汉对照阅读。另外，教学团队还建立了新闻伦理案例数据库。为配合课程教学，教学团队还建立了课程网站，开通了微信公号。为了及时了解社会的民意动向，教学团队还利用网络电话舆情实验室，组织学生对热点事件及时进行全国性的舆情调查。

其五，规范新闻评论教学过程与考核方式。新闻人才培养过程由许多环节构成，每个环节都有其不可替代的重要性，其培养教育的最终效果如何，还需要科学的考核。华科大新闻评论教学团队围绕系列新闻评论专业课程，适应业务课程的特殊性要求，设计了一系列富有针对性的考核体系。在教学过程中，教学团队每周安排两次学生参与互动的环节，一次是"每周时评荟"，介绍点评上周发生的重大新闻及评论，训练和提高学生对新闻事件的即时点评能力和对已发评论的鉴赏能力；一次是"学习与思考"，组织学生就当前社会的焦点问题，利用电话调查舆情进行专题讨论。大部分课程都要求学生发表评论作品，而且鼓励学生们发表，其优秀成果也一并纳入案例数据库，同时发布在课程网站与微信公号上。这对于增强学生的专业兴趣和自信心，具有明显的促进作用。教学团队要求学生们关注社会变化，经常进行社会调查，在此基础上形成专题报告并发表评论。将评论课堂的学习与社会媒体的发展联系起来，督促学生关注调查媒体评论发展和变化，并将之纳入成绩考核体系。每年完成一篇对上一年度中国新闻评论概况的调查报告，从 2008 年至今均在《新闻战线》上发表。这不仅加深了学生对媒体评论现状的认识，也使得教学能够紧跟媒体评论发展的步伐。

三　华科大新闻评论教育改革的成就

在教学团队的共同努力下，华科大新闻评论教育的全面改革取得了丰硕的成果。具体而言，下面几点可圈可点。

其一，一批优秀的新闻评论人才脱颖而出。在新闻评论教学团队多年的努力下，一批批优秀的新闻评论人才被社会所接受，在新闻业界崭露头角，有多人获得中国新闻业界最高奖——中国新闻奖。如中国青年报编委、社评部主任曹林，已跻身国内最有影响力的评论家之列。还有中央电视台新闻评论部马璐璐、经济日报评论员欧阳优、南方日报评论部副主任周虎城、河南日报评论部主笔薛世军、湖北日报评论部主笔肖擎、深圳特区报理论评论部主笔邓辉林、深圳晚报评论部副主任张强、新京报评论员佘宗明等等，都是从华科大走出去的知名评论员。在校的新闻评论班学生也非常优秀，在学界业界举办的多种大赛、评奖中，表现不俗，引人关注。如张松超、熊少翀、贾宸琰、张宇、王颜玉等相继获得范敬宜新闻教育奖——新闻学子奖。在 2016 年第三届大学生评论大赛决赛中，华科大新闻学院新闻评论方向班大二学生王颜玉夺得冠军。这些学生不俗的表现，擦亮了华科大新闻评论教育的名片。

其二，构建了完善的评论人才培养体系。新闻评论人才培养体系庞大，涉及许多环节、多种要素。其中最重要者，包括师资队伍、课程体系、教材建设、实践基地、考试考核等。在队伍建设方面，一支融合学校学界精英和业界高手的双师型教学团队日趋成熟。其成员包括一名国家万人计划哲学社会科学领军人才、教育部新闻传播学科教学指导委员会副主任、两名国务院政府津贴获得者、三名宝钢基金优秀教师奖获得者，一名湖北省教学名师、两名学校教学名师。业界导师中不乏中国新闻奖获得者。教学名师，专业教师、业界导师和新闻评论员三位一体的师资配备已经形成，为新闻评论教育提供了强大的支撑。在课程体系方面，新闻评论教学团队承担一门国家精品资源共享课程"外国新闻传播史"、一门国家精品在线开放课程"网络与新媒体应用模式"、两门国家视频精品公开课"社会进程中的公民表达""传播的历程"，建设两门省级精品课程"新闻评论""电视专题与专栏"。教材建设方面，出版三本国家"十一五"规划教材《现代新闻评论》《新闻报道策划》《电视专题与专栏》，主编两本马克思主义理论工程重点教材《中国新闻史》《新闻评论》。在实习实践基地方面，从中央到地方，从武汉到北京、上海、广州，中国最好的权威媒体都是新闻评论方向班的实习平台，在名师高手的雕琢下，一批批学生走进了职业新闻评论员生涯。

其三，新闻评论人才培养理念与模式的推广。华科大新闻学院对新闻评论教育的认识，远远超越了其他学校仅仅把新闻评论视为一门写作课程的定位。而是把它看成在信息时代一项基本的公民素养和维系社会发展、族群和谐不可或缺的职业能力。正是这一理念，促使华科大把新闻评论教学改革提升到学科建设的战略高度。在学院院长及教学团队负责人赵振宇的论著中，多处强调这一理念。教学团队先后召开"新闻评论团三年会"、"首届新闻评论班教学研讨会"、"新闻评论特色教育十年会"和"新闻评论特色教育十五年会"及"湖北省新闻评论教学实践与人才培养研讨会"、"新闻评论开放建设研讨会"，就我国新闻评论教学问题，组织国内学界、业界的顶尖专家、学者进行研讨交流，并对华科大新闻教育理念和新闻评论特色教育进行总结与推广。《培养中国特色社会主义新闻评论员——华中科技大学评论学社创新评论人才培养之路》获得2016年高校校园文化建设优秀成果一等奖。教学团队关于新闻评论教育的一些代表性论文，都收录于本书之中。此外，张昆教授的专著《新闻教育改革论》《三思新闻教育》[①] 在学界、业界引起了共鸣。华科大在新闻评论人才教育改革方面的做法，也引起了其他兄弟院校的关注和借鉴。如西北大学、

① 张昆：《三思新闻教育》，华中科技大学出版社，2017；张昆：《新闻教育改革论》，华中科技大学出版社，2012。

兰州大学、陕西师范大学、河北大学、河南大学、河南工业大学、郑州大学、南昌大学、江西师范大学、南昌航天大学、西华大学、中山大学、湖南大学、广东外语外贸大学、天津师范大学、华南理工大学等。郑州大学与江西师范大学已分别在 2015 年和 2016 年开办新闻评论方向班，主要组织者均为学院毕业的新闻评论方向的博士生。

其四，新闻评论研究的理论成果得到有效的转化。在致力于新闻评论教育改革的同时，教学团队还就当前国内外新闻评论的现状进行了深入研究，其学术成果在数量与质量上都居于国内领先地位。据强月新、刘莲莲在《新世纪以来国内新闻评论研究的回顾与展望》[①] 一文中的调查，华科大团队发表的新闻评论论文数量位居全国第一。教学团队通过发表论文、会议座谈和现场咨询等方式，与《人民日报》《中国青年报》《杂文报》《湖北日报》《长江日报》《武汉晚报》《新闻战线》《新闻与写作》《嘉兴日报》等媒体进行合作，或推出专栏专版，或对版面内容提出建议，或帮助组建新闻评论部，这些做法受到中国共产党中央委员会宣传部、国家新闻出版广电总局、中华全国新闻工作者协会、中国社会科学院新闻与传播研究所和高校、媒体的关注和好评。2007 年开始，帮助嘉兴日报组建新闻评论部，实施"评论记者"工作机制。中华全国新闻工作者协会书记处书记顾勇华，中国社会科学院新闻与传播研究所所长尹韵公，新华社国内部副总编辑徐兆荣，中国人民大学高钢、涂光晋教授等认为，"评论记者"工作机制在新闻领域独树一帜，非常值得参考。湖北日报传媒集团、湖北广电总台、深圳报业集团、阿里巴巴公司也充分肯定华科大新闻评论教育改革的成果，并资助办学或联合举办学术研讨活动，从而促进了理论研究成果的转化。

四 "华科大模式"的内涵及亮点

所谓模式，就是从实际经验中经过抽象和升华淬炼出来的解决特定问

---

① 强月新、刘莲莲：《新世纪以来国内新闻评论研究的回顾与展望》，《武汉大学学报》2013 年第 6 期，第 129~135 页。

题的方法论，或者核心的知识体系。模式对某一类型的实际工作能够起到引领或指导作用，帮助行为主体解决当下面临的困难。新闻评论人才培养的"华科大模式"，就是华科大新闻学院在新闻评论人才培养改革进程中摸索出来的核心知识体系。简而言之，"华科大模式"的核心理念是在公民评论素质的基础上提升职业新闻评论员的专业能力，为此实现新闻人才培养体系，包括师资队伍、课程体系、教学手段、实践平台等在内的整体性变革。"华科大模式"有三个值得注意的亮点。

一是理念引领改革。华科大的新闻评论教育改革不是摸着石头过河，而是先有理念，先有具体的思路，是谋定而后动。进入 21 世纪以来，新闻评论教学团队和华科大新闻学院的领导都认识到在网络信息时代，评论不再是职业传媒人的独门秘技，而是一项需要普及和提高的公民素质。由于人人都会，所以对职业新闻评论人才提出了更高要求。基于这样的理念，教学团队以"三大板块"搭建了新闻评论人才培养体系的基本架构：新闻学院的精品特色课程方案、新闻评论方向班和面向全校招收学员的评论学社。人才培养理念的创新与拓展，从根本上超越了把新闻评论仅仅作为写作技巧进行教学的狭隘性，从顶层设计和学科发展的战略高度解决了教学资源的投入不足问题。

二是培养体系的整体性革新。新闻评论人才培养改革，不是小打小闹，不是头痛医头脚痛医脚，而是涉及培养体系的整体性变革。以"三大板块"为核心，教学团队对课程体系、师资配备、教学手段、实践教学、考核方式等环节进行了系统性革新。在课程方面，教学团队为新闻评论班度身定制开设了 1 门主体课加 8 门专题课。新闻学院还在基础理论与方法课程方面予以全面的配合。在师资配备方面，从业界引进师资、从业界聘请兼职教师、选派教师到业界挂职和吸引业界资深人士到学院挂职的做法在全国新闻传播院系中独树一帜。在实践教学方面，通过课堂练习与课余实训、学院统一的实验教学、暑期社会调查和媒体专业实习等环节，使学生的复合能力实训贯穿于整个学习阶段。这种系统性创新使得新闻评论人才的培养进入了新的境界。

三是人才培养与学术研究协同推进。华科大新闻学院的新闻评论教育改革不是单兵突进，其教学团队对新闻评论的学术研究在国内学界也处于领先地位。两者相向而行，相辅相成。为了推动和引领教学改革的顺利进行，以教学团队为核心，学校于 2006 年 4 月 24 日成立"华中科技大学新闻评论研究中心"。该中心在 2003 年、2006 年、2007 年、2011 年、2013 年和 2016 年先后举办了六届新闻评论高层论坛，分别以"中国新闻评论的现状与发展"、"政治文明进程中的中国新闻评论"、"城市党报的新闻评论研究"、"社会转型期新闻评论与舆论引导"、"党报评论与'走转改'活动"和"新媒体时代新闻评论后备力量的培养"为主题，探讨新闻评论的当下形势、未来发展与人才培养。新闻评论高层论坛的举办，为新闻评论学界与业界提供了沟通的平台，为学生扩展视野与就业打开了窗口，也促进了新闻评论人才培养与教学成果的理论化。

华科大新闻学院在新闻评论人才培养方面的系统性改革，我基本上都亲身经历、见证，甚至是参与了。作为学院的院长，我和新闻评论教学团队结下了深厚的情谊，并从他们执着、坚定的意志品质中获得了力量。其间面对每一个决策、每一个革新、每一个收获，甚至每一个挫折，我和团队成员都有同样的体验：兴奋、快乐、沮丧、幸福。这种感觉已经深入灵魂的深处，至今难忘。当我看到赵振宇教授、顾建民教授主编的这本厚重的文集时，实在是按捺不住自己激动的心情，拉拉杂杂，写出了以上文字，期待着读者诸君的指教。

本文是张昆教授为《新闻评论研究与人才培养》

（华中科技大学出版社，2018）所作的序言，

发表于《新闻记者》2018 年第 6 期

三十而立，再创辉煌

大家上午好！今天对于我们华中科技大学新闻与信息传播学院来说，是一个重要的日子，也注定是一个难以忘记的日子。我们在这里隆重纪念华科大新闻传播教育创办 30 周年。对于人生而言，30 岁是一个重要的节点，孔老夫子曾经说"三十而立"，如今，华科大新闻传播教育已然 30 年了。也许大学的生命周期不同于个人，但是华科大新闻教育的 30 年，其成就绝对是值得纪念的，是令人骄傲和自豪的。在这里，我要代表华科大新闻与传播学院的全体师生，对于各位嘉宾、各位领导、各位同人、各位校友的莅临和祝贺，对于长期以来支持我们办学的业界和学界的前辈和同人，表示衷心的感谢！

30 年前的 1983 年，华科大的前身华中工学院顺应中国新闻事业发展的紧迫需求，正式创办了新闻学专业，并且以一个独立的学系建制，规划新闻学科的发展。30 年来，在学校的正确领导和业界同人的大力支持下，经过几代学人的奋力打拼，华科大新闻学科早已今非昔比，已然步入国内一流新闻院系的行列。

回首过去 30 年的历程，我们不禁心潮激荡，豪情满怀。

30 年前，华中工学院刚刚创立新闻专业时，新闻学系只有一个本科专业，1983 年只招收了干部专修科学生，第二年开始招收新闻学本科生。如今华科大新闻与传播学院在本科层次设有五个专业，包括新闻学、广播电视学、广告学、传播学、播音与主持，招生类别涉及文科、工科、艺术三大门类；在研究生层次设有五个学术硕士与博士专业，即新闻学、传播学、广播电视与数字媒体、广告与传媒经济、公共关系，还有两个专业硕士类别，即出版、新闻与传播。在此之上，还有一个新闻传播学一级学科博士后流动站。经过 30 年的建设，我们建立了从本科、硕士、博士，到博士后的完整的人才培养体系。30 年间，从喻家山下走出的新闻学子，有全日制本科生 3009 人，研究生 1306 人，其中博士生 111 人。还有通过网络教育、自学考试等形式毕业的本科生、专科生数千人。他们活跃在国内传播业界，或者党政部门、教育系统、经济文化领域，为国家建设发挥着他们的聪明才智。

30 年前，华中工学院新闻系师资队伍建设从零起步。在整个 80、90年代，队伍一直维持在 20 人左右，虽然他们大多来自业界，有很好的知识与能力结构，充满了活力，但是规模偏小，难以满足学科发展的需要。如今，新闻与传播学院拥有近 40 名专职师资，行政、教辅团队 13 人。教师队伍中，有 14 名教授、15 名副教授，教授副教授中，有三名国务院政府特殊津贴获得者，一名教育部跨世纪人才，两名教育部新世纪人才，两名中央马克思主义理论建设工程首席专家。此外，教师队伍中，有 80%以上拥有博士学位，其来源也呈现出多样化的特征。来自不同学校、不同学科的人才齐聚在新闻学院这个大家庭，形成了休戚与共的命运共同体。大家为了人民满意的新闻传播教育，为了自己钟情的新闻学术，努力奋力，共同创造了新闻与传播学院辉煌的历史。

30 年前，华中工学院新闻系的基本职能是教学，人才培养是压倒一切的中心工作。从 80 年代到 90 年代中期，我们学院基本上是一个教学型学院。1998 年，新闻与传播学院成立，意味着一个新时代的开始。在坚持人才培养中心地位的同时，学院结合教学、媒体及社会的需求，鼓励老师们开展独创性的科学研究工作。学院在研究方向的凝练、科研团队组建、重大项目预研及奖励政策方面，采取了许多措施。学院在职能方面逐渐转型为教学科研并重。目前新闻学院有一项国家社会科学基金重大课题顺利结题，一项国家社会科学基金重大课题、两项国家社会科学基金重点课题在研，同时在研的还有国家社会科学基金课题十多项。学院还建设有湖北省重点文科研究基地媒介技术与传播发展研究中心。同时作为学科平台，学院的"新媒体与社会发展研究中心"单独列入 985 工程三期建设项目。目前学院正以创新平台"国家传播战略协同创新中心"为基础，与中国人民大学、复旦大学、解放军南京政治学院、国家外文局、湖北日报传媒集团、湖北广播电视台实行战略协同，试图在国家传播智库建设方面有所突破。

30 年前，华中工学院新闻学系成立时，白手起家，一无所有。在教学、科研、社会服务等方面，不仅与那些老牌的新闻院系有天壤之别，就是新办的兄弟新闻院系，我们也无法与之相比。经过 30 年的持续努力，几代人的奋力拼搏，我们学院在一张白纸上画出了美丽的图画，实现了华科大几代新闻学人的梦想。2012 年底，根据教育部正式公布的第三次全国一级学科评估的结果，华科大的新闻传播学科位居全国同类学科的前五名。

30 年奋斗的历史，成就了华科大新闻传播教育的辉煌。前人栽树，后人歇荫。我们今天能够在此安身立命，我们能够在此学有所成，我们能够享受教书育人的成就感，我们能够沐浴业内先进的荣光，首先应该感谢华科大新闻传播教育的创立者——原华中工学院院长朱九思先生。正是他的科学决策和精准定位，规划了华科大新闻传播教育 30 年行进的路径。我们要感谢我们的首任系主任汪新源先生，1983 年，他在朱校长的感召下，从湖北日报社部主任的任上来到喻家山就任新闻系主任，筚路蓝缕，以启山林，其开拓奠基之功彪炳史册。我们要感谢程世寿教授，作为华中工学院、华中理工大学新闻学系的第二任系主任，在困难环境下的坚守，他不仅捍卫了新闻教育的营盘、稳住了队伍，而且注入了信心，做大了学科和专业。我们还要感谢吴廷俊院长，他作为华科大新闻与传播学院的第三代掌门人，为学院的发展导入了强烈的学科意识，并在其任内实现了建设博士学位点的突破。我们要感谢申凡教授、程道才教授、汪苏华教授、李幸教授、黄匡宇教授、周泰颐教授、孙旭培教授、屠忠俊教授、胡道立教授、戚海龙教授及其他一切为新闻学院发展做出过贡献的老师们，我们还要感谢刘春圃书记、汪佩伟书记、唐燕红书记、陈钢书记，在这里，我还要特别提到王益民教授、姚里军教授，他们虽然驾鹤西去，但是他们的贡献将永远铭刻在学院的记忆里。

华科大新闻传播教育能够有今天的成就，还得益于新闻业界的鼎力支持。回溯历史，在我们学院创办初期扮演关键角色的几个老师就是来自新闻界，如汪新源主任来自湖北日报，王益民教授、戚海龙教授来自长江日报，程道才教授来自湖北人民广播电台，周泰颐教授来自内蒙古日报。后来，包括湖北地区在内的各大城市的中央级、省市级新闻媒体、广告公司不仅是我们学生就业的主要市场，是学生专业实践的重要基地，而且给学院直接注入了大量的物质资源。在此，我代表华科大新闻与信息传播学院向业界朋友表示衷心的感谢。

我们不能忘记长期以来一直支持、提携我们学院的学界先进。中国人民大学的方汉奇先生、甘惜分先生、何梓华先生、郑兴东先生，复旦大学的宁树藩先生、丁淦林先生、童兵先生、李良荣先生，中国传媒大学的赵玉明先生，台湾政治大学的李瞻先生，他们的支持、提携和鼓励，是我们前进的动力。

老师们、同学们，站在今天的时间节点上，反思我们三十的历史，我认为有下面四条经验值得注意。第一是敢于竞争、善于转化。华科大新闻传播教育从零起步，在一张白纸上描绘新闻教育的蓝图，殊属不易。而学校的高平台要求，又决定了我们不能安于平庸。我们必须迎难而上，艰苦奋斗，敢于竞争，发挥自己的创造力与想象力，化被动为主动，变挑战为机遇。华科大新闻与传播学院三十年的历史，是艰苦奋斗的三十年，也是勇于竞争、克难前行的三十年。没有这种进取意识和创新精神，没有这种转化的智慧，我们的学院就不会取得今天的成就。

第二是锐意进取，勇于创新。华科大新闻传播教育不同于其他大学，作为国内工科大学的第一个新闻学专业，作为华科大的第一个文科系，它没有前例可循。由于师资队伍及其他教学资源的限制，在课程体系设计方面，他不可能像综合性大学那样，建构以人文社会科学为基础的培养体系。但是华科大新闻学人另辟蹊径，大胆革新，果断地将高等数学、计算机语言、科学技术史等纳入课程体系，这一新的做法，令学界业界耳目一新，后来逐渐为其他综合性大学所采纳，成为新闻教育界的主流。在世纪之交，当网络呈现迅猛崛起的态势时，华科大新闻与信息传播学院大胆地尝试创办网络传播专业，1998 年，华科大首次以 "2+2" 的模式办起了国内第一个网络专业。进入 21 世纪后，我们又在新闻专业教学改革的基础上，设立了新闻评论实验班，以满足媒体对于评论人才的需求。这些做法受到了业界、学界的普遍好评。

第三是面向社会，开放办学。新闻传播学科作为一个应用学科，作为文科中的工科，其依托的传媒产业是靠数字技术装备起来的，新闻传播教育要引领时代、引领行业，其成本是相当高昂的。要获得发展传媒教育所需的全部资源，仅仅依靠学校是远远不够；同时，新闻传播教育是否能够满足社会、满足行业的人才需求，也取决于它是否对业界、社会的需求做出了适当的反应。我们学院30年来最成功的就是"以服务求生存，以贡献求发展"的办学方针。而其服务、贡献的对象就是社会，就是传媒业界。面向业界、面向社会，是为了贴近业界、社会的需求，使其办学更具有针对性，同时还能争取更多的办学资源。

第四是兼容并包、百家争鸣。在全国目前602所新闻院系中，华科大新闻与传播学院的办学规模绝对不属于最大的行列，其装备也绝对不是最先进的，我们的硬件设施可能还不如一些二本三本学校的新闻院系。但是我们拥有新闻教育界最值得珍惜的学术氛围和学院文化，从而使学院成为具有高度凝聚力的命运共同体。学院兼容并蓄，包容不同的学派、不同的学术观点，鼓励不同的观点进行充分的争鸣，尽力为学者营造一个宽松的学术环境；同时在引导竞争的前提下，鼓励协作精神、增强团队意识，所以我们学院能够在争取国家重大课题，回应国家社会重大需求方面，取得一定的成绩。

回顾历史，我们的心中充满了自豪，同时又心存感激。展望未来，虽然存在着这样那样的不确定性，但是，我们却充满了信心。

今天我们处在一个新的历史转折点。持续三十余年的高速经济发展，使得中国已然和平崛起为一个世界大国。未来的中国无疑将比今天更加强大。随着中国综合国力的全面提升，中国的文化教育事业，特别是高等教育也将得到充分的发展，这种不可阻挡的势能必将推动中国新闻传播教育攀上一个新的阶段。还有一个不能忽视的趋势，就是波及整个中国的社会转型，即农本经济向市场经济、农业社会向城市社会的转型，越来越多的农村人口被卷入到市场经济大潮之中，融入城市社会，这在相当的程度上拓展了信息传播市场。与此同时，数字技术革命带来的媒体融合浪潮，改变了媒介的基本生态和传播模式，传媒的社会功能也发生了巨大的变化，这一切必然会对传媒从业者提出新的要求。这些新的趋势，对于当前的中国的新闻传播教育既是空前的机遇，又是严峻的挑战。

我们的任务和使命，就是要抓住这难得的机遇，充分地利用各种可能，勇敢地迎接一切挑战，实现华科大的新闻教育之梦。要描绘这个梦想可不是一件容易的事。在未来十年、二十年，乃至下一个三十年，华科大新闻与信息传播学院将会具备比今天更加优越的办学条件，不仅拥有独立新闻大楼，拥有一流的教学实验设施和文献中心，而且还会为教师们提供便利的办公和研究设施，为学院的师生交往提供足够的公共空间。未来的华科大新闻与信息传播学院将会拥有更加强大的师资队伍，师资队伍的年龄、求学经历、专业结构将会更加优化，在这支充满活力的队伍中，将会有更多具有国际性影响力的学者，能够在更大的程度上决定中国新闻传播学界的议程。未来的华科大新闻与信息传播学院，将是一个更加开放的国际化高级传媒人才培养基地和学术中心，将会有更多的来自世界各地的留学生汇集于此，学院与国际一流传播学院的合作方式将会更加多样，其国际学术活动将会更加活跃。也就是说，未来二十年、三十年的华科大新闻与信息传播学院将会建立在远高于今天的学科平台之上的平台。

但是这样辉煌的明天，这样美妙的梦想，绝对不是等出来的，更不是靠出来的。它需要我们脚踏实地地干，需要我们始终如一，毫不松懈。我们非常清醒，前面路还很漫长，还有很多曲折，要达到最终的目的，不仅需要付出百倍的努力，更要选择正确的路径，采取准确的策略。我们将充分利用中国经济文化大发展的难得契机，利用中国文化及传媒行业发展催生的强大需求，在现有的优势与基础上，发扬敢于竞争、善于转化的优良传统，建设强大的开放而富有活力的学术队伍，进一步巩固和提升华科大新闻与传播学院在学术领域的领先地位；我们将加强与业界的合作，与之建立互利双赢的可持续发展的建设性关系，在服务与贡献业界的同时，在物质资源方面，争取来自业界的更多的支持；我们将进一步扩大对外学术交流，加强与国际一流新闻学院的合作关系，在合作研究、师资交流、学生交换、互认学分等方面迈开更大的步伐；我们将根据媒介生态及传播模式转型的新趋势，探索新媒介环境下传媒人才需求的变化，进一步改革课程体系和人才培养模式，加强课程建设和教材建设，突显试验实践环节的重要地位，以提高新闻传播人才的质量。

各位嘉宾、各位领导、各位校友、老师们、同学们，我们坚信，传媒教育是天底下最光彩的事业，它将影响到人类的命运。新闻引领时代，光荣属于新闻教育。今天我们在此纪念华科大新闻传播教育创办 30 周年，不是为了发思古之幽情，而是为了弘扬我们的传统，传承我们的文化，更是为了积极地面向未来。在历史的长河中，今天只不过是历史在时间上的延续，而且注定将成为明天的历史。为了使不确定的明天变得确定下来，为了使辉煌的愿景早一点实现，老师们，同学们，校友们，让我们携起手来，沿着前辈开辟的道路，共同打拼，一起拥抱新闻传播教育灿烂的明天！

(本文系张昆教授于 2013 年 10 月 4 日在"纪念华中科技大学
新闻传播教育创办 30 周年大会"上的讲话)

固本培元，立德树人

—— 新闻学院在人才培养方面的新探索

今天，我能够代表文科院系在学校暑期工作会议上发言，要感谢学校领导的信任。站在这个讲台上，我想起了一句古乐府："年年岁岁花相似，岁岁年年人不同。"学校暑期工作会议是研究学校发展战略、讨论学校面临的重大问题、统筹安排下一学年学校工作的重要平台。一年一度，我今年是第 10 次参加。今年的暑期工作会议与往年最大的不同，就是以本科人才培养作为会议的中心议题。

上午丁校长做的主题报告十分精彩，视野开阔，信息量大，而且很务实，尤其是对学校当前在人才培养方面存在的问题的把握，非常精准，很接地气。我非常认同，在此我要给丁校长的报告点一个大大的赞。同时，校长能够在学校战略的高度认识人才培养问题，并且提出了具体的路径和措施，说明问题解决有望，给了我们信心。

下午会议的议程丰富，花开五朵，各表一枝。前面四个学院的代表发言，精彩纷呈，可圈可点。我在这里想从一个新的视角，谈谈一个文科院系怎样理解本科人才培养，怎样贯彻落实学校的人才培养战略。在此基础上，提出自己的几点建议。

我的汇报分为六个方面。

一　新闻传播人才培养的特点

华中科技大学新闻与传播学院是由本科起步的，至今本科人才培养仍是学院工作的重心。以本科为核心的人才培养一直是新闻与传播学院的基本职能。关于大学的职能，有各种各样的说法，但不管是哪种说法，人才培养都是居于第一位。新闻与传播学院始终把人才培养放在重中之重的位置，从来没有含糊过。学院的历任领导人都坚信，人才培养与科学研究、社会服务没有矛盾，是相辅相成、彼此促进的关系。事实也表明，华中科技大学新闻与传播学院的人才培养与科学研究、学科建设是并行不悖的。第三次全国一级学科评估的数据表明，华中科技大学的新闻传播学科综合排名居全国第五位。其本科人才培养也得到学界、业界的高度评价。

1. 人才培养的历史回眸

华中科技大学新闻与传播学院的历史最早可以追溯到 1983 年，这一年教育部正式批准华中工学院创立新闻学专业，同年华中工学院正式招收（干部）专科生。1984 年，正式招收本科生。1986 年停招专科生。翌年开始招收硕士研究生。2003 年开始博士研究生培养。2007 年，劳动人事部正式批准华中科技大学设立新闻传播学一级学科博士后流动站。至此，一个从本科到博士后的完整的新闻传媒人才培养链正式成型。在新闻与传播学院全部在校学生中，本科生占了大约 2/3 的比重。本科人才培养成了新闻与传播学院名副其实的工作重心。

2. 高等新闻教育的特点

我认为新闻传播教育的重要特点体现在如下三个方面，首先，新闻传播职业有公共性。我们今天生活在媒介化时代，信息弥漫于我们生活的全部空间，无处不在，无孔不入。传播不仅关系到公众认知、文化传承，更是直接地影响到社会舆论和政治稳定。所以一个健康的传媒业乃是社会文明发展、进化的保障。

其次，新闻教育对应着庞大的传媒行业，如报纸、广播、电视、出版、广告、印刷、网络、电商等，主要是面对这些行业培养高级专门人才，在某种意义上，与传统的文史哲专业不同，倒像会计、医学类专业，具有鲜明的职业教育特性。

最后，新闻传播教育是由最先进的技术装备起来的，技术的发展进步直接影响、制约着传媒教育。在今天这个信息化时代，网络新媒体、云计算、大数据等对新闻传播教育的影响甚巨，必须以新的思维即互联网思维来思考新闻传播教育的改革，才能保证新闻教育行进在准确的轨道上。

我们华中科技大学新闻与传播学院人才培养的特点很鲜明。在20世纪80年代之初，新闻专业初创时，华中工学院（华中科技大学前身）没有一个文科专业，没有文科的积累，能够依靠的只有工科的资源优势；同时华中工学院新闻专业是国内工科院校的第一个新闻专业，没有前例可循。创办伊始，我们就选择了文工交叉、应用领先的特色办学之路，领国内新闻教育的风气之先。这一特色后来影响了同类及相似院系的办学实践。

3. 当前新闻传播教育面临的挑战

新闻传播学科的历史不长，积累尚浅。当技术进步、社会转型到达今天信息时代这个节点时，我们的新闻传播教育面临着一系列的挑战。一是全球化、国际化的挑战。经济全球化、政治全球化、全球村等不再是一个名词、一个口号，而是一种现实。传播全球化，媒介资源的全球配置，新闻传播专业人才的全球性、跨行业、跨媒介流动成了一种大趋势。新闻传播教育既面向国内外新闻行业、新闻媒体，也为国内外非传媒行业输送传播人才。这在十年前是无法想象的。二是市场化。我们都知道教育是公益事业，但是近年来引入了市场机制。市场机制的重要特点就是优胜劣汰、赢者通吃。今年全国一级学科评估中，许多学校撤销了相对弱势的学科和专业。新闻传播学首当其冲。新闻传播学科已经告别了过去只管播种不问收获的粗放发展时代，不是生存，就是死亡。这是不能回避的严峻现实。三是新闻传媒的结构性调整。由于技术的革命性变化，传统媒体趋向萎缩，网络媒体迅速崛起，媒介融合成为一种大趋势，可是我们的新闻传播教育还停留在专业细分的阶段，新闻学、广播电视学、广告学、编辑出版学、网络与新媒体等专业壁垒森严，与传媒界的现实格格不入。

二 为什么要以人才培养为本？

本科教育乃现代大学之本。这里首先要理解什么叫本？从词源上来考察，本有四种含义：草木的根；事物的根源，与"末"相对；草的茎，树的干；还有一个衍生的意义，即中心的、主要的。这四种意思大体相同，本即根本，一般形容事物的重要性，常常表达主要、核心、根源的意思。所以我说以本科新闻传播人才培养为本，就是说要把本科人才培养放在压倒一切的中心位置。

何以要以人才培养为本，以本科教育为本？我认为可以从下面四个方面考虑。

第一，人才培养是现代大学的基本职能、核心工作。关于现代大学的职能，有很多种说法，有三职能说、四职能说，也有多职能说，但不管是哪种说法，人才培养都稳稳地放在第一位，其他职能都是围绕着人才培养或者人才培养的衍生职能。

第二，绝大多数大学，甚至研究型大学中，本科生的规模基本上都占在校生的大半。而且本科生的学费收入以及配套的政府投入，也是学校办学资源的重要来源。可以说，学校正常运行所需的物质资源，主要来源于本科生。我们新闻与信息传播学院，各类在校生约1000人，其中本科生约700人，约占2/3的比例。

第三，本科生的母校情结最深、对学校最忠诚。对于一个受过高等教育的人来说，大学阶段学习经历最为重要，最为刻骨铭心。所以大学生相对于研究生、博士生、进修生等，母校情结更重，对母校的感情更深，对母校最忠诚。每当校庆或毕业周年纪念，回母校最多的往往是本科的学生。当母校需要时，他们的贡献也会最大。

第四，本科生的质量最高、生源最好，最有想象力、创造力。对于像华中科技大学这样的重点大学来说，虽然是研究型大学，有各种不同层次的学生，但是一般而言，其本科生的质量是最好的，真正的百里挑一、千里挑一。研究生阶段，来自本校及本校层次以上的学生比较少，而来自本校层次以下的学生则比较多。孟子说得天下英才而教育之乃人生一大乐事，这话对本科生的老师来说是最为贴切的。

第五，本科教学对科研的牵引拉动力最强。大学教育有一对重要的矛盾关系，即教学与科研的关系。由于优秀本科生的汇集，学生与教师的互动最容易碰撞出思想、智慧的火花，从而给教师的科研创新提供新的灵感和启示。而科研资源转化为教学资源，对于提高人才培养质量是一个重要的保证。

三 人才培养关键在教师队伍

每个教育工作者都知道教学相长。其实，从字面上理解，教在学先，先有老师后有学生，老师在前面引领，学生在后面跟进。在这个意义上，教师可以说是教育之本。另一方面，教学是教师的天职，是老师的安身立命之本；大学教师的职称有不同的层级，助教、讲师、副教授、教授，无不与教学相关。老师决定学生。有什么样的老师，就会有什么样的学生，从学生的身上可以看到老师的影子。优秀的老师能够点石成金，化腐朽为神奇。所以要培养一流的人才，必须要拥有一流的师资。

华中科技大学新闻与信息传播学院在建设自己的师资队伍方面有自己的探索。

1. 多元的师资结构

新闻传播学本身就具有多学科交融的特性。所以组建师资队伍，比较注重学缘的多样性。引进专业人才时，在纯新闻传播专业和非新闻传播专业的学历背景方面，我们倾向于选择非新闻传播专业的，希望能够从不同的专业视角，观察省思新闻传播的理论与实践问题。事实上，我们现在主要的学术带头人，在其本科、硕士、博士、博士后经历中，至少有一两个是非新闻专业的，这对于我们培养新的学科增长点，开拓交叉学科研究领域提供了便利。针对专业的特性，在组建师资队伍时，除了从学校、研究机关引进人才外，还注意从新闻媒体引进顶尖的专业骨干，让他们担任新闻传播业务课程的教师。这些教师的教学效果比科班的学者型教师要好得多。由于信息传播技术的发展，新闻传播教育的技术含量越来越大，传统的人文学科出身的师资越来越难以胜任技术类操作类课程的教学。于是新闻学院打破小而全的办学格局，利用学校的工科优势，与计算机学院联合组建教学团队，一方面减轻了自己的负担，另一方面又充分地发掘了学校既有的教学资源。对于一些前沿类的实务课程，学院还在媒体或企业，聘请了一些名家作为兼职师资。这些兼职教师不是名义上的，而是实质性的，承担部分主干课程的教学任务。

2. 严格执行分类管理

在 2012~2015 年，华中科技大学推进了以人事管理为核心的综合改革，新闻学院做得比较彻底，得到了学校的高度肯定。综合改革的核心诉求是分类管理。由于人与人之间存在差别，不同岗位要求有差异，对所有的人采用一个评价标准显然是不合适的。新闻与信息传播学院将所有教师分为三个类型：教学为主、科研为主和教学科研并重。对不同类型的教师，适用不同的考核晋级标准。这打破了传统的一条鞭法或全校统一、全员统一的划一化管理，代之以柔性的细分化、个性化管理。教学型教师考核侧重于教学，重点考察教学工作的量和质；科研型的则侧重于学术研究，重点考察其论文、著作及科研项目；教学科研并重型的则两者兼顾。这种分类管理比较符合客观实际，适才适用，有利于调动教师的积极性。

3. 采取实际措施鼓励本科教学

我们新闻与信息传播学院有一个基本原则，所有教师必须给学生讲课，教授也不例外。不仅是用名义上的精神鼓励，而且采用实际的物质激励措施。我们学院独有的 10 个冠名教授席的设置，就把本科生教学作为确定人选的先决条件。对于承担本科生课程教学任务的一般教授，在计算工作量时，我们会乘以 1.3 的系数。教师在晋升、晋级时，本科教学的考核结果具有一票否决的效用。这些措施，将教授、名师引领到本科教学岗位，将优质的科研资源转化成教学资源。

4. 重视青年教师培养

青年教师是本科人才培养的主力军，也是学科发展的希望和未来。提升青年教师的学术水平和教学水平是确保人才培养质量的重要保证。我们学院鼓励青年教师到国外访学、进修，资助他们参加国际学术会议，使他们直接进入国际学术前沿，提高其学术水平，进而将学术资源转化为教学资源。鼓励青年教师相互听课，建立教学观摩制度，激励青年教师参加各类各级教学竞赛，最近五年来我们学院每年都有教师获得学校教学竞赛一等奖，今年还有一位青年教师龚超获得湖北省青年教师教学竞赛一等奖。我们还十分重视个性化教学，不搞千篇一律、划一化，鼓励青年教师形成自己的风格。这些措施很有成效，青年教师在学院学生中大受欢迎。

四　调动学生积极性，激发学生的潜能

在人才培养过程中，老师固然很重要，但老师不是唯一的决定性因素。在教学过程中，学生不是被动的，而是有思想、有情感、有意志的能够自主选择、判断的行为主体。唯有唤醒学生的主体意识，调动学生主动学习的积极性、创造性，才会促进师生互动，实现教学相长。

1. 致力于建设优良学风

大学教育重在学风，在优良的学风环境下，普通的学生也能够成才；学风不好，好的学生也可能变坏。在学风建设方面，我们比较注意处理下面几对关系。一是读书与社团活动、专业实践的关系。大学阶段不同于中学，在第一课堂之外，学生有大量自由支配的时间。不少学生对社团活动、社会实践感兴趣，对此投入大量的时间，却没有时间坐下来静心读书，进行冷静的思考。这不是好的选择。大学期间最主要的任务应该是上课学习、读书，特别是拓展阅读。社团活动和社会实践当然重要，但要与上课读书保持大致的平衡。二是强化团队协作意识与独创精神。团队协作精神在今天的信息时代十分重要，但是独立人格与独创精神也同样不能忽视。在某种意义上，独创、独立甚至更为重要，不能因为协作、团结而放弃独立思考、自主创新。三是平衡政治原则与专业理想。新闻传播的意识形态属性决定了新闻传播的政治敏感性，新闻传播从业者必须讲政治、讲大局、讲党性、讲政治挂帅。但是新闻传播又是一个特殊的行业、职业，这个职业、行业同其他行业、职业一样，有自己的职业精神和专业理想。他首先是一个传媒人，其次他才是一个政治人，属于特定的党派、处于特定的立场。所以在政治与专业之间也要保持一定的平衡。这些努力，归根到底就是为了唤醒学生的主体意识，激发学生的主动性。

2. 注重专业灵魂的塑造

人才培养的目标有三：格物致知、形塑人格、净化灵魂，三者缺一不可。大家都很重视格物致知、人格形塑，但是对灵魂问题关注较少。对于新闻传播教育而言，为学生熔铸专业之魂，升华其精神境界，乃是新闻教育的天职。怎样理解专业之魂？我认为专业之魂本身内涵丰富，它涉及责任感、使命感、信仰、理想、价值观、道德和理性等内容。两年前，我曾经写过一首四言诗，题目就是《传之魂》，全篇128个字。"喻家山麓，东湖水滨；乔木参天，人杰地灵。学子问津，切磋争鸣；楚才砥柱，于斯为盛。大学之道，善止德明；矢志弘毅，木铎金声。春秋大义，昭彰群伦；天听民听，至真至诚。经世文章，鉴古察今；闯关越险，拨乱反正。迁固风流，铁笔垂勖；术精思锐，探微索隐。匡扶社稷，与时俱进；秉中持正，求新博闻。穿云破雾，洞照万仞；天地共鉴，斯为传魂。"这128个字，核心在于"秉中持正，求新博闻"。专业之魂的形塑，主要是通过合理的课程体系、周到的导师引领、前沿的社会实践，环环相扣，水滴石穿。最重要的还是学院文化的建设。华中科技大学新闻与信息传播学院非常重视学院文化的建设，近年来，陆续地编修了院史，制定了院训、院歌、院徽，提炼了学院的精神，得到了全院师生的认同。

3. 建设创新团队，激发引领学生的职业兴趣

华中科技大学新闻学院有好几个知名的学生创新团队，每个团队都有一名专业导师。陈先红教授主导的红树林团队，将学生直接引导进社会服务的前沿，参与重大的公关策划。胡怡教授的 V-fun 团队，跨院系组建，每年制作一部学生大电影，在武汉地区影响很大。2017 年准备走院线，正式按照商业化模式运作，我们很有期待。鲍立泉副教授的 Loading 互联网创新团队，面向传播学专业的学生，致力于互联网信息产品的开发。李贞芳教授的传播学方法学术沙龙，持续进行了 105 期，非常不容易，很多外地的学生都要参加，影响及于全国。还有赵振宇教授、顾建明教授的新闻评论学社，紧密结合行业实践，关注社会现实，指导学生时评创作，推出了不少才华横溢的时评作者，产生了全国性的影响。

4. 发挥奖助学金的作用，调动学生的积极性

近十年来，新闻与信息传播学院非常重视各种奖助学金的设置。在各种国家、学校奖助学金之外，我们还自筹社会资金，在学院层面设立了不少奖助学金，如博闻传媒奖学金、人民网奖学金、南方都市报奖学金、阳光喔奖学金、嘉兴日报奖学金、播音主持专业奖学金等。这些奖助学金的评审，有一个重要的原则，就是注重学生学习态度、绩效和经济状况的平衡，目的是调动学生学习的积极性、主动性，同时也解决一些家庭困难学

生的经济问题。事实表明，这些奖助学金用得不错，效果很好。

5. 尊重学生的个性，包容、欣赏、鼓励学生的创新冲动

学校学院是否开放，老师是否开明，环境是否宽松，直接关系到学生的未来成长。为了学生，最终也是为了社会，我们鼓励老师们包容学生的个性，以严父慈母之爱，爱护学生的创新冲动，呵护学生的职业梦想。这里涉及一个学生评价的问题。什么样的学生是好学生？是听话的学生？是讨巧的学生？还是调皮的学生？那些经常给人惊奇、出乎意料的学生，甚至恶作剧的学生，常常受到老师的批评，而这部分学生恰恰可能是最富有想象力、创造力，最有可能雕琢成才的学生。最近国内火红的新闻评论员曹林，在华中科技大学读书时，曾经在校内学生刊物上写了一篇杂文《教授，我来为你剥皮》，批评少数教授尸位素餐、不思进取、误人子弟，引起了不少人的批评。但是当时学院的老师和领导勇敢地为他辩护，替他挡下不少子弹，保护了他的锋芒。至今谈到这件事，学生都心怀感激！我们要崇尚个性，对于青年人，我们鼓励其展现锋芒，对于过分注重情商、追求八面玲珑的倾向，我们并不赞成。

五　顶层设计，动态管理，环节协调

对于人才培养过程，应该强化顶层设计，在动态运行中，注重对各个环节的协调。顶层设计的功能发挥，有利于强化人才培养体系的整体性，在突出重点的同时，兼顾一般。理顺各个要素、各个环节的关系，能够实现教学运行的整体优化。

1. 课程体系的重新建构

一定的培养目标的实现，依赖于配套的课程体系。课程体系是围绕着人才目标而设计的，每一个不同的课程，都有一个具体的功能指向，负责一定的知识与能力建构。而一系列课程有机地整合起来，经过一个完整的教学过程，就会帮助学生建立起合理的知识与能力体系。在不同的技术条件下，不同的媒介格局及新闻生产流程决定了对从业者知识与能力的不同要求。工业时代与信息时代的传媒从业者，在知识与能力方面可能完全不同。目前的网络信息化环境，要求新闻院系与时俱进，瞄准业界新的需

求，不断地予以完善。我们新闻学院的课程体系经过了几次大修，在课程结构、教学环节及具体要求方面，都有了重大的变化。

2. 课程与教材建设

课程建设是人才培养的关键。华中科技大学新闻与传播学院近年来在课程建设方面成就斐然。张昆教授主讲的"外国新闻传播史"先后被评为国家精品课程（2009）、国家精品资源共享课程（2013），张昆教授主讲的"传播的历程"（2011）、赵振宇教授的"社会进程中的公民表达"（2014）先后被评为国家视频公开课程。在教材建设方面，除了由学院老师主编的系列教材之外，学院教师还在高等教育出版社、中国人民大学出版社、复旦大学出版社、中国传媒大学出版社、北京大学出版社、清华大学出版社、武汉大学出版社等出版了近三十本教材，其中不乏国家规划教材。目前，学院教师正在致力于国家级微课、翻转课程的建设，老师们的积极性很高，学生们也十分欢迎。

3. 实验室、专业实习、校外实践基地建设

对新闻传播人才的培养，知识与技能并重。专业技能的强弱，直接影响到学生的就业走向。为了强化专业技能，我们学院建设了功能齐全、设备完善的示范实验中心，能够满足校内教学实验的全部要求。对于专业大实习，学院成立了院级专业实习协调小组，统筹全院的大小实习；编制专门的预算，保证协调小组的正常运行。同时，与在北京、广州、深圳、上海、武汉的权威媒体、传媒企业、电商及其他相关跨国公司，签订合作协议，建立稳定的专业实习基地。每逢大实习期间，学院领导、协调小组成员都会到实习单位巡视、拜访，慰问学生，感谢实习单位和指导老师。为了给学生提供安全保障，还专门为学生购买保险。这些努力，保证了专业实习的高起点，也保证了学生在技能上与业界接轨，不仅受到学生的欢迎，更受到社会的欢迎。

4. 教学研究与教学观摩

我们新闻学院还非常重视组织教学研究、经验交流和教学改革。学院规定，每周四除政治学习外，其他时间都安排进行教学探讨。学院在自己财力许可的范围内，自主设立教学改革课题，主动组织老师编撰教材。每个学期，学院都会安排各系组织教师间相互听课、彼此切磋。这对于青年

教师的成长十分有益。

5. 强化本科学生导师制

我们学院还非常重视对学生的日常指导，建立起班主任和学业导师相结合的双导师制度，在坚持政治思想教育的同时，也强化对学生专业的指导。特别是学业导师，对于学生课程选修、课外阅读、人生设计等方面的问题，能够提供咨询参考，很受学生的欢迎。为了确保可持续性，我们将原来的学业导师的义工制形式改为有偿劳动，对每个担任学业导师的专业老师，给予一定的课时津贴，在一定的程度上调动了老师的积极性。这一制度设计，受到老师、学生两方面的欢迎，彼此都受益，有利于师生的相互理解，促进了教学相长。

六　几点建议

随着社会的进步、学校的发展，人们对于大学在人才培养方面的期待有所提升。应该说，我们学校在科研成果方面可圈可点，但是在人才培养方面，与社会期待、学校潜力还有些不相称。我们还有很大努力、改进的空间。在一般教职工心目中，本科很重要，年年都有相关会议，但是相关决议、相关政策都很难落实。口号喊得越响，说明存在的问题越大；年年讲同一个问题，说明这个问题积重难返，比如农业问题、环境问题、房地产问题。在人才培养方面，问题还有不少，丁校长在上午的报告中归结出三大问题：投入不足、改革力度不够、国际化程度不高。这不限于一校一地，而是一个普遍的现象。要改变这种现状，真正把本科人才培养放在重中之重的位置，我有如下几点建议。

1. 稳定教师队伍，调动教师的积极性

人才培养是学校之本，教师是教学之本。没有一支稳定的富有活力的高水平师资队伍，教学为本就是一句空话。我以为，老师的积极性是一张额度有限的信用卡，虽然可以透支，但是我们要切记，一定要按期还款，同时又不能无限地透支。老师虽然是阳光下最崇高的职业，有崇高的使命感，但是他们也是人，是人就有人的七情六欲。我们必须要照顾老师的物质利益。马克思说过："人们的奋斗所争取的一切，都同他们的利益有关。"① 中国古代思想家管子也说："仓廪实而知礼节，衣食足而知荣辱。"（《管子·牧民》）如果连生存的需要尚且得不到满足，还要他们做出奉献，是不可能的。我们一定要从利益引导上考虑和制定政策，让老师们感到被重视、受尊重，这样才能确保持续性。只有让从事教学的教师有成就感、幸福感，他们才会在教学方面加大投入。

2. 保证起码的物质条件，营造和谐的人文环境

虽然精神在一定的条件下可以变成物质，但是仅仅依靠精神是不足以维持教学运行的。人才培养、教学运行需要起码的物质条件。学校在教学资源的配置方面，应该做到更加公平合理。可事实上，显而易见，学校的教学资源分配，在工科与文科之间，畸重畸轻。文科类专业特别是新闻传播类专业的资源供给远远不能满足教学的需要。不仅如此，文科院系的教师们普遍没有自己的工作室，到学院来办事，连个坐的地方都没有。与学生谈话，与研究生交流，都无法在学院进行。老师们对学院、对学校没有归属感，学院难以成为他们物质家园，更难以成为他们的精神家园。我们常说大师比大楼重要，但是在目前的情况下，大楼是最重要的，没有起码的空间，老师们的心灵就没有地方安放。我们常说没有梧桐树，引不来金凤凰。连个独立的工作室都没有，谁能在这里安身立命？

还有人文环境的建设问题。因时间关系，此不赘述。

3. 坚持综合改革的成果，落实分类管理的政策

在人力资源管理方面，应该杜绝一条鞭法。我们应该尊重差异，注重个性。对不同类型的老师，考评奖惩的规则应该有所区别；不同岗位的教师，晋升晋级的条件应该不同。对于教学型的教授，应该适当降低科研方面的要求；对教学工作的考评，应该建构科学的指标体系。而对科研型的教师，应适当降低他们的教学工作量。我们应想办法，制定恰当的政策引导科研资源向教学过程转化，让教授、大师们甘心从事本科教学。

4. 立足学校，面向社会，激发学院工作的想象力

在现有的大学体制下，学院的办学资源基本来源于学校，搞好与学校的关系，争取到学校主要领导的支持和理解，资源就会源源不断。但是这

---

① 《马克思恩格斯选集》第1卷，人民出版社，1995，第187页。

还不是全部。在市场化、社会化程度越来越高的背景下，稳坐在家中是办不好大学、办不好学院的。作为院长、系主任，应该面向社会、面向行业、面向政府，以服务、以贡献建构共赢关系，尽力发掘社会资源。这样做不仅可以筹措更多的资源，更重要的是还能感受社会的脉动、需求的变化，及时调整因应策略。我一直以为，院长仅仅做好学校安排的规定动作是不够的。在现有的办学体制下，在学校赋予的权限内，院长、系主任只要有想象力，敢闯敢干，就可以有很多富有张力的自选动作，激发学院的活力，把学院的人才培养工作提升到一个新的台阶。

此时此刻我百感交集。到今天为止，我调进华中科技大学工作已满10年，任新闻与传播学院院长也是10年。10年来，我一直担任本科生核心课程的主讲教师，每年本科生的纯教学工作量不少于80课时。我主讲的本科生核心课程"外国新闻传播史"，被评为国家精品课程、国家精品资源共享课程。我主讲的通识课程"传播的历程"，被评为首批国家视频公开课程。我为自己能够成为一名教授而自豪。我有一个基本信条，要老师们做到的，自己一定要首先能够做到。今年五月，我们新闻学院2016届毕业生拍毕业照时，现场气氛祥和，师生尽欢。看到学生幸福、兴奋的样子，甚为感动，于是我写了一首打油诗，现在给大家朗诵，作为我发言的结语："十年珞瑜两茫茫，栽得乔木柱明堂。严父霍霍催奋起，慈母殷殷望成长。秉中持正德为先，博闻求新著文章。谁言师者无寸功？三千子弟守八方。"

（本文是张昆教授 2016 年 8 月 25 日下午在华中科技大学
暑期工作会议上做的报告）

新闻传播学院院长的多重角色

今天我们生活在信息社会，与人类历史上的农耕时代、工业时代不同，信息比物质在更大的程度上决定了社会的运行及个体的生存与发展。新闻传播作为维系社会的黏合剂，将分散的个体聚合成彼此相依、不可须臾分离的有机体。信息弥漫于人类生活的全部空间，渗透到社会系统的每个角落、各个层面。它就像空气，影响到人类的呼吸，丰富着人类的思想，引导着人类的行为。在社会系统的延续发展中，传播不仅在守望着社会、传承着文化、维系着社群，而且其本身就构成了人类生存的环境。作为人类环境构成部分的信息传播，不仅制约着人类的思维空间及其生存与发展的物理空间，而且决定了人类的精神境界。在现实的政治语境下，新闻传播更是影响深远。习近平最近指出："做好党的新闻舆论工作，事关旗帜和道路，事关贯彻落实党的理论和路线方针政策，事关顺利推进党和国家各项事业，事关全党全国各族人民凝聚力和向心力，事关党和国家前途命运。"① 新闻传播与人类社会同生共存，是历史进化的铁则。

正如无法想象一个没有传播的社会，同样我们也无法想象一个没有新闻传播教育的传播业。新闻传播从自发的社会活动演变成一个根系发达、枝干茂盛社会事业，除了社会需求的拉动、传播技术的支撑之外，还有一个十分重要的因素，那就是一批批具有专业技能和职业理想的传媒人的不断涌入。人自始至终都是传播的主体，是人类社会及其传播历史的主人。

---

① 杜尚泽：《习近平在党的新闻舆论工作座谈会上强调：坚持正确方向创新方法手段 提高新闻舆论传播力引导力》，《人民日报》2016 年 2 月 20 日，第 1 版。

在传播本身进化的历史上，传媒人始终是决定性的因素。但是，传媒人不可能在真空中成长起来，传媒人的成长不仅需要空气、水分和阳光，更需要导师的雕琢、教导与引领。就像医生、律师、历史学家、天文学家一样。

新闻传播教育的意义即在于此。新闻传播教育的使命在于为社会、为信息传播行业培养、输送有技能、有理想、有操守的传媒人才，以扮演文化传承者、社会守望者、公平正义护卫者的角色。孟子曰："君子有三乐，而王天下不与存焉。父母俱存，兄弟无故，一乐也；仰不愧于天，俯不怍于人，二乐也；得天下英才而教育之，三乐也。君子有三乐，而王天下不与存焉。"（《孟子·尽心章句上》）在这里，孟子把教书育人视为人生的三大乐事，其重要性甚至超过"王天下"，此语可能有点言不由衷，但是，以此强调教育的重要性，我认为其用意还是可以理解的。

在现代社会，新闻传播教育是大学教育的一项重要内容。与传播有关的专业设置，是现代大学专业体系的重要组成部分。以中国的情况而言，截至2015年底，全国有高等学校2824所，其中681所大学开设新闻与传播类专业，开设新闻传播类专业的高校占高校总数的约1/4。而"985""211"大学中开设新闻与传播类专业的比例高达55.9%。可见大学层次越高，创办新闻传播教育的积极性越大。这些学校共设有1244个本科专业点，其中新闻326个，广电234个，广告378个，传播学71个，编辑出版82个，网络与新媒体140个，数字出版13个。其本科生在校学生总规模达22.5691万人。还有一级学科博士点15个，一级学科硕士点75个，二级学科博士点3个，二级学科硕士点13个。[①] 这是当今世界规模最大的新闻传播教育体系之一。

现代大学新闻传播教育的运作，关键在于院长。在现代大学体制中，院长作为学科或专业的总负责人，是承上启下的枢纽。所谓承上，即对校长负责，遵循校长的办学理念，确定学院的教育方针、目标及路径。启下，则是作为一院之长，赋予学院以灵魂，组织学院的教师，落实校长的办学理念和学院的教育方针、目标定位，制订培养方案和课程体系，完善培养

---

① 本数据系教育部新闻传播学类指导委员会2015年底的统计数据。

模式；同时引导学生全心向学，在德智体诸方面均得到充分的发展，达成培养目标，以满足社会的期待。这还仅仅是其中的一面。现代大学不仅是人才培养中心，还是重要的科学研究中心、社会服务中心。在教书育人的同时，大学还需在科学研究、社会服务等方面同时进步。新闻传播学院作为现代大学之一部分，当然也不能例外。要实现这些目标，实在是一件非常困难的事情。因为许多环节不是操之在我，不是院长一人的主观努力所能及的。正是在这个意义上，有人说，院长是天下最难最苦的职业。

何以新闻传播学院院长天下最难最苦？有三个原因。

其一，上压下挤。在理论上，院长乃一院之长，学院上下视院长为统帅和灵魂，以为院长无所不能，期待院长能够解决学院面临的所有难题，所以在教学、生活等方面，无论是老师还是学生，甚至退休员工，都对院长提出了很高的要求。可事实上，在大学行政化的背景下，院长的角色是很尴尬的，他虽然是学院的头，却是学校的尾。院长虽然承担了学院的全部的责任，却没有掌握支配履行职责的所需资源的权利。在学校领导层、学院师生的双重压力下，院长成了夹心饼干，成了矛盾焦点的所在。

其二，全能要求。在现有高校体制下，院长都是属于学术兼职，对院长的考核是双重的，一是作为干部——院长——的考核，重点是管理责任；一是作为教授的考核，重点在院长本人的教学和科研。应该说，院长的职位，身系学院师生的根本利益，其最重要的责任，应该是管理责任，至少在院长任期内是如此。院长好不好，是否合格，主要应该看在其任内，学院在学科建设、人才培养、科学研究、社会服务等方面是进步了还是退步了，学院教职工满意还是不满意。至于院长本人的教学科研应该是次要的。院长不是铁打的，除极个别特例外，不可能是全能冠军。做院长是一种奉献和牺牲，在院长任上，应该把管理责任置于首位。一旦卸任，再恢复纯粹的学者身份。

其三，保姆责任。在前面说过，院长虽然没有掌握多少资源，可是承担的责任却大于天。在一个学院，院长与其说是一院之长，不如说是学院的一个保姆。院长是学院不可或缺的最大的一个服务员，教学、科研、生活、学术交流、行政管理、财务方面的事情，都离不开院长。要参加的会多，要填的表多，找你的人多，欠他人的人情债多。老师们有困难要找你，学生们有问题也要找你。到了特别的日子，或者突发事件时，还需要紧急灭火。在这个意义上，院长实际不是院长，他承担了远超院长职责的无限责任，做了许多不是院长该做的事情。

然而很不幸，时代把我们推到了院长这个岗位。虽然是天下最难最苦的事情，但也要人去做。"我不下地狱，谁下地狱？"在其位，谋其事，尽其责，乃做人的本分。但是一个学院能否健康运行，能否立于时代的潮头，能否满足社会的期待，不能完全取决于这个院长。新闻传播教育是千秋大业，新闻传播学院的运作是一个系统工程，涉及很多的环节、诸多的要素，非院长一人所能完全统摄。在这个意义上，办好新闻传播教育，是院长的天职，更是全社会的责任。

首先是学生。如果把学校比喻成一所工厂，那学生是学校的产品。学生应以学习为本，学习是学生的天职。韩愈在《师说》中说："人非生而知之者，孰能无惑？惑而不从师，其为惑也，终不解矣。生乎吾前，其闻道也固先乎吾，吾从而师之；生乎吾后，其闻道也亦先乎吾，吾从而师之。吾师道也，夫庸知其年之先后生于吾乎？是故无贵无贱，无长无少，道之所存，师之所存也。"只有专心学习，才能致知解惑。从孔子到韩愈，都主张要学无常师，无论贵贱长幼。学校是习得知识、追求真理的殿堂，在这个神圣的地方，学生应该抱着虔诚的态度，心无旁骛，砥砺学问，锤炼精神，完善人格，明确责任。学生还应该与老师们建立起良好的互动关系，促进教学相长。学生像个学生，学生做好了学生分内的事情，学院的工作就做好了一半。

其次是教师。大学是学生、学者（教师）、学术、学科等构成的有机整体。学者在其中扮演着关键性的角色，所谓师者传道授业解惑者也。教师决定学生，反过来从学生知识与能力也可以看出教师的水平。教师与学生之间，既矛盾又统一。两者的矛盾体现在彼此的直接目标不同，达致目标的路径有别，所以难免发生冲突；但这两者根本目的又是一致的，即在引领学生格物致知、完善人格、强化能力的过程中，促进教师的自我提升。作为教师，应该体认自己的社会责任和历史使命，面对莘莘学子，应该有更多的包容和耐心，应该尊重学生的个性，鼓励学生创新的积极性，激发学生追求真理的激情；同时，在今天这个后喻时代，科学技术飞速发展，教师必须与时俱进，不断地开阔自己的视野，更新既有的知识体系，在现有的基础上实现知识的创新，做到日新、日新又日新，这样才能胜任学生的导师角色。

再次是学校。学院是学校的一部分，学校的资源配置，学校对学院院长的赋权，学校的教学和学术规范，学校的薪酬分配制度，无不影响制约着学院的发展。如前所述，对于目前国内新闻传播类专业教育，重点大学开设的比例远高于一般大学。由于新闻传播学科的学术积淀不及其他成熟学科，所以越是重点大学，新闻传播学科在学校整体中的地位越低，因而在资源分配方面，新闻传播院系往往处于弱势。新闻传播学科在学校学科建设中，在与其他学科的互动合作中，话语权偏小。加上新闻传播学科自身的基本盘不大，新闻传播院系的规模普遍偏小，而且新闻传播学科又属于应用文科，具有职业教育的特性，因而常常给人以"新闻无学"之感等，更是弱化了新闻传播学的学科地位。所以，在学校领导层面，有必要更深入认识新闻传播在社会系统中的重要地位，从战略的高度理解新闻传播学科在学校学科整体建设中的辐射和带动作用。在此基础上，尊重新闻传播学科的独特性，赋予更多的自主权，在资源配置、硬件建设方面予以适当的倾斜。

最后是社会。社会是新闻传播教育的环境。教育资源的输入要靠环境，人才培养过程尤其是实践环节也有赖于环境的支持，高校智力资源及新闻传播人才的输出，瞄准的也是环境。没有环境的支撑，就不可能有令人满意的新闻传播教育。在新闻传播院系与环境的互动方面，新闻院系当然要积极主动，主动地融入社会，积极地服务社会、服务媒体，通过服务来彰显自己存在的价值。但是社会系统尤其是传媒或企业更应该主动，因为社会系统是教育资源的最终供给者，而社会系统的有序运行也要依靠高水准的新闻人才和传播智慧。所以，社会应该向更多的新闻院系开放，加大向新闻传播教育界资源输入的力度，为新闻传播院系提供专业实习的平台，为新闻院系提供业务课程的师资，开展与新闻传播学界的合作研究，强化与高校的合作，共建新闻传播教育。如此，方能使学校、学院与传播业界结成生死与共的命运共同体。还有一点，党政权力系统也要努力为新闻传播院系营造一个宽松的学术氛围，毕竟学校不是机关，更不是军营，学校应该鼓励独立思考，倡导学术自由，促进知识创新。在政治纪律与学术自由之间，力求达成平衡。

总之，新闻传播教育事关社会系统的运行、延续、和谐与发展，事关党和国家的前途和命运。作为新闻传播教育的主要承担者，新闻传播学院的院长负有重要的历史责任。可谓悠悠万事，唯此为大。但是，现有的教育体制又使得院长一职成了院长们的不能承受之重。责任过大，权力过轻；目标过高，资源过少。唯有学生理解、教师认同、学校支持、社会包容，中国的新闻传播教育才能顺利发展，真正地满足社会的期待。如此，院长一职才不会成为畏途。

（本文原载于《青年记者》2016 年第 11 期）

我们需要什么样的新闻学院院长?

在信息时代,新闻传媒的重要性再怎么说都不为过。而作为职业传媒人养成工厂的大学新闻学院,自然承担着重大的社会责任。人们期待着理想、负责、高品质的传媒业服务于社会的和谐运行、文明的延续发展。由于传媒业的主体是人,是有目的、有意识、有情感的人,其主体部分又来自新闻院系,于是大学新闻院系成为社会关注的焦点。一个好的新闻学院,应该是一个有道德有责任的新闻传播知识的发源地,是一个优秀的新闻专业人才生产工厂,是一个引领传媒与社会发展的思想中心。而一个好的新闻学院的背后,总有一个优秀的院长。因为在现代大学体制下,院长是赋予学院灵魂、决定学院性格的人。在教育与知识的海洋上,院长是决定航向的舵手,是他引领着航船驶向此岸而不是彼岸。

前不久,我曾在一篇文章中说,在现代大学体制下,院长作为学科或专业的总负责人,是承上启下的枢纽。所谓承上,即对校长负责,遵循校长的办学理念,确定学院的教育方针、目标及路径。启下,则是作为一院之长,赋予学院以灵魂,组织学院的教师,落实校长的办学理念和学院的教育方针、目标定位,制订培养方案和课程体系,完善培养模式;同时引导学生全心向学,在德智体诸方面均得到充分的发展,达成培养目标,以满足社会的期待。这还仅仅是其中的一面。现代大学不仅是人才培养中心,还是重要的科学研究中心、社会服务中心。……要实现这一切目标,实在是一件非常困难的事情。因为许多环节不是操之在我,不是院长一人的主观努力所能及的。① 更有甚者，凡担任过院长者，几乎都体验到那种上挤下压、全能要求、无限责任背景下的痛苦。正是在这个意义上，要做一个大家认可的好院长，实在不是一件容易的事情。

最近一段时间，舆论界关于新闻教育议论纷纷，其中也涉及院长职务。事实上，21 世纪以来，新闻教育界在院系管理方面出现了一些重要的变化，其最突出者莫过于院长来源的多元化。直到 20 世纪 90 年代末，国内新闻院系的院长（主任），几乎没有例外都是学者出身，由教授出任。如今，由学者、教授担任院长的新闻院系虽然占教育界大半，但是越来越多的高校在任命院长主任时，开始向媒介、党政机关借将。一些退休（或在岗）的知名高官担任重点院系的院长，或者延揽权威媒体的社长、主编、台长主持学院事务，开始成为一种常态，引人瞩目。有的院系成效显著，因此攀上新的台阶，有的则绩效不彰。这种现象引起了业界、学界的关注和思考。是不是学者教授不再合适担任院长职务了，或者，是不是高官或媒体高管才是新闻学院院长最适合的人选？众口纷纭，见仁见智，莫衷一是。

愚意以为，一个人是否适合担任新闻学院院长，关键不在于他的出身，不在于他的职业，不在于他的地位，也不在于他的学问，虽然这些因素对他履行院长职务有这样那样的影响。最重要的，还是他的综合素质、情怀与履行职务的专业能力。

首先，一名优秀的新闻学院院长必须有强烈的社会责任感和坚强的意志品质。这是一个必要的条件。作为一个学院的院长，应该怀抱"舍我其谁，我不下地狱谁下地狱"的使命意识。在当今信息社会，新闻传播教育的天职在于向新闻媒体输送合格的职业传媒人，同时满足社会各界对信息传播和服务方面的人才需求。由于信息本身就是社会系统的黏合剂，信息传播的发达水平直接影响到社会系统的进化程度，所以，教育系统是否能够按照社会的需求输送高质量的传媒人才，以承担历史记录者、环境守望者、文化传承者、公平正义捍卫者的职责，不仅事关教育本身的绩效，而且直接关系到社会的公平正义、文明的延续发展及国家的和谐稳

---

① 张昆：《我们需要什么样的新闻学院院长？》，《新闻记者》2017 年第 2 期。

定。教育事业乃百年大计，新闻传播教育更是如此。新闻教育界责任重大，新闻学院院长自然是社会关注的焦点。新闻学院院长不是一份简单职业，也不是一个普通的工作岗位，在这个位置上，聚集了太多的社会期待，承载了太重的历史嘱托，其道义的责任和历史的使命感超越了其他几乎所有的职业或岗位。

新闻学院院长要实现自己的抱负，需要超越常人的意志品质。不仅要有高远的志向，更要有坚实的步履；要能想人之不敢想，能为人之不敢为，要敢于出招；要有坚忍不拔的斗志，不怕困难，迎难而上，即便失败了，也要起而再战。一个普通人也许能以平常心对待自己的工作，院长则不行，院长面对的是千百名师生期待的眼神，承担着社会舆论的重负和现实的物质的压力。新闻学院院长的工作千头万绪，同时面对上头和下头，接触里面与外面，服务老师和学生，兼顾教学与科研，明明不是超人，却要像超人那样工作；明明不是自己的责任，却需要自己去承担。不仅要分配好资源，更要竭尽全力拓展新的社会资源。不仅要做好学院的工作，使学院得到最大限度的发展，自己的教学科研也要走在老师们的前面，以起到表率引领作用。普通人如果不是糊涂，断然难以承接院长的重担。当然，我们也会看到一些缺失良知、尸位素餐的院长。作为一个富有责任感、使命感的院长，必须以毅然决然的态度直面自己的工作，抱定决心，全力以赴。事实上，一个成功的院长，仅仅有决心还是不够的，还必须有恒心，能够在自己的工作岗位上，始终如一，毫不松懈。这种高度紧张，甚至是亢奋的心理状态，是院长事业成功的心理前提。

其次，一个优秀的新闻学院院长，还必须具有一定的人格魅力、牺牲精神和大爱情怀。所谓人格魅力，是指一个人在性格、气质、能力、道德品质等方面具有的特别能够吸引人的力量。具有人格魅力的人能成为大家特别亲近、喜爱的人，并对大家产生一种榜样示范的效应。一个学院院长具有这种那种人格魅力，对于学院的学生、对于学院的教师，不仅能够起到言传身教的效果，更能增强学生、教师对于学院的认同感、归属感，它是一种能够凝聚人心的正能量，他们会为拥有这样的院长感到骄傲、自豪。就像北京大学学生对于蔡元培、清华大学学生之于梅贻琦。但是这种人格魅力是主体长时期修炼的结果，是长期以来学习、工作及内在修养的积淀，在短期内学是不来的，也是装不来的。同样的话语、同样的形体动作，体现在不同的人身上，会具有不同的意义。有的真切、诚挚、可爱，有的则虚伪、做作、令人厌恶。在新闻教育界，我们会看到一所优秀的学院往往有一个具有人格魅力的院长，清华大学新闻学院的范敬宜就是一个典型，学生老师们敬重他的人格、尊敬他的操守、佩服他的职业水准，是他们心中敬爱的德高望重的师长。

新闻学院院长是一个复杂浩繁的工作，要应付工作上的千头万绪，需要耗费大量的精力，必须将自己的学术追求暂时搁置，只有牺牲小我，才有可能成就学院的大我。当然院长个人的学术研究也不能说与学院的学科建设没有联系，它实际上是学院学科建设的组成部分。但是如果把院长自己的研究等于学院的科研，就容易混淆公私的界限，就可能出大错了。在院长任内，学院工作第一、服务第一、运筹第一，其他的应该放在第二位；离开了院长的位子，才可以全心追求自己的学术理想。

大爱情怀也是院长不可或缺的重要品质。要爱学生，爱老师，爱学术，爱人民，本着一腔热爱面对学院的师生，服务社会和人民。爱的前提是理解。不理解学生和老师的苦衷，不理解他们的本意，就无法包容，没有包容就没有自由，就没有学术。不能把学校机械地理解为一个工厂，按照统一规格生产人才产品。人是多样的，世界上找不到两片完全相同的树叶，也不可能有两个完全一样的人。作为院长应该尊重学生、尊重老师的个性，尊重他们的创新精神和批判意识，应该能够包容不同的意见，应该允许学生头上长些刺。一个好的学院绝对不是一个一言堂，不能一花独放，而应该是万紫千红。院长的爱有多深厚、胸襟有多大，学院的发展空间、师生的舞台就有多大。院长的大爱可以营造一个温馨和谐开放宽松的小环境，让学生、学术、学科、学者在这里健康成长。

最后，一个优秀的院长还要有杰出的管理协调能力、广泛的人脉和敏锐的学术感觉。院长是一院之长，学院的师生、学院的运行一切都取决于院长。院长的职务履行，涉及学院上下，学校内外，学生老师。不仅要督理教学和科研，还要负责学院的稳定、拓展社会服务；不仅要做好学院的事情，还要做好自己的本职工作，也就是说既要做人的工作，又要做具体的事情。院长必须要有弹钢琴的本领，没有这种统筹协调的能力，万万不能接院长这个瓷器活。站在院长的位置，相对于一般老师和学生，视野更加开阔，大局意识更强，更容易抓住问题的关键，看到问题的实质。其决策才更容易为大家所接受。同时，由于院长是学院的代表，而新闻传播学院在大学体系中，与学校内部各单位、与社会大系统的联系十分紧密，院长自然就具有了教育家、外交家的特征。出入于官场，交往于业界，左右逢源，人脉广泛。这是院长必须做到的。唯其如此，他才能够从社会、从学校争取到更多的物质资源和精神资源，补充学院教学科研所需，维持学院的正常运转。

由于学院还是一个学术单位，不仅生产传媒专业人才，还生产新闻传播专业知识；不仅有教学，还有科研。所以新闻学院的院长还必须具有敏锐的学术嗅觉，有高深的见识。院长可以不是顶尖的学者，不是杰出的科学家，但是他应该了解当下学术界的最新进展，应该了解学术发展的态势，了解学术生产的规律，知道哪里是前沿，哪里是关键，能够根据学校学院的基本条件做出正确的决策，选择正确的学术方向，凝练和建设学术团队。

我们观察当今的新闻传播教育，会发现，一个一流的新闻学院背后，一定会有一个优秀的院长。但是这个院长本身各有特色，不尽相同。没有一个统一的模式。院长作为院务的主持者，居间沟通师生、协调上下、整合力量、配置资源，扮演的是一个教育家的角色。老子曰："治大国，若烹小鲜。"(《道德经》)能够做好院长的人，很容易做好一个校长。但是院长的来源各色千样，院长本身的素质和能力，也大不相同。

表面上看，院长的任职与其出身、资历、职位、能力相关，但并不是说，有着某种资历、某种职位、某种意识的人就一定能够做好新闻学院的院长。比如说，一名退休（或在职）高官担任新闻学院院长后，学院实现了很大的发展，这当然与他的高官经历有关，但绝对不是完全如此。在中国当前的环境下，教育与政治难舍难分，离任（或在职）高官肯定会在政界有不少人脉、不少资源。这对学院的发展是必要的。但是如果他不了解学科，没有学术意识，没有大爱情怀，不了解教育规律，延续其作为高官时的行为模式，估计这个院长他也很难做好。毕竟院长是教育家，而不是政治家。

业界领袖现在似乎是新闻学院院长的热门人选，在省部共建的模式下，越来越多的学校任命媒体的现任领导人为新闻学院院长，或者是礼聘离休媒体领袖为院长。从加强产学结合，建设实习、实验平台，打通人才市场通道的角度来看，这当然是十分合理的选择。但是大学教育与媒介经营是完全不同的两回事，规律不同，原则不同。媒介行业注重宣传纪律、利润至上，而新闻教育属于公益事业，院长的职责之一是营造自由、宽松的学术环境。所以一个好的台长、社长、总编辑，按其平时的行事方式和做人的准则，不一定能够完美地履行新闻学院院长的职责。

那么，一个德高望重的学者呢？按常理，一个好的学者似乎是新闻学院院长最合适不过的人选。事实上高等教育界就很流行这种做法，理工大学或综合性大学的校长一定是科学院或工程院的院士。当然，院士、著名学者精通学术，站立在学术的前沿，德高望重，有很高的影响力和感召力，同时由于他知道学科建设发展的规律，由他主政，对于提升学院的学术声誉具有正面的影响。但是学术水平、学术意识仅仅是担任院长职务的一个条件。从根本上说，院长是一个行政管理岗位，而不是一个学术岗位。院长有大量的日常管理事务，有大量的应酬，处在院长的位置，学者不得不暂时搁置自己的学术研究，而把学院的管理事务放在首位。同时有些事情不是你想做就能够做好的，行政管理和沟通协调能力需要长时间的历练。所以一定要让知名学者做院长，对学者学术可能是个损失，对学院工作的展开、学科的发展也不一定完全有利。

由此可见，要做好一个新闻学院的院长实在不是一件容易的事情。一个优秀的新闻学院院长，不一定出自高官，不一定是德高望重的学者，不一定是来自业界的领袖，也不一定长袖善舞，但是他一定要有政治意识、大局意识，一定要有大爱情怀，要有教育理想、新闻精神，富有责任，敢于担当，要有一定的道德和人格魅力，要有牺牲精神，愿意为教育、为社会、为文明、为学生和老师尽心尽力服务。只要他愿意付出，愿意奉献，坚持执着，就有可能做好一个院长。在此之外，他的出身、地位、资源、能力等，虽然也很重要，但显然不是绝对必需的。不过，在具备以上各种基本素质的前提下，有业界或官场的经历，或者学养深厚、德高望重，对学院的建设发展自然有正面的助益，那当然是锦上添花。

（本文发表于《新闻记者》2017年第2期）

新闻学院院长的四大要务

　　教育是培养人才、传承文化的伟业。新闻教育作为教育伟业的一部分，更是关系到社会的和谐与稳定，影响国家和人类的命运。作为新闻教育的实际运作者，新闻学院院长责任重大。面对信息时代复杂的社会万象和对于新闻传播人才的殷切需求，新闻学院院长常常处在内外交困、天人交战之中。外界所供者寡，而所需者众；学校要求日严，而支持不增；师生期待正殷，学院却举步维艰。院务工作的推展千头万绪，复杂变幻，其荦荦大端者，当为如下四大要务。

一　师资建设是根本

　　学校教育的根本在于教师。没有教师，就无法汇聚学生，学校也会成为一个空壳。一流的学校首先要有拥有一流的教师。教师队伍的建设是一个系统工程，涉及诸多环节。首要环节便是结构问题。一支队伍，总是由众多个体或分子组成，是多样性的统一。在年龄上，有老年、壮年、中年、青年不同年龄段，不同的年龄意味着资历、积累、待遇、体力、精力的差异。各个年龄段的教师如果能够呈现合理的梯次结构，则有利于学院的稳定和持续性发展。如果年龄结构失衡，头、身、尾比例失调，在延续性上可能会出现问题。学缘结构同样重要，学院教师可能来自四面八方，不同的专业、学科、学校，学缘越是多样，越是容易形成良好的学术生态，促成交叉融合以催生新的学科增长点。如果这些教师，出自一个学校、一个学科，近亲繁殖，不仅不利于学科空间的拓展，也会异化院内的人际关系。20世纪末，不少高校过分强调专业对口，以致学院的师资集中于单一的学科背景，制约了学科成长的空间。新闻传播学科属于应用型文科，对应着一个庞大的传媒文化行业。其学生成才标准涉及知识和能力两个层面。相应地，其师资队伍也由学术型、职业技能型两部分组成。如果只有学术型师资，教师都有博士学位，能够写论文，而不会新闻实务操作，由他们培养出来的学生可能只会纸上谈兵，眼高手低。华中科技大学的前校长朱九思就明确要求，没有完整新闻实践经历的人，不能担任新闻实务课程的教师。① 反之，如果教师全是职业技能型的，都来自业界或具有丰富的业界经验，而没有经历严格的学术训练，其培养的学生可能上手快、业务强，但发展的后劲不一定足，其思想的高度与视野的宽度可能会受到局限。所以，国内外知名的新闻院系，其师资包容了学术型、职业技能型，以学术型为主，这种结构比较合理。

结构问题必然涉及教师的补充或人才的引进。要维持师资的活力，在补充师资时，应该秉持多样化的原则，保持师资补充的节奏感。所谓多样化，就是在教授、副教授、讲师等不同层级，在学术型、职业技能型不同类别，在国内、国外不同地域，在本学科专业及其他学科专业，实行多样化补充，避免师资来源过于单一。而节奏感，则是引进补充师资要常态化，长流水不断线。不要想起来时大规模引进，忘记时几年都不补充。坚持多样化和节奏感，有利于维持师资队伍的动态平衡，有利于教学科研秩序的稳定，同时在师资队伍中保持适度的竞争与活力。

师资的不同类型，由来于专业教学的需要。不同的课程需要不同知识与能力结构的老师。一般而言，基础理论与方法类的课程，社会科学与历史类的课程，需要学术型的教师，他必须经过严格的学术训练，一般具有博士学位，在教学的同时，还应该有一定的学术成果产出；而新闻实务类课程，如新闻采写、编辑、评论、摄影、广告策划、文案、播音主持、影

---

① 高坤、刘洁：《朱九思：迎着解放的炮声走来的新闻教育家》，《中国新闻传播教育年鉴（2017）》，武汉大学出版社，2017。参见申凡《华中科技大学新闻传播教育史稿》，华中科技大学出版社，2013，第一章、第二章。

视编导、节目创制等，则需要职业技能型的教师，这些老师须有完整的业界经历，是行业里的翘楚，能够引导学生直接进入职业水准的实操训练，但不一定具有博士学位，也不一定要求撰写学术论文。此外，一个研究型的学院，在以上两种类型的教师之外，还需要专事学术研究的学者，除了参与研究生培养外，可不承担本科教学任务。可见学院不同的教师岗位，要求不同的知识与能力结构，其产出的成果，也大不相同。要对他们进行合理的绩效考核，自然不能适用"一条鞭法"。而应该实行分类管理，对不同的岗位实行差异化评价。这样才能人尽其才，发挥教师的积极性。

教师是学院的根本，而教师队伍的未来，在于其中的青年才俊。学院基础再好，学科带头人、学术骨干再优秀，如果没有一定数量的青年才俊作为后备力量，很难有光明的前途。学院的可持续发展，取决于老中青三代的合理结构、后浪推前浪的潜力。学院发展的战略思维，应该将培植卓越青年才俊作为重点。富有远见的院长，常常把青年学者的培养放在重中之重的位置。在资源配置上，为青年才俊的成长营造氛围、创造条件，鼓励青年出头。在课程开设、研究生指导、职称晋升、工资晋级方面，在同等条件下，应该多考虑青年学者。须知青年时期，正是他们人生最艰困的阶段，上有老下有小，能够安静下来致力于学术已属不易。如果青年才俊能够脱颖而出，学院不仅会增强生气，在人才培养、科学研究方面也会释放巨大的能量。

在当前媒介与社会结构双重转型的背景下，无论是学术型教师，还是来自业界的职业技能型教师，无论是资深教师，还是中青年教师，都面临着知识更新的问题。现在的社会万象、传媒生态、自然环境，瞬息万变。来自其他学科专业的教师需要补充知识，出身于新闻学科的专家也要更新知识；学术型教授需要更新知识，来自业界的专家也需要更新和补充新知；资深的老教授需要更新知识，刚入职的青年学者也未必能够跟上时代的步伐。教师传道授业解惑的使命，面临着巨大的挑战。如果不能与时俱进，就难以满足学生对新知的渴求，无法回应社会对于高层次传媒人才的期待。

马克思说过："人们奋斗所争取的一切，都同他们的利益有关。"① 学

① 《马克思恩格斯全集》第 1 卷，人民出版社，1956，第 82 页。

院教师也是人，自然有基于人性的利益需求。师资建设事关学院的生存和发展，而要维持师资队伍的活力，必须有一个良好的激励机制。这种机制说到底就是通过利益分配、资源配置来调动人的积极性。其核心就是薪酬制度。目前各学院的薪酬制度多取决于学校，而学校在设计薪酬制度时往往是"不患寡而患不均，不患贫而患不安"①。这一制度的问题在于它过于重视年资、平均、缩小分配差距，不利于青年才俊脱颖而出。也有一些高校，薪酬制度主要在学院层面设计和执行，学院有较大的主动权。薪酬制度的设计应该调整思路，在重视公平时，也要兼顾效益。在工资、岗位津贴部分，可以以公平为主，而在奖励津贴部分，则应以效益优先，鼓励多劳多得，调动教师的积极性。此外，还可考虑利用社会资源，设置冠名教授席位，以弥补现有薪酬制度的不足。在这方面，华中科技大学新闻与传播学院做了有益的尝试。②

二 学生培养是中心

在现代大学教育中，学生不仅是学校的产品，更是促进教师成长、学术繁荣的积极因素。教师与学生都是教学过程的主体，教学相长是一个基本规律。古人云："虽有佳肴，弗食不知其旨也；虽有至道，弗学不知其善也。是故学然后知不足，教然后知困。知不足，然后能自反也；知困，然后能自强也。故曰：教学相长也。"③ 学生在学习的过程中，不仅在老师的引导下成长，而且其求知的冲动和好奇心，常常会使老师感到知识上的困窘，因而促使老师益发探索未知、补充新知、与时俱进。这就是教学相长的真谛。

学生对学院的价值不止于此。在某种意义上，学生是学校拥有的最重要的财富。在当今中国，学生首先是学校的衣食之源，大学经费中大部分来源是基于学生人头的政府拨款，教师之所以能够在大学安身立命，就是

---

① 《论语·季氏》。

② 张昆：《关于设立新闻传播学科冠名教授席的思考》，《新闻与写作》2017 年第 6 期，第54~57 页。

③ 《礼记·学记》。

因为学生的存在。其次，从文脉传承的意义上，学生是学校的名片。也许有一天，某个大学、学院不存在了，但是因为杰出的学生，它仍会存在于人们的心中。孔子作为中国古代最伟大的教育家，周游列国，他的教室在哪儿课堂在哪儿并不重要，重要的是他的三千学生、七十二贤人。柏拉图学园在何处？很少有人能道出个所以然，但是大多数人都知道，柏拉图有一个伟大的学生亚里士多德。而亚里士多德又培养了一个伟大的学生亚历山大大帝。

学生是学院最重要的财富，甚至可以说是学校学院的一切。一切为了学生的成长，一切为了学生的未来，才是学校、学院的本职工作。学生的日常教育、思政工作，是学院工作的中心。新闻学院应该培养什么样的学生？笔者以为，新闻学院的优秀学生应该具备下面六个重要的素质或能力。第一，卓越的专业能力。这种专业能力，正是新闻传播专业学生在传媒行业安身立命的核心竞争力。也许有人会说在网络化时代，人人都有麦克风，人人都有摄像头。但是在众声喧哗之中，人们更期待的还是专业的理性的声音。第二，博专兼备的知识体系。传媒人应该有广博的知识体系，开阔的视野，对于天文地理，他都应该有所了解。秀才不出门，能知天下事。在此之外，还应在专门的知识领域，诸如政治、法律、经济、科技、文化等领域，有自己独到的知识储备。第三，深刻的洞察力。传媒人面对的大千世界，变化莫测，充满风险。作为一个守望者，负有重要的责任。由于这个世界迷雾缭绕，有时假象掩盖真相、谣言被视为真理，所以这就需要一种透过假象深入本质的洞察力。第四，人文情怀。传媒人应该是一个仁者。孔子讲仁者爱人，新闻学院的学生，应该尊重生命、敬畏生命，应该爱人、尊重人，对弱者充满同情，对社会承担责任，对祖国怀抱着热爱。第五，坚定的政治和道德信念。传媒的运作，事关社会和谐，事关国家的稳定和人类的福祉。所以传媒人应该知道自己是谁，从哪里来，到哪里去，应该站在什么立场，为了谁。没有高度的政治站位，难以回答这些问题。从第一到第五，主要集中于学生的心智、能力、操守和道德层面。还有一条非常重要，那就是健康的体魄。古希腊柏拉图心中理想的教育就是要把给一个雅典青年的绅士的教育和给一个斯巴达战士的勇士的教育，完美地结合起来①，通过这种融合式教育培养出来的人心智发达、温文尔雅、意志坚强，而且体格强健，能够作为城邦的接班人和捍卫者。

要培养未来优秀的传媒人，当务之急是建构合理的课程体系，为此必须配套建设优良的师资队伍、课程、教材、实验实习基地，同时还要鼓励学生进行自主的拓展性阅读。后者可能更为重要。英国诗人约翰·弥尔顿说："书籍并不是没有生命的东西，它包藏着一种生命的潜力，与作者同样地活跃。不仅如此，它还像一个宝瓶，把作者生机勃勃的智慧中最纯净的精华保存起来。"② 莎士比亚也说："书籍是全世界的营养品。生活里没有书籍，就好像没有阳光；智慧里没有书籍，就好像鸟儿没有翅膀。"③ 书籍是人类思想的精华，读书实际是与书籍作者的跨时空对话，是读者丰富自己内心、提升精神境界最佳的途径。因此，清代学者翁同龢写了这样一副对联："世上数百年旧家无非积德，天下第一件好事还是读书。" 读书是一种知识摄取过程，但又不是简单的照单全收和不加咀嚼的吸纳，而是对知识信息的甄别、辨析、欣赏和批判。阅读伴随着思考，思考必然带来视野的拓展和境界的提升。所以孔子告诉我们，"学而不思则罔，思而不学则殆"。（《论语·为政》）新闻学院应该努力营造一种鼓励学生读书、引领学生读书的风气。有不少新闻学院为自己的学生编制了读书指南，也有一些知名的教授为自己的研究生开列必须阅读的书单，这是非常必要，也是应该予以鼓励的行为。

在学生培养的过程中，除了教师授课、指导之外，还有一个重要的因素，那就是思想政治教育。在当前中国的高等教育体制下，院系学生的思想政治教育早已超越了纯粹的思想政治范围，而涉及第二课堂、社团活动、专业教育等领域，成为学生培养的一个重要的补充。负责学生工作的老师，与专业老师不同，他们与学生保持着全过程的互动关系。由于他们一般比专业教师更年轻，对学生的了解最深，学生与他们的心理距离更近。学生们在思想感情方面，更容易受到负责学生工作的老师的影响。当

---

① 张昆：《传播观念的历史考察》第 2 版，武汉大学出版社，2015，第 24~26 页。
② 〔英〕约翰·弥尔顿：《论出版自由》，吴之椿译，商务印书馆，1958，第 5 页。
③ 〔英〕莎士比亚：《爱的徒劳》，万明子译，外语教学与研究出版社，2016，第 187 页。

然，学生工作的重心还是思想政治教育。首先，在这方面应以一种开放、包容的心态，以创造性的各项专业活动，如社会调查、创新创业、行业竞赛、专业实践等，服务于学生成长的需要。须知，学生工作的本质不是管学生，而是引领学生，通过激发学生内在的积极性和创新的冲动，引领学生在专业的道路上前行。其次，做学生思想政治工作不是去给学生装上枷锁，不是去限制学生的思想和行为，而是为学生安上腾飞的翅膀，激活学生的想象力和创造力。如果因为思政工作，学生们不敢想象、不敢创新、不敢闯、不敢试，那么这种思想政治工作绝对是不合格的。再次，做学生思想政治工作，不是居高临下的单向训诫，不是老师单方面地"教育"学生，而是老师与学生平等的交流和对话。老师与学生之间，不是主体与客体的关系，而是两个平等主体之间的关系，不是谁决定谁，而是相辅相成。最后，负责思想政治工作的老师不是学生的监督者，而是学生的同路人，他们的目的是一致的。

学生的培养工作涉及方方面面，既有物质的因素、人力的因素，也有精神的因素。新闻学院一切人力与物力资源，都应该为学生的培养、成长服务。其中最重要的还是学院教职工，尤其是学院院长对学生的爱心。如果院长怀抱着推己及人的爱心，爱生如子，把学生视为自己的孩子，那么其他的一切都不是问题。在爱心的呵护下，学生自然会成为学院的工作的中心，成为院长心目中的重中之重。

三 条件改善是前提

教育千古事，甘苦寸心知。成功的教育不仅需要智力、情感的投入，还需要起码的物质条件。巧妇难为无米之炊。人们常纠缠于大师大楼孰重孰轻的争论，有人主张大师比大楼重要，也有人认定大楼重于大师。其实，重视大师的人也不能无视大楼的重要性，因为要让大师安心教学，需要有一个安放灵魂的地方，没有大楼，大师是留不下来的；同样，认为大楼重要的人，并不是忽视大师，而是认为有了梧桐树，才能引得凤凰来。在今天网络信息化背景下，新闻教育早已不再是传统的文科教育，新闻学科被普遍视为文科中的工科，不仅需要优良的师资，也需要大量的投入，更需要足够的物理空间和先进的实验设施。

其一是先进的实验室与丰富的资料馆藏。现代传媒是用最先进的信息技术装备起来的，成为职业传媒人的前提就是能自由地驾驭这些日益复杂的传播技术。新闻学院是未来传媒人的摇篮，在学生职业能力养成的过程中，固然可以利用业界的实践平台，进行高阶的实训，但是在学生们刚刚进入新闻学科的知识殿堂，初涉新闻专业技能时，学院必须为他们提供必要的教学实习场所，备齐起码的专业技术装备。只有当他们具备了新闻传播的基础知识和基本技能时，才能利用高年级的专业实践机会，在业界的平台上进行实战型专业训练。由于新的信息技术不断地融入新闻传播的实务流程，即便是利用初阶的实验技术设备来建造一个中等规模的专业实验室，对于一般高校而言都是一笔巨大的投入。如果现在仍认为新闻教育是普通的文科教育，忽视专业实验室的建设，有可能耽误学生的未来。专业资料室同样重要，现在许多大学为了节约成本，在校一级建设图书资料馆，下面各院系没有自己的资料室。这对于一般院校而言，或许有不得不然的苦衷。但对重点大学来说，则是一种短视的行为。校级图书馆资料再丰富，也只能满足全校学生的普通借阅需求，而无法满足各个不同专业学生的个性化需求。当我们走进中国人民大学、复旦大学新闻学院，看看他们的馆藏文献，就会理解为什么他们的学生受到欢迎，为什么他们的学术研究能够引领学界。

其二是独立的办公空间。现在不少高校尤其是一般高校，学生招得很多，教学大楼建得十分气派，学生的宿舍也极尽奢华，但就是没有给老师们一个独立的办公空间。须知，高校老师是脑力工作者，当其进行创造性思考、研究问题、备课，或个别地指导学生时，是需要一个不受打扰的私密空间的。这个空间不用很大，十几平方米即可，装备也可因陋就简，但必须相对独立、互不打搅，很多学校没有做到这一点。我在华中科技大学担任新闻学院院长近 12 年，经过漫长而艰苦的博弈，临到最终卸任时，才一次性建成了 50 间教师工作室，终于达到了每人 1 间的要求。作为院长，我们总是要求老师们爱学校、爱岗位、爱学生，要求他们讲好课、发表论文、申请课题。我们也常常抱怨老师们产出太少，不思进取。但是我们知道老师们最基本的需求吗？新闻学院要成为老师们安身立命之所，就要考虑为老师们准备一间安放心灵的工作室。

其三是校外基地建设。新闻教育当然是大学、新闻学院的事情，但又不全是大学、新闻学院自己的事情。新闻学院的基本职能，是为传媒行业输送专业人才。在这个意义上，传媒行业是受益者。从经济学的视角看，新闻学院是生产者，传媒文化行业是需求方，后者从学校接受学生这个特殊产品时，不需要付出任何代价，这显然是不合理的。事实上，在传媒专业人才培养的过程中，有些环节如专业实践，在大学校园内是无法完成的。传媒行业可以为新闻学院提供专业实践的平台。这实际上是传媒行业履行社会责任的一种方式。一般来说，越是好的新闻学院，越是容易与高层次的传媒合作共建校外实践基地；越是开放地区，越是信息传播发达的中心城市，其所在地新闻学院越是容易建立起高品质的校外实践平台。对于新闻学院院长而言，出身无法选择，唯一的出路是在现有的基础上，与媒体行业联手，在本地同时也跨地区与主要传媒建立战略合作关系，联合共建专业实践基地。

其四是办学资金的筹措。新闻教育是一个系统工程，涉及诸多子系统、诸多要素，这个系统的运行，需要大量的资金投入。虽然在教育投入上，存在着效益高低的问题。但总的情况是，投入越多，产出就越多。投入过少，院长难免会面临无米之炊的窘境。目前高等教育体制下，学院一级的经费来源，主要是学校的拨款。学校的档次越高，学校越是重视新闻传播学科，新闻学院能够从学校得到的资金就越多。所以院长能够在多大的程度上影响学校的决策，决定他能够从学校获得多少的资源。此外，院长还可以面向社会、传媒业界筹措。在这方面，院长的人格魅力、人脉资源，新闻学院的声誉和公信力，能够发挥重大的影响。在新媒体新经济迅猛发展的情况下，如果新闻学院在行业内有足够的影响力，院长有足够的号召力，其能够从业界获得的资源甚至会超过学校的拨款。如中国人民大学新闻学院与业界签订的战略合作协议，引进的战略性资助就超过了一个亿。办学资金的筹资是考验院长能力的关键。一个不能从社会、行业筹措资源的院长，不会是一个优秀的院长。

其五是管理服务的改善。现代大学的基本运作单位是学院，学院犹如郡县，古人说郡县安则天下安。同样，各个学院如果能够顺利运转，大学就办好了。在学院的实际运行中，院长一方面通过系（专业、教研室）主任安排各个老师承担教学与科研任务，另一方面则通过办公室、实验室、资料室、学工组的管理人员承担教辅与管理工作，服务于人才培养与科研活动。一般来讲，教师履行职责的方式类似于个体生产者，根据院长、主任的安排，单独地完成工作即可，其空余的时间，可自由地支配。教师在教学和知识生产上的效率有多高，固然取决于老师自己的综合素质和专业能力，但学院管理系统的影响也不能忽视。良好的管理，可以发掘出巨大的生产潜力；糟糕的管理，不仅难以激发教职工的潜能，甚至会破坏业已形成的良好秩序。新闻学院是一个智力密集型单位，其员工尤其是专业老师都是有文化、有个性、有自尊，能够独立思考的知识分子，对他们的管理与服务，应该是人性化的、柔性的，绝对不能简单粗暴。院长的管理，应该贯彻以人为本、以老师为本、以学生为本的理念，本着尊重老师、尊重学生，服务老师、服务学生的宗旨，使日常的管理更主动、更精细、更贴近、更富有温情。

四 氛围营造是关键

新闻学院之所以是培养高级传媒人才的摇篮，在于学院不仅有优秀的师资、先进的实验设施、丰富的文献馆藏，还在于学院浓郁的文化氛围。大学教育的竞争，除了人力资源、实验设施、科研平台、物理空间等硬件条件的竞争外，越来越重视校园文化的竞争。从学校竞争到学院竞争，文化成为核心竞争力，这是不争的事实。从本质上讲，文化是人类历史长期积淀的物质成果和精神成果的总和，是一种历史现象，它寄生于物质之中，又游离于物质之外；既存在于历史之中，又能够延续于今天与未来。文化的本质功能在于化成，即对人的教化。学院文化是校园文化之下的二级次文化或亚文化现象。它是校园文化的重要组成部分，在共同的大学精神、学术氛围下，学院作为一个亚文化的主体，除了拥有校园主流文化的基因和脉络外，还具有自己学科、专业性的特色。学院文化在一定的程度上由校园文化决定，但学院文化的发展和繁荣会在更大的程度上丰富校园文化的内涵，增强校园文化的活力。一所大学由不同的学科、学院组成，每个学院都有不同的研究方向和历史传承，其学生的基本规格和最终归属也不尽相同。各学院学生的多样化的精彩表现，一方面取决于不同的课程体系、不同的师承及不同的实践历练；另一方面，不同的学院文化、专业精神的熏陶也对其有着重要的影响。[①]

在教育界有一种"泡菜理论"，非常重视学院文化的育人功能。它把校园文化比喻为泡菜汤。在它看来，泡菜的味道取决于许多因素，包括泡菜的原料、制作工艺、保存方式、环境温度等，但是真正决定泡菜口感风味而又不易为人模仿的却是泡菜汤。校园文化环境犹如泡菜汤，它深深地影响和决定了浸泡其中的学生，形塑着他们的人格和个性，熔铸了他们的思维方式和行事风格。好的校园环境如同一缸好汤，学生进了这个环境，好比泡菜原料投入汤料之中，会潜移默化受到影响，时间一长就会产生化学反应，最终形成人格健全、身体强健、学富五车、能力卓越的高级人才。老师进入这个环境，也会深受影响。虽说这一理论主要是就校园文化而言的，但由于学校是学院的放大版，学院文化与校园文化在逻辑上属于种属关系，所以其结构和功能十分相似。两者在空间与内涵上不尽相同，但在以文化成、文化育人方面，则是完全一致的。

从教育史的角度看，对育人环境的关注不是始自今日。早在两千多年前，孟子的母亲就知道环境对孩子成长的意义，所以她一而再再而三地择地而居。荀子说："蓬生麻中，不扶而直；白沙在涅，与之皆黑。""故君子居必择乡，游比就土，所以防邪僻而近中正也。"[②] 颜之推则称："与善人居，如入芝兰之室，久而自芳也；与恶人居，如入鲍鱼之肆，久而自臭也。"[③] 古人所强调的环境、氛围与今天的社区文化、校园文化大体上是相近的。环境或文化氛围对学生的影响，不是暴风骤雨式的，而是潜移默化式的，润物无声。置身于学院特有的文化氛围中，不知不觉之间，就内化了学院的精神，植入了职业的梦想。

学院文化对学生产生影响，主要是通过如下途径：一是提升学生的道

---

① 张昆：《学院文化：新闻传播人才的培养基》，《新闻记者》2018 年 2 期，第 51~57 页。

② 《荀子·劝学》。

③ 颜之推：《颜氏家训·慕贤第七》。

德水平。大学教育不仅在于灌输知识，建构完善的知识与能力结构，更重要的在于完善学生的人格，提升学生的道德水准。二是塑造良好的情操。三是强化专业精神和责任意识。不同的学院有不同的专业特质，因而有不同的学院文化，经受学院文化浸泡的莘莘学子，也会因此具备不同的专业精神和职业梦想。四是营造学习氛围。每个学生都处在学习状态中，但学习的绩效大不相同。影响绩效的因素众多，最重要的还是学习的氛围。五是增强学生对学院、专业的认同感。学院文化不仅影响学生，对于加入学院老师们，也有重大的影响。一群青年博士，同时到不同的学院就职，即使承担相同的任务，其追求职业梦想的积极性、发展的空间和认同感、成就感也是不一样的。

在高等教育新的竞争格局下，新闻学院要脱颖而出，除了在硬件方面下功夫，还须在学院文化建设上做文章，营造良好的文化氛围。学院文化建设兹事体大，必须从战略的高度做好顶层设计，统筹安排。概言之，学院文化建设可循如下路径。其一是弘扬历史传统。每个学院都有自己的由来，在其历史进程中，总有一些院长主任的奋斗业绩令人自豪，总有一些知名学者的学术成就令人骄傲，总有一些成功的学长令人钦佩。这本身就是一种激励学生前行的精神力量。其二是丰富精神文化。学院的精神文化，是在学院空间平台上形成的具有专业特色的价值、理念、信仰和梦想。而院训、院歌、院徽是最好的载体。一些有名的新闻学院，在校训的基础上，结合学科专业特色，制定了院训。院训犹如座右铭，将学院的宗旨、信条、理想融入其中。千回百转、反复吟诵之中，自然地嵌入学生灵魂的深处。院歌更是能够激发感情的力量。其三是引领学习风尚。当前高校最大的问题，是学生被外界的喧闹吸引，难以静下心来读书。院长应该考虑建立一种机制，引领学生读书，回归学术经典，与圣贤对话，以提高学生的精神境界。其四是提升行为文明。对学生的学习、实践和社会活动，学院应该明确其行为的边界，一方面要鼓励学生大胆创新、激发他们思维的张力，另一方面也要提醒学生不要忘记责任和底线。一切行为都应该符合文明的常规，既要有开拓创新的勇敢，又要有文质彬彬的优雅。

总之，在网络信息时代，新闻传播教育面临着诸多新的挑战，新闻学院院长的职务，已被学界业界视为畏途。上下挤压，内外交困。悠悠万事，唯此最难。要办好新闻学院，以回馈社会和业界的期待，院长唯有牢牢抓住这四大要务，同时发力。其实这四大要务紧密相关，师资建设是根本，学生培养是中心，条件改善是前提，氛围营造是关键。四大要务彼此相辅相成，缺一不可。这四大要务做实了，新闻学院才能步入稳步上升的轨道。

（本文发表于《新闻与写作》2018 年第 3 期）

新闻学院院长的战略思维

最近一段时间，习近平多次强调党的干部要掌握战略思维的方法。他认为，战略问题是一个政党、一个国家的根本性问题。战略上判断得准确，战略上谋划得科学，战略上赢得主动，党和人民事业就大有希望。所以，"全党要提高战略思维能力，不断增强工作的原则性、系统性、预见性、创造性"① "增强理论自信和战略定力"②。战略一词源于古代战争。在西方，战略（strategy）一词起源于希腊语中的（stratego），意即通过对资源的有效利用来谋划如何打败敌人。③ 中国古代也是如此，《孙子》开篇就说，"兵者，国之大事也。死生之地，存亡之道，不可不察也"。所以对战争的谋划一直都具有重要的意义。后来，人们对战略的理解逐步拓展，向政治、经济、文化、外交诸领域，向国家、组织、企业等不同的层次延伸，以致不同的行业、不同的层级，其对战略的理解颇不相同。但是他们也有共同的意涵和立论的基础，那就是主体站在顶层的高度，对相关事务所做的关系全局、涉及长远的谋划。而所谓战略思维，是思维主体的高级认识活动和智力活动，其思维指向是对问题的整体性解决，因而需要高瞻远瞩、统揽全局，能够把握事物发展总体趋势和方向的能力。

老子曰："治大国，若烹小鲜。"④ 意思是，国家治理和烹饪技术其实

---

① 上海市习近平新时代中国特色社会主义思想研究中心：《着力提高战略思维能力》，《光明日报》2019年7月9日，第6版。
② 2014年8月20日习近平在纪念邓小平同志诞辰110周年座谈会上的讲话。
③ 刘献君：《高等学校战略管理》，人民出版社，2008，第4页。
④ 老子：《道德经》。

是存在着共同的规律的，在思维方面也面临着同样的问题。在战略的意义上，做好鱼这道菜，要使用原料和众多调料，还要注意火候、时机的控制，其复杂的程度不亚于国家的治理，也需要通盘考虑、顶层设计。新闻传播教育是高等教育系统的一个子系统，一所新闻学院（或系）的规模虽然不大，但五脏俱全，涉及学生、老师、教学、科研、管理、环境、市场、技术等要素。没有全局意识，没有长远眼光，不能够统筹兼顾，是很难办好新闻教育的。清人陈澹然在《寤言二迁都建藩议》中说："自古不谋万世者，不足谋一时；不谋全局者，不足谋一域。"这句话反映了中国古人对战略的深刻认识，即战略具有全局性、前瞻性与辩证性。对于新闻学院的院长而言，战略思维也是其不可或缺的思维品质。

在目前的教育体制下，新闻学院是一个教学和科研单位，是一个知识密集型机构，教书育人、科研研究和社会服务并行不悖，是学院的三大基本职能。围绕着这三大职能，学院的工作千头万绪，问题多多。新闻学院院长在考虑、处理学院具体院务，考虑学院的未来愿景，谋划学院建设和发展时，应该注意些什么问题？应该需要哪些思维品质？作者从事新闻教育近四十年，曾在两所"985"高校担任过新闻学院院长，在这方面深有体会。在此想就院长的战略思维问题略述管见。

一　把握战略环境

任何战略的制订，都离不开一定的具体的环境。战略思维的出发点，"是考虑环境因素对组织或系统运行的影响"。所谓环境，是以新闻传播教育为主体的外部世界，或者说是思维主体"周围的境况的总和"[①]。人类社会是一个包罗万象的大系统，而新闻传播教育就是这一系统的组成要素。新闻传播教育的发展就是在其与环境的互动中实现的。这里所说的环境，在某种意义上也可以理解为形势。政治家在面临重大战略决策时，首先要考量的就是当前面临的形势（环境）。毛泽东是公认的伟大的战略家、政治家。1945年5月31日，在中国共产党第七次全国代表大会上，

① 刘献君：《高等学校战略管理》，人民出版社，2008，第85页。

毛泽东做的大会总结讲了三个问题，前面两个问题都是形势分析，解读了国际形势和国内形势。① 在此基础上，顺理成章地展开了对党的路线政策的论述。这种论述很有说服力。新闻学院院长在思考学院的建设与发展工作时，也应该从环境把握开始。

新闻学院院长面对的环境，首先是宏观大环境，是国内外政治、经济、文化环境。大环境看似与新闻教育、与新闻学院没有直接关系，却间接地决定着新闻学院的生存发展。一个国家的政治运行，总会呈现一定的周期性，其间的不同阶段，会对教育系统提出不同的要求。比如一个刚刚确立的新政权，对统一思想和合法性的论证会有强烈的期待。国家发展的潜能被充分激发，经济繁荣，社会和谐，政治稳定，政治上就会出现高度的自信，言论思想的尺度就会自然地放开，个体自由的空间也会得以拓展。当原有的体制机制运行不畅，生产力的发展受到束缚时，改革的诉求就会出现，而且会越来越强烈，于是解放思想、打破束缚会成为新的潮流，多元表达也会自然地出现。政治上的这些细微的变化，都会折射到意识形态领域，都会反映到教育系统，并引起连锁反应。在高度强调政治、党性原则的中国大学，新闻学院的院长必须要有高度的政治敏感，对政治形势的变化了然于胸。经济发展的状况也是如此，在经济高度增长时，在一般的情况下财政预算也会随之增长，政府对高校的投入当然会进一步增加；同时，民间资本也会对教育产生一定的牵引作用。文化的繁荣，会在很大的程度上拓展文化信息产业市场，其对文化传媒专业人才的需求，也会水涨船高。

其次是中观环境，指国内高等教育环境。新闻院系是高等教育系统的一部分，或曰子系统。高等教育领域的些微变化，会直接影响到新闻院系的运作。如政府的高等教育政策就是一个十分重要的变量。20 世纪 50 年代中国高校的院系调整、20 世纪末中国的高校合并，直接改变了中国大学的基本生态。20 世纪由中国政府发起的"211 工程""985 工程"及最近方兴未艾的"双一流建设工程"，对中国大学的学科建设和人才培养，产生了重大的影响。还有世纪之交持续多年的高校扩招政策，一方面刺激

① 毛泽东：《在中国共产党第七次全国代表大会上的结论》，《毛泽东文集》第 3 卷，人民出版社，1996，第 378~393 页。

了高校的发展，另一方面也产生了质量下降之忧。其他还有政府职能部门主持的学科评估、本科教学评估、各种检查、专业认证、竞赛等，都是影响高校运作的指挥棒，影响到学校的资源分配。不了解教育系统这个中观环境，学院的运作是非常困难的。

最后是微观环境，指的是学校内部环境。每一所大学都有自己的历史传统、办学特色和优势学科。学校内的学科专业格局、学校学科发展的战略重点是决定学校有限的资源分配的重要依据。比如，华中科技大学是一所知名的工科为主的大学，虽然现在已经是综合性大学了，文科、理科都有相当大的发展，但是与传统的综合性大学相比，其对于文科的支持力度绝对要小得多。我在华科大新闻学院做院长十二年，深感在工科环境下办文科的不易。华科大的新闻学科被纳入学校"985"建设规划，但是学校对新闻传播学科的投入，只有区区100万元，远远不到强势工科的一个零头。其他学校也会存在类似的问题，在不同的学校，同样是新闻学院，但是它们能够获得的资源及其发展空间是不能同日而语的。所以不了解学校，不认识校情，院长也难以做好战略规划。

准确地把握环境是新闻学院院长战略思维的出发点。无论是宏观、中观还是微观环境，都在相当的程度上决定了新闻学院与环境在资源、能量、信息方面的交换，决定了新闻学院能够以什么方式获得资源，以及获得多少办学资源，决定了新闻学院未来有多大的发展的空间。

二　明确战略定位

定位原本是一个营销学的概念。20世纪70年代，美国营销学者艾·里斯（Al Ries）与杰克·特劳特（Jack Trout）合写了一本畅销书《定位：有史以来对美国营销影响最大的观念》，他们在书中认为，定位不是对产品做事，而是要对预期客户做工作，即在预期客户的脑海里给你的产品定一个位，确保该产品在预期客户的心目中占据一个有价值的地位。[1]

---

[1] 〔美〕艾·里斯、杰克·特劳特：《定位：有史以来对美国营销影响最大的观念》，谢伟山、苑爱冬译，机械工业出版社，2011。

后来这一概念延伸到了其他社会领域。如"高等学校定位是指高等学校在办学过程中如何确定自己的身份和地位"①。学院是大学次一级的办学实体，或曰大学这个系统的子系统。学校定位的原则自然也适用于学院。

定位是战略思维的核心。如何理解学院的定位？新闻学院院长怎样才能做好这个定位？愚意以为，学院的定位是指在学院竞争的环境中，学院领导人为学院在目标公众心目中，确定一个有价值的位置。在这个意义上，定位与品牌有相通之处。作为新闻学院院长，在思考学院的定位时，应该从三个方面来考量。其一，要考量学院及学科在国内信息传播行业、高等教育系统中的位置；其二，要考量学院学科在国内高校同类学科、专业中的位置；其三，要考量本学院、本学科在校内学科建设与发展中的位置。事实上，这三种考量与前述的环境把握是相对应的，准确地把握了环境，定位就有了可靠的基础。

正如学校的定位，新闻学院的定位也有着丰富的内涵。学院的定位至少涉及以下内容。

其一，发展目标定位。美国芝加哥大学前校长罗百特·赫钦斯曾经指出："大学需要有一个目的，'一个最终的远景'，如果它有一个'远景'，校长就必须认出这一远景；如果没有'远景'就是'无目标性'，就将导致'美国大学的极端混乱'。"② 大学是学院的放大版，学院是大学的缩小版。赫钦斯的话对学院也是完全适用的。应基于学校的整体实力和学科生态，判断新闻学院在未来学校的发展战略中处于什么样的位置，具体来说，在未来中长期（10 至 20 年）发展规划中，新闻学院在校内的位置如何，在国内同行中的位置如何。自进入 21 世纪以来，各个学校、各个学院基本上都把国内一级学科评估的结果、QS 世界大学及学科排行榜以及 ESI 基本科学指标数据库的 1% 学科和高被引论文排行榜作为目标导向。对于新闻学院而言，国内一级学科评估最重要，QS 排行榜近年来也逐渐地引起了学界的重视。前者重在国内同行中的位置，后者则是国际同行的

---

① 刘献君：《高等学校战略管理》，人民出版社，2008，第 48 页。

② 〔美〕克拉克·科尔：《大学的功用》，陈学飞等译，江西教育出版社，1993，第 20 页。

位置。由于新闻传播学科的意识形态特性，中外新闻传播学科在可比性上存在着不少争议。所以国内一级学科的排行榜就具有至关重要的影响力。最近一次即第四届一级学科排行榜，将参评学科（院）分为三档九级，即 A+、A、A-、B+、B、B-、C+、C、C-。① 所以，新闻学院院长考虑学院定位时，首先要思考的就是学院在未来要达到哪个档次，进入到什么位置；在未来发展的不同阶段，学院分别应该完成哪些具体的指标。

其二，学院类型的定位。在不同层次的学校，由于学校的地位和水平不同，有的学院被定位为研究型学院，有的学院被定位为教学研究并重型学院，有的学院被定位为教学型学院。一般而言，研究型学院以研究生主要是博士生培养为主，研究生规模大于本科生规模，学术研究是学院基本的工作；教学研究并重型学院的硕士培养、本科生培养齐头并进，研究生规模小于本科生；教学型学院则以本科生培养为主。这三种类型犹如金字塔结构，研究型学院位于塔顶，数量少；位于金字塔底部的是教学型学院，数量最多；居于中间位置的是教学研究并重型，数量多于研究型学院少于教学型学院。新闻学院院长必须根据学院、学校的实际情况确定本学院未来究竟定位于什么类型的学院。

其三，学科发展定位。新闻传播学科属于应用文科，在不同类型的学校，可以依托的平台和教学资源是大不一样的。现在国内办新闻教育的学校，有综合性大学，有文理类、理科类、文科类、工学类、农学类、法学类、管理类、艺术类、体育类大学。基于学校的性质和资源供给的差异，不同学院在学科发展上可以有不同的定位。有的新闻学院可以围绕新闻传播学科，发挥文科的特色，做深做强；有的可以依托人文社会学科，并与之交叉，培植新的学科增长点；有的还可以与理工科大跨度交叉，实现与传统文科的差异化发展等。不论选择哪一条路径，只要能够发挥学校既有资源的优势，延续学校的传统，就能够实现做大做强学科的目的。

其四，培养目标定位。这主要是就人才培养而言的。现代大学有三大职能，第一个就是培养人才。为谁培养人才？培养什么样的人才？这种人才的知识与能力规格如何？是通才还是专才？瞄准什么样的人才市场？是

---

① 参见教育部学位与研究生教育发展中心公布的全国第四轮学科评估结果。

低端、中端，还是高端的市场？是面向传统媒体还是新媒体？是面向传媒行业还是全社会各行业各领域？面向国内还是国外？这是新闻学院院长必须考虑的问题，不容回避。人才培养是需要条件的，包括物质条件、实践平台和师资队伍。虽然条件是可以改善、可以创造的，但是超越基本条件盲目地拔高目标的定位，就容易出现目标落空的可能。

其五，学院规模的定位。一个学院的规模究竟多大为宜，没有一定之规。根据学院的专业设置、发展目标、物质条件、学院类型、人才培养、教学科研及质量保证的需求，一个新闻学院的办学规模应该是可以测算的。一个研究型的新闻学院，本科硕士博士齐全，有三到五个本科专业，学生规模千人左右，其中研究生占50%以上，全职教师五十五人左右，基本上可以顺利运转；教学科研并重的学院，有本科和硕士，以本科为主，三到五个专业，学生一千五百人左右，教师五十人左右，也能正常运转；一个教学型的新闻学院，有二到四个本科专业，没有研究生，学生一千五百人左右，全职教师四十人左右，也能够顺利运行。学院不能贪大求全。在师资规模的设定上，既要考虑效率，又要保证质量。学生的规模更是应该控制，尤其是经过最近几年持续的扩招，师生比已经达到了极限。专业的规模也要适中，不是越多越好，专业的设置要考虑专业知识的内在逻辑，考虑到专业之间的互补，以节约资源。

其六，服务面向的定位。服务社会是大学另一个重要的职能。当然，学院类型、目标及学科发展定位的差异，会在相当的程度上影响到服务面向的定位。因为一个学院能够给社会提供什么样的服务，与其自身的资质和能力是直接相关的。期待一个教学型的学院、一个发展目标定位在 C 档的学院向社会提供高端智库的服务，自然是不现实的。同样，期待一个学科背景和学术资源单一的学院面向全社会提供超越传媒行业的全方位的服务，也是难以做到的。服务面向的定位，必须基于学院现有的条件、资源和未来可能达到的水准，不能随意拓展或拔高。

三　确定战略规划

在明确学院的战略定位之后，下一步重要的事情就是确定战略规划，为战略的最终实现制定具体的规划和实施方案。到了这一步，院长面临的重要问题就是选择。所谓选择，就是为了实现最高目标而放弃一些次要的东西，即有所为有所不为。最高目标是由许多具体的次级目标组成的，在一般人看来，这些目标都很重要，有时他们被次级目标障目，而看不到最高目标。但是由于精力有限、资源有限，新闻学院不可能四面出击，面面俱到，而必须抓主要矛盾。诸葛亮的《隆中对》被誉为成功的战略谋划，由此奠定了三国鼎立的格局。但是作为大战略家的毛泽东却不以为然。他在评点《隆中对》时说，诸葛亮其始误于隆中对，千里之遥而二分兵力。其终则误于关羽、刘备、诸葛三分兵力，安得不败？毛泽东深谙中国古代兵法，从《隆中对》的战略失误中吸取教训，坚定地把"集中优势兵力，各个歼灭敌人"确定为重大的军事原则。英国学者迈克尔·爱略特·巴特曼称毛泽东"既是最伟大的政治家，又是最伟大的军事家"①。新闻学院院长不是政治家，不是国家领导人，但是在学院这个层面，他立足于全局与长远的战略思考，也应该学习毛泽东的大局观。在次级目标上要选择最重要、最关键，具有全局意义的目标，集中力量实现中心突破。

战略规划还有四个重要的环节。第一个环节是分解目标、任务，明确学院各个主体的责任。对学院战略目标的实现，院长当然负有主要的责任。但是院长只是学院的灵魂、领军人物，其具体目标和任务，还需要学院各个组成单位、各个行为主体来承担。谁能担任前锋，谁适合担任后卫，哪个团队可以拿下这个重要指标，哪个重要指标应该由谁来负责，院长心中应该有数。排兵布阵，事关战争的结局。学院战略任务的分解，也是战略规划的重点。

第二个环节是划分战略阶段。一个重大战略目标的实现，总归需要一个漫长的时间。对这一个长时段，不能够等量齐观。我们可以把它划分为若干不同的阶段，将总的战略目标分解落实到各个阶段，如果每个阶段的任务都完成了，总目标自然会最终达成。中国的抗日战争打了十四年，按照毛泽东的战略设想，整个抗日战争划分为三个大的战略阶段：战略防

---

① 鲁家峰：《毛泽东评点〈隆中对〉：诸葛亮战略失误在何处？》，《学习时报》2017年2月14日。

御、战略相持、战略反攻。抗战的历史表明毛泽东的战略规划是正确的。改革开放之初，邓小平为中国制定了三步走的战略安排。第一步目标，1981 年到 1990 年实现国民生产总值比 1980 年翻一番，解决人民的温饱问题；第二步目标，1991 年到二十世纪末国民生产总值再增长一倍；第三步目标，到二十一世纪中叶人民生活比较富裕，人均国民生产总值达到中等发达国家水平。在完成邓小平第一步、第二步目标之后，中共十五大报告又提出"两个一百年"奋斗目标：第一个一百年目标，是到中国共产党成立 100 年时（2021 年）全面建成小康社会；第二个一百年目标，是到新中国成立 100 年时（2049 年）建成富强、民主、文明、和谐的社会主义现代化国家。很显然，两个一百年目标是对三步走战略的第三步的具体化。这种分解战略目标的方式对于高等学校、对于新闻学院的发展同样也是适用的。一个学院要达到战略总目标，可能要经历漫长的奋斗历程，不可能一蹴而就。必须把总的目标任务分解到不同的阶段，这一方面可以减轻总目标的压力，另一方面能够让我们及时地领略到奋斗的成果，鼓舞我们的信心。

第三个环节是确定战略重点。一个学院总是由不同的专业、不同的学科点组成，而每个专业、学科点又会汇聚身份不同、背景不同、学缘不同的学者。就个体而言，他们都会认同自己的专业、自己做的事情的价值。但是传统的人文科学研究习惯于小农经济个体生产的方式，不习惯于合作与协同。如果任由教师个人自由发展，就不会有合作，也不会有重点。这样对老师个人而言，可能是坚持了个人的兴趣和自由天性；可是对一个学院来说，没有凝练，无法彰显自己的特色。一个没有特色的学院，在与其他学院竞争中，没有丝毫的优势可言。所以一个头脑清醒的院长，必须心中有数，要知道学院的重点，将来可能有所突破并提升整体的关键点在哪里，并且将自己可能控制的资源向那里集中。所谓重点，是在全局的衡量中比较出来的。重点也是大事，它是相对于小事、非重点而言的。高明的院长应该能够"议大事，懂全局。议大事，可以使我们有比较远大的眼光，不然，就会鼠目寸光"①。华中科技大学新闻学院过去有很多研究方

———————

① 朱九思：《朱九思全集》（下卷），华中科技大学出版社，2015，第 381 页。

向，有很多的闪光点，但是在与同行的比较中不很突出。后来下决心凝练学术方向，突出重点，将资源集中到重点上。经过十几年的努力，终于形成了今天的三大方向：新闻传播史论、新媒体研究、战略传播研究。力量集中了，亮点就更亮了。一旦重点取得突破，就会带动整体大幅度提升。

第四个环节是决定战略措施。当学院明确战略定位、确定战略规划之后，最重要者莫过于采取具体的战略措施。没有具体的措施，什么定位、规划、重点，全部会沦为空话。新闻学院院长是学院最高行政负责人，对学院战略负有特别重要的责任。一般而言，根据学校章程和校长的授权，新闻学院院长可以采取如下措施，以确保学院战略的实现。首先是学术队伍建设。人是兴业之本，没有人就没有一切。没有一流的学者，就不可能有高水平的新闻学院。在这方面，既要从外面引进一流的人才，又要立足于自己培养，通过少量的引进人才激活存量。要采取措施保证优秀教授为本科生授课。其次是改革体制机制。一个国家、一个学院运转是否顺畅，其绩效的高低，都与其体制机制有关。管理体制好，运转流畅，人的潜力就能够充分地发掘出来。在高校现有体制下，学院层面与体制机制相关的因素，涉及管理的制度、规范，运行的流程、环节，激励与奖惩，薪酬制度等。当学院站立在一个新的起点，瞄准了新的战略目标时，原有的体制机制可能会面临变革的压力。再次是开放办学。如今我们置身于媒介化社会，信息传播系统与社会系统水乳交融，难以分离。大学中新闻学院与其他文科学院最大的不同，乃在于新闻学院面对着一个庞大的信息产业。随着资讯传播技术的进步、传媒生态的转型，新闻传播教育对传媒文化产业的依赖日益加深。再加上国际化、全球化的背景，新闻教育不能完全在校内办，应该打开大门，开放办学，向社会开放、向国际开放，走出去，请进来，努力从学校外部筹措更多的教学资源。最后是文化建设。学院的发展和竞争，不仅表现在硬实力，诸如物质和数据等方面，而且还体现在软实力方面，它主要体现为学院的文化精神。新闻学院院长应该注意到，在新一轮的学科竞争中，软实力占有的权重会大大提升。

总之，新闻学院院长的战略思维是院长对关系学院发展全局和长远的根本性问题所进行的思考和谋划，是一种高级认识活动和智力活动，其思维的指向是问题或目标任务的整体性解决。"战略思维能力意味着，要善于把解决具体问题与解决深层次问题结合起来，不能头痛医头、脚痛医脚；善于把局部利益放在全局利益中去把握，不能只见树木、不见森林；善于把眼前需要与长远谋划统一起来，不能急功近利、投机取巧；善于把国内形势与国际环境结合起来，不能闭目塞听、固步自封。"① 从认知与思维的规律而言，战略思维是一个漫长的过程，开始阶段可能比较模糊，随着战略实施和现实的反馈，战略思维会越来越清晰，由初期的粗线条，变得越来越完善、越来越周密。在这个意义上，院长的战略思维是一个持续的迭代、自我完善、自我提升的过程。在这一过程中，学院战略思考的主体始终是院长本身，虽然其间会有来自下面的种种反馈，但是战略思维与战略实施的指向，在本质上是自上而下，而非自下而上的。院长主体意识的强弱不仅在一定的程度上决定了战略思维的深度和广度，甚至会直接影响到战略思维的精准性。

（本文发表于《新闻与写作》2018 年第 12 期）

---

① 《人民日报评论部：以战略思维谋全局》，人民网，http：//opinion. people. com. cn/n/2014/0305/c1003-24528677. html。

依托《华中评论》，
培养杰出的评论人才

《华中评论》作为我校第一份评论性报纸，经新闻评论班导师指导，由新闻评论班同学主办，是对我校新闻评论教学成果的展示，也是对我校新闻评论的推广。本期，本报记者对新闻与信息传播学院院长张昆进行了一次专访，倾听他对于报纸创办的想法。

记者：您认为当下新闻评论的发展环境如何？您怎样看待新闻评论在当今社会的现实意义？

张昆：就我的理解，现在应该是评论事业的黄金时代。为什么这么说呢？因为现在正从一个信息匮乏的时代进入信息膨胀、冗余的时代。当下，人们缺乏的不是信息，而是缺乏对于信息的解读、方向的引领。很显然，要满足这样的需求很难仅靠报道来实现，哪怕是深度报道、系列报道，都难以完成这样的任务。因此，人们对于观点和意见的需求开始逐步提升。这就是评论、评论版、"意见市场"开始逐步提高其重要性，并为社会所认识的重要背景。所以在这样的背景下，发展评论事业，发展评论人才的教育事业，在媒体方面扩大评论的专版，提供多种意见的选择，都是满足社会需求的非常重要的途径。

记者：《华中评论》旨在为我校新闻评论爱好者提供学习、交流的平台。那么，我校如此重视对评论人才进行专业培养，让学生投入新闻评论中，是出于怎样的考虑呢？

张昆：华中科技大学（以下简称"华中科大"）在评论人才的培养上有独到之处。据我了解，目前还没有其他学校有新闻评论班，在一般高校，评论充其量就是一两门课，而我们把评论作为一个专业特色的新闻方向班，这在全国还是第一家。之所以这么做，就是因为看到了当下社会对于意见、观点，以及民众对于媒体引领功能的需求。

华中科大的新闻评论班在新闻业界有非常好的口碑。我到外地去开会，跟媒体业界的领导进行交流时，可以感受到他们对评论班人才的需求。事实上，媒体在现在激烈的竞争中要以"特色取胜，内容为王"。过去的"内容"就是指"消息"，而现在已经转移到"言论"，言论多、言论质量高的意见、信息平台越来越受到读者欢迎。像《南方都市报》《新京报》，之所以受到读者的欢迎，其中的言论版就是一个重要的原因。

评论人才的培养是一个漫长的过程。按照通常的新闻人才培养机制，很难提供媒体需要的高水准评论人才。在一般的新闻院系，按照标准的课程体系的设定，评论充其量是一两门课，与采访、写作、摄影都是平行的，课时量不够。而且将评论作为一种写作技巧进行培养，层次很浅，流于形式。华中科大开设的评论班，安排的课程不仅培养评论的技巧，更重要的是培养评论的思维。不仅告诉学生评论的方法，更重要的是提升和锤炼学生的思想境界。

我们一向有个观点，就是要培养有思想、有判断力、有洞察力的新闻工作者。评论班人才尤其需要有思想的深度、高度、宽度。评论班正是从这个方向培养社会所需要的高级专门人才。

记者：您期望《华中评论》能够呈现哪些内容？实现怎样的意义？

张昆：正是因为评论班的培养思路，加之目前的教学资源又有限，所以对于我们学生一起来办这个《华中评论》，我是非常赞赏的，我认为这是一个非常好的尝试。因为它为同学们提供了一个自我锻炼、彼此交流、互相切磋的平台。

当然，我也认为这还不够，其实，要锻炼我们学生的能力，提高我们的水准，眼睛还不能仅仅瞄准自己的这个平台。事实上，现在业界，特别是报界对言论的大量需求，就为我们的学生，特别是评论班的学生提供了作为"校园写手"的这么一种可能性。

最近我去深圳，《深圳商报》总编辑要我给他推荐人才，我给他推荐了一个，是我们学校的研究生，叫佘宗明。以前我推荐过他申请《南方都市报》的奖学金，对这个学生印象很深，这是个很优秀的学生。总编辑马上接过话说，这个学生真厉害啊，在各大媒体、网络媒体发表了好几百篇评论，要早日下手。

所以，我们实践要有平台，但又不能只局限于我们自己办的平台，这是一个很好的阵地，但是充其量就像我们唱卡拉 OK 一样，只是自娱自乐。真正锻炼你们的应该是新闻业界的专业化实践。你们要进入《南方都市报》《新京报》《长江日报》《楚天都市报》，他们有专业化的标准，没有专业水准的文章，别人是不会用的。

新闻评论班的同学应该用专业的标准要求自己，但是还有一个前期过渡，就是我们自己的平台，不能一口吃成胖子。第一，我们要重视这个平台；第二，我们要了解业界顶端的需求；第三，我们不能把这个实践的平台仅仅归为己有，我们要把这样一个平台办成面向全国、面向新闻院校、面向评论爱好者的阵地，不光是自己人，中国人民大学的、复旦大学的爱好评论的人，甚至包括校内其他专业的学生，也可以通过一定的选稿机制，将文章发表在这个评论月报上。把这个报纸变成全国高校新闻爱好者的一个共同的家园，这个校园报纸才能越来越火，变成大家关注的对象。借助这个平台建立评论爱好者、评论方向学生交流的圈子，这就是你们的人脉资源。

因此，办这个报纸要打开视野，力争在办好本身的同时又要超越自己，不仅仅面向校内，更要面向校外，面向整个国内新闻教育界，这个报纸才能办得好。

记者：作为院长，您一直强调新闻学院学生的实践经历。您认为我们这次自办评论报能获得怎样的实践效果？您有怎样的期许和建议？

张昆：维持这样的校园报纸的平台运作，对于我们学生是非常重要的，一方面锻炼我们的"手"，另一方面锻炼我们的"脑"。所谓"手"就是写，我们要通过这样一个平台，把我们写作的能力，观察、分析问题的能力，表达的技巧提升上来。"言而无文，行之不远"，好的观点也要有好的表达方式，你就算观点再好，没有一个好的表达方式，也很难让读者接受。所以首先要有技能的锻炼、方法的探求，就是练"手"，这很重要。还有就是要练"脑"，仅仅掌握了这样的技巧、有了华丽的辞藻，并不能成为一个评论家。评论家的可贵之处不在于他掌握文字的技巧和使用华丽辞藻的能力，更重要的是基于他独立的思考所形成的意见，能够成为媒体受众的选择，至少能为其提供参照系。作为一个评论家，最重要的是看他是否有思想、有高度、有深度。

我的期许和建议就是依靠自己，相信自己，开门办报，专业标准。

记者：对于新闻评论班已取得的成绩和未来的发展，您可以谈谈您的感想吗？

张昆：我们的评论班在国内有很好的评价，很多业界人员写信、打电话要我推荐人才，所以说我们评论人才的培养是有口皆碑的。但是我们这个班开办时间没多久，目前还在探索当中，对于这种培养模式还有进一步改进的空间，我们也在向已经毕业的学生或在校的学生征集意见。

首先，在我们的教师队伍方面，只有做过评论的人才能教好评论，没有做过评论的人怎么能教好评论呢？另外，只有思想敏锐、与时俱进、有强烈的新闻意识的人，才能来做评论的老师，纯粹的学者、坐冷板凳的学者，可以教好其他课程，却难以教好评论的课程。所以，当务之急，就是进一步加强教学团队建设。应该在教师队伍中进一步充实有业界经历的人，或者说，有些课程就应该让在业界工作的、一线的评论员来教学。

其次，关于课程体系方面，我们把评论作为专业方向班开设，这是全国第一家，没有前例可循，所以，对于其合理性还要进一步摸索。课程之间的逻辑关系，是否合乎科学规律？是否能够满足业界对于人才规格的需求？如果有相关人士提出不同的看法，我们还要进一步做调整。

最后，就是教材的建设和案例库的建设方面，我们要有高水准的教材，也要有高水平的案例库。古今中外有很多评论案例，可以供我们进行深入剖析。通过对案例的剖析来提高我们的思维能力、判断能力、鉴别能力和批判能力。

我想我们评论班下一步就要从这三个方面进行改进，只有这样，我们的评论班才会在更高程度上满足业界对于人才的需求。

"依靠自己，相信自己，开门办报，专业标准"，这是张昆院长留给我们的十六个字。我们必将谨记在心，以高标准、严要求的姿态，将本报打造成开放交流的平台。

（本文系华中科技大学学生刊物《华中评论》记者许瑞仪
2012 年 3 月对张昆教授的专访，发表时的题目为"依靠
自己，开门办报——访新闻学院院长张昆教授"）

改革新闻教育，
培养引领社会的评论员

　　大家上午好！今天是个好日子。第七届新闻评论高层论坛在伟大的英雄城，瑶湖湖畔的白鹿会馆隆重举行。作为会议的举办方之一，在此我谨代表华中科技大学新闻与信息传播学院、华中科技大学新闻评论研究中心向莅临会议的各位嘉宾、各位专家表示热烈的欢迎和衷心的感谢！同时，也要向我们的合作伙伴江西师范大学新闻与传播学院的领导和同学们表示崇高的敬意，感谢你们为会议所做的一切，感谢你们周到的服务和倾心的奉献。

　　我刚看了一下日历，今天还是个黄道吉日。在天时方面，今天是台湾国民党主席选举投票日。国民党是个比较迷信的政党，十分重视风水、时辰选择。他们看中的日子不会错。今天还是虚拟世界的情人节。今天在此聚会的各位朋友大多数年龄都不小了，不是谈情说爱的人生阶段，但是我们都怀抱着大爱，即对生命、对传媒、对新闻评论、对新闻教育、对学生的爱。正是这种爱，把我们召集在一起了。今天还有一个巧合，我们的高峰论坛是第七届，而今年正是江西师范大学成立 77 周年。三个七连在一起，十分难得。我今天早起在校区周遭走了走，发现在美丽的瑶湖边，薄雾腾腾，仙气缭绕。我不知道这个瑶湖与西王母居住的瑶池有什么关联，但是沈鹏先生说瑶湖风景比瑶池好。还有我们的会场设在白鹿会馆，让我们不由地想起当年理学大师朱熹主持书院时的盛况。所以我对这个会议充满期待。

一 转型的时代呼唤理性的声音

本次会议由江西师范大学与华中科技大学联合举办，这是缘分。我们的合作不是始于今日，在 2008 年，我们在南昌合作举办了新闻传播策划学术研讨会。我们的合作非常默契，我一直奇怪，为什么我们的合作会如此顺利？昨晚我翻了一下宾馆中的《师大在我心中》，才恍然大悟。不知大家注意到没有，江西师大的校训是"静思笃行、持中秉正"。江西师大新闻学院的院训是"求新博闻，唯真乃传"。无独有偶，我们华中科技大学新闻与信息传播学院的院训是"秉中持正，求新博闻"。原来大家的心思、大家的理念是相通的，这是重要心理基础，志同才能道合嘛。

我们两个学院在新闻评论人才培养、新闻评论学术研究等方面合作做了不少事情。之所以要联合举办这次论坛，是因为我们都感受到了社会的需求和时代的呼唤。我认为我们今天的这个时代有三个重要的趋势值得我们关注。

第一，全球化。如今的世界体系与农耕时代、工业时代完全不同。过去沧海茫茫、疆域辽阔。国家与国家、民族与民族、地区与地区彼此疏离，独立发展。于今，没有一个国家能够独立于全球体系之外，只有实现与其他国家、地区的良性互动，才能确保自身的生存与发展。

第二，信息化。20 世纪 60 年代以来，随着信息传播技术的发展，全球步入了信息时代。传统媒体和新兴媒体和谐共存，信息弥漫于人类生存的全部空间，各个层次各个角落，无远弗至，无处不在。它像空气，影响到我们的呼吸、我们的思维、我们的行动。

这两个趋势带来的时空压缩，改变了我们的世界观和历史观。在时间上，过去一个完整的历史过程需要长时间的酝酿，如今却只要很短的时间，如社会革命、政府更替。在空间上，过去长路漫漫，而今茫茫地球变成了伸手可及的全球村。

第三，社会系统的结构转型。结构转型有三个重要的看点。首先是大国兴衰。近三十年来世界的权力格局发生了重大的变化，一些传统大国开始没落，而一些贫弱的国家则因及时把握了机遇，实现了综合国力的全面增长。比如中国，GDP 扶摇直上，如今仅次于美国。物质上的变化必然会引发心理层面的冲击。其次是城镇化，商品经济的发展必然带来城市化，传统的农村地区逐步出现空心化，而城市的规模日益膨胀，城乡差距越来越引起人们的关注，另外，城市地区的农民工问题越来越突出。最后是阶层分化。经济的发展、财富的积累，也导致不同阶级、阶层的矛盾逐步累积、日趋激化，贫富差距越来越大，利益冲突越来越激烈。

因为以上的三大趋势，我们的社会充满了不确定性和不安定感。外部世界的变化是那么快速、意见是那么多元，令人眼花缭乱。人类社会、国家将向何处去？我们的内心一片迷茫，无所措手足。我们的社会、我们的国家、我们的人类需要理性的引领，需要智慧的烛照。而这正是传媒人的责任、是新闻评论员的职责。

中国近代舆论界的骄子梁启超曾经这样说："报人有两大天职，其一为向导国民，其二是监督政府。"[1] 美国著名报人普利策则把报纸视为"大海航行中负责瞭望远方、把握方向的水手"。现代西方传播学在论述媒介的社会功能时，提出了社会雷达理论，认为媒介及其从业者担负着观察社会、监测环境的责任。这些理论在激烈的社会转型时期，在社会上充满不确定性、不安定感的非常时期，彰显了职业传媒人的重要性。人们越是需要真相、越是需要引领，传媒及其从业者的责任和实际影响力就越大，能否满足社会的期待，事关社会的和谐和安定。

虽然真相只有一个，但是认识真相的角度、接近真相的路径多种多样；虽然真理只有一个，但是反映真理的声音也可以是多元的。无论是揭示真相还是解读真相，无论是探索未知还是传播真理，都需要大量优秀的传媒人，尤其是具有慧眼和责任担当的职业新闻评论员。在这个意义上，新闻评论员可以说是天底下最阳光的事业，以培育新闻评论员为己任的新闻评论教育更是伟大的事业，可谓功在社稷、利及千秋。新闻传播教育的价值正在于此。

---

① 《梁启超全集》，北京出版社，1999，第 971 页。

二 一个优秀的评论员应该具备哪些资质

我们的天职就是培养高水平的，为人民所喜爱、所信赖的新闻评论员。我们的一切工作都要围绕这一天职展开。我认为，一个优秀的新闻评论员必须具备五种重要的素质。换言之，我们可以从五个不同的维度来综合评估或考察新闻评论员的资质。

第一是长度。

所谓长度就是职业特长、职业能力和专业精神。这是新闻评论员所以安身立命的前提，也是其他行业其他人才难以替代的基本特质。它包括理性思维、推理能力、语言功底、表达技巧、新闻敏感、职业精神和专业伦理等。没有这些素质、这些能力，就不可能成为一个职业的新闻评论员。

第二是宽度。

所谓宽度是指宽广的视野、合理的知识结构、广泛的适应能力。过去人们常说，新闻工作者是杂家，要广泛涉猎多种不同但又与履行职务直接或间接相关的专业知识。只有具备广博而合理的知识结构、开阔的视野，才能够适应复杂的报道和评论的要求。

第三是高度。

所谓高度指的是思想的高度或深度。因为站得高所以看得远，能够高屋建瓴，胸怀全局。因为有高度或深度，所以具有超越时空的历史洞察力，能够透过复杂的现象把握事情的本质。我认为还不止于此，高度或深度还体现在是否具有质疑精神和批判意识上。没有这种素养，就会陷于存在即合理的理论陷阱，或者流于表面，浮光掠影，蜻蜓点水。

第四是温度。

所谓温度，指的是人文情怀。新闻评论员要有理性精神、批判意识，唯有冷峻的理性思考才能鞭辟入里，把握本质。但是新闻评论员还是一个有血有肉的人，是人就要有一般人类共有的情感，有喜怒哀乐忧惧，有对生命的敬畏、对弱者的同情，有尊老爱幼、扶弱济贫的善念。这种人文情怀会影响到评论员观察、思考问题的方式，影响到他作品的表现风格。一个没有感情的评论员，其作品当然不会打动他人的内心。唯有自己的感情，唯有洋溢着这种感情的作品，才具有震撼人心的力量。

第五是硬度。

所谓硬度，指的是评论员的政治立场、政治纪律和政治责任意识。新闻评论是不朽的事业，新闻评论员是引领社会前行的正能量，是启蒙大众智慧的先知先觉，是烛照社会心灵的理性之光。要满足社会和历史的期待，新闻评论员除了要具备超常的智慧、广博的知识、开阔的视野、深刻的洞察力和人文情怀外，还必须要有过硬的政治素质。这种硬，首先体现在坚定的政治立场，时刻以人民的根本利益为念，民之所欲，常在吾心。其次是政治纪律和政治责任，作为社会政治体系的重要环节，新闻评论员必须服从大局，从大局着眼，服从组织纪律，担当时代使命，决不能以无冕之王自居。只有这样，才能成为富有建设性的正能量。

这五个维度或五大素质不是割裂或互不相关的。他们彼此关联，而在总体上贯穿这个五个维度，或融汇这五大素质的，就是新闻评论员的专业之魂。怎么样理解这种专业之魂？三年前，我曾经写过一首四言诗。其中有这几句："大学之道，善止德明；矢志弘毅，木铎金声。春秋大义，昭彰群伦；天听民听，至真至诚。经世文章，鉴古察今；闯关越险，拨乱反正。迁固风流，铁笔垂勋；术精思锐，求微索隐。匡扶社稷，与时俱进；秉中持正，求新博闻。穿云破雾，洞照万仞；天地共鉴，斯为传魂。"一言以蔽之，专业之魂就是弘毅、真诚、中正与奉献。

三 培养优秀的新闻评论员是新闻教育的天职

前不久我到湖南大学讲课，在岳麓书院，看到葱茏一片的古香樟，当时雾气升腾、晚霞满天，不由地来了一点诗兴，作了一首《采桑子·岳麓山》。下阕曰："自古文章化蛮荒，师道荣光。桃李绽放，万丈豪情付湘江。"文章千古事，甘苦寸心知。新闻评论员以文章传世，以开智、启蒙、引领大众为使命，是何等的光荣、何等的伟大，必须蕴藉万丈豪情，全力以赴。新闻院系是培育新闻评论员的摇篮。为新闻学子，为未来的新闻评论员铸魂，是新闻教育的天职。而为民族铸魂则是职业传媒人，尤其是新闻评论员的责任。

　　客观地说，当下我们的新闻教育界没有很好地满足社会对于新闻评论人才的需求，与急剧转型的社会、与迅速变化的传媒业界渐行渐远，对于时代呼唤、对于社会诉求的反应相当漠然。这种状况与高等教育运行相对封闭的现实直接相关，这是不正常的。高校新闻院系应该敞开大门，直接呼吸自然的空气，感受社会、业界的脉动，对接传媒生态的变化和新的评论人才需求，大胆地改革培养方案和课程体系，创新评论人才培养模式。在这方面，华中科技大学新闻与信息传播学院走在了前面，其独特的"新闻评论实验班"，与传统意义上的评论教育完全不同，其在目标定位、培养模式和课程体系方面，独树一帜。其效果也得到了业界、学界的认可。

　　我们生存于伟大的时代，最大的幸运是见证、记录、参与了历史的裂变和质变。我们能够看到评论文字在历史长河中溅起的水花和波澜，乃至最终引发的社会变革。评论的力量无处不在，评论员的价值难以估量。正是基于这一认知，我对今天的第七届新闻评论高层论坛满怀期待，相信今天的会议一定能够圆满成功。同时，我们也期盼中国新闻评论人才培养有更大的发展。

（本文是张昆教授 2017 年 5 月 20 日在南昌举行的第七届
中国新闻评论高层论坛开幕式上的致辞，发表于
《传媒评论》2018 年第 1 期）

为天地立心，为生民立命

　　大家上午好！今天是个好日子，能感受到小寒之后的小温暖。来自国内实业界、新闻界、文艺界、教育界的朋友欢聚一堂，可谓地无分南北，人无分长幼，高朋满座，群贤毕至。新闻评论东湖论坛暨第二届华中科技大学新闻评论开放教育建设会在华中科技大学隆重举行，在此，我代表华中科技大学新闻与信息传播学院对各位嘉宾的光临表示热烈的欢迎，对于大家长期以来对华中科技大学新闻教育的支持表示衷心的感谢！特别要表达的，还有我们对阿里巴巴集团赞助的由衷的敬意！

　　我们今天的时代是个变革的时代、转型的时代。唯其如此，这个时代充满了不确定性，充满了风险，同时，由于网络的普及，社会媒体的发展，人人都有麦克风，人人都有摄像头，政治过程、社会过程、传播过程都出现了去中心化的趋势。社会分层的加剧，多元利益主体的出现，促成了利益表达的多元和多元诉求的盛行。社会需要和谐，而和谐总是建立在充分沟通的基础之上的。目前我们看到的意见生态是，众声喧哗，莫衷一是。所以我们更需要理性的引领，更需要倾听理性的声音。

　　另一方面，在全球化引擎的强烈带动下，中国作为一个世界大国已经并且正在继续地崛起。这对于既有世界秩序和各国的基本利益而言，是机会还是挑战，是利好还是威胁？存在着截然不同的评价。我们不仅听到了各种不同版本的"中国威胁论"，还听到"中国崩溃论"的种种传说。虽然在第三世界发展中国家，中国道路、中国模式备受关注，但是在欧美主流社会，中国作为一个崛起的大国还远远没有被接受，被理解，被接纳。在这个背景下，国际社会不仅关注中国故事，而且更加关注中国的声音，关注中国朝野的声音，关注中国人民的声音。单独一个个体的声音，或一个群体的声音，或许微不足道，但是十三亿人民集体的呼唤，绝对具有惊天动地的力量。

所以无论是从国内还是全球局势的发展来看，我们的时代都在呼唤有思想、有深度、敢担当的新闻评论员。在中国历史上，为民立言，是古代知识分子普遍意识到的重要使命。春秋时鲁国大夫叔孙豹提出了所谓"立德""立功""立言"的"三不朽"。（《左传·襄公二十四年》）《尚书·泰誓》则说："天视自我民视，天听自我民听。"用今天的话讲，那就是，上天想看到的正是小民所看到的，上天希望听到的正是我们在民间所听到的。为民立言，直达上听，乃是天命所在，是替天行道。现在大学的新闻院系培养评论人才，正是在履行其天职。

在今天这个信息弥漫的不确定环境下，在这个物欲横流的消费主义时代，要成为一个优秀的新闻评论员，首先需要具备的就是胆略、担当和社会责任感。在这里，我们可能会更加深刻体会到宋代哲学家张载提出的"四为"的初衷。他说"为天地立心，为生民立命，为往圣继绝学，为万世开太平"。其次，作为一个优秀的评论员，还必须具有批判思维，能够自我反思，同时还具有开阔的视野、深刻的洞察和表达能力。新闻传播业务的十八般武艺，应该样样精通。

这两方面素质的养成，仅仅依赖学校是不够的，关起门来练不出绝顶的评论功夫。进入21世纪以来，华中科技大学在近二十年的时间里，探索出一条开放式的新闻评论人才培养模式。我们不仅向学界开放，向媒体开放，也向社会开放，在开放的同时，吸纳更多的教学资源，盘活新闻评论人才培养的源头活水。我们的评论课程老师来自业界，具有丰富的行业经验；我们的实习实践平台就在国内一流的媒体之中。同时，我们的学术资源又成为服务行业、服务媒体的智库。在开放中，实现产学研的联通，实现了互利共赢。

所以，在这里我还要再一次感谢各位媒体朋友对我们的支持，对我们学生的栽培，谢谢你们为我们学生提供了实现梦想的职业平台，也要感谢你们对我们老师、我们学院的帮助。

最后，祝我们的论坛圆满成功，祝各位嘉宾心情愉快、万事如意！

（本文是张昆教授在 2017 年 11 月 23 日在"新闻评论东湖论坛暨第二届华中科技大学新闻评论开放教育建设会"上的致辞）

转型时代新闻评论人才的培养问题

大家上午好！这几天两湖地区大雨连绵，江湖水满，正是抗洪时节。但是根据中国传统文化，水旺财，洪水滔天，可能意味着洪福齐天。我们怀着这份虔诚祈祷，希望雨早停，水快退，财快来。正是在这个特殊的环境下，"第二届洞庭湖生态经济区绿色发展与生态文化建设论坛暨新世纪第六届新闻评论高层论坛"在洞庭湖畔美丽的益阳市隆重举行，各位嘉宾朋友自五湖四海而来，共襄盛举。在此，我要代表承办方向各位嘉宾的到来表示热烈的欢迎，同时，我也要代表华中科技大学新闻与信息传播学院向湖南省社科联、湖南省人民政府参事室，向湖南益阳市委、市政府，向湖南红网的领导对会议的精心筹备、周到安排，表示衷心的感谢。

两湖同属楚地，自古一家。有一句话，常常令我们自信满怀。"惟楚有才，于斯为盛。"古代不必说。中国近代历史基本上是由我们楚人主笔书写的。当然这里楚人中，湘军占了一大部分。清末曾国藩统帅的湘军，扫平太平军，几乎可以取清廷而代之。中国共产党打天下，湖南的将军、元帅更是战功赫赫。十大元帅中，湖南有三位，十个大将，湖南占了六个。真是无湘不成军啊。所谓武定邦，文安国。在文化艺术方面，湖南湘军也非常厉害。我们这一代人是读周立波的《暴风骤雨》《山乡巨变》长大的。周谷城的《中国通史》影响深远。古华的《芙蓉镇》几乎无人不晓。近几年，唐浩明的作品《曾国藩》《张之洞》更是流行天下。至于艺术家，天下谁个不知齐白石、黄永玉？还有打遍天下无敌手的电视湘军等等，不一而足。

一方水土养一方人。湖南地灵人杰，无出其右者。但是我最近有个小小的发现，中国传媒湘军，与同是楚人的湖北有着不解之缘。有一段时间，湖南广播电视界、湖南报界的领军人物，如湖南广播电视界的欧阳常林，湖南日报报业集团的社长李凌沙，还有《体坛周报》的社长等，都曾经在武汉求过学。也就是说，在培养新闻传播人才方面，两湖地区是有着很好的合作的。

在湖南，我还会不由自主地想起一个人，那就是毛泽东。我是一个坚定的毛粉。这里讲毛泽东，不是因为我的信仰，而是毛泽东本身就与我们今天会议的主题有关系。在座的各位朋友，可能都读过《毛泽东选集》，《毛泽东选集》中什么内容最吸引大家？我最喜欢毛泽东的评论文章。看看《民众的大联合》《别了，司徒雷登》《将革命进行到底》，哪一篇不是脍炙人口，酣畅淋漓，出神入化？"世界什么问题最大？吃饭问题最大。什么力量最强？民众联合的力量最强。"这些话出自一个二十多岁的青年人笔下，真是难以相信。可以毫不夸张地说，毛泽东就是20世纪中国影响最大的新闻评论员。毛泽东是一个新闻天才，但是毛泽东也接受过当时中国最好的新闻教育。他在北京大学新闻学研究会接受了新闻教育，当时北京大学的校长是蔡元培，北大以兼容并包、开放办学闻名，毛泽东以北京大学图书馆的馆员身份申请，成为北京大学新闻学研究会的会员。说起来，他还是当时中国最牛的报人——《京报》社长邵飘萍的学生。

中国古人有所谓"人生三不朽"的说法，即立德、立功、立言。《左传·襄公二十四年》说："太上有立德，其次有立功，其次有立言，虽久不废，此之谓不朽。"这里所谓三不朽，我认为就是做人、做事、做学问（宣传）。有人说，中国近代史上曾国藩做到了三不朽，有一副对联这样说："立德立功立言三不朽，为师为将为相一完人。"如果曾国藩称得上三不朽，那毛泽东更是当之无愧。

我在这里讲湘军、曾国藩、毛泽东，说到底，是因为我们今天的会议荟萃了全国最优秀、最有影响的评论员，可谓群贤毕至，少长咸集。我们做评论的人干的就是不朽的功业，就是在立言，为民立言，为国发声。今天的中国，与一百年前的中国好有一比呀。现今我们也面临着空前复杂的社会转型。不过现在我们面对的形势，在转型的深度、广度上远远超过了一百年前的明末清初。其一，全球化的进展超出了人民的想象，国民经济的对外依存度甚至高于一般的发达国家；其二，经济持续高速发展，贫富分化的程度已经越过了临界线；其三，新常态下的经济发展显露疲态，经济速度一慢下来，以前积累下的社会矛盾将更加激化；其四，中国的崛起并非受到所有国家的欢迎，有些守成大国正在谋划甚至已经在实施对中国的遏制措施，如 7 月 12 日刚刚公布的南海仲裁案背后，就有美国、日本操作的影子；其五，基于以上复杂的环境，国内的舆论生态也发生了变化，民族主义、民粹主义流行，庸俗的甚至暴戾的爱国主义在影响人民的判断，众声喧哗之下，我们更加需要理性的声音。面对如此复杂的局面，尽管我们的人民可以搜集、掌握海量的相关信息，可是我们难辨真假；虽然我们面对着众多的路径，却不知道怎样选择。我们的人民，甚至我们的政府所缺乏的不是信息，而是对信息的解读和分析。人民最需要的不是报道，而是有说服力的权威见解。

我很佩服哲学家们解读历史的大视野，用哲学家的话来说，新闻传播的历史从传播内容的演变来看，经历了一个从最初的观点纸到消息纸的飞跃，如今又实现了从消息纸到观点纸的回归。在信息时代我们置身于信息弥漫的空间，信息就像空气，无处不在，无孔不入。但是这弥漫的空气中却严重缺氧，没有氧气的空气也不适宜人类生存。我认为，观点、意见就是信息空气中的氧气。我们新闻评论员所做的工作就是为我们的地球、为我们的生存环境源源不断地制造和输送氧气。这一点与洞庭湖生态经济区绿色发展的宗旨是完全一致的。

正是因为如此，我们视新闻评论为引领社会前行的精神力量，新闻评论员则是影响社会的舆论领袖。其功能丝毫不亚于新闻报道。我甚至认为，新闻报道的本质功能是监测环境，反映实际变化。新闻评论则是立言的伟业，为人民立言，为国家发声，而立言是立功的前提。新闻评论的本质功能是引领舆论，改造世界。从历史的视野看，新闻评论的力量在社会变革时期、转型时期表现得尤为充分。而今天正处于评论引领社会的时代。

基于这一认识，我们华中科技大学在新闻传播人才的培养方面，率先改革，选择的突破口就是评论人才的培养。从 2001 年开始，我们学院由赵振宇教授领衔的学术团队就开始思考、筹划评论人才的创新培养机制，一开始我们就形成了不同于一般高校的培养理念。我们认为，评论教育不仅仅是一门课程，不仅仅是一种写作技巧。评论是一种与新闻、广告、文艺不同的内容生产，是一种不同的思维方式，是一种不同的知识和能力体系，是一种完全不同的培养模式。必须从战略的高度，基于社会和行业的需求，从学校学院的人才培养理念的顶层设计上规划评论人才教育的改革。正是在这种理念的指导下，我们开始进行评论教育的改革。我们建设了新闻评论教育实验班，对该班学生和研究生一样实行导师制培养；建设了新闻评论系列课程群，拓展评论的内涵和外延；打造了新闻评论的学生创新团队；与媒体合作，建设了高水准的评论教育实践基地等。这些做法，取得了显著的成果，受到了学界业界的好评。

今天我们在益阳聚会，举办盛大的论坛，一是为了洞庭湖生态经济区绿色发展与生态文化建设，二是为了研讨新闻评论及新闻评论人才培养模式，这两者其实有着密切的关系。生态经济建设与绿色发展，作为一项基本国策，需要得到全体国民的认同、理解和支持。今天中国新闻评论界大咖云集，构思生态经济和绿色发展的大文章，各位嘉宾的智慧一定会为洞庭湖生态经济区绿色发展有所贡献；而新闻教育的发展、新闻评论的繁荣，除了需要新闻教育者、业界同人的努力外，更需要有一个绿色的生态环境和政治环境。所以我满心期待今天两个论坛都能够圆满成功，同时祝两湖人民顺利战胜洪灾，顺心平安。

谢谢！

（本文系张昆教授 2016 年 7 月 23 日在"第二届洞庭湖生态
经济区绿色发展与生态文化建设论坛暨新世纪
第六届新闻评论高层论坛"上的致辞）

开放新闻评论教育，
培养新时代舆论领袖

　　大家上午好！金秋时节，在丹桂飘香的喻家山，由华中科技大学和阿里巴巴集团联合举办的"新闻评论开放教育建设研讨会"隆重举行，来自国内传媒界的各位时评家欢聚一堂，可谓高朋满座、群贤毕至，共商评论教育的大计。这是华中科技大学有关人才培养的一件大事，也是中国新闻评论界的一件盛事。在此，我谨代表华中科技大学新闻与信息传播学院，代表华中科技大学新闻评论中心，向莅临会议的各位嘉宾、各位朋友表示热烈的欢迎，向各位长期以来对我们无私的支持和帮助，表示衷心的感谢！

　　今天会议的主题是新闻评论人才的开放教育。这里有两个关键词。一是开放教育，我认为开放教育就是开门办学，就是将课堂延伸到社会、延伸到业界，遍寻天下高手为师，而不是关门办学，不是自娱自乐，不是画地为牢。开放教育就是超越学校自身的局限，学界业界联手，共襄盛举，一同发展国家的高等教育事业。很显然这与传统的教育理念是完全不同的。

　　第二个关键词是评论人才。我们首先要了解评论人才对今天这个时代的意义。我们置身于信息时代，或者时髦的说法是媒介化社会，膨胀的信息弥漫于我们的生活空间，构成了我们生存的精神环境。我们现在匮乏的不是信息，而是对于事实信息的判断和评价，对于社会发展趋势的引领。同时，我们这个时代还有一个重要特征，那就是民主。民主是东西方共有的核心价值。民主作为一种治理形式，其实就是一种以民意为依归的政治。这种政治不同于专制统治的，最突出的两个因素就是倾听和表达。

倾听，就是当政者放下身段，谦卑地倾听人们的声音，听取人们的诉求，并且根据人们的愿望制定现实的政策。这样做一方面可以少犯错误，另一方面可以直接满足人们的要求，从而维护社会的稳定。事实上在古代社会，许多智者就要求统治者倾听人们的呼声。《尚书·泰誓》说："天视自我民视，天听自我民听。"意思是上天所看到的来自我们老百姓所看到的，上天所听到的来自我们老百姓所听到的。《国语·周语》说："防民之口，甚于防川，川壅而溃，伤人必多，民亦如之。是故为川者，决之使导；为民者，宣之使言。"唐代贤臣魏徵就对唐太宗讲"兼听则明，偏信则暗。"但是在现今社会，疆域广袤，人头攒动，加上环境的噪音，很容易遮蔽人们内在的心声。如果不是特别的专注，或者借助于专业的信息技术手段，当政者很难把握人们心灵的诉求。

于是，表达就成了民主实现的重要途径。在今天这个网络化时代，虽然人人都有麦克风，人人都有摄像头，但是在众声喧哗中，最能打动人心的还是理性的权威的声音。新闻评论家就是发出这种权威声音的舆论领袖。古人说，人生有三不朽。"太上有立德，其次有立功，其次有立言。"这里的立言，就是评论家的事业。在今天这个全球化的时代，评论家不仅要为民立言，如实地反映人民的呼声，反映不同阶层人民的诉求，还要打捞沉没的声音，更要为国家发声，客观地表达国家的意志。在这个意义上，可以说评论家是社会的良心，是公平正义的捍卫者，是国家和人民的喉舌。

我们的社会不仅需要深具洞见的评论员，更需要具有责任感和人文情怀的评论家。正是依赖这样的评论家，国家才能有多元的意见表达，才会有理性而健全的社会舆论。但是很遗憾的是，当下中国的传播界，在市场化大潮的冲击下，媚俗化流行，民粹主义思潮泛滥，浮躁肤浅，戾气深重。这可能是转型时期的特殊现象。这里我不由得想起了民国初年（1912 年）戴季陶（笔名天仇）在上海《民权报》发表的一篇只有 24 个字的短论《杀》："熊希龄卖国，杀！唐绍仪愚民，杀！袁世凯专横，杀！章炳麟阿权，杀！"他一连用了四个"杀"字。年轻气盛的戴季陶反对当时初生的民国政府向四国银行团借债，当时熊希龄是财政总长，唐绍仪是国务总理，袁世凯是临时大总统，章太炎赞成这一举措。公共租界巡捕房以"鼓吹杀人罪"对其提起公诉。戴季陶一出狱，即在《民权报》编辑室墙上大书："报馆不封门，不是好报馆。主笔不入狱，不是好主笔。"现今的媒体言论特别是社交媒体虽然不像戴季陶这么激烈，但是在一些特殊场合，针对一些社会现象，雷电交加，口诛笔伐，极度煽情，也好不到哪里去。

很显然，这种舆论生态距离我们期待的和谐社会实在太远。古人云：一言可以兴邦，一言可以丧邦。要实现民族振兴的中国梦，我们需要一个具有强烈社会责任感的新闻界，需要一批批充满理性精神、人文情怀，同时又具有深刻洞察力的评论员队伍，这是时代的呼唤。我们华中科技大学新闻与信息传播学院正是感受到了这种呼唤，才在新闻评论教育方面采取了非常规的改革措施，改变了把评论仅仅视为一种写作技能的传统认知，而视评论为传媒服务社会的两大天职之一。在其他高校只是把评论作为一门两个学分的写作课时，我们建立了新闻评论实验班，把评论人才培养纳入制度化的轨道，并为评论班的学生开出了系列课程，同时与媒体联合建立了高水平的实践基地。

教育是千秋大业，关系到文化的传承、社会的发展、文明的延续。新闻评论教育更是如此。今天我们召开新闻评论开放教育建设研讨会，又开创了一个新的模式。我们将新聘一批国内顶尖的时评家为兼职教授，我们的学生将由此得到业界顶尖高手的栽培，双师队伍不再是一个空洞的概念，而是正在成功运作的现实。对于这一进展，我在这里要特别感谢阿里巴巴集团的支持，作为一个教育工作者，我非常欣赏阿里巴巴的远见卓识，其致力于培养高水平的舆论领袖，利在社会，功在国家。我要向阿里巴巴，向马云总裁表示崇高的敬意！

最后，祝新闻评论开放教育建设研讨会圆满成功！祝各位嘉宾精神愉快，一切顺心！

（本文系张昆教授 2016 年 10 月 19 日在华中科技大学新闻评论
开放教育建设会上的致辞）

抓住今天，明天将会更好

各位老师、各位同学：

大家下午好！

今天学院在此举办 2018 级硕士生与导师双向选择会，这是一个非常重要的活动。因为学校的基本职能就是培养人才，人才培养的目标能否达成，关键在于老师与学生是否能够实现最佳的匹配。首先，我想向在座的各位同学表示欢迎，欢迎你们正式加盟华中科技大学新闻与信息传播学院（简称华科大新闻学院）。同时，也要向各位同学表示衷心的祝贺，不是所有的适龄青年都有在华科大学习的机会。欢迎大家，恭喜大家！

下面，我想表达三层意思。

第一层意思，大家选择华科大新闻学院没有错，你们很有眼光。

昨天面试中，不少同学表示选择华科（全称华中科技大学）是因为华科优良的学风和办学水平，还有很多同学提到最近公布的全国一级学科评估结果，华科与复旦大学新闻传播学科并列第三。这里我要跟大家分享一个真实的小故事。春节前，《中国教育报》的一个记者到学校采访，点名要找新闻学院张昆院长谈谈。一见面，她就问："第四次学科评估中，华科大新闻学科超越清华、武大，凭的是什么？"这个记者坦承自己是清华大学新闻学院的研究生，她急切地希望我解答这个问题。怎么说呢？我只好使用外交语言。我说，清华、武大的新闻学院是国内最好的新闻学院之一，他们有自己独特的优势，无可替代。但是华科大新闻学院这些年来，脚踏实地，干得似乎更出色。评估的数字是硬通货，是有实物做基础的。我建议她从三个方面关注华科大新闻学院。今天与同学们在一起，我想和大家分享一下。

一是先进的办学理念。华科大新闻教育开创伊始，就根据新闻学科发展规律、国家社会的需求和学校的基础，提出"文工交叉，应用领先"，随后又补充提出"面向世界（业界、社会、全球），开放办学"。这个理念很重要，它不仅关系到我们学科方向的选择，也关系到学科发展资源的开拓。历史表明，这个理念是正确的，正是它引领了我们学科的发展。

二是强大的师资。我们不仅有杰出的资深学者，更有一批站在学科的前沿的优秀的中生代青年学者。我们学院的"70后""80后"的青年学者，真是令人羡慕。我们发表的权威论文，我们的科研项目，按人均GDP计算，我们不是第一，也应该是第二。今天双向选择，就是要实现老师与学生最好的匹配。

三是丰富进取的学院文化。我最近写了一篇文章《学院文化：新闻传播人才的培养基》。我们办教育，过去一直偏向追求硬件投资、数据指标，很少注意到软件，注意文化和精神。有时即使讲到文化，也是学校文化或校园文化，而没有涉及学院的文化。学院文化是校园文化的一部分，是校园文化之下的二级次文化或亚文化现象。学院文化除了拥有校园主流文化的基因和脉络外，还具有自己学科、专业性的特色。可以毫不夸张地说，华科大新闻学院在学院文化建设方面是有自己独到之处的。我们的院训、院歌、院徽、院史，我们的开放、进取、包容的精神，得到了学界普遍的认同，这才是学科竞争的软实力。

第二层意思，今天很好，明天将会更好。

各位老师，各位同学，你们今天处在很高的平台上，处在新闻学院有史以来最好的时刻。但是考虑到当前及以后的一些情况，我认为新闻学院的明天会更加美好。理由有如下三点。

首先，新闻学院新的行政领导团队即将产生。我今天是作为院长最后一次给学生们致辞。但是我很高兴，因为即将接班的新的管理团队会更年轻、更有活力，更有激情，更有想象力和执行力。我相信在他们的主导下，新闻学院会有更好的发展。

其次，新闻学院大楼装修工程即将竣工。扩容了的资料室、焕然一新的实验室和办公室，以及专业老师的工作室马上就要跟大家见面了。老师们，同学们，学院给每一个老师配备一个独立的工作室，在国内高校并不多见。老师们有了独立的工作室，就有了安放灵魂的地方，安身立命就落到了实处，老师与学生的交流将更加方便。这将会在更高的程度上增强师生对学院的认同感和归属感。

最后，同学们来到华科开始你们的研究生生涯，这个时间与我们祖国的新时代几乎是同步的。与时代的力量相比，个人实在太渺小。时代造英雄。我们国家面临的新时代是一个发展的新时代、进步的新时代、创造的新时代，它将会给我们每个个体、每个学校、每个学科创造空前的机会。把握住了这个机会，我们就有了可以期待的未来。

第三层意思，要营造风清气正的师生关系。

在讲这层意思之前，我想先说一句题外话。春节前后，《中国青年报》发表了《寒门博士之死》，曝光了西安交通大学博士生杨宝德的自杀事件，连带也曝光了博士生导师与学生不正常的关系，引发了社会各界的关注，也引起了学界的思考。

今天我们举行硕士生与导师双选会，不仅要最大限度地满足学生和老师的需求，而且要努力建设风清气正的师生关系。双向选择的意义在于实现老师、学生两个意愿、两个积极性的统一。导师很重要，导师的水平在相当的程度上决定学生的水平。有什么老师就有什么学生。但是也不能绝对夸大老师的作用，所谓导师引进门，修行在个人。同一个导师门下，学生的修为大不相同。学生的主观能动性也很重要。老师与学生之间，是平等的双主体式关系，必须互相尊重。正是在这一前提下，才能实现教学相长。我们绝对不能容忍杨德宝事件再次发生。

同时，我们还需清醒地认识到，双向选择也有它的盲点。由于各种条件的制约，不可能每个人包括老师都能如愿。即使每个学生都能够选择到自己满意的老师，即使这个老师学富五车、才高八斗，也会有局限。导师之外，还有更多的老师，上课的老师、不上课的老师，专业老师与学生工作的老师，都能够在一定的程度上弥补导师知识与能力的局限，都是研究生成才过程中的不可缺少的贵人。我们不能自我封闭，子曰："三人行，必有我师焉"。何况在我们大学，人才济济，我们一定要以开放的心态，向导师学习，同时向其他老师请教，这样才能不断地充实自己、拓展自己、完善自己、提高自己。

各位老师，各位同学，希望今天能够成为各位人生历程中的一个值得记忆的重要节点，希望各位能够充分地珍惜来之不易的师生缘、同学缘。师生齐心，其利断金。让我们一起努力，在致力于同学成才的同时，也提升老师自己，将我们的学院、我们的国家建设得更加美好！

（本文系张昆教授 2018 年 3 月 11 日在华中科技大学新闻与信息传播学院 2018 级硕士生与导师"双选会"上的讲话）

做最好的自己

——张昆院长寄语新闻学院 2017 级研究生

老师们、同学们：

　　大家上午好！很高兴参加今天的研究生开学典礼，这是一个神圣的时刻。作为一个老师，有什么比看到济济一堂的学生更加令人兴奋呢？对于各位同学们，今天的典礼，更是你们人生中最值得记忆的瞬间。在大学里，举办毕业典礼、开学典礼，是学校运行的常态，每年都有。年年岁岁花相似，岁岁年年人不同。我在华中科技大学新闻学院做了十一年的院长，参加过十一次毕业迎新，今天终于迎来了在座的各位同学。欢迎大家！看到大家在这里欢聚一堂，我非常高兴，特别是从刚才播放的迎新视频里，看到大家真切的笑脸，我也想起了自己的大学时代。我为大家高兴，也为你们自豪！

　　每年一度的迎新致辞，对我来讲是一个考验。因为每一次都要讲些不一样的东西，都要吐露一些真性情，所以我一直视致辞为畏途。但是不讲又不行，职责所在嘛。今天在这里我想抛开具体的问题，讲三层意思。

一　认识你自己

　　我要讲的第一层意思，是认识你自己。同学们都知道，这是源自古希腊的一个最基本的哲学命题，在希腊德尔菲神庙上面，刻有三句箴言，第一句就是"认识你自己"。著名的哲学家苏格拉底，柏拉图的老师，亚里士多德的祖师爷，他就是针对这个问题，反复地考问自己的内心，以求得真知。他在雅典的大街上经常拦着匆匆的行人问我是谁，我聪明吗，我漂亮吗，等等，大家认为这些问题很傻，最后被问的路上的行人都不耐烦了，说他是疯子。可这些看起来比较傻的提问，却是我们人生最基本的问题。我们的老祖宗孔夫子提倡"三省吾身"，也包含着深刻地认识自己、反思自己的意思在内。

我是谁？从哪儿来？到哪儿去？与那些同时并存的芸芸众生相比，我有哪些特点？我有哪些长处？我有哪些不足？苏格拉底经过反复的拷问，最后得出了一个结论，他说，我除了知道自己无知这件事以外，一无所知。今天，我们大家经过激烈的竞争，进入华中科技大学这所美丽的校园，可以说是人生的大赢家。刚才同学由衷地感叹"校园好大啊""食堂那么多""路修得这么好"。这是学习者的天堂！大家来到这里，在兴奋之余，可以沉静下来，认真地思考这个问题，尝试着回答这个问题。

"认识你自己"，除了要认识自己本身之外，还有一个非常重要的认知对象，那就是你所置身的平台或者家园。喻家山下，醉晚亭旁，这里就是我们的新家，是我们的平台，我们将在这里学习，在这里成长，这个平台对我们非常重要，我们人生中最宝贵的年华，将与我们的东六楼紧密联系在一起。大家可不要小看这个平台，我记得前几年，老师们在一起聊天时，有个老师说了一句话，讲到平台的重要性，我今天可以把这句话告诉同学们。他说，坐牛车，一天走不了一百公里；坐汽车，能走四五百公里；坐火车可以走上千公里；可是坐飞机呢？它能穿越千山万壑，每天走上万公里。平台的不同，决定了过程与结果的不同。这句话值得我们深思，它充分说明了平台的重要性。我想在国内的高校里，华科大或许比不上北大清华，没他们名头响、牌子硬，但也应该属于一流的行列。虽然我们不像飞机，但至少相当于高铁，这个平台有助于我们达到人生的目标。置身于这所重点大学，我们需要认识这个平台，认识这个学院、这个家庭，知道这个平台能为你们提供什么。同样的，你们自己也要思考，你们能够为这个平台增加什么。

除了我们置身的平台外，还有一点非常重要，那就是今天我们生活的这个大时代。说到今天的时代环境，大家经常说"全球化""信息化"

"网络化""媒介化"，我想这些新的时代特征，与各位同学们所学习的专业，以及未来所要选择的职业，联系得是非常密切的。因为现在是一个信息化的时代，一个媒介化的时代，传播和信息像水银泻地，无孔不入，信息像空气一样，它影响到我们的呼吸、我们的思想、我们的生存和我们的发展。在这个时代，传媒及传媒人注定要扮演重要的角色。当然，现在我们也看到，一些传统媒体、主流媒体，日子过得比较艰难。但是传统媒体越是走得艰难，越是意味着传播格局的深层改变，也意味着更多更大的机会在孕育。换言之，未来几年，当诸君完成学业走进职场的时候，等待你们的将是更为广阔的空间，更多的选择机会。所以，作为一个老师，我对这个时代充满了信心，对各位同学也充满了期待！

二　设计你自己

第二层意思，是要设计好你自己。每个人都有自己的目标、理想。不管是幼年时期还是青年阶段，都是如此。记得我读小学的时候，老师就要我们写关于"我的理想"的作文，我想在座的同学们一定也写过。"少时有奇志"，那时候谈理想，没有任何顾忌，想到哪里说到哪里。前天从幼儿园路过，刚好赶上学校放学。迎面来了几个活泼可爱的小朋友，问他将来想干什么，回答五花八门，有人说要当清洁工，有人说当护士，有人说当科学家。我曾问过唐海江教授的公子（小学一年级时），"你将来想做什么"，他说将来想当院士。每个人都有不同的想法，但是儿时的理想往往是靠不住的。等你慢慢成长，等你对自己的认识越来越深刻，等你对社会的了解越来越透彻时，你的理想，你对人生的设计，你的目标和定位，就会慢慢地发生变化。今天在座的各位研究生都是成年人了，最小的也有二十一岁，大一点的可能有三十多岁。不能再说涉世未深，但在座的各位对社会、对自己、对人生的了解可能还不够透彻。在这种情况下你们对自己的未来肯定有很多设想，这正是规划人生、定位未来、设计未来最好的时候。也许有人希望将来成为一个深刻的思想家，或成为一个权威的媒体人，或成为一名政治家，或成为一个学富五车的学者，或成为一个慈善家、实业家，等等，选择取向可能完全不同。但是，路径不一样，目的却是基本一致的。这个目的是什么？就是我们大家都希望拥有一个有价值的人生，一个有意义的人生，都希望能够做一个对社会有益、对他人有用的人。

要实现这一目标，在我们设计自己人生的重要阶段，必须注意几个重要的节点。首先，要实现人生理想，最重要的是要先学会做人，做人在做事之先。我们要努力做一个有道德的人，一个大写的人，一个高尚的人。我想起了由孔子锤炼出来的"人生八德"，即"孝悌忠信礼义廉耻"。"孝"大家都知道，就是要孝敬长辈、孝敬父母。"悌"是什么？就是兄弟姐妹之间的友爱。"忠"，则是要求对国家、对民族尽忠，在今天则延伸到对党和人民的忠诚。"信"，则是要求在交朋友的时候，与他人打交道的时候，要讲信用、真诚。"礼"就是规则，我们为人处世要遵循最起码的规则，要有最起码的底线，用我们今天的话来说叫"遵纪守法"。"义"，即义气，在社会生活中，我们应该见义勇为、疾恶如仇、大公无私，这就是"义"。"廉"，就是廉洁、清廉。如今党中央澄清吏治，对大小老虎毫不手软，连苍蝇也不放过。"廉"的时代价值更加重要，我们应该倡廉，千万不要有贪心、起贪念，不要希望获得超出自己贡献的报酬。还有一个，就是"耻"，即羞耻感，古人讲"知耻近乎勇"。从实际内涵来看，孔子讲的"礼义廉耻孝悌忠信"，与今天我们推崇的"核心价值观"在基本上是相通的。从根本的意义上，它就是要求我们，要做一个堂堂正正的人。

在做好人的前提下，我们还要尽到自己的本分。每个人在不同时期，不同的岗位，都有自己的本分。学生在学校里的本分是什么呢？我认为就是读书。未来几年里，专硕两年，学硕三年，博士是三到五年，是我们摄取真知、追求真理、充实自我、完善自我的大好时光。在这里，我们一定要读好"有字之书"，更要读好"无字之书"。我们每个人都有自己的专业，有自己的导师，也会选择自己研究的方向，选择自己最终要研究的重要问题。对于这个问题、方向，我们要有充分的知识储备、开阔的视野，掌握科学的方法。为此必须做最充分的文献梳理，要掌握前辈学人在这个领域的思想贡献，这样才能把自己的研究建立在前人的基础之上，也就是说，我们要站在前人的肩膀上。这一点必须要阅读大量的"有字之书"，既要广泛涉猎，又要选择重点精读细研。我感觉到当前同学们书读得少了一点，经常对本科生、研究生讲，希望他们要静下心来读书。对于在座的各位，我的要求也是一样的。今后几年，是你们有生之年能够集中、系统、安心读书的最好的也是最后的时光，希望大家珍惜。

同时我们还要读好"无字之书"。古人讲"读万卷书，行万里路"。"行万里路"不仅仅是要饱览大好山河，更重要的是要认识社会、认识国情，要了解人民，和人民、国家同呼吸共命运，和它们保持共振。这两年我们学院组织了很多有意思的社会实践活动，今年暑假有 27 个社会实践团队，从北方到南方，从东边到西边，深入农村、城市、边疆、少数民族聚居地，从而加深了同学们对人民、社会、民族、国家的认识，也让他们更加深刻地理解了国家、人民对我们的期待。这种体验，对于自己的人生设计具有重要的意义。

在设计自己人生的时候，我们应该意识到，人生的路不会是一片坦途，它总会有这样那样的曲折、坎坷。我们要有充分的精神准备。要能够经得起失败，经受得起挫折。古人们赞赏屡败屡战、愈挫愈勇的意志品质，在今天这个机会与风险并存的时代，这种品质同样是值得我们珍惜的。我希望同学们要具备这种品质，在逐梦的征途中，不畏困难艰险，不怕失败挫折，始终如一，坚持到底。

同学们，现在是给我们的人生定位的最好时机，希望大家要充分利用这个机会，利用我们学校、学院这个平台所提供的一切条件，进一步明确目标，选择路径。在此基础上，把书读好，既读好无字之书又读好有字之书，最大限度地充实自己、提升自己。我们还要锤炼自己坚韧不拔的意志品质。唯有如此，我们的目标才有可能实现。

三　走自己的路

我想要讲的第三层意思，是走自己的路。大家可能都读过但丁的《神曲》，但丁说"走自己的路，让别人说去吧"。能够以这种气势讲话的人，实在是要有相当底气的。要在这样一个竞争激烈的社会中，心无旁骛，大胆地走自己的路，不是一件很容易的事。首先，要有充分的自信，如果没有足够的自信，当大多数人走那条路，而唯独你走这条路时，你心里可能就会发怵。其次，要坚定地走自己的路，还要有一种独立的人格，不从众，不盲从。在如今的信息社会，大众心理有一种很不好的趋向，那就是从众、盲从，传播学里叫"沉默的螺旋"。某一个倾向，追的人越多，追随者就越多，而持反对意见的就越少。这时，如果你没有独立的人格，没有独立自主的精神，就很难坚持走自己的路。最后，要有坚定执着的意志力，如果你认为你所选择的是正确的路，却并不为大家所认同，你还坚不坚持得下去？有时候真理往往掌握在少数人手中，在社会生活中，随大流的人看上去似乎避免了独自出头的风险，实际上却失去了另一种更加宝贵的东西。事实上，极少数敢于吃螃蟹的人往往是最大的赢家，例如现在炒股票的人，牛市来了大家都蜂拥而去，结果都套进去了，而有的时候大家都不看好的那只股票，有人大胆买进却能够实现大赚。

我鼓励同学们走自己的路，不要在意他人的说三道四。但是在这里我还得指出，我所说的走自己的路，并不排除老师的引领。我们虽然已经成人，但是在学术上还需要导师的指引和栽培。研究生阶段的老师叫什么？叫导师。什么是导师？就是引导你学习、引领你前进的贵人。还有同学，同学之间的感情最纯真、最无私。他们之间的互相协作、互相交流基本上是没有条件的。在同学之外，还有其他的朋友，校内校外的，他们的经历和箴言，都能够在一定的程度上为我们的路径选择和人生目标提供重要的参照，帮助我们修正前进的道路。孔子讲"三人行必有我师"，就是这个意思。

要坚定地走自己的路，一定要有勇敢刚毅、不畏牺牲的精神。一旦我们认定了目标，确定了路径，即使有千万人反对，我们也要坚持到底，一往无前。正像孟子所讲的，"虽千万人吾往矣"，这是中国古代士人的一种标榜和追求。遗憾的是，我们相当一部分中国人有一种劣根性，当然我指的是普通人，在座的各位都是时代精英，基本上不在这个范围之内。昨天我看了一篇文章后，深思良久。这篇文章讲了一个小故事，说在抗日战争的时候，日本军一个班十来个人就能占领中国的一个县城，一个县城再小也应该有几百上千人。我又联想起前不久看到的一个数据，1945年日本投降时，中国大陆的伪军有三百多万，可是在中国大陆的日本军队不到一百万。就是这百把万人占领支配了大半个中国。我们中国人应该惭愧啊。我们真是应该重新审视我们的国民性。一般中国人最缺的是什么？我以为，缺的是一种敢于出头、敢于牺牲的精神。

今天早上，我在网上看了一篇文章，讲述了我国前国防部长秦基伟抗美援朝期间的一个故事。当时他是上甘岭战役的指挥者，有一次他给上甘岭坚守坑道的士兵打了个电话，他在电话中说，请你们转告前线士兵，我们的军党委、军首长非常关心你们，结果总机接线兵非常不客气地说："少啰唆首长，时间非常紧急，不要说这些闲话，你直接下命令吧。"秦基伟很惊讶，他从来没听过下属这样和他说话，但后来他想，这件事士兵做得对，战争时期保持电话畅通要付出多少生命的代价，所以要尽可能简单地把话讲完。秦基伟专门表扬了这名士兵。大家学过新闻史都知道，新闻写作的倒金字塔结构来源于美国南北战争期间危机紧迫的环境。现在来看这段历史，我认为这名接线兵的精神也是值得我们学习的。我们这些未来的传媒人是社会的守望者，是人民的喉舌，能够不坚持真理、为民呼吁吗？

我们还要有一种批判的意识和怀疑的精神。不要相信一切存在都是合理的。合理的存在背后正孕育着不合理的因素。对于一切判断、选择和意见，即便是正确的，也不要轻易地毫无保留地接受。正如早年恩格斯所说"一切都必须在理性的法庭面前为自己的存在作辩护或者放弃存在的权利"。① 各位同学即便在未来不再从事学术研究，也不能没有批判的意识和质疑的精神。这是我们的安身立命之本。

最后，我还要忠告各位同学们，人生最重要的，不仅是丰富的精神世界，坚强的体魄同样是不可或缺的。今年我对此的感受尤其深刻，这次开学典礼，有一个同学缺席了，她本是我名下的一名博士生，很聪明，也很勤奋。但是在报道之前，发现生了病，医生建议休学。我真有点为她惋惜，希望她能够早日康复，进入大家的行列。我也希望同学们在华科大读书时，一方面好好学习，另一方面要锻炼好身体。因为没有一个强健的体魄，我们是很难走好自己人生的道路的。

各位同学，在今天学院的开学典礼上，我希望你们认识你自己，设计

---

① 《马克思恩格斯选集》第 3 卷，人民出版社，1972，第 56 页。

好你自己，坚定地走好自己的人生路。希望大家能够听进去，能够理解我作为一个老师的苦心。如果各位都按照这样一种思路走下去，我相信大家一定能做最好的自己，成为一个对社会有益、对他人有用的人，一个有价值的人，一个大写的人，一个高尚的人。华科大有这样一句话，今天我们以学校为荣，明天学校将因我而骄傲。如果你们都真正实现了自己的人生理想，我们不仅为你们而骄傲，而且会为我们成功的教育而自豪！

　　谢谢各位！

（本文为张昆教授 2017 年 9 月 6 日上午在华中科技大学新闻与信息
　传播学院 2017 级研究生开学典礼上的致辞，根据录音整理而成）

18 岁的天空

大家晚上好！很高兴今晚能够在喻家山下、醉晚亭旁，在"秉中持正、求新博闻"的石碑下，欢迎 2015 级新生。作为一个老师，作为一个院长，没有比开学典礼更神圣、更庄严的事情了。因为一个新的学年开始，一个新年级学生入学，不仅意味着大学一个新的生命轮回的开始，更是薪火相传的教育事业在新的起点上的延续。欢迎大家加入华科大，欢迎大家成为我们新闻学院的一员。

同时，我也要恭喜各位同学，虽然进入华中科大新闻学院未必是你们的第一选择，但是我相信这绝对不会是一个错误的选择。华科大没有令人骄傲的悠久历史，没有北上广等地那样卓越的地缘优势，但是，没有积淀也意味着没有历史包袱，可以轻装上阵，地缘环境的劣势反而增强了华科大在国家中部崛起战略中的独特的位置。

我还要恭喜在座的各位老师，孟子说人生三乐，其中之一便是得天下英才而教育之。在座的各位同学，乃是真正的百里挑一，真正的一时之选，名副其实的英才。我们有幸得到了这批璞玉，成为雕琢、打磨他们的老师。可以预料，一旦走出山门，他们将是安国定邦的栋梁。华科大将会因为同学们的成就而大放异彩。我们也将为此而骄傲。

同学们，老师们！在这个庄严的开学典礼上，我想讲三层意思，即三个关键词。

第一个关键词，18 岁。据我了解，今天在座的新生，90% 以上都是 18 岁。18 岁可是人生黄金时代。7 年前，我儿子 18 岁，离家上了大学。

35 年前，我本人 18 岁，考进了武汉大学。105 年前，毛泽东 18 岁，不过那年他不是上大学，而是离开家乡去东山高等小学堂就读。路上他吟诵出著名的诗篇：孩儿立志出乡关，学不成名誓不还。埋骨何须桑梓地，人生无处不青山。

几年前，有一部校园青春偶像剧《18 岁的天空》，演绎了高考决战前夕的高中生活，不知大家看过没有。其中有句对白："十八岁的天空，会更宽阔，更悠远。"还有一本所谓青春版国家地理书《18 岁前禁止涉足的18 个地方》。像我们这个年龄的人都熟悉《九九艳阳天》这首歌，歌词这样写道："九九那个艳阳天来哟，十八岁的哥哥呀坐在河边。"

为什么是 18 岁？而不是 17 岁、19 岁？这么多的机缘巧合都聚集于18 岁，这可是个问题。我想了好久都没有想通。前天我查资料时，偶尔发现了这个秘密。原来 18 岁是人生的一个重要节点，是一个人因为成长告别少年进入成年的重要标志，是人生承先启后的重要枢纽。满了 18 岁就是成人了，将不再享受未成年人保护法的呵护，也因此摆脱了父母的监护；因为成人了，心智成熟了，所以具有了完全的行为能力，拥有了成年人享有的全部权利，包括选举权与被选举权。同学们，当你们自信地以大学生身份迈进华科大校园时，你们是否意识到你们已经成人？你们能否妥善地行使自己合法的公民权利？你们是否意识到自己作为公民的权利和义务？

第二个关键词，大学。大学是什么？大学是高等学府，是教师和学生探究学问、追求真理的园地，既是物理的园地，又是精神空间。大学是不同于中学、小学的一个重要的学习阶段，是学生本身走入社会扮演社会角色前的最后的一个集中系统的学习阶段，但不是每个人必需的人生经验。在教育还没有普及的情况下，大学是精英阶层子弟的特权，而一般平民子弟可能与此无缘。

对于大学生而言，大学的意义可能更加复杂。大学可能是学生第一次远离家庭，远离父母的呵护，开始相对独立的生活；大学的学习生活没有家长的督促，也没有班主任的鞭策，更多是自主自觉的，理想与兴趣是学习的内在动力；大学生远比中学生、小学生有更多自由支配的时间，能够在更大的程度上发挥自己的主动性，自由地选择，自主地支配；大学生不再满足于单纯摄取知识，而是在接受知识、理解真理的同时，立足于自己现有的知识体系，结合社会实践和感悟，做出新的属于自己的解读和阐释，这成为大学学习的常态；大学时代是与学生未来职业生涯联系最紧的自主学习阶段，所以大学时代学习的目标性、针对性、功利性更鲜明，人生梦想、职业规划及路径的设计，就显得更加重要；大学比过去中小学的学习形式更为多样，学生在知识的摄取与整合方面有更大的自主空间，经过大学阶段的学习，一个个富有个性的栋梁之材脱颖而出。

大学是人生的关键阶段，把握住了这个关键阶段，充分地利用了这个阶段，就能够梦想成真；如果错过这个阶段，虚耗美丽的大学时光，就等于放弃了人生出彩的机会。《18 岁的天空》中有一句台词非常深刻："大学是一个人与人拉开距离的地方，同时也是一个人与人之间相互接近的地方。"这句话值得我们深思。

第三个关键词，读书。各位同学，我们现在已经转换了身份，从中学生转变为大学生。大学生固然与中小学生有所不同，但大学生也是学生，既如此，读书学习便是大学生的天职。由于大学阶段的特殊性，大学生的读书学习需要注意如下四个问题。

一是既要读有字书也要读无字书。从幼儿园直至高中，我们的知识来源基本上都是有字之书。由于有字之书的局限性，我们对自然与社会、对历史与现实的认识既不全面，也不深刻。大学时代自由自主的学习特征和充沛的时间，给我们阅读无字之书创造了绝好的条件。常言道，读万卷书行万里路，这就是有字书和无字书的统一。在课堂之外，要参与社会实践，参与公益活动，以获得对文化的深刻感悟，进而深刻地认识社会，了解国情，为将来扮演社会角色做好准备。

二是兼顾第一课堂与第二课堂。第一课堂是培养计划、教学方案指定的授课地点，一切皆在计划之中，是大学阶段教学的规定动作。必须高度重视，不可有丝毫的懈怠。但是在此之外，学生还要注意开拓第二课堂资源，诸如学生专业社团、校园媒体、假期实习、专业实践等，它可以有效地弥补第一课堂学习的不足，强化学生的专业能力，在此基础上实现专业知识与职业能力的平衡。两者都要抓，都要硬，不可偏废。

三是传媒专业与相关专业知识的融合。传媒工作者一向被认为是所谓的杂家，博学多才、视野开阔是其职业特征。所以他不能局限于狭义的新闻专业，专业方面研究得再深，知识点掌握得再细致，一旦进入业界前沿，对于超越专业范围的复杂问题与现象，难免捉襟见肘。所以在传媒专业之外，我们还要有自己爱好或擅长的领域，进行必要的相关知识储备。这样，作为传媒人，才能以专家的身份从事并且胜任相关行业或领域的报道工作。

四是理想主义和现实主义的统一。各位都是怀抱着专业理想来到新闻学院的，作为老师我们也鼓励在实践中高扬理想主义的旗帜。我们的院训准确地体现了理想主义的核心内涵：秉中持正，求新博闻。作为社会环境的守望者，公平正义的守护者，必须秉持公正、独立、超然的立场，无所偏私，刚直不阿。理想是丰满的，但是现实却很骨感。在追求理想的过程中，还必须正视现实的各种规则，包括潜规则，并且利用这些规则。因为我们是在现实时空中创造属于我们的历史，无视现实的羁绊，只会增强进步的阻力。这并不意味着屈服，而只是理想与现实之间的一种妥协。妥协是必要的，也是文明人行事的重要特征。人类社会的历史本身就是许多单个自由意志彼此妥协的产物。

各位老师，同学们！

我们今天置身于一个特别重要的时间节点，由少年向成人蜕变，由中学生向大学生华丽转身，现在我们就坐在新闻学院的课堂。我相信各位同学都怀抱自己的梦想和远大的志向。苏轼说："古之立大事者，不惟有超世之才，亦必有坚忍不拔之志。"唐代诗人李贺有一首诗，应该切合同学们此时的心情："男儿何不带吴钩，收取关山五十州。请君暂上凌烟阁，若个书生万户侯？"

各位同学，你们正当做梦的年龄，犹如初升的太阳，是社会、是国家，也是人类未来的希望，我们对你们充满期待。你们应该雄心万丈，豪气干云，这才是你们应有的性格！今天是通向明天的现实阶梯，每一个明天都是从今天开始的，所以，我们要想拥有怎样的未来，今天就要怎样去努力。从今天开始，各位老师、同学，我们一起努力！

（本文系张昆教授 2015 年 9 月在华中科技大学新闻与信息传播
学院本科生开学典礼上的致辞）

秉中持正，求新博闻，
做六星级的卓越传媒人

——与新闻学院 2017 级本科生谈心

大家上午好！很高兴今天出席新闻学院 2017 级新生的开学典礼。在今天这个网络时代，发言致辞是很困难的一件事。现在"网红"满天飞，每逢开学、毕业的时候，校长、院长致辞，多得不得了，令人眼花缭乱，吐槽点赞的人很多，同学们都会有比较。这里我不想将自己的发言看成一个开学的致辞，倒想把它视为跟同学们的交心谈心，这样我的压力就会小一点。

我想首先表达的一层意思，就是要祝贺大家。今天在座的 161 位本科新生，都是通过非常激烈的竞争，过关斩将，才进入华中科技大学。能够进入华中科技大学非常不容易，为什么呢？因为我知道，能够到这个地方来的大概是全体考生的百分之一。今年湖北省大概有三十几万学生参加高考，但是湖北省的考生要确保进入华中科技大学、武汉大学，总分排名必须在前 4000 名以内。所以大家能到这儿来，这种概率应该是百分之一，有的省份可能还不止百分之一，比如像河南省的考生，考试竞争更加激烈。真是百里挑一啊！对于大家能够来到我们学校，来到喻家山下、醉晚亭旁，你们的梦想能够从这里起航，我要表示衷心的祝贺。这祝贺是作为一个老师的祝贺，也是作为一个父辈的真诚的祝福！

其次，我还要代表新闻与信息传播学院，代表学院的教职工和在校的全体老同学们，包括本科生研究生，对你们这些新加盟的师弟师妹们表示热烈的欢迎！

在这个地方，我还要表达另外一种心情，那就是对同学们的羡慕，大家坐在这个地方，洋溢着青春的笑脸，充满了自信。你们 2017 年进大学，2021 年学成走向社会。我记得非常清楚，2021 年是一个什么时间节点。我想同学们比我更清楚，中国共产党跟全国人民的两个一百年的约定。可以想象，在我们的祖国实现全面小康的时候，你们正好学有所成，正好走出校园，融到中国全面小康的社会。再过 28 年，也就是说等你们到我们这个年龄的时候，我们的祖国应该已经全面实现现代化了，建设成为富强、民主、文明、和谐的现代化强国，那个时候你们刚好是 50 岁。但是我们却已经退出了历史。

这时我想起了毛泽东主席在 1957 年曾经讲过的一段话。那时毛泽东到苏联访问，接见了在苏联的中国的留学生。他见到留学生以后讲了一段话，后来广为流传，我们这一代人耳熟能详。他怎么说的呢？他说，"世界是你们的，也是我们的，但是归根结底是你们的。你们青年人朝气蓬勃，正在兴旺时期，好像早晨八、九点钟的太阳，希望寄托在你们身上。"① 说实话，此时此刻，在这个讲台上，我的内心涌起了一种对你们的羡慕之情。

今天来这里之前，你们的范老师要我跟大家说几句。我想回归到我们的办学精神上，来讲一下我的期待。大家知道我们学院的院训是"秉中持正，求新博闻"。在这个基础上，我期待各位同学都能够成为一个卓越的传媒人。那么卓越到什么程度呢？借用当下酒店流行评级的这个做法，在现代国际化大都会里最高档的酒店是六星级，好像武汉现在还没有。华中科技大学作为一所重点大学，大家都知道，最近刚好加冕一流大学，我们的新闻与信息传播学院是华中科技大学最好的文科院系，所以我们培养的人，当然应该是最高级的、最优秀的传媒人才。套用酒店评价这样一个原则，那就是应该培养六星级的卓越传媒人。

这个概念我是第一次提起。目的是想强调，我们学院培养的传媒人

---

① 《建国以来毛泽东文稿》第 6 册，中央文献出版社，1992，第 650 页。

才，应该是一流的、顶尖的，应该无愧于我们的时代、无愧于我们的学校。我从事新闻教育三十余年，从珞珈山到喻家山，有很多学生，遍布天下，可谓阅人无数。根据我的观察和理解，在现在这个信息化的时代环境里，一个卓越的传媒人大体上应该具备下面六个重要的素质或者能力，如果说每个素质或者能力相当于一颗星，那么正好是六星级的人才。

第一是卓越的专业能力。我想这种卓越的专业能力，正是我们新闻传播类专业的学生在新闻传媒行业安身立命的一个核心竞争力。大家可能会说现在是一个信息化的时代、网络化的时代，人人都有麦克风，人人都有摄像机。但是在众声喧哗之中，人们更期待听到的是理性声音的引领，这就是我们传媒扮演建设性角色、发挥积极作用的一个重要空间。我们新闻与信息传播学院的责任，就是为社会培养这种具有卓越的专业能力的传媒人。事实上，这种能力不限于传播实务的运作，它还包括高标的伦理操守和专业理想。虽然网络时代信息传播的门槛在降低，每个人似乎都能够进入传媒领域施展身手，虽然他们也有可能取得成功，但是经受了职业教育、专业培养的人，与没有这一经历的人，在使命与责任意识、在社会公信力方面是不能同日而语的。这是一种不可替代的核心竞争力。

第二是博专结合的知识体系。新闻传媒人才，应该有一种什么样的知识建构，在这个知识建构之上，会形成一种什么样的职业能力？我想这是每一个办教育的人都不能够回避，而且必须深入思考的一个重要问题。长期以来，人们对这个问题有一个普遍认可的思考，那就是做新闻传播的人，应该是一个杂家。他应该有广博的知识体系，有开阔的视野，天文地理，他应该都有所了解。秀才不出门，能知天下事。我想这个回答只答对了一半，还有一个非常重要的方面，我们没有注意到。我以为，除了要有广博的知识建构之外，我们的学生还要在专门的知识领域，诸如政治、法律、经济、科技、文化等领域，有自己独到的知识和方法论的储备。因为在今天这么一个信息爆炸的时代，对于各门知识、各个学科蜻蜓点水式的了解是远远不够的。除了大家都会的，同学们还要有自己的独门绝技。要么是政治，要么是经济、法律，或者是自然科学相关的领域，我们有专深的理解和积累。当我们在做与这个方面相关的报道时，我们就具有了专家的公信力。

第三是深刻的历史洞察力。我们传媒人面对的大千世界，是一个变化莫测的世界，是一个充满风险，也充满机遇的世界。我们作为社会的一个守望者，负有特别重要的责任，要把社会与自然的变化及时地传播给我们的同类，让他们及时地采取相应的措施。但是我们所面对的这个世界，迷雾缭绕，有的时候假象掩盖着真相，有的时候谣言被视为真理，这就需要我们能够穿云破雾，能够透过假象直接地深入事实的本质中去。如果没有一种深刻的历史洞察力，是绝对做不到的。

第四是要有温润的人文情怀。在今天这么一个竞争激烈的市场社会，我们需要的大学生、我们需要的职业传媒人应该是一个仁者。孔子讲仁者爱人，我们培养的学生，我们未来的传媒人，应该尊重生命、应该敬畏生命，应该爱人、应该尊重人，对弱者充满着同情，对社会承担着责任，对祖国怀抱着热爱。中国古人强调修德修身，其中重要的内容之一就是主体的情怀。中国共产党人也延续了这一传统，在谈到教育和人才培养时，爱祖国爱人民就是一个重要的诉求。人们希望传媒人在爱自己、爱家人的基础上，还要怀抱一种大爱，爱他人，爱社会，同时秉持"己所不欲勿施于人"的恕道，推己及人。不偏执，不极端，温和圆润，文质彬彬。只有这样，我们的传媒才会超越血腥的丛林法则，摒弃俗艳的经营权谋，而让人间的温情常驻。

第五是坚定的政治意识和道德信念。传媒行业不是一般的行业，媒体的运作、新闻的传播事关社会的和谐，事关国家的稳定，事关人类的命运。所以作为一个传媒人，他需要知道自己是谁，知道自己是从哪里来、到哪里去。我是谁？为了谁？依靠谁？我们应该站在什么立场，为什么人说话？代表谁的利益？没有高度的政治站位，难以回答这些问题。什么是政治？我以为政治就是一种全局利益关系，就是大局，就是导向。所以生为中国传媒人，必须有坚定的政治意识和强烈的政治责任感。同时，我们的每一个传媒人，还应该是一个道德高尚的人，他应该有气节、有道德、有操守、有底线，唯其如此，他的职业生涯才能够为我们的社会，为我们的人民，提供源源不断的正能量。

从第一到第五，这五大素质或者能力主要集中于人们的心智、能力、操守和道德层面，具备了这五条，是不是就足够了呢？我认为还不够，还有一条非常重要，不能忽视，那就是健康的体魄。古代希腊伟大的哲学家、著名的教育家柏拉图，他心目中理想的教育就是要把给一个雅典青年的绅士的教育和给一个斯巴达战士的勇士的教育，完美地结合起来，通过这种融合式教育培养出来的人心智发达、温文尔雅、意志坚强，而且体格非常强健，他就能够作为城邦合格的接班人和坚定的捍卫者。其实这种理念不仅存在于古代希腊，古代的中国人，我们的先贤对于接受教育的士林学子也有类似的要求。中国古代所谓的六艺，我想同学们都知道。六艺之中，礼、乐、书、数，主要集中于受教育者心智方面的训练；而射与御，则与我们的体质训练有关。在我们的职业的生涯里，我们在追求理想的道路上能够走多远？过去我们常听说，心有多远，我们就能够走多远，其实心有多远就能够走多远不完全正确。因为仅有内心强大是不够的。我们还要有强健的体格，如果年老体衰，我们能够走下去吗？所以我认为，作为一个六星级的卓越传媒人，要在今天这个信息化的时代，扮演一个积极的、建设性的这个角色，发挥我们的作用，回应社会的期待，这六个方面的素质或者能力都不可缺少。

那么，怎样才能做一个六星级的卓越传媒人呢？我想在此建议同学们从现在做起，从自己做起，在未来四年的大学时间里，希望大家能够牢牢抓住四个重要的环节。

第一要立志。我想立志是同学们在进校之后接受专业教育这段时间里要做的第一件事情。人不可无志，古人有很多关于立志的说法，孔子在《论语》里面讲"三军可夺帅也，匹夫不可夺志"。宋代的词人苏东坡也讲了一句话，他说"古之立大事者，不惟有超世之才，亦必有坚忍不拔之志"。我们要有人生的目标，要有一种人生追求，要有一种远大的志向和抱负。如果我没有猜错，在座的各位同学基本上应该是18岁左右。毛泽东在17岁那年去东山学堂读书时，改写了他认为是日本志士西乡隆盛的诗送给他父亲："孩儿立志出乡关，学不成名誓不还。埋骨何须桑梓地，人生无处不青山。"志向定下来了，我们就有前进的方向感，就有奋斗的动力。我希望同学们在这一段时间里面能够深入地去认识自己、审视自己，在此基础上，结合着我们的学校、我们的学院、我们的平台来做好自己的人生设计，来确定好自己的志向。

第二要读书。读书是一辈子的事情。你们来到华中科技大学是干什么呢？就是读书。前两天我的两个硕士生在我的办公室里，谈完了话后就将离开，准备退出办公室的时候问我，老师你还有什么话要说，我说你们要好好读书。这两个学生哈哈笑起来，我感到很奇怪，他们怎么会笑呢？他们说刚刚从唐海江老师的课上下来，我说这跟唐海江有什么关系，他说唐老师跟我们讲了两句话，很有意思的："闲来无事读读书，忙里偷闲读读书"。我想应该加一个横幅，"天天进步"。我们的本职就是读书。讲到这里，我想起了晚清时期的一个著名的大学者，光绪皇帝的老师翁同龢撰写的一副对联。"世上数百年旧家无非积德，天下第一件好事还是读书"。在18岁这么一个黄金的年龄，按说你们应该进入社会，义务教育阶段早已结束了，家长对你们要尽的责任早已尽了，你们应该通过工作来养活自己回报社会了，可是你们现在进了大学。要知道读大学可不是一般人能够享受的待遇。这可是难得的机遇，我们要抓住这黄金的时间，不仅要读有字之书，还要读无字之书，要持续地读下去。清朝学人张潮认为，人在少年时期、中年时期、老年时期读书的时候，境界不一样，收获也不同。他说少年时候读书如隙中窥月，从缝隙中看月亮，能看到什么呢，可能是一知半解；中年时候读书，如庭中望月；老年时候如台上观月。人生的不同的阶段会有不同阅历，使我们在读书的时候有截然不同的感受。现在你们正当青春年华，希望你们能够好好读书。

第三要慎思。审慎地思考。《论语》里面讲"学而不思则罔，思而不学则殆"。《礼记》里面则要求"慎思之，明辨之"。我们在读书的时候不能仅限于对知识的接受，哪怕是对成熟的知识，甚至是公认的真理，都应该持一种质疑的态度。我们不应该盲从，也不应该偏信，而应该秉持一种批判的意识、质疑的思维。即便是科学的真理，也要经过我们审慎的思考，在脑子里经过正反两方面的辩诘博弈，只有这样我们才能够领略到真理的光辉。

最后一个环节，就是要力行。古人讲知行合一。知行合一，说的是理论和实践的结合或者统一。我们读那么多的书，吸收了那么多的知识，最后还是要把它运用到实践上去，运用到我们的专业实践和社会实践中，要做好理论和实践相结合的这样一篇文章。陆游讲了这样一句话，"纸上得来终觉浅，绝知此事要躬行"。在力行方面我们还需要有一种韧劲，我们的专业实践也好，社会实践也好，并不是一帆风顺的，也不是一马平川。在这个过程中可能还会碰到这样、那样的困难。所以我们要坚忍不拔，咬定青山不放松，只有具备这种韧劲，才能够克服我们在学习、实践过程中碰见的种种困难。

从立志、读书、慎思到力行，是一个完整的人才养成过程。我们在立行中遇见了困难，发现了自己知识与能力的不足，回过头来再调整我们的人生规划，根据新的目标需要，来进行一种补充性的拓展式的阅读和思考。这样就开始了一个新的轮回，经过这一轮回，我们的人生阅历、知识积累、能力养成、道德修炼就会登上一个新的阶梯。

同学们，你们今天来到华中科技大学，可以说是你们的幸运，也是我们的福气。你们的幸运在于华中科大是一所非常优秀的学校，刚才我们说了，国务院刚刚加冕42所大学，华中科技大学因此而进入了一流大学的行列。我们新闻与信息传播学院在这个学校里，是最好的文科院系之一。在选择华中科技大学之前，你们可能已经知道了华科的很多传说，所谓学在华工。在这么一个强烈的浓郁的学习氛围之内，你们想玩都很难，大家都在学习，不学不好意思，想学坏更是不可能。

我们学院、我们老师的福气在于我们拥有了你们，你们都是百里挑一的人中龙凤。得天下英才而教育之，何幸如之啊？因为学校，你们有了光明的未来；因为你们，我们拥有了一切。生活在现代社会，我们难觅孔子讲学的遗址胜迹，但是我们都知道子路、颜回等七十二贤人是孔子的高徒；我们没有见到柏拉图讲学的盛况，但是亚里士多德的盛名让我们记住了柏拉图学园的丰功伟绩。没有你们，我们将一无所有。

作为一个老师，作为新闻与信息传播学院的院长，我非常珍惜我们的师生缘。我和我的全体同事们愿意为同学们的学习、成才营造最好的环境条件。

同时，我希望在未来的四年期间，各个同学要以六星级卓越传媒人作为你们未来的目标，勤奋学习，刻苦钻研，内外兼修，全面发展。

我期待着：四年后你们毕业的时候，你们一个个都学有所成，一个个都能力卓越，一个个都身体康健，并且一个个都爱情美满，一个个都梦想成真！

祝福大家，谢谢大家！

（本文为张昆教授 2017 年 9 月 29 日在华中科技大学新闻与
信息传播学院 2017 级本科生开学典礼上的致辞，
根据录音整理而成）

考量传媒人才的四个维度

在媒介化社会，信息传播对人类社会的渗透超越了此前的任何时代。传播不仅刺激到个体的感官，更是深入其内在的心灵，进而影响到个体的情感、态度和行为，甚至整个社会的有序运行也严重地依赖于媒介的传播。在这个意义上，称传媒人为人类灵魂的工程师、社会环境的瞭望者、公平正义的守护神等等，一点都不为过。作为一个传媒人，究竟需要具备什么样的资质？或者说一个传媒人在其职业生涯中怎样才能够满足社会的期待？作为一个以培养传媒人为己任的新闻传播学院院长，从我自己的教学生涯中，深感考察一个传媒人是否能够满足社会的期待，应该从如下四个维度，即长度、宽度、高度、温度着眼。

第一是长度。所谓长度指传媒人的职业素养、专业能力。新闻传播的历史经历过一个从非职业化到职业化再到非职业化的过程。在人类社会早期的群居时期，生产力低下，传播是人的一项本能，每个个体都是信息传播者同时也是信息接收者。随着社会分工，信息传播职能开始从一般的生产活动中剥离开来，于是出现了最早的传播工作者，如行吟诗人、"包打听"。到了工业时代，信息传播的职业化程度越来越高，媒介的产业化规模越来越大，传媒人群体也日益壮大，对传媒人知识与职业能力的要求也日益严格，进入传媒行业的门槛相当高。20世纪末21世纪初，由于网络新媒体的崛起，信息传播又一次模糊了职业与非职业的界限，人类社会进入一个人人都有麦克风、人人都有摄像机的时代。似乎谁都是传媒人，谁都可以做传媒工作。其实不然，网络化时代看似抹杀了传媒职业的门槛，但是在人人都能发声、人人都是传播者的时代，社会更加需要权威的声音，职业传媒人的公信力比过去任何时期都显得重要。这种权威性、公信力与传媒从业者的职业素养、专业能力是分不开的，也就是说长度决定了传媒人职业的权威性和公信力。长度意味着崇高的专业理想、超凡的职业见识和倚马可待的专业技能。一个没有长度的人，绝对难以成为一个优秀的职业传媒人。

第二是宽度。对于传媒人而言，宽度意味着开阔的视野、广博的学识、完善的知识与能力结构。在这个万象更新、复杂如麻的信息时代，每个事件、每个问题、每个人、每个过程，都不是单个的孤立的存在。正如恩格斯早年所说的，正是无数个力的平行四边形，交织成对立统一的历史过程。作为社会的守望者和灵魂的工程师，传媒人应该对自己报道的事件、人物、过程有透彻的理解，应该对横向纵向坐标轴上的新闻有立体的把握。这就需要从不同的视角，运用不同的理论与方法，去全方位地透视。由此决定了，单一的知识和能力结构，无法胜任信息时代的传媒工作的需求。我们常听那些资深的传媒人讲，新闻工作者应该是杂家，应该是百科全书式的人物。也就是说，传媒人的知识结构应不限于新闻学，而应该涉猎与传播相关的其他学科，诸如政治、经济、法律、文化等领域，建构广博、合理的知识体系。面对复杂的新闻事件，他不仅能运用新闻的价值尺度去评估，还能够根据其他学科的学理与方法，进行多角度的立体审视，触类旁通，由此及彼，游刃有余地驾驭报道过程，全面地揭示事件蕴含的历史意义。

第三是高度，也可以说是深度。它指的是思想的高度、道德的高度、政治的高度，也指敏锐的洞察力、深刻的反思与批判精神。美国著名报人普利策曾形象地说，倘若一个国家是一条航行在大海上的船，记者就是立于桅杆之上远眺四方的水手，其观察报道的准确与否，直接关系到全船的安危。更多的人把传媒人视为公平正义的守护者、道德文化的传承者、人类灵魂的工程师，这一切都要求传媒人具备能够穿透雾霾、烛照万物的洞察力、宏观统筹的大局观，具备强烈的反思意识、批判精神和独立思考的能力。面对纷繁复杂的万象，不张皇失措，不人云亦云，不被表象所迷惑，不被利益所左右，不屈从于权力，而能够本着理性的精神，从政治大局、道德精神的高度，独立地审慎思考，客观报道，公平立论，这样才能排除各种干扰，驱除阴霾，正确地引领社会的航向，为社会的健康发展提供正能量。在信息传播过程中，如果传播工作者格局狭隘，见识不高，缺乏大局意识，没有起码的道德操守，我们无法想象他们能在多大的程度上善尽自己的社会责任，履行自己的职业使命。

第四是温度。所谓温度，就是人性、人情味，就是爱人，就是敬畏生命、同情弱者，就是慈悲心肠。一个传媒人应该具有悲天悯人的情怀，敬畏生命，对于弱者，能够自然地流露出关爱之情，应该推己及人，老吾老及人之老，幼吾幼及人之幼。当专业追求与人性的善良发生冲突时，应该回归人性本身。人不是一般的动物，主宰人世间的不应是丛林法则。莎士比亚曾经强烈地批判意大利的思想家马基雅维利，把他称为"残酷的马基雅维利"。因为在他留给后人的著作中，对那些野蛮的、悲惨的谋杀和权术，用了一种陈述事实的笔调，在必须加以谴责的地方，他也毫不动感情，使人感到他对历史的陈述过于冷酷，以至于令人心寒。事实上，在新闻界，我们常常看到一些挑战人伦极限的报道。如大量记者簇拥在医院病房外等待着病人死亡；为了生动地报道，一些记者内心平静地摄下对象自杀的场景而不加阻拦；对于事故或灾难的受害者，丝毫不考虑他们的感受，毫无顾忌地提问，对他们施加再度的伤害；还有对刑事案件、战争场面血淋淋的呈现，对于博杀动作的肆意渲染，完全不考虑对青少年可能造成的负面影响。这些情况，对于富有道义责任感，具有悲悯情怀的记者而言，是绝对不能原谅的。

以上包括长度、宽度、高度和温度的四个维度，是考量每一个合格的职业传媒人时不可或缺的重要视角。一个传媒人如果没有长度，或者长度不长，也就是说，其专业技能和职业素养没有达到及格线，那他只能做一个业余的传媒人，正如当下的流行语，人都有麦克风，人人都有摄像机，他只能是这些普通的"人人"中的一员。如果一个传媒人有长度没有宽度，或者宽度不够宽，知识结构比较单一，视野相对也比较狭隘，他就很难有大局观，更难有全局思维，其想象力也会受到局限，面对复杂的新闻事件，他能够借以解读分析的理论、工具与方法也是有限的，由于难以调动必需的知识资源，社会对他的期待也难免会落空。高度对于职业传媒人而言，尤其重要。因为这个高度不仅是思想的高度、政治的高度，还是道德的高度，更是穿云破雾的深刻的历史洞察力。有高度的传媒人，能够透过现象看本质，入木三分，主次分明，有理有节。有高度的人，会有强烈的社会责任感和职业使命，"虽千万人吾往矣"。如果没有这种高度，纵有杰出的专业技能，巧舌如簧，下笔千言，也只能是一个肤浅的传媒人。同样，一个没有温度的人，一个没有爱心、同情心、人情味的人，即便他有传媒人坚实的专业素养、杰出的专业技能、多学科的知识结构、宽广的视野，博学多才，触类旁通，也难以为社会的发展提供正能量，能够吸引他的注意力的只有冲突、血腥、色情，在他的心里只有本能、贪欲和利益，生物的动物性支配了人的社会性。很显然，这不是一个健全社会所需要的传媒人。

环顾宇内，当下中国的新闻传播领域，能够通过这四个维度全面考量的传媒人有多少？可能很难做出乐观的回答。作为一个新闻学院的院长，长期致力于传媒人才的培养，深感社会对优秀职业传媒人的殷切期待。愚意以为，一个优秀的职业传媒人，应该是一个立体的全面发展的人，一个高尚的人，一个深刻的人，一个有杰出专业才能的人，一个博学多才的人，一个富有人间温情的人。这是媒介化时代社会最大的需求。为社会培养一批又一批优秀的职业传媒人，是新闻传播院系能够为社会做出的最大贡献，也是新闻传播院系赖以保证自己存在的基本依据。

（本文发表于《青年记者》2015 年第 25 期）

培养可爱的人民信赖的传媒人

　　大家下午好！今天非常高兴，我们将在这里为 2016 级本科生举行隆重的开学典礼。在此，我谨代表新闻与信息传播学院师生员工向在座的 161 位新生表示热烈的欢迎，欢迎你们加盟华中科技大学新闻与传播学院，欢迎你们成为我们这个大家庭新的一员。同时作为一个老师，也作为一个父亲，我也要向各位同学表示衷心的祝贺！你们能够经过激烈的考试战争，杀出重围，来到喻家山下美丽的华中科技大学，说明你们是时代的佼佼者，是同龄人中的成功者。在实现人生梦想的第一阶段，你们有了一个很好的占位，占得了先机。毕竟，华中科技大学是中国的十大名校；毕竟，我们新闻与信息传播学院位列国内同类院系的前列。在这里读书，能够保证你们进入行业、学界的前沿，能够帮助你们在激烈的竞争中立于不败之地。

　　人们常说，大学是培养高级人才的摇篮，是社会、是国家和人类的未来与希望之所在。作为国家的重点大学，华中科技大学一直以其优良的学风享誉中国教育界。在整个中南地区，"学在华工"之说家喻户晓，耳熟能详。20 多年前，华中工学院学生有一句口号："今天我以华工为荣，明天华工以我为傲。"几十年来，一批又一批华中科技大学的学生走向社会，占领了高端的人才市场，引领了中国的改革发展，为华中科技大学赢得了声誉。

　　我们新闻与信息传播学院是华中科技大学文科的一面旗帜，我们在继承华中科技大学作为一所工科大学的优良传统的同时，也吸纳了开放包容、自由平等、敬天爱民的人文精神，从而成为中国新闻传播高级人才重要的培养基地。在我们的办学理念中，人才培养始终处于重中之重的地位，一切服务于人才培养，一切服从于人才的成长，是我们的基本原则。

我认为，人才这个词应该拆开来理解，才在人后，说明要先做人，后成才。在中国古代象形文字体系里，人字呈侧身垂手侍立状，是一个人鞠躬的剪影。这表明，人是一种谦逊、恭谨的直立动物。所以谦恭，乃在于人类会内心思考，能够反思自己，明白自己力所不逮，要生存与发展，必须得到他人的合作与帮助。所以他必须是一个谦虚的、靠得住的人。

正是基于此，中国古代儒家的目标就是培养君子，即充满慈爱之心，具有大智慧和人格魅力的人。孟子说："君子所以异于人者，以其存心也。君子以仁存心，以礼存心。仁者爱人，有礼者敬人。爱人者，人恒爱之；敬人者，人恒敬之。"（《孟子·离娄》）可见孟子心目中的君子，文质彬彬，恭谨有礼，敬天爱人。用我们今天的话来说，这种君子就是最可爱的人，也是最值得信赖的人。孟子心中理想的君子，也是我们的培养目标。我希望在未来四年中，通过精心的培养，将你们161个同学都打造成为这样的谦谦君子。为了这一愿景，我想在此向各位提出三点期待。

第一，学富五车，思想深刻。

"学富五车，思想深刻"是我对各位同学第一个重要的期待。读书是学生的天职，有效地利用大学四年时间，结合专业要求，静下心来，博览群书，建构合理的知识体系和能力体系，是人才培养目标的基本要求。基于此，我希望同学们在合理、适当地参与社会实践、社会活动的情况下，根据各自专业的特点，结合课程安排，广泛地涉猎，深入地阅读，特别要读经典，通过读经典与先哲对话，进行心灵的沟通，以提升自己的精神境界。我们要读有字之书，更要读无字之书。古人说，读万卷书，行万里路。我们应该结合专业，读懂行业、读懂社会、读懂国情、读懂人类的命运。这样长期的积累，能够使我们成为一个学识渊博的人，正如俗语所说的，秀才不出门，能知天下事。

同时我还要敬告同学们，我不仅仅希望你们读书，更希望你们带着问题读书，边读书边思考。我不希望你们成为一本活字典，更不希望你们仅仅只有硬盘的记忆功能。那太可惜了，实在是浪费了你们的才华。不加分析、不加批判地阅读和摄取，是读书人的大忌。读书人应有一个起码的品质，独立思考，不迷信，不盲从。以批判的意识、辩证的思维，面对人类历史上一切文明的成果。当听到"季文子三思而后行"时，孔子说："再，斯可矣"（《论语·公冶长》），就是要求我们思考，反复地独立思考。只有这样，我们才能成为一个知识广博的人、一个思想深刻的人。这样我们就不仅仅是一个知识的搬运工，而且会给人类的知识积累提供新的增量，做出自己的贡献。

第二，怀抱梦想，意志坚强。

人是有意识、能够思维的社会动物。在社会共同体中，每个人都有属于自己的角色，也都有自己的梦想或人生目标。各位同学来到华中科技大学，不一定是你们最初的人生之梦，或许恰恰相反，也许是因你们最初的梦想破碎，不得已才选择了这里。我完全理解，在小学时代、初中时代，谁没有北大、清华之梦？也许华科大不是你们第一选择，但我敢说，来华中科技大学绝对是通向你们梦想的阶梯。说到梦想，我想起了明代谏臣杨继盛的一首诗："读律看书四十年，乌纱头上有青天。男儿欲画凌烟阁，第一功名不爱钱。"在古代中国，每个好男儿都以能上凌烟阁为荣。今天在座的各位同学，我相信你们都是怀揣着梦想而来的，你们有自己的职业之梦、家庭之梦、国家之梦，我们由衷地希望你们能够梦想成真。

但是要实现这一梦想，是非常不容易的。每个人都有自己的梦想，但不是每个人都能梦想成真。能否实现梦想，最重要的影响因素是有无意志力。我们都知道人格由三要素组成——认知、情感与意志。仅仅认识到目标的重要性，凭借着对目标的向往是难以实现目标的。唯有坚韧的意志力，才能为梦想护航。中国古代有头悬梁针刺股、卧薪尝胆的传说，告诉我们要有毅力，任何成果的取得都要付出一定的代价，天下没有免费的午餐。郑板桥的《题竹石画》："咬定青山不放松，立根原在破岩中。千磨万击还坚劲，任尔东西南北风。"这首诗给我们很大的启示，只有咬定目标，心无旁骛，不管东南西北风，坚拒各种各样的诱惑，才能实现自己的梦想。

第三，才华卓绝，灵魂高洁。

我在大学做了三十多年的老师，我心目中最好的学生一定有卓绝的才华。但是有才华的人不一定有灵魂。没有高洁灵魂驾驭的才华，与魔鬼的才具无异，可能给人类造成更大的灾难。作为一所杰出的新闻传播学院，我们在人才培养方面，有优良的传统和口碑。我们的课程体系和培养模式在业内得到了很高的评价。只要遵从我们的教学计划，严格地执行培养方案，在此前提下，做好社会实践和专业实习，就能够练就必要的职业能力，新闻传播领域的十八般武艺，虽然不能说样样精通，但起码可以仓促上阵。

我不担心我们学生的专业才华，事实上在这方面，华中科技大学新闻与传播学院的成就是有口皆碑的。我所担心、所牵挂的是学生们职业之魂的建构。德国著名哲学家雅斯贝尔斯在其《什么是教育？》一书中说："教育的本质意味着，一棵树摇动另外一棵树，一朵云推动另外一朵云，一个灵魂唤醒另外一个灵魂。"因为灵与肉是统一的，灵魂牵引着躯体，引导着才华的施展。学院的人才培养不能限于技能的锻造，在灵魂的启迪方面要倾注更多的精力。我们要通过完善的课程体系、实践环节、导师引领、拓展阅读等，熔铸学生的专业之魂。2014年春节，学校放假了，我在校园独自徘徊，百感交集，写了一首古体诗《传之魂》："喻家山麓，东湖水滨；乔木参天，人杰地灵。学子问津，切磋争鸣；楚才砥柱，于斯为盛。大学之道，善止德明；矢志弘毅，木铎金声。春秋大义，昭彰群伦；天听民听，至真至诚。经世文章，鉴古察今；闯关越险，拨乱反正。迁固风流，铁笔垂勋；术精思锐，探微索隐。匡扶社稷，与时俱进；秉中持正，求新博闻。穿云破雾，洞照万仞；天地共鉴，斯为传魂。"这128个字，渗透着我对专业之魂的理解。我一直认为，一个灵魂高洁的人，绝对是一个有道德的人，一个高尚的人，一个纯洁的人，有一个能担当的人，一个有责任感的人，一个有大局观的人，一个有温情的人。试想想，在这样的灵魂驾驭下的专业才华，自然会为我们的事业、我们的社会源源不断地注入正能量。

同学们，今天在这个庄严的场合，我无法抑制自己激动的情感。我由衷地希望你们都能成为我期待的人，既学富五车又思想深刻；怀抱梦想又意志坚强；才华卓绝而又灵魂高洁。一句话，希望你们成为新时代最可爱的人，也是人民最信赖的人。要达到这一目标，必须从今天做起，从自己做起，抓住片刻的时间。孔子曾经感叹，逝者如斯夫，不舍昼夜。清代思想家，也是中国第一个睁眼看世界的人魏源有一首诗，"少闻鸡声眠，老听鸡声起。千古万代人，消磨数声里"。这些先贤告诉我们，白云苍狗，韶华易逝，造化弄人，如果我们不抓住当下的时光，机会就会从我们的指缝中溜去。

同学们，我希望你们从现在开始，学习学习再学习，思考思考再思考，让优秀成为我们的一种习惯，毫不松懈，坚持到底。我相信你们绝对不会让我失望。想象四年后、十年后、二十年后，我们学院一定会为你们骄傲和自豪！

最后祝大家身体健康，学业进步，爱情美满，梦想成真！

（本文系张昆教授 2016 年 9 月 1 日在华中科技大学新闻与信息
传播学院新生开学典礼上的致辞）

拓宽视野，扎稳根基，培养优秀的
传媒人才

中国当前的传媒教育怎么样了？应该如何评价新闻传播教育？这是目前困扰我们的一个重大问题。对传媒教育机构的评价，基本上取决于其提供的人才质量。质量高，能够满足业界的人才需求，就能得到社会的正面评价；反之，社会评价可能会很低。根据我们掌握的资料，社会、业界对新闻传播教育的评价远不如我们的期待。传媒教育工作者、媒体领袖，包括宣传管理部门，都应该反思、检讨，思考传媒教育脱困的路径。

一 新闻院系的培养目标是什么

新闻传播院系究竟应该培育什么样的传媒人才？学界众说纷纭。国家重点高校的新闻院系和一般高校的新闻院系，发达地区与落后地区的新闻院系，其人才培养的目标定位是不一样的。在实际教育过程中，目标定位是一回事，而执行的结果又是另外一回事。来自社会、业界的反馈信息表明，新闻传播专业大学毕业生、研究生的社会评价并不高。

究其原因，不外乎以下几点。其一，新闻传播专业的大学生、研究生大多眼高手低，业务能力较差。不少高校的新闻业务课程教学，主要由没有业界经验的学术型老师操刀，而且大多数学校的教学实验设施简陋，不能满足业务技能课程的要求，其专业实践平台也比较落后，绝大多数高校新闻院系的专业实习都是就地安排，这一切都严重影响到学生专业能力的培养。其二，一些学生思想太过活跃，甚至有自由化的倾向。大学是摄取知识、探求真理的地方，思想开放是前提，一切价值都要重新经过理性的审慎判断。大学生需要想象和创新的思维品质，应敢于探索，敢持异见，坚持真理，毫不退让。但是学生一旦离开学校进入社会，或进入媒体，其职业身份就发生了重大的变化。其持论不仅影响到个人，更影响到整个社会。一个过于自由的媒体或新闻工作者，可能会给社会造成困扰。其三，部分学生视野较窄，知识结构不合理。不少高校的新闻传播专业，课程开得很专、很深，而一些与新闻传播有关的其他人文社会科学领域、与社会生活直接相关的自然科学领域，却很少纳入学生的必修或选修的课程范围。即便是在新闻传播学一级学科范围内，专业之间壁垒森严，学习新闻专业的不了解广告，学广告的可能不了解广播电视，学网络的不了解出版。学生知识结构单一，视野狭窄，无法立体透视，更难以触类旁通。其四，学生对中国国情不了解。学生不了解国情，不了解省情，是一个十分普遍的现象。面对社会问题、重大事件，往往从西方历史、普世价值中寻求解决办法，而不是从中国的特殊国情出发。在国际社会日益认同中国模式、中国道路的情况下，我们的学生对祖国的历史、文化传统和家底不甚了了。其五，一些学生责任意识淡漠。现代大学生不同于 20 世纪 80 年代、90 年代的大学生，最重要的体现就是政治理想缺乏，责任意识淡漠。20 世纪 80 年代，莘莘学子立志为中华之崛起而读书，肩负国家和民族的希望。可是现在的大学生，大多已丧失了对政治的激情，虽然也要读书，但大多是为了自己未来的职业，为了自己的事业成功，至于国家、民族的前途，社会的公平、正义与和谐，很少能够引起他们的关注。

笔者认为，在当前的信息化时代，高校新闻传播院系的培养目标应该是为社会提供富有责任感和大局观的，具备扎实的专业知识与业务技能的优秀传播人才。这里面有三个关键词：责任感，大局观，专业知识与业务技能。

大学生或职业传媒工作者的责任感，主要体现在对国家、对社会、对人民的责任上。温家宝在 2004 年致中央电视台《焦点访谈》节目组的信中，专门论及了媒体从业者的社会责任。温家宝认为，责任来源于对国家和人民的深刻理解，对国家和人民的深厚感情，只有对国家和人民了解得深、爱得深，才会有强烈的责任感。

大学生或传媒从业者的大局观，主要体现为对国情的了解，对世界大势的洞悉，以及建立在历史洞察力基础上的理性思维和政治判断。有大局观，才会知进退，才会有轻重权衡，才会有公德意识，才会有行为底线。一个传媒人，如果没有大局观、大局意识，随心所欲，为所欲为，就会失去审慎，缺乏节制，难免会给国家、社会造成困扰。

专业知识与业务技能，这是新闻传播专业区别于其他专业的标志。新闻传播院系的学生应该具备新闻传播方面的系统知识，能够解析复杂的传播现象，理解并且善于利用传播规律；同时还要具备熟练的媒体业务能力，适应媒体运作全流程各环节的岗位需求。在新闻传播类专业的综合素质中，虽然专业技能不是最重要的，但绝对是不可或缺的。传媒职业之所以能够独立于其他行业，就在于这种专业技能的不可替代性。

总之，责任感、大局观以及专业知识与业务技能是传媒工作者综合素质中不可或缺的重要组成部分。三者密切相关，不可分离。责任与大局对接，决定了传媒从业者的行进方向；而专业知识和业务技能，则直接影响到传媒从业者服务社会的能力和水平的高低。

二　怎样才能实现培养目标

怎样才能实现既定的传媒人才培养目标，笔者认为，必须做好如下几个方面的工作。

第一，要加强马克思主义新闻观的教育。马克思主义新闻观是马克思主义经典作家关于新闻传播的系统论述，是他们对传播现象与传播规律的全面解读。它是无产阶级新闻传播事业的理论基础，也是中国共产党所领导的新闻宣传工作的行动指南。它不仅保证新闻宣传工作的政治方向，而且直接影响到新闻工作者的世界观和思想境界。要提高新闻工作者的理论修养，必须让马克思主义新闻观进课堂、进教材，通过完整的教学过程，在学生中入脑入心。

第二，建构科学、合理的课程体系。优秀的传媒人才必须有一个合理、完善的知识和能力结构。学生的知识与能力结构取决于课程体系的设计。新闻院系在设计课程体系的时候，首先要考虑的是业界对新闻传播专业人才知识、能力的需求。这种需求在不同的媒介传播技术发展水平下，在不同的媒介生态环境中，是大不一样的。当前世界传媒发展的大趋势是媒体融合，所以，新闻传播院系要根据媒体融合的发展趋势，顺应传媒业界新的人才需求，与时俱进，加大改革力度，在该做加法时做加法，该做减法时做减法，大刀阔斧，建构科学合理的课程体系。

第三，建设一流的师资队伍。教师是教育之本，教师的水准决定了学生的水准。没有一流的师资队伍，就不可能有一流的学生。一流的师资应该有合理的结构，最重要的是学历、经验结构。教师队伍如果主要来源于一流大学、一流学科，系统地受过本科、硕士、博士阶段教育，这等于是教师品质的重要保证。但是即便是重点的一流大学，教师的来源也要尽可能地多元化，对来自同一个学校、学院、学科的老师的数量要有所控制，出身单一学校、学科的老师的比例不能过高。除了来自高校的学术型师资外，还要有来自业界的、具有丰富的行业经验的师资。要确立一个原则：没有业界经验的老师不能担任传媒业务课程的教学。在此之外，师资的年龄结构、职称结构等都要趋于合理。

第四，开门办学，实现与业界的对接。新闻传播教育要开门办学，向业界开放，向社会开放，与业界接轨，与社会接轨，缩短与业界的距离。目前新闻传播教育的一大弊端就是离实际太远，离业界太远。学校不知业界前沿的动态，关起门来自娱自乐，学生毕业出来，才发现学校与业界具有天壤之别。新闻教育界必须开通与业界联结的快速通道，一方面，可以借助于业界的实践平台，开拓新的教学资源，弥补学校资源的不足；另一方面，可以在服务业界的过程中，提升新闻传播院系的教学与科研实力，进而将其转化为日常的教学资源。

第五，强化第二课堂，增进学生对国情的了解。新闻教育要以第一课堂为主，但是不能忽视第二课堂。第二课堂可以弥补学生知识系统的结构性缺陷，加深学生对社会的了解，增进学生对国情的认识，强化学生的职业精神，提高学生适应社会、适应业界规则的能力。

三　发展新闻教育的四条经验

华中科技大学新闻传播教育开始于 1983 年，是进入 20 世纪 80 年代后中国传媒教育蓬勃发展的第一次浪潮的产物。28 年来，华中科技大学从刚创办时的单一本科教育，到如今不仅形成了本科、硕士、博士、博士后一条龙的全程传媒人才培养体系，而且成为国内新闻传播的学术重镇，其人才培养和学科建设的成就，得到了学界、业界的认可。总结华中科技大学新闻传播教育的经验，可以归纳为以下几点。

第一，让马克思主义新闻观进课堂，自然地融入学生的知识体系。采取切实措施，让马克思主义新闻观占领思想阵地，成为新闻传播类大学生的思想武器，是中国大学教育的题中应有之义。在华中科技大学不长的办学历史中，形成了重视马克思主义理论教育的传统。学校有公共基础类课程大平台，其中有马克思主义原理、中国共产党史、毛泽东思想与邓小平理论等课程，这些课程可以视为马克思主义新闻观的前置课程。学院有专业基础课，其中有新闻学原理、马克思主义新闻原著导读等，其核心内容就是马克思主义新闻思想。在此之外，还有新闻业务课程、新闻历史课程，如新闻采访、新闻写作、新闻评论、中国新闻史、外国新闻史等。其部分内容可能直接联系到马克思主义新闻观的某些具体原理，如采访学中的深入实际调查研究以及群众路线，写作评论课程中的贴近群众、切合实际、走近生活，新闻史课程中对唯物史观的坚持等，都是传播马克思主义新闻观的具体途径。

华中科技大学新闻与信息传播学院在马克思主义新闻思想研究领域，已积累了丰富的研究成果和学术力量。在中央马克思主义理论建设工程第一批教材建设中，学院就有两名教授参与。2010 年，学院又有两名教授入选教育部马克思主义理论研究和建设工程项目首席专家。围绕着马克思主义新闻思想研究，二十多年来，学院出版了几本专著，发表论文近百篇。

第二，以需求为导向，与时俱进，不断改革教学体系。传媒教育要以传媒业界的需求为导向，业界需要什么样的人才，学院就培养什么样的人才，输送什么样的人才。新闻教育界也要坚持三个面向，即要面向业界、面向社会、面向国际，不能自以为是、自娱自乐。要把握业界演进的脉动，瞄准行业竞争的前沿，了解媒体的变化和需求，不断改革人才培养模式，完善课程体系，更新教材内容，优化教学手段。只有这样，才能提高教学水平，保证人才培养质量。

第三，引入传媒精英，构建"双师"队伍。师资队伍结构应该多元化，但应以学术型教师与实务型教师两种基本类型为主体。对于学术型教师，应该要求具有较高的学历层次、全面的学术素养和扎实的理论功底；对于实务型教师，不一定要求具有博士学位，但一定要有丰富的业界经历，他可以不写高深、抽象的学术论文，但一定要是传媒行业的行家里手，在学生的专业技能培养方面，要有点石成金的能力。华中科技大学新闻传播教育开办以来，就一直重视从业界引进高端精英。新闻系第一任系主任汪新源就是来自《湖北日报》，时任《湖北日报》理论部主任。在世纪之交，学院又从业界引进了赵振宇教授、石长顺教授、何志武教授、孙发友教授，如今他们已是学院教学科研的顶梁柱。对两种不同类型的师资，应该采取不同的考核方式，使用不同的指标体系，使之在大学生态环境中，彼此理解，和谐共生，共同发展，一起服务于传媒人才的培养。

第四，与业界结盟，建设高水平的实践平台。学生的专业技能养成，首先要依赖于学校的业务课程教学和实验教学设施，但是要提高其专业能力，缩短与业界的距离，必须要到专业的权威媒体去实践。传媒行业是以高新传播技术装备起来的信息产业，传媒的竞争不仅是报道业务的竞争，也是传播技术和传播手段的竞争。所以，绝大多数高校新闻传播院系都重视学生的专业实习及其平台建设。但是，由于办学条件的差异，各个学校在这方面投入的资源千差万别。华中科技大学新闻与信息传播学院长期以来一直把实习平台建设作为学院办学的重中之重。笔者作为该学院现任的院长，就多次带队到长沙、广州、深圳，拜访当地权威媒体，商谈双方的合作事宜。今年还专门到北京走访《人民日报》、新华社、中央电视台、《经济日报》、《光明日报》、新浪、搜狐、网易等媒体的高层领导，以便建设专业实习基地。有高水平的实习平台，学生就有可能接近行业的最前沿，其专业能力的养成就可能进入一个新的境界。

四　两点具体建议

发展与改善新闻传播教育是一个系统工程，需要调动方方面面的力量，需要来自社会、来自业界的支持。

第一，通过制度化安排，拓展、固化媒体与新闻传播院系的合作关系。目前国内新闻传播教育界，大多与媒体建立了不同层次的合作关系。对新闻传播院系而言，媒体不仅是实习基地，更是就业的主要渠道；不仅是物质资源的主要来源，而且是专业师资的蓄水池。对媒体而言，新闻院系不仅是后备员工的主要来源地，而且是员工继续教育的主要师资来源；不仅是人才培养基地，更是媒介发展的主要智库。媒体与新闻传播院系应该是利益共同体，在产业链上也属于上下游的关系。但是客观地审视目前新闻传播院系与媒体的合作，大多停留在比较低的层次，仅仅表现为建立实习基地，或者聘请媒体高管为院系的兼职教授（基本上是名义的）。这种合作基本上是单向的，而且在一定程度上取决于两方领导者的友情，没有落实在制度的层面上。一旦人事变更，一切又得从头开始。要提升媒体与新闻院系的合作层次，必须发掘彼此对对方资源的需求。新闻传播院系需要媒体，媒体也需要新闻传播院系。双方的合作不仅限于学校的人才培养，在媒体员工的继续教育、媒体委托的专项研究、媒体发展的战略规划等方面，都有相当大的合作空间。两者互利合作、诚信以待，就可达到双赢的结局。

第二，设立新闻传播教育基金，资助新闻传播院系的教学与科研工作。新闻传播教育不仅仅是大学的事业，而且是全社会共同的事业。实际上，媒体是新闻传播教育的最大受益者。媒体每年都从新闻传播院系吸纳源源不断的新从业者，几乎无须付出任何代价。是学生家长、广大纳税人的资金投入，维持着新闻传播院系的运作，媒体只是在最后的阶段摘下成熟的果子，这是不合理的。媒体应该主动介入新闻传播人才的培养过程，并且应该提供最低限度的资源支持。笔者认为，可以尝试提取媒体广告收入的一定比例，比如一个百分点，设立新闻传播教育基金，用以支持当地的新闻传播教育事业；或者政府对媒体支持、赞助新闻传播教育事业的行为，可根据媒体赞助的额度在税收方面予以减免，以鼓励媒体继续支持新闻传播教育。

（本文系张昆教授于 2011 年 6 月 24 日在"湖北省高校马克思主义新闻观教学工作座谈会"上的发言，文章核心部分发表于《新闻爱好者》2011 年 11 月上）

媒介化时代传媒工作者的综合素养

在媒介化时代,媒介及其信息传播联系和支撑着人类社会的生活空间,它不仅影响着个体的思想、意识与行为,更决定着社会机体的有序运行。人们无法想象一个没有传播没有信息的时代。正是因为信息传播的决定性影响,人们对媒介及其从业者产生了很高的社会期待。虽然公民写作、公民新闻成为流行话语,但是,职业传媒人的生活和工作方式仍然是大众羡慕的对象。不是所有人都能够适任记者的岗位,只有具备健全人格、人文情怀、责任意识、协作精神、学习能力、批判思维、全球视野和专业技能的人,才能成为优秀的传媒工作者。

一 健全人格

拥有健全人格是决定一个人能够成为合格传媒工作者的首要条件。所谓人格,是个体所具有的与他人相区别的独特而稳定的思维方式和行为风格。它是一个复杂的结构系统,其中主要有气质、性格、认知风格、自我调控等方面。在社会共同体中,是否具有健全的人格,不仅关系到个体融入社会的程度、与同类的合作,而且直接影响到他对世界的认知及其行为方式。对于一个传媒人而言,其健全的人格要求主要有以下四点。

第一,主动而非被动。主动是与被动相对而言的。所谓主动,是指个体面对外部事物(环境)的变化,不靠外力推动、促进,而是积极地采取相应的行动。唯其如此,个体在事物发展进程中,才能始终把握大局,顺势而为。主动性是一种积极的人格特质，具有这种特质的人，容易发挥自己的潜能，张扬自己的个性。为人处世，积极进取，其成功的概率远高于被动性人格特质者。在新闻传播领域，业内竞争激烈，环境制约严苛，如果处处被动，等对方出招再思谋应对之策，则先机丧失，不仅难尽社会责任，而且在业内将会成为同行的笑柄。所以，积极主动乃是传媒从业者不可或缺的重要素质。

第二，独立而非依附。独立的人格特质，一般是指个体依据自己的观察、判断和意愿去行动而不受环境和他人影响，并以此作为处世准则。具有独立人格的人，善于独立思考，具有个人信念、判断的坚定性和行动的独立性。这对于新闻从业者来说，特别重要。因为，独立人格是独立发现的保证。在这个变化节奏激烈、信息泛滥的社会，环境演变的不确定性，迫切需要理性的媒介对人们进行正确的引领。唯有理性观察，独立思考，才能客观地为社会大众提供正确的资讯，并且在此基础上，做出公正的评价，提出可资选择的参考意见。如果没有独立的人格特质，凡事依附主流，从众行事，人云亦云，缺乏独立思考，在这种情况下，社会通过媒介能够看到的只有划一的镜像，听到的只有一个主流的声音、一个统一的意见，没有选择，没有鉴别，这种镜像、声音、意见即便是正确的，其媒介存在的价值也会大打折扣。

第三，中和而非偏执。中和的人格特质的最突出表现，就是主体能够恰当地调节自己的情绪，而不致陷于极端。古人云："喜怒哀乐之未发，谓之中；发而皆中节，谓之和。中也者，天下之大本也；和也者，天下之达道也。致中和，天地位焉，万物育焉。"① 用今天的话说，喜怒哀乐没有发作失控，是为中；喜怒哀乐情绪宣泄的时候，都恰到好处，是为和。君子如果能够做到中和的境界，天下才能归于正道，各安其位，各展所长，和谐共生。与中和相对的就是偏执。偏执的人格特质有强烈的情绪特征，主要表现为：极度的感觉过敏，对侮辱和伤害耿耿于怀；思想行为固执死板，敏感多疑、心胸狭隘；爱嫉妒，对别人获得的成就或荣誉感到紧张不安，或公开抱怨和指责别人；容易自以为是，自命不凡，对自己的能

---

① 《礼记·中庸》。

力估计过高，惯于把失败和责任归咎于他人，在工作和学习上往往言过其实；同时又容易自卑，倾向于过多过高地要求别人，但从来不信任别人的动机和愿望，认为别人存心不良；难以正确、客观地分析形势，有问题易从个人感情出发，主观片面性大。这种人格特质，不仅不利于传媒工作者间的合作，而且会在很大程度上影响到媒介报道的客观与公正。

第四，果断而非犹疑。对于新闻传播工作者而言，没有比果断的人格特质更重要的了。在这个高度信息化的时代，社会系统的横向联系日益密切，社会变化的节奏日趋频密，时间与速度不仅意味着效益、成功，更是意味着生命。面对大千世界的莫测变幻，大众媒介必须及时反应，充当社会系统的监测者，通报正在发生的或即将发生的重大变化，如是，即便不能防患于未然，也能在事发后引导社会大众及时应对。否则，媒介及其从业者稍有犹疑，就容易错过有效应对的黄金时间，造成重大的社会灾难，从而辜负社会的期待。

也就是说，作为一个优秀的传媒工作者，在人格特质方面，必须主动而非被动，独立而非依附，中和而非偏执，果断而非犹疑，如此，方才算是人格健全。只有具备了健全的人格，传媒从业者才能胜任传播工作，履行自己的社会责任。

二　人文情怀

人类社会的信息沟通，不同于纯自然或科学实验环境下的信息传播。人类的传播活动，处处洋溢着温馨的人文精神，彰显着人类精神的印迹。作为社会机体的黏合剂，传播媒介及其从业者不是抽去灵魂、没有情感的传播机器，它必须具有深厚的人文情怀。所谓人文情怀，或者说人文精神，具有极为丰富的内涵，它是人类一种普遍的自我关怀，表现为对人的尊严、价值、命运的维护、追求和关切，对人类遗留下来的各种精神文化成就的高度珍视，对一种全面发展的理想人格的肯定。人文情怀的核心就是"以人为本"，即把人放在最重要的位置上，一切为了人，尊重人的价值，维护人的权益，敬畏人的生命。

对于传媒从业者而言，人文情怀主要体现在如下三个方面。

第一，敬畏生命，以人为本。地球上原本没有生命，生命是地球亿万年自然进化的结果。正是生命使原本荒芜的地球添加了色彩，充满了活力与精彩。生命是圣洁的，生命在展示过程中需要获得尊重、理解、呵护。不仅是人的生命，地上搬家的小蚂蚁、春天枝头鸣唱的鸟儿、高原雪山脚下奔跑的羚羊、大海中戏水的鲸鱼等等，都是生命世界的重要成员。我们敬畏地球上的一切生命，不仅仅是因为人类有怜悯之心，更因为它们的命运就是人类的命运：当它们被残杀殆尽时，人类就像是最后一块多米诺骨牌，接着倒下的也便是自己了。所以我们热爱生命、敬畏生命，最终还是爱人类自己。丰子恺曾劝告小孩子不要肆意用脚去踩蚂蚁，不要肆意用火或水去残害蚂蚁，他认为自己那样做不仅仅出于怜悯之心，而是怕小孩子那一点点残忍之心以后扩展开来，以致驾着飞机装着炸弹去轰炸无辜的平民。在生命世界中，人是万物之灵。人的生命权是人的生命最终的也是最高的体现。社会系统的一切设施、科学技术的一切进步，无非是为了让人类生活得更好，更幸福，更有尊严。所谓"天视自我民视，天听自我民听"①，"民为贵，社稷次之，君为轻"②。这不仅是基本的政治原则，也是新闻传播的基本法则，一切传播活动都必须围绕着人的需求、人的利益、人的尊严展开。无视人的存在，无视生命的价值和尊严，一切媒介及其从业者都将为历史所淘汰。

第二，众生平等，推己及人。平等是千百年来流行的普世价值。《金刚经·净心行善分》曰："是法平等，无有高下，故名无上正等菩提。"《阅微草堂笔记·如是我闻一》亦称："以佛法论，广大慈悲，万物平等。"③ 19 世纪法国著名的思想家皮埃尔·勒鲁在其《论平等》一书中指出：如果你们问我为什么要获得自由，我会回答你们说，因为我有这个权利，而我之所以有这权利，乃是因为人与人之间是平等的。人们如果不能平等相处，又怎能人人自由呢？④ 美国《独立宣言》的起草者们庄严地宣布：我们认为这些真理是不言而喻的，人人生而平等，他们的造物主赋

---

① 《尚书·泰誓》。
② 《孟子·尽心下》。
③ 纪昀：《阅微草堂笔记·如是我闻一》。
④ 〔法〕皮埃尔·勒鲁：《论平等》，王允道译，商务印书馆，1988。

予了他们某些不可转让的权利，其中包括生命、自由和追求幸福的权利。人与人既然天生平等，那么在社会生活的各个方面，当然要得到同等的待遇。共同体中的你我他，自然要"不独亲其亲，不独子其子"①，以至"老吾老以及人之老，幼吾幼以及人之幼"②。这是社会和谐之必需。作为环境的检测者，作为社会成员的喉舌，传媒工作者理当怀抱平等的意识，既不能居高临下，也不能自下仰视，在行使自己的专业职能时，要设身处地，推己及人。像捍卫自己一样，坚定地捍卫他人的人权、利益、尊严，"己所不欲，勿施于人"。在这种行事原则下，才可能有负责任的新闻传播事业。

第三，崇尚理性，服膺真理。当今世界虽然科学昌明，可是水变油等形形色色的伪科学、迷信、非法宗教活动却时常见诸媒体，误导舆论、混淆视听；以法治国、以德治国的观念已深入人心，但是担负社会哨兵的新闻媒体却不断爆出蔑视真理、践踏真实、屈从权势、收受贿赂的丑闻。其原因固然很多，但从新闻教育的角度分析，主要是在我们的日常教学过程中，只注重传授真理，而忽视了服膺真理的科学精神。所谓服膺真理，就是衷心地信奉真理。《中庸》曰："得一善，则拳拳服膺而弗失之矣。"只有服膺真理、敬畏真理，才有可能接近真理、发现真理，真正按照真理的要求行事，并自觉地维护真理、传播真理。要服膺真理，首先必须要坚持实事求是的原则。媒体的报道关系到大众对社会真相的把握，影响到大众的事实判断。要帮助大众接近真理、认识真理，新闻工作者必须以事实作为出发点。坚持实事求是的原则，按照事物的本来面貌如实播报新闻，就是服膺真理的精神在新闻行业中的具体体现。同时，传媒工作者还要有捍卫真理的勇气。真理是不以人的意志为转移的，职务、权势、资历、财富都无法左右真理，更没有垄断真理的权力。也就是说，在真理面前、在事实面前，人人都拥有平等的地位。如果新闻工作者是在自己的工作范围之内，就新闻事实与他人产生争执、分歧，无论对方处于什么样的位置，拥有什么样的力量，都应有与之平等对话的勇气。

---

① 《礼记·礼运》。
② 《孟子·梁惠王》。

三　责任意识

在媒介化社会，媒介及其信息传播无孔不入、无处不在，它不仅影响到个体的思想、情感及其行为，更能在一定程度上决定社会演进的方向。拿破仑说，一张报纸胜似三千毛瑟枪。日本早期新闻学者松本君平称："吾人试环游欧美文明之邦，莫不惊叹其新闻之势力，出人意料。于舆论则为先导者，于公议则为制造家，于国民则为役使之将帅，挟三寸管做全国之主动力……是新闻者，不仅国民之日用饮食，而又为国民教育、社会教育之大学校也。故其势力所及，伟大无朋，无敌于天下。是以黄金之雄力，宗教之魔锋，帝王之权术，而皆莫与之京，其他更无论也。"① 正是因为媒介拥有硕大无朋的力量，所以传媒从业者承担着重大的社会责任。2009 年 10 月 9 日，胡锦涛总书记在世界媒体峰会开幕式致辞中表示，世界各地媒体要切实承担社会责任，促进新闻信息真实、准确、全面、客观传播。当今社会，媒体对国际政治、经济、社会、文化等各领域的辐射日益加强，对人们思想、工作、生活等各方面的影响日益深入。正因为如此，对各类媒体来说，树立和秉持高度的社会责任感比以往任何时候都更为重要。各类媒体要被公众广泛接受、受社会广泛尊重，不断提高公信力和影响力，就应该遵守新闻从业基本准则，客观报道世界多极化、经济全球化、文明多样性的现实，充分反映世界各国发展的主流和趋势，热情鼓励发展中国家发展进步。

那么应该怎样理解媒介及其从业者的社会责任呢？2004 年 4 月 8 日，中央电视台《焦点访谈》创办十周年前夕，温家宝总理致信该栏目组，专门论及新闻的社会责任。温家宝总理在信中指出：责任就是新闻工作者对国家的责任，对社会的责任，对人民的责任。责任，源于对国家和人民深刻的了解，对国家和人民深厚的感情。只有对国家和人民了解得深，爱得深，才会有强烈的责任感。责任体现在对焦点的关注和正确的把握上，特别是善于把握关系人民切身利益的事。责任还体现在坚持真理、实事求

---

① 〔日〕松本君平：《新闻学》序论，参见《新闻文存》，中国新闻出版社，1987。

是，一切从实际出发，讲求效益。"知屋漏者在宇下，知政失者在草野"，人民的意见、要求和呼声，是对政府工作最好的批评和监督，只有人民批评和监督，政府才不敢松懈，才不会犯骄傲自满的错误。温家宝总理最后要求，焦点访谈栏目应以邓小平理论和"三个代表"重要思想为指导，坚持对党负责和对人民负责的一致性，在宣传党的方针政策的同时，如实地反映人民群众的意见。由此可以看出，媒介及其从业者的社会责任来自对国家和人民的了解，来自对国家和人民深厚的感情，这种了解越深，这种感情也越纯，其责任意识就越强烈。在实际的新闻传播实务中，媒介及其从业者的社会责任具体体现在三个方面：一是客观地报道事实，促进新闻信息真实、准确、全面、客观传播，履行社会哨兵的职责；二是忠实地反映民意，做好人民的喉舌和代言人，同时代表人民监督政府及其他权力机关，促进社会的公平正义；三是正确地引导社会舆论，引导社会、引导民众走向积极的、阳光的方向，倡导文明、道德、正义、和谐，宣扬好的、正面的人和事，同时也要实事求是地揭露腐败、不道德、不文明、不和谐的阴暗面，起到公平、公正、扬正揭弊的良性作用。传媒还要通过传播与传承先进文化，抵制低俗、媚俗、庸俗之风，营造健康有益的文化环境，发挥对社会大众的启迪和引领作用。在传媒技术日新月异、传媒影响越来越大的媒介化社会，媒体从业者唯有强化自己的社会责任意识，大众媒介才能在社会进化过程中扮演积极的建设性角色。

四　协作精神

作为市场主体，传媒产业是竞争最为激烈的社会行业。不同的媒介各尽所能地争夺受众的注意力资源。在内容上竞争，各种媒介想尽花招，独辟蹊径，不断地求新求奇求异，不仅以丰富多样的信息内容，还以自己的意见争取受众；在发行上竞争，体现为在收视（听）率上竞争，争取比对手更大的发行量或收视（听）率，以占领更大的市场份额；在广告上竞争，争取更多的优质广告客户，提高广告收入在媒介总收入中的比重；在服务上竞争，发行服务更加周到，对社会公益更加关心，在传播方式上更贴近，更富于人性化；在技术手段上竞争，不断地加大投入，更新技术手段，一方面提高传播的时效，另一方面提高信息的质量，同时丰富传播的内涵。在整个传播领域，几乎所有的环节，各个角落，都充满了竞争。竞争是媒介生存的常态，竞争意识是传媒工作者必备的心理素质，没有强烈的竞争意识，就不可能成为一个合格的媒体从业者。

但是，竞争并不排斥协作和合作。事实上，这个高度竞争的时代，也是需要通力协作的时代。这是因为，随着技术的发展，社会分工愈来愈细，在新闻传播的每个流程中，每个人能够扮演的角色只是其中的一个环节，纵有三头六臂，也无法拉起整个流程的链条。他必须与其他环节的承担者合作，才有可能得到其他环节的承担者的支持。即便是就中观而言，一个独立的媒体虽然自成体系，但是在整个传播业界，也需要不同媒体间彼此合作，才能维系业界运行的必要秩序和行业的基本规则。所以我们在强调竞争的同时，也不能忽视协作。每个传媒工作者，都要有强烈的协作精神。这不仅是学界的共识，新闻传播业界也高度认同。《中国新闻工作者职业道德准则》第六条就规定：团结协作，形成合力，是社会主义新闻工作的一大优势。新闻界同行之间应建立平等、团结、友爱、互助的关系。提倡互相学习、相互支持，开展正当的业务竞争。不仅社会主义国家如此，在资本主义国家，不同媒介之间、从业者之间，竞争之中有协作，协作之中也有竞争。由此看来，竞争与协作既对立又统一，乃是同一工程的两个不可分割的方面。

在新闻传播实践中，协作精神除了与竞争意识相关之外，还与独立观念直接相关。我们强调协作精神，不是否认单兵作战的现实性，更不是反对独立中自立求胜的意志。事实上，在传播现实中，处处可以看到杰出员工的独立表现，他们的想象力、创造性和卓越的业绩，成为传播流程中最亮丽的景观，这也是传媒职业的魅力所在。我们要提倡协作，更要弘扬独创精神，在更多的场合，独立观念、独创精神、独立运作更能反映传媒职业的特质。当然凡事均有度，当具体事务超越了个人能力所及的范围，个体的力量不足以应对时，协作就成了必然。这时如果仍坚持独立单干，那就是固执的蛮干，明知此路不通仍意气用事，其结果只能是失败。如果进行协作，就可以利用集体的力量整合既有的资源，实现协同效应，从而实现诸多协作方的共赢。所以，竞争意识也罢，独创观念也罢，都是协作精神的对立面，也是彼此能够整合起来的重要精神力量。在这个意义上，协作精神也是传媒从业者所必备的。没有起码的协作精神，就无法在竞争激烈的传媒行业立足。

五　学习能力

我们今天置身的社会，有人称之为后工业时代，有人称为知识经济时代，也有人称之为信息时代。网络与资讯技术的发展改变了人类社会的生存环境和经济形态，知识的生产、传播、交换和利用已经成为一股重要的力量，它突破了时间与空间的界限，正创造着人类有史以来难以想象的价值。不管我们使用其中的哪一个称呼，它都在一定程度上说明，知识已经成为各类企业最核心的生产要素和竞争要素，学习能力已经成为个人或组织的核心竞争力。管理学者彼得·德鲁克说，20 世纪的企业，最有价值的资产是设备；21 世纪的组织，最有价值的资产将是组织内的知识工作者和他们的生产力。也就是说，知识已经超越土地、资本、普通劳动力而成为价值增值的主要来源，知识已逐步取代金融资本的主导作用，成为企业组织最重要的战略资源。在这个大的趋势下，个体要提高自己的社会适应能力，成功地扮演在组织中的重要角色，履行社会职责，必须通过持续的学习过程，建构合理的知识和能力体系，提升自己的核心竞争力。所以学习能力的强弱，不仅决定了个体对知识的掌握程度，而且直接影响到个体的执行能力，影响到企业或组织在市场上的核心竞争力。

在知识经济时代，现代传媒已经转型为知识密集型企业，其在整个社会经济体系特别是在文化产业体系中的地位日益提升。作为文化或知识企业，传媒组织一方面要重视知识的生产、吸收、转化、创新与整合，不断地储备和累积其在同业竞争中出奇制胜的核心优势；另一方面，传媒组织还要作为整个社会的知识中心，承担传播先进文化、科学知识、多元意识的重任，以满足社会大众多样化的精神文化需求。要顺利驱动这个日趋大型化的知识密集型企业，传媒组织必须转型为学习型组织，建构终身学习体系和学习型社会。而学习型组织的核心诉求乃是人才，说到底知识竞争就是人才竞争，知识资源就是人才资源。2003 年 12 月 22 日，中华全国

总工会、教育部、科技部、人事部等九部委和人民团队联合举办全国
"创建学习型组织，争做知识型职工"活动启动仪式。该活动的总目标
是：倡导终身学习的理念；营造尊重人才、尊重创造的氛围，形成全员学
习、全程学习、团队学习的机制；推动建设各种学习型组织；促进人才队
伍建设等。此种"创争"活动虽然是针对整个社会而言的，但是对传媒
行业，具有特别重要的意义。

作为传媒行业的从业者（包括在校学习的大学生），必须认识到学
习能力的重要性。所谓学习能力是指个体以科学的方法与技巧，以快
捷、简便、有效的方式获取准确知识、信息，并将它转化为自身综合能
力的本事。这种本事十分重要，它乃是个体一切能力的基础。一个没有
学习能力的人，不可能有其他的能力，在激烈的社会竞争中，也不可能
有克敌制胜的核心竞争力。学习能力的培养与提高，实际上有两个不同
的环境，一是在校学习，二是在职继续教育。在校学习环境中，老师的
指导是重要的因素。学生通过教师的指导而掌握科学的学习方法，从而
达到"会学"的境界，只有经由这个境界，才能"学会"，以至不断提
高学习能力。在职继续教育环境，即传媒从业者在传媒企业这个学习型
组织里，利用组织的氛围，在全员学习、全程学习、团队学习的背景
下，实现工作学习化、学习工作化，即在实践中学习，在学习中实践，
不断地摄取知识，创造新知，实现与既有知识的融会贯通，并且转化为
专业能力。不管是在校，还是在职，除了老师的指导和组织目标愿景的
牵引外，个体的自觉和能动性十分重要。只有把学生的自觉与老师的指
导结合起来，把个体的规划与组织的愿景结合起来，学生的学习能力才
能得到最大程度的提高。

六　批判思维

对于批判思维，本文是在其与批判精神等同的意义上使用的。人们习
惯上把传媒看成社会的一面镜子，在传媒反映、报道现实的功能意义上，
这种说法有其合理性。但是，如果传媒仅仅是社会的镜子，那就忽略了传
媒的建设性作用。传媒的建设性作用，体现在批判力量上。正是通过传媒

的理性批判力量，实现了传媒对社会的引领。批判精神或批判思维，是人类文明的基本标志。一旦失去了批判的能力，社会就会停滞不前。所谓批判思维，就是站在一个比现实更高的层面上，运用具有高度技巧的概念化、推论、分析、综合，对历史或现实做深刻甄别和审视，对人或事进行分析和解剖，以期发现问题和解决问题。其目的是在现实的基础上实现更大的发展，其着眼点是更光明的未来。

在新闻传播领域，媒介及其从业者批判思维的主要指向体现在两个方面。其一是对现实的批判。当一个国家、一个民族屡屡遭受苦难而无法改变现实的时候，当这个国家、民族的人民陷于灾难的深渊而无法自拔的时候，要么社会大众变得麻木，要么一般民众因为威权的高压而噤若寒蝉；或者是另一种情况，即一个国家、社会经过多年的励精图治，经济繁荣，民生富足，歌舞升平，人民醉心于社会的繁荣，没有意识到繁荣背后酝酿的社会危机。在这个时候，历史和现实都强烈地需要批判精神，需要有振聋发聩的狮子吼。其二是对权威的质疑。我们必须尊重权威，这是毫无疑义的，但是不能绝对服从权威。一个社会如果没有条件地匍匐在权威的脚下，一切唯权威之命是从，不能对权威提出半点质疑，即使权威的观点破绽百出时也无条件服从，则这个社会是没有希望的社会，这个民族是没有将来的民族，这个国家是没有前途的国家。

一个社会最可怕的是批判思维的缺失。一个没有批判思维的民族、国家，将会只有一个按照统一标准制定的思想、观念，统一的行为模式，划一的制度设施，将会单调、沉闷、万马齐喑。正常的民族、国家、社会，都需要批判的力量。但是由于人性本身的弱点，批判本身在人类文明史上往往是以叛逆的形式出现的，并且往往得到不公正的待遇。因为在一般情况下，一个社会成型了，各个阶层的地位就会相对固定，并且成为传统，社会的一切似乎已经合理化，秩序井然，如是，所有对社会的批判者都容易被大众视为异端或者叛逆，被视为秩序破坏者。所以历史上很多伟大的批评家，在当时被视为异端，在世时遭到各种非人的折磨，而最终得到社会公正的评价，往往是在当事人离世数百年甚至千年之后，这是历史的悲哀，也是人性的悲哀。

当前中国处在前所未有的重大历史转型期，虽然经济社会高速发展，人民生活持续改善，但是不容否认，各种矛盾聚集，社会乱象纷呈。这时尤其需要批评的力量。作为社会哨兵和引领社会前行的力量，传媒工作者必须具备批判思维，诊疗社会疾患，清除社会垃圾，成为促进社会健康前行的理性力量。对于传媒工作者来说，其批判思维立足于理性，并且借助科学的分析、归纳、推理，以透过现象捕捉本质，揭示各种社会弊病的内在与外在根源。同时批判的必要条件是批判者思想、人格和精神的独立，一个思想贫瘠的依附者，不可能萌生挑战传统的思想火花，只有独立思考，另辟蹊径，才能提出与众不同的见解，描绘出众人难以想象的愿景。媒介及其从业者建设性的批评思维，源于其强烈的社会责任意识，正是由于他们对人类、民族、国家的了解和深厚的爱，他们的批判才具有深刻性、正确性，并且成为推动社会进步的动力之源。

七　全球视野

当今世界最重要的发展趋势就是全球化。而推动这一趋势的基本动力有两种，一是经济超越国界迅猛发展，由地区化向全球化飞跃；二是资讯传播技术革命促进了信息传播的全球化进程。这两个动力的推动，使得地球的空间日益变得扁平化，原来遥不可及的国家、地区，如今瞬息可达；国家藩篱、山河阻隔、海洋天堑等政治与地理障碍，丝毫不影响天各一方的人们同时共享信息资源。经济与信息的全球化，不仅使地球的空间越来越小，而且使地球各个地区、不同国家的联系越来越密切。南太平洋的火山爆发后，在其火山灰远未飘浮到欧亚大陆的上空时，其在经济上造成的风暴早已席卷全球；中东地区的武装摩擦，会导致全球能源价格的上涨，影响世界经济的平稳发展；金融危机中中国政府用于刺激经济的四万亿元投入，不仅保证了中国经济的强劲发展，而且把美国、欧洲从水深火热中拉了出来。地球村由预言变成了现实，各地区、国家间千丝万缕的联系，使地球本身转型为一个有机体，各地区休戚与共、生死攸关，牵一发而动全身。在这种情况下，很难说有纯粹的国际问题或国内问题。事实上，传统意义上的国内问题已经国际化，而一般意义上的国际问题也越来越国内化了。中国西南澜沧江、湄公河地区的水利水电建设，是国内问题，但是不能不考虑东南亚地区邻国的感受；在墨西哥坎昆召开的全球气象会议是举世关注的国际问题，但是落实到各个签约国，又是切实的不容推卸的国家义务。

在这个全球化时代，每个社会成员都要有一定的全球视野。特别是从事新闻传播工作的记者编辑，其报道与言论直接决定着社会的视听，影响大众的思想与行为，引领社会演进的趋向。所以，国际观、全球视野应是每个传媒从业者必备的素质。所谓的全球视野，是指超越地区、民族、国家的宽广视野，观察事物、认识问题时，不是就事论事，抓住一点不及其余，而是能够由点到面，注意从事物与事物间的联系，从地区与地区间的互动，来把握此事物与他事物、对象与环境的横向互动关系，从而揭示国内问题的全球价值，以及国际问题的国内意义。全球视野还有一层含义，那就是现有的国家、地区乃至全球格局，本身就是历史演化的结果，而且还将继续向未来进化，所以要把握事物与事物、国家与国家、地区与地区间的横向联系，还须具备透视现实所必需的历史洞察力及对未来的预见力。一个没有历史感的传媒工作者是不可能胜任其岗位职责的。同样，作为社会环境监测者的传媒及其从业人员，还需要基于历史洞察力的前瞻性思维，在全面掌握事物、国家、地区横向互动联系的前提下，科学地预示将来，展示事物未来演化的前景，这也是媒介时代社会对传媒工作者的殷切期待。

传媒工作者要符合社会期待，具备全球视野，引领社会航程，就必须在学习和工作中、在继续教育的过程中，学习历史、地理，掌握地球政治空间纵向演化的基本脉络，深刻理解现实权力格局的由来；同时，还要借助媒介的便利，拓展自己的眼界，尽可能多地了解国际事务，如国际政治、全球经济、世界文化、地区冲突乃至宇宙探索等，凡事关人类命运的超越民族、国家、地区的事件或问题，均应纳入自己涉猎的范围。除此之外，传媒工作者还要在工作和学习过程中，熟练地掌握和运用辩证法，善于从历史的发展、从事物与事物的联系来认识事物，透过现象把握本质，从而促成问题的解决。只有同时通晓历史、地理，熟悉国际事务，并且掌握辩证思维的人，才能真正具备全球视野。

八　专业技能

随着资讯传播技术革命日益深化，新媒体特别是网络媒体逐步崛起，人类社会的传播景观发生了重大变化。千百年来信息传播过程中传播者与受众地位相对固定的时代结束了。在新媒体时代，传播者与受众的地位远非过去那么确定。由于技术的进步及操作系统的人性化，信息传播的职业技术门槛大为降低，一般公众也能轻易地使用传播工具。于是受众可能会成为积极的传播者，传播者也可能会成为传播过程中分享信息的受众。人人都有麦克风，人人都可以成为报道新闻的传播工作者。事实上，这不仅是一种可能，而且已经成为一种现实。进入 21 世纪以来，有很多轰动世界的大新闻的第一报，就不是职业新闻工作者所为，甚至不是出自传统意义上的权威媒体。网络新媒体的迅猛发展，不仅改变了人类社会的传播生态，对传统媒体的生存与发展提出了挑战，而且使传统的职业传媒工作者面临着严峻的考验。不过，"平民记者""公民新闻"虽然日趋流行，但在整个传播系统中，目前还只是居于次要的地位。在一般情况下，职业传媒工作者的地位和作用还是难以替代的。

作为社会大系统的子系统，传媒系统本身也包罗万象，由一系列子系统组成，包含着诸多系统要素。传媒从业者来自各个不同的知识领域，具有不同的学习经历。在传媒行业内部，基于专业分工，从业者本身也分为报道业务人员、传播技术人员、经营管理人员、后勤服务人员，他们在媒体业务流程中各据要津，履行自己的岗位职责。其中最具专业或行业特性的是报道业务人员，也就是社会普遍认知的记者、编辑。他们主要是来自高校新闻传播院系的毕业生，在大学（或研究生）期间就为适应这一岗位需求量身定制，打造合理的知识体系和能力结构。走上媒体岗位后，又结合工作需要，接受继续教育，在实践中学习，在学习中实践，不断地摄取知识，创造新知，实现与既有知识的融会贯通，并且转化为卓越的专业能力。网络时代融合媒体的传播实践及其发展趋势，对传媒工作者尤其是报道业务人员的专业能力提出了全新的要求。

笔者以为，现代融合媒体的新实践，对其从业者最基本的要求是全能化。也就是说，融合媒体所需要的报道业务人员，应该能够掌握并熟练运用各种通用的传播技术手段，驾驭文字、图片、音频、视频等多种内容的表现艺术，胜任传媒企业内部整个业务流程各个环节的基本要求，不仅能够采访写作、摄影摄像，而且可以编辑制作，甚至能够直接对外传播，传媒企业内部业务流程的十八般武艺，他们应该样样精通。正是因为有这样高的专业要求，才得以完善传媒的社会服务，提高传媒的业务品质。也只有这样，才能提高传媒行业的准入门槛，突显传媒从业者基本素质的不可替代性。要使传媒专业人才达到这样的境界，新闻传播院系和传媒业界承担着重要的责任。一方面，高校新闻传播院系的专业教育必须转型升级，革新传统的针对不同性质媒体的专业设置和课程体系，改革培养模式，更新教学设施和教学手段。另一方面，传媒企业本身也要适应知识经济时代的潮流，转型为学习型组织，将人才资源作为传媒企业的核心竞争力，营造全员学习、全程学习、团队学习的氛围。只有如此，传媒从业者才能养成人无我有、人有我强的卓越的专业能力。

总之，在如今的媒介化时代，传媒及其从业者在社会系统中扮演着越来越重要的角色。民族、国家、社会对传媒从业者的期待超过历史上的任何时代。在职业光环的笼罩下，传媒从业者自然带有某些神秘色彩，而社会成员所以看重媒介，往往与其独特而卓越的专业技能相关。传媒从业者的专业技能固然非常人所能及，其难以替代的特性也为世人所共知，但是在专业能力之外，其实还有很多更重要的东西。诸如健全的人格、人文情怀、责任意识、协作精神、学习能力、批判思维、全球视野等，它们虽然在专业能力之外，但是直接制约着专业的高度和深度，影响到专业能力的正向或负向的发挥。所以在传媒从业者养成的过程中，不论是在学校，还是媒介业务岗位上，专业能力之外的人格塑造，责任意识、协作精神、人文情怀的提升，学习能力、全球视野的拓展，批判思维的强化，都是应该重点注意与强化的内容。只有全面关注、平衡发展，传媒从业者才能经由学习和实践过程，最终具备融合传媒实践所需的全面素质，进而在更高的层面上满足社会的期待。

（本文原载于《当代传播》2014 年第 1 期）

从"马航事件"反思新闻传播人才培养

2014 年 3 月 8 日发生的马来西亚航班失联事件，原本只是一起灾难性突发事件。随着各国新闻媒体争相进行同题报道，事件无意中演变成一场国家"传播软实力"的竞赛。英国路透社、BBC，美国 CNN、《纽约时报》、《华尔街日报》，法国法新社以及新加坡《联合早报》等国外各大媒体都对马航事件进行了积极的追踪报道，内容涉及失联原因推测、飞行员调查、失联地点确认、客机可能坠毁地点和客机飞行状况分析等，对事件真相的揭露起到了重要推动作用。而中国媒体虽然也前往一线采访，却只是跟着各大新闻发布会和外媒报道的节奏走，并无重大原创报道。二者差距之明显，让国内公众忍不住发起了一场"中国媒体落后在哪里"的大讨论，其中尤以数落和嘲讽为主。抛开偏激的情绪化语言，我们有必要认真地分析和反思，在这场"没有硝烟的战争"里，中国何以败？

一 中外记者的差距在哪里？

从表面上看，中国记者与外国记者的差距主要体现为新闻发现能力薄弱，以及国际信息资源贫瘠。事实上，马航给中外记者出了同一道难题，题面的信息量并未厚此薄彼。可是，当中国记者被各大新闻发布会牵着走时，外媒却能通过各种渠道发掘潜藏信息并取得突破。有人提出，作为信息源的军方、卫星公司和情报机构在这个过程中发挥了重要作用，这固然有一定道理。但实际上，中国记者的不足不仅体现在缺乏"实体信息资源"（尤其是国际层面上）的积累，更体现在对"虚拟信息资源"的浪费。这里的"虚拟信息资源"指的是海量规模并高居"云端"的大数据。对于"大数据"，目前学界的主流定义是"大小超出常规数据库工具获取、存储、管理和分析能力的数据集"，而在传播学的视角下，大数据实际上已成为至关重要的新闻生产资料。谁能获取并将其整合应用，谁就具备核心竞争力。不能善用大数据发现新闻信息，是中国记者在技能上的最大短板。

其实，中国记者与外国记者的差距远不止于此。更值得关注的，首先是中国记者的主动性和主体意识的丧失。所谓"主体意识"（consciousness of subject），是指作为实践和认识主体的人对于自身的主体地位、主体能力和主体价值的一种自觉意识，是主体自觉能动性和创造性的观念表现。对于官方消息，中国记者是盲目相信并传达，外国记者则是主动质疑并求证，其差距由此可见一斑。长期以来，被动报道成为中国记者的业务常态，他们多已习惯这种"传达"的思维模式，而缺乏一名记者应有的独立、批判和质疑精神。其结果是任由官方一次次地推翻此前发布的消息，而媒体却只能一次次地"复制粘贴"，媒体公信力在这个过程中被严重挫伤。殊不知，马航事件对于社会大众来说，存在着一大片事实上的空白。记者奔波在前线，自然肩负着探寻事实真相的重任，而不只是被动地报道事件进展。中国记者对自身主体地位并未有足够的意识。更直白一点，他们并不打算凭借自身努力发掘出事件真相，而是等待他人直接给出结果。当然，他们也有可能认为这超出了自身角色或能力范围。无论如何，这直接从主观上导致其丧失了报道行为的主动性和创造性。

其次是社会责任意识淡漠和职业价值认知失范。除了不加证实、随手转发国外媒体的报道，国内媒体做得最多，也是最让公众诟病的一件事是在网上点蜡祈祷、无度煽情，内容单薄飘忽，毫无建设性可言。这种情绪上的煽动，对他人痛苦的无度消费，对媒体人来说，是一种极端不负责任的行为，也是缺乏新闻职业素养的表现。做一些对社会无意义、无价值的报道，纯粹为了发稿量而发稿，恐怕是国内媒体普遍存在的现象。且不说在他们身上难觅昔日"无冕之王"的职业理想、精神气质和责任担当，他们连起码的职业尊严都已丧失殆尽，被行业内外戏称为"新闻民工"

就是一个例证。国内记者对自身的职业价值认知已经发生了严重偏离。没有职业追求和职业理想，也就不可能有杰出的职业表现，难以赢得社会的尊重，于是更加自暴自弃，这是一个恶性循环。

此外，中国记者也普遍缺乏国际视野。报道所关注的焦点总是有意无意地往"中国"上靠，甚至有一家国内媒体在其官方微博上发出了"154人遇难，我们等你回来"这样具有狭隘民族倾向的话语。我们当然不能否认新闻接近性、新闻落地的重要，但这也得看语境，起码"尊重每一个生命"这样的普世价值不应遭到无视。而在对马航事件这种引发全球关注、具有国际影响力的事件报道中，中国媒体不应只将受众市场局限在国内，而应有更大的传媒雄心：探寻出事件真相，借机将新闻市场拓展到全球，做真正意义上的"国际新闻报道"。事实上，在信息全球化的今天，国内公众完全可以接收国外媒体传播的信息。缺乏国际视野的所谓"国际新闻报道"，其结局必然是连国内市场也要丢失，这不得不令人警醒。

二 原因何在？

（一）新闻体制的原因

所谓新闻体制，是在一定的历史条件下所形成的国家管理新闻传播事业的制度体系。新闻体制决定着新闻事业的发展方向，制约着新闻媒介的政治法律地位，影响着新闻事业基本功能的发挥，从而对记者的角色定位和职业行为产生了不容忽视的影响。在计划经济时代，由于特殊国情的需要，中国采取的是集权主义新闻体制，传媒为国家所有，党管新闻。在以正面宣传为主的要求下，记者做的几乎都是正面报道，这并不需要费尽心思地挖掘信息，倒有一大堆材料主动送到记者面前。久之，被动报道的思维模式悄然形成，而偶然遇到"马航事件报道"这样的国际媒体大比拼，中国媒体也就很无力了。随着改革开放，尤其是入世以来，中国新闻体制开始缓慢改革，媒体逐步走向市场化，媒体之间的竞争也日趋激烈，上述情形在一定程度上有所改观，但远未到可以乐观的地步。必须承认，长期的新闻管制已经在社会意识、社会风气及行为模式层面造成新闻记者的主动性、创造性缺失，这种现状不是短期内就能彻底改观的。新闻体制改革也不是一蹴而就的事情，而需要党和国家，以及社会各界的决心、智慧和持续不断的努力。持续推进新闻体制改革，是造福国家和社会的需要。

（二）新闻教育的问题

人才培养的问题，其实就是教育的问题。当前中国的新闻传播人才难以令人满意，必须从新闻教育中寻找原因。

首先，重视硬件，忽视软件。为了改善办学条件，尽量实现教学与业界的对接，提高学生的适应能力，近十年来，新闻传播院系在技术装备上加大投入，情况得到了极大改观。我们为此感到欣慰，但同时也有一些不安。毕竟每个人的心力都是有限的。对硬件的过分追求，已经让我们忽视了对教育理念、教育方法的思考。时代在不断发生变化，我们的教育理念和教育方法有没有与时俱进？课程设置和安排是否合理？学生是否能够接受？如何让学生更快更好地养成新闻职业精神，并掌握专业所需的技能？如此等等，很多新闻教育者对此并没有足够的意识。必须认识到，没有软件的强大，纵有高楼大厦、精尖设备，也无法让我们走在一流传媒教育的行列。

其次，重视技能，忽略精神。新闻是一门实践性很强的学科，因此，从课程设置到实习实践的安排，几乎所有新闻传播院系都特别注重对学生专业技能的培养。这是不错的。技能是一个人的求生饭碗，在竞争激烈的新闻行业，没有足够的技能就会被无情地淘汰。然而，作为教育者，我们有时候是否应该审视，过分重视技能，是否忽略了对学生精神世界的关照？新闻是一个"理想者"的行业。这里所谓的理想，是基于职业信仰的一种追求。新闻传媒从业者是社会的哨兵，是公平正义的守护者，在其履行社会职责时，尤其需要独立思考，敢于批判与质疑，既不依附于精神的权威，也不依附于现实的权力。这种精神追求，是新闻教育者必须准确传达给这些准新闻工作者的。可是非常遗憾，我们在教学过程中讲了采写编评，讲了摄影，讲了广告艺术、公关技术，只注重"术"的传授，却恰恰忽略了"精神"的启蒙与提升。毫无疑问，这样的新闻教育是失去灵魂的。

再次，强化服从，丧失主动。新闻是一门崇尚自由、多元价值观，富有生气和创造性的专业，新闻教育也理当如此。国内现在存在的一个问题是把新闻教育政治化，而又把政治服从化了。这里的"新闻教育政治化"是指新闻教育以政治教育为中心的倾向。新闻教育重视对受教育者的政治素养的培养，这是必需的。新闻毕竟离不开政治。江泽民同志在 1996 年视察人民日报社时曾提出著名的"祸福论"，即"舆论导向正确，是党和人民之福；舆论导向错误，是党和人民之祸"。传媒从业者必须要有这种社会责任、政治意识和大局观。在很多情况下，"政治"表现为对公权力的服从，少数对多数的服从，下级对上级的服从等等。但是，"政治"绝对不仅仅等同于"服从"。在现代社会，"政治"还表现为一种"协商""沟通"，甚至是"妥协"。而"政治服从化"是指将"政治"简单地归结为"服从"，并且是"绝对的服从"。这无疑是把"服从"放大化了。一旦"服从"被放大，就没有"质疑"、"批判"和"反思"的空间了。凡事都要看上级指示，丧失了主动，在与人竞争时，自然不堪一击。

最后，重视专业，忽视融合。长期以来，新闻传播业界大体上划分为报纸、广播电视、出版、广告、网络新媒体等几大领域，而新闻传播院系的专业设置也与此相对应。各专业独自埋头苦干，彼此之间壁垒森严，极少往来。然而，随着传播技术的发展，媒介融合已经成为传播发展的大势所趋，它提出了一种全新的人才需求。这种人才应该能够掌握纸质媒体、广播电视媒体乃至网络新媒体运作的基本技能，包括文字、图片、音视频等各种信息承载形式的生产、制作与传播，即通常所说的"全能型记者"。显然，现有的新闻传播教育格局难以实现这个目标。因为专业之间人为制造出来的鸿沟，在很大程度上阻断了彼此之间的交流与互动，遑论专业融合与全能型记者的培养了。

三　新闻教育改革势在必行

事实上，"新闻教育改革"的口号在中国喊了很多年，可是见效甚微。今天的马航事件再次敲响警钟：如果再不进行富有成效的新闻教育改革，新闻传播人才的短板将对中国新闻事业的健康发展，以及中国国际影响力和国家形象的提升，产生不利影响。

那么，我们应当如何进行新闻教育改革？对于这个问题，学界和业界已有很多探讨。笔者认为，新闻教育改革应当紧密结合当下所处时代的特征、结合社会发展的需求而展开。当下是一个媒介融合、信息全球化时代，比以往更强调民主多元价值观。因此，这种时代特征给新形势下的传媒工作者提出了种种新要求，这也正是新闻教育改革的方向。

（一）注重政治与专业的平衡，推崇新闻职业精神

如前所述，新闻与政治密不可分。在中国现行的新闻体制下，宣传党和国家的政策方针依然是媒体的重要职责之一。这要求记者必须具备基本的政治素养、政治常识，否则很容易对重大政策方针产生误读和歪曲。所以，政治教育是新闻教育中不可或缺的组成部分。然而，我们必须警惕"新闻教育政治化"、"政治服从化"和"服从最大化"，否则，对培养学生的独立人格、批判意识和创造精神是很不利的。如果学生不具备这些精神品质，必不善于独立、理性思考，凡事被动依附于主流和权威，人云亦云，只会"服从"、"围观"和"转发"，这样的学生难以成为优秀的传媒工作者。因此，新闻教育要注重政治与专业之间的平衡。为了达到这种平衡，在培养学生基本政治素养的同时，要大力推崇新闻职业精神，主要意涵包括独立意识，批判思维，创造精神，人文情怀，敢于质疑，追求真理，客观理性，注重平衡，实事求是，一切从实际出发，等等。

此外，要强化受教育者的社会责任意识。传播媒介是一个特殊的行业，肩负着服务社会、监督权力运行的神圣职责。所谓"一言而可兴邦，一言而可丧邦"，传播媒介必须对其舆论影响力持有审慎的态度。因此，传媒工作者在追求其新闻理想、在进行新闻价值判断的时候，必须要有社会责任的担当，处处讲求社会效益。唯有如此，传播媒介在社会运行中才能不断释放出"正能量"。但"正能量"绝不等同于只讲好话、只做正面报道。有时候，对负面的揭露和批判能够形成"老鼠过街人人喊打"的氛围，引起整个社会的反思，有助于社会问题和矛盾的化解，这是一种更加宝贵的正能量。如今，新闻教育还应该跳出国家与民

族的局限，强调更大的社会责任。例如在马航事件报道中，记者不应只关注本国受害公民，而应为整个事件真相而奔走。因此，我们强调的社会责任应是为整个人类社会进步而努力。这并非一句大而空的口号。落实到日常教学中，我们应引导学生主动关注世界性问题，引起课上课下的讨论，并针对某些具体问题开展研究或新闻策划报道。这种意识的培养不能被教育者所忽视。

（二）推进教学方式与内容改革，适应社会和时代需求

首先，新闻教育有待进一步专业化。这是指新闻教育在新时代背景下，应以培养专业所需的新思维和新技能为导向，追求专业价值，使被教育者能更好地成为新闻传播人才。眼下正处于媒介融合时代，媒介思维、技术和形式不断变革、推陈出新，传播方式、流程，乃至运营和操控，都与过去有很大的不同，因此，对传媒工作者的知识结构和能力结构提出了新的要求。比如利用大数据获取信息资源是当下急需培养的新技能，而全媒体人才的培养则成为新闻教育的新方向。另一方面，随着新媒体，特别是自媒体的发展，人人都有麦克风，人人都有摄像头，在这种情况下，更需要专业、权威的资讯和意见，以引领社会风向。虽然信息传播行为的门槛降低，但绝非人人都能成为真正意义上的"记者"。换言之，在新时代语境下，"记者"不再只是简单地传播消息，而应表现得比过去更杰出，综合能力更强，思维更开阔，思想更有高度，剖析问题更加鞭辟入里。因此，新闻教育的专业化，就意味着进一步探求职业传媒人应具备的知识结构、能力结构，及其职业理想，并在此基础上建构相应的课程体系和培养模式。在此过程中，教师本身也面临挑战，在知识体系、教学方法和内容上需要不断新陈代谢，要勇于革自己的命。如果采用的课件、教材，包括讲课时的思维方式、眼界都停留在几年甚至十几年前，培养出来的学生必然难以适应社会和时代需求。因此，如何让新闻教育与业界无缝接轨，是改革的一大要点。

其次，新闻教育必须强调个性化。新闻教育有必要从标准制式的大工业生产模式，转入柔性的个性化小工业生产模式。不得不承认，过于强调"统一"的新闻教育让很多学生丧失了最初的新闻热情，自身的兴趣和特

长未能得到充分发挥，扼杀了大批优秀的新闻传播人才。从孔子开始，教育就提倡因材施教，给学生提供多向发展的机会。新闻教育更当如此。从业界反馈的情况来看，与其他专业学生相比，新闻系学生缺乏核心竞争力。例如在财经新闻岗位上，新闻系学生往往能很快上手，可是后劲不足，专业深度也拼不过财经类专业的学生。眼下时常有新闻报道被人指责"不专业""外行"，就是因为记者本人欠缺相关行业知识，对报道内容理解不透，出现浅读和误读是常事，甚至有可能被人忽悠、利用。因此，强调个性化的新闻教育是有必要的，它不仅能在最大程度上激发学生的学习热情，也能够培养"专家型记者"，进行具有专业水准的新闻报道。为此，建议将通识课程和新闻业务基础课程集中安排在前两年，从第三年起，让学生根据自己未来发展的方向，在本院或本校其他学院选择相关课程进行深入学习。或通过主辅修和二学位制度，也可实现这一目标。

最后，新闻教育必须倡导国际化。对于一名记者来说，视野很重要，尤其是在信息全球化的今天，拥有国际化视野是时代对记者提出的新要求。类似马航事件报道这种全球媒体竞争的机会，以后会越来越多。因此，新闻教育必须培养学生的国际化视野及相关技能。第一，应开设"国际关系""国际新闻传播"等课程，积极训练学生的国际关系素养，引导学生主动关注国际新闻，了解国际形势，并形成自己的意见；第二，加强外语能力的培养，为日后随时"跨国出战"打下扎实的语言基础；第三，推行开放办学理念，与国外大学建立合作办学平台，通过交换学生，增进中外传媒大学生的交流，弥补新闻传播的政治、文化鸿沟，激发课堂的创新氛围，促进教学相长；第四，加强国际学术交流，联合举办学术会议，或交换师资，或合组学术团队以研究共同感兴趣的新闻传播前沿课题，与国际接轨，实现新闻传播学术创新，并将成果转入教学当中。培养具有国际竞争力的新闻传播人才，是当下中国提升国际传播力、重塑国家形象的迫切需求。

（本文系张昆教授和熊少翀合著，原载于《新闻记者》2014年第7期）

记者风度论

　　在人的交往活动中，风度往往是决定其成败的关键。作为社会活动家，记者在新闻采访及其他社会活动中，自然也不能忽视风度问题。这在同业竞争激烈的西方新闻界，表现得尤为显著。因为在这种情况下，美好的风度，乃是融洽记者和采访对象关系的根本保证。它能帮助记者更快、更全面地捕获新闻事实。但在我国新闻界，风度问题一直没有引起足够的重视。随着社会的日益开放及同业竞争的加强，一些记者已经开始注意其风度了。然则，风度究竟是什么？它由哪些要素构成？记者风度与对象心理状态的关系如何？怎样才能养成良好的风度？这些问题，至今还没有人从学理上进行严密的探讨。有鉴于此，我想谈谈自己的看法。

一　风度与记者风度

　　风度究竟指的是什么？到目前为止，对风度的解释，大体可归纳为三种意见。其一，认为风度即是人的言谈、举止、态度。在这个意义上，风度与风采、风姿、风韵的意义大体相同。① 其二，认为风度"是重要的动态表征。它包括姿态（走路、站立、端坐等）、表情等"。而"表情又是动态表征中最重要的因素"②。其三，认为风度是人的"言语表情、面部

---

① 《辞海》（缩印本），上海辞书出版社，1989，第1726页。
② 孙非、金榜主编《社会心理学词典》，农村读物出版社，1988，第91页。

表情、身段表情动作的综合表现"①。这些见解虽有区别，但有基本的共同点，即三者都认为风度的主要内容是人的言谈举止及由此表达的内在情绪。应该说，它们已大体上把握了风度内容的主要方面，但毕竟不是一个科学的定义。这是因为以下两点。第一，人的言谈举止及由此表达的情绪，虽然是风度的主要内容，但不等于风度的全部内涵。在此之外，人的服饰、交往环境等也是构成风度的重要因素。第二，风度只有在与他人的交往中，才具有实际的意义。当一个人闭门独处时，哪怕是姿态雍容、服装得体、仪表堂堂，充其量也只能是自我欣赏，而他人是不知道也不会承认由此表现的风度的。

我认为，风度应该是指：人们在服饰、环境的烘托下，通过言谈、举止、仪容等动态表征体现出的为交往对象乐于接纳的魅力。要理解这个定义，须把握三个环节，即烘托因素、动态表征和交往对象。其中后面两个环节最为重要。因为即便烘托因素再好，没有动态表征，也不过是木偶穿佳裳而已。而在一些场合，由于动态表征突出鲜明，往往会淡化烘托因素的影响。此外，即便有了烘托因素、动态表征，而只是一人独处，不见交往对象，其风采也不会为人所知，魅力也不会产生。同时，交往对象的心理状态，对对方的风度感知会产生不同程度的影响。

一般来说，不同的人会有不同的风度。学者的风度不同于诗人，农民的风度不同于工人。在同一类型的人中，他们通过动态表征体现出的魅力，也会有或多或少的区别，这是显而易见的。

记者是社会的普通成员，在交往活动中，当然也会有这样或那样的风度表现。那么记者风度该如何理解？我认为，所谓记者风度，是指新闻活动中，记者在服饰、环境的烘托下，通过言谈举止等动态表征体现出的为采访对象或旁观者乐于接纳的魅力。这种魅力对于任何记者来说都是必要的。它乃是记者顺利地履行其职责，取得同业竞争胜利的重要保证之一。没有风度、缺乏魅力，或风度、魅力不佳的记者，往往很难取得事业成功。

---

① 汪新源：《新闻心理学》，华中理工大学出版社，1988，第61页。

二　记者风度要素

　　既然风度对任何记者来说都是必要的，那么记者风度有些什么要素？我认为，言谈举止固然是主要的风度要素，但如果认为风度就是言谈举止那就错了。实践表明，在此之外，仪表、打扮及现实的交往环境，也是风度的重要因素。而这些因素，一般又和主体的言谈举止结合在一起，互相影响，互相制约。在言谈举止与仪表、打扮及环境要素配合协调的情况下，风度美就会充分表现出来；反之，记者的风度美就会大大减弱，从而有可能导致新闻活动的失败。

　　在风度诸要素中，言谈举止是最重要的。对作为社会活动家的记者来说具有更严格的要求。

　　一般来说，记者的言谈，是采访活动中沟通双方的桥梁，同时又是反映自己心态的一面镜子。优雅的谈吐，有助于给对方留下完美的第一印象，即使自己相貌不佳。新闻实践对记者的谈吐提出了许多建设性原则，其中重要者有三。其一，语调要平缓，切忌急促。平缓是自信的表现，同时也便于自己理清思路，观察对方，而急促则往往与焦急、缺乏自信及不成熟等心理活动密切相关。其二，要礼貌周全，切忌大大咧咧。尤其对于初次接触的对象，最好要庄重、客气一些。其三，语句要简洁，内容要文雅，切忌啰嗦粗俗。如果记者能坚持这三大原则，则必然会在一定程度上增强自己的魅力。

　　至于举止，又称动作语言或动作表情。它包括身体全部或局部的任何反应动作和非反应动作。美国心理学家埃克曼认为，会见中自然流露的体态和面部表情，并非毫无规律的活动，而是具有与言语行为相关的独特的交流价值。爱尔波特·梅拉比恩博士发现，在交往过程中，一个人说的话只是他表达的东西的7%，其他38%通过讲话的态度表达，另外55%通过面部表情和身体动作表达出来。所以在新闻活动中，记者应有意识、慎重地利用动作语言，恰当地表达自己的意见和感情，从而更好地实现双方的沟通，增强自己的魅力。具体来说，记者的举止首先要做到敏捷而不轻佻。所谓敏捷，指在面临突发事件时，能果断地采取行动，即时捕获重大新闻及其细节，迅速予以报道。力戒轻佻，则要求与采访对象交往时，尽量避免摇头晃脑、乱打手势、嚼口香糖等与采访气氛不协调的举动。其次，还要做到沉稳而不死板。举止的沉稳，乃是指采访活动中能克服外来因素的干扰，聚全力于采访，做到"泰山崩于前而色不变，麋鹿兴于左而目不瞬"①。沉稳不等于死板。死板是指外部形势发生了重大变动时，仍以不变应万变。这种死板的举止对采访的进行有百害而无一利。如果记者的举止能做到沉稳与敏捷的统一，清除轻佻和死板，加上高雅的谈吐，其魅力就很容易表现出来了。

1. 知识、能力与风度

与谈吐、举止密切相关的风度要素，是行为者的知识修养和实际能力。在当今崇尚知识、注重实力的时代，人们一般都喜欢知识渊博、能力强的人，而不愿意与知识贫乏、能力薄弱者交往。1986 年进行的一项调查显示，在 310 名调查对象中，以知识丰富作为第一魅力因素的人最多，以能力强作为第一魅力因素的人次之，以长得漂亮为第一魅力因素者居第三。凭此足见知识、能力作为魅力因素的影响。

对于记者来说，知识能力的意义同样不能忽视。一方面，新闻读者是否接受记者传播的信息，在很大程度上取决于他们对记者知识能力的评价。一般认为，记者的知识越丰富，能力越强，他所报道的内容就越容易为他人所接受。反之，一个对所报道的事情一无所知的记者，其报道必然难以产生预期的影响。另一方面，在采访活动中，记者的知识能力，作为魅力因素，直接影响到采访对象对记者的印象及其对于采访活动的态度。因为能干的、知识丰富的记者或许能在某些问题上给他以帮助，或至少不会找麻烦；同时，能干的、知识丰富的记者的言行，还会使采访对象感到恰到好处，从而构成了对他的精神酬偿。

但是，任何事情都有例外。社会心理学的实验表明，一个极其聪明、能干的人，往往会使交往对象产生一种自卑感和心理压力，从而降低了知识、能力作为魅力因素的吸引力。反之，如果一个杰出的人物，偶尔暴露些微不足道的缺点，或者遭受一些挫折，则会更加受人喜欢。这一原理对

---

① 苏洵：《权书·心术》。

记者具有重要的意义。在某些自尊心强的采访对象面前，记者的天真、幼稚及由怯场造成的窘迫，往往会造成意想不到的效果。因此，在知识能力上臻于完美，是不可能也没有必要的。对于特定的对象，记者还得掩饰其知识、能力的实际水平。

2. 仪表与风度

在社会交往活动中，其他条件相同的情况下，漂亮的人总会受到更多人的喜欢，总是易于被他人感受出内在的魅力。尽管对美貌的判断，因时间、地点而有所不同，尽管许多人竭力否认其以貌取人，但人们的交往倾向大多与交往对象的相貌有关。尤其是"在异性之间，特别是初期，魅力是由美的姿容所决定的"①。所以，一般的人在和相貌丑陋的人打交道时，心里总感到有些不舒服，同时他们也希望自己的亲友具有漂亮的仪表。美国心理学家赛格尔曾做了一项有趣的实验。他们给假扮的法官们几个案件材料，并附有罪犯的照片。有的照片漂亮些，有的不漂亮。判决的结果令人震惊：对于罪行相同的盗窃犯，外貌漂亮的平均被判刑 2.8 年，不漂亮的则平均被判刑 5.2 年。由此不难看出仪表作为魅力因素的重大作用。为什么美貌者易于被他人感受到出众的风度呢？这是因为审美需要是人类重要的精神需要，而外貌之美能使人们感到轻松愉快，从而构成一种精神酬偿；其次，人们往往还有一种心理倾向，认为漂亮的人常常具有其他方面好的属性，如开朗的性格、坚强的意志等。

但是外貌美毕竟不能与风度美画等号。仪表只是风度的要素之一，而非风度内容的全部。在现实生活中，往往有一些风度翩翩的人并不具有美丽的外貌，而具有漂亮的外貌者，也不一定都会表现出高雅的风度。《世说新语》所载"曹操捉刀"就是很好的一例。相传曹操将见匈奴使臣，因自己生得难看，个子又矮小，怕使者小看中原，就叫崔琰代劳。曹操自己则手提大刀、扮成卫士站在崔琰的床头。崔琰长相威严，眉疏目朗，须长四尺。接见之后，曹操派人探听使者的反应。使者说："魏王信自雅望非常，然床头捉刀人，此乃英雄也。"可见，貌美不等于风度美，相貌一般甚至丑陋的人，也能借助其他条

---

① 〔日〕古畑和孝：《人际关系社会心理学》，南开大学出版社，1986，第 70 页。

件表现其美好的风度。

3. 衣着打扮与风度

衣着打扮和仪表密切相关，它是风度的烘托因素。得体的服装，能在一定程度上增强主体的仪表美，更加鲜明地衬托主体内在的精神世界，从而越发显出主体的魅力。

记者也是如此。著名记者萧乾说："做记者还要适当注意仪表，要衣着整齐……在旧社会做记者，不管家里多穷，出门也要西装笔挺，否则人家看不起你。"① 邓友梅笔下《紫罗兰画报》的主笔马森，就是"西装革履"，"一天刮两次脸，三天吹一次风"②。这种情形不仅存在于旧社会，就是今天，服装打扮作为烘托要素，仍起着不可忽视的作用。但是，我们也不能过分强调衣着的时髦、形体的修饰。过分的打扮、修饰必然会破坏衣着与仪表及内在的精神世界的协调，破坏记者与采访对象、现场环境的协调，往往会适得其反。衣着既不要太时髦，也不要太简朴。这一原则同样适用于女记者随身什物。他们认为，记者不应该直接与采访对象争奇斗艳，而那些不修边幅的女人又可能给人造成"索然无味甚至半男不女的印象"③。这一见解的正确性，已得到实践的证明。1987年9月15日，当两位台湾记者第一次踏上北京的土地时，"李永德身穿一套青色西服，系着一条红领带，徐璐下身穿蓝色紧身裤，上身穿米色外套"④。这简朴的打扮，已充分表现出他们作为新闻记者的翩翩风度了。

总之，记者的风度，是在服饰、现场环境的烘托下，记者的仪表言谈举止等动态表征及由此体现出的知识能力的综合表现。片面地追求服饰，或因仪表不佳而苦恼、自卑，都是不正确的。同样，因为自己长得漂亮，就以为自己风度优雅，也是不切实际的幻想。在风度诸因素中，尽管各有特点，但最重要的还是言谈举止及由此表现出的知识能力。服饰简陋、仪表欠佳等外在不足，在一定情况下，可以通过言谈举止及知识能力等因素去弥补。

---

① 中国社会科学院新闻研究所编《新闻研究资料》1980年第4期。
② 邓友梅：《京城内外》，人民文学出版社，1985，第8页。
③ 〔美〕约翰·布雷迪：《采访技巧》，范东生、王志兴译，新华出版社，1986，第65页。
④ 王运歌：《浅议新闻采访活动中记者风度的培养》，《新闻世界》2010年第9期，第38页。

三　记者风度与对象的心理状态

风度具体体现在一个人的身上，却存在于人与人至少是两个人之间。只有在与他人的交往中，人的美貌、举止、谈吐才能作为魅力因素被他人所感知，进而产生魅力。有的时候，同样一个人的同样风度表现，在面对不同的交往对象时，还会产生不同的效果。风度的表现程度及其客观效益水平，取决于交往对象的心理状态，在新闻实践中，记者的风度表现也是如此。具体来说，采访对象心理状态对风度感知的制约主要有下面三种情形。

1. 对象的知觉偏见

所谓知觉，是指人脑对直接作用于它的客观事物的各个部分和属性的整体反映。知觉偏见，则是指个体对自己、他人或团体所持有的缺乏以事实为根据的态度。如南非白人对黑人持有的种族歧视态度。这种偏见往往是以有限的或不正确的信息来源为基础的。一般认为，知觉偏见的表现形式有三。其一，光环作用（亦称晕轮效应）。在社会交往过程中，人们对他人的判断最初多是根据好坏得出来的，然后再从这个判断推论出他所有的品质。"由于一个人被标明是好的，他就被一种积极肯定的光环所笼罩，并赋予一切好的品质，这就是光环作用。"[①] 如果一个人被标明是坏的，他就被认为具有所有坏的品质，这就是"消极否定的光环"[②]。光环作用直接影响着对他人印象的形成，从而决定着交往活动的成败。记者的风度表现也不能避免光环作用的影响。如果记者一进入角色，就被对方判定为是个好人，光环作用就被激发出来了，他的魅力就很容易为对方所感知，乃至得到光环的渲染。如果记者被对方判定为是"坏的"，则会由于"消极否定的光环"，而被对象认为他具有本身并不具有的坏的品质。其二，假定相似性。在交往过程中，人们还有这样一种倾向，即总是假设他

---

① 〔美〕弗里德曼、西尔斯、卡尔史密斯：《社会心理学》，高地等译，黑龙江人民出版社，1984。

② 〔美〕弗里德曼、西尔斯、卡尔史密斯：《社会心理学》，高地等译，黑龙江人民出版社，1984。

人与自己是相同的，把自己的特性归属到与之交往的其他人身上。当对象被这种倾向所支配时，往往会产生两种极不相同而又互相联系的结果。一方面，他对于记者魅力的评价比实际上的记者更像他自己，歪曲记者的人格魅力使之更像自己的人格魅力。这意味着采访对象是怎样比记者的实际风度情况更多地影响着对记者风度的知觉。另一方面，采访对象在知觉——评价与自己相类似的记者的风度时，比其他不相类似的记者要准确得多。其三，先入为主。这是指对象在会面之前形成的对记者的定式心理（态度），对记者风度的感知有着重要的影响，起着同类后继心理活动的趋势的作用。如果交往对象形成了对记者有利的定式，记者的各种动态表征就容易得到上面的理解。反之，如果对象的定式建立在不充分、错误材料的基础之上，这种对记者不利的定式就会驱使对象从消极的方面去感知记者的动态表征，从而大大地削弱记者的魅力。

2. 对象的主观需要

需要是人对于延续和发展其生命所必需的客观条件的需求的反映。它通常以愿望、意向的形式而被主体所体验。一般认为，当人处于愉快、肯定的情绪体验时，这种情绪色彩会投射到他所感知的交往对象身上，从而形成积极性评价；如果某人被消极的情绪体验所支配时，他对于对象的评价就难免染上消极的色彩了。

对采访对象来说，接受采访，是满足其社交需要、尊重需要的重要途径。如果记者的言谈举止及其他与对象有关的信息表明，记者很喜欢，并且非常欣赏采访对象，或者记者的热情超过了维持一般交往所必需的程度，从而使对象尊重、社交的需要得到满足，那么对象就会由此产生某种肯定、快乐的情绪体验，这种体验又必然会影响到对记者风度的感知和评价。所以，采访对象对记者风度的感知，与记者对对象的尊重、热情程度密切相关，与对象的尊重、交往需要的满足与否密切相关。

3. 熟悉程度

对主体来说，熟悉的交往对象与不熟悉的交往对象相比也许更能从他那里获得积极肯定的评价。在这个意义上，熟悉程度与好的、肯定的东西是密切相关的。美国学者扎琼克做过这样一个实验。他让被试者看一些人的面部照片，有些照片让他看二十五次，而有的只让看一两次。然后问被试者喜欢每张照片的程度，以及他们觉得多大程度上喜欢照片上的那个人。这种情形告诉我们，在相同的条件下，人们彼此见面越多，就越是互相喜欢，接触次数的增加，意味着喜欢程度的增加。但是这种由熟悉引起喜欢的情况也不是没有界限的。在交往过程中也会出现这种情形：在彼此见面的频度达到极端的情况下，人们对对方的喜欢程度反而会大大降低。也就是说过量的会面会使对方产生厌烦或厌倦的感觉，从而产生对行为者的消极评价。

记者的魅力能否淋漓尽致地表现出来，并得到对象的肯定性评价，也在一定程度上取决于对象对自己的熟悉程度。采访对象若是熟悉记者的各种情况，就容易形成一种对记者来说是积极的心理倾向，从而使他在感知记者的各种动态表征时，产生某种具有肯定色彩的内在体验。这就是记者们为何乐于与采访对象交朋友、多方接触的重要原因。当然，在一些特殊场合，接触采访对象的次数过多，频度过高，也会在一定程度上引起对方的厌恶感，这也是记者应加以注意的。

四　如何增强记者的风度

如前所述，记者风度是新闻活动中，在服饰、环境的烘托下，通过言谈举止仪容等动态表征体现出的为对象欣于接纳的魅力。风度的有无，往往能决定采访活动的成败。增强记者风度，是完成报道任务的保证。那么，记者怎样才能增强自己的风度，显露自己的魅力呢？要实现这一目标，应从以下四个方面着手。

1. 克服心理障碍

所谓心理障碍，指的是人的心理活动中阻碍其内在意识、情感恰当表达的诸因素。一般认为，心理障碍主要有以下四种。

其一，自卑感。有的记者面对某些大人物，往往会自卑得无地自容，手脚不知往哪里放，当问的也不敢问。对这样的记者，采访对象是不会满意的。

其二，优越感。一般认为，优越感是指人自以为在生理方面、心理方面、工作地位等方面长于别人、强于别人的心理状态。这种心理状态，往往会以各种令人反感的方式表现出来，如傲慢、固执和自我欣赏等。作为记者，强烈的优越感，只会使采访对象疏远自己，淡化彼此的亲密关系，使采访对象的内部体验染上消极否定的色彩。

其三，羞怯心理。羞怯心理的典型表型，就是害怕与人打交道，在与他人面对面交往时感到紧张、拘束和尴尬，乃至面红耳赤、局促不安。这种心理，一方面使人不能清楚地表达自己的见解和内部体验，另一方面还容易让他人和环境来支配自己的行动，以致在交往中处于被动地位。所以害羞的人，一般很难与陌生人交往。有人说，怕羞有时会使人显得更加可爱，因为他们在群体中往往不爱出风头，不抢人话题，显得谦逊而有涵养。其实，人们喜欢的并不是"怕羞"，而是与羞怯相联系的谦逊、稳重、有涵养等品质，而这些品质完全可以在不怕羞的行为上表现出来。如果一个人不害羞，同时又具有上述品质，这个人可能会更加令人喜欢。作为社会活动家，羞怯心理对记者工作的消极影响极为显著，因而克服羞怯心理，培养谦逊、稳重的品质，具有重要实际意义。

其四，嫉妒心理。心理学家认为，嫉妒是一种心理缺陷。它是指由于羡慕一种较高的生活，或者想得到一种较高的地位，或是想获得一种贵重的东西，但自己未得到，而身边的人先得到了，这就使人产生了一种非正当的不适感，为了补偿平衡，就产生了嫉妒。嫉妒是社会交往中的一种心理障碍，它会限制人的交往范围，并抑制其交往热情。对记者来说，嫉妒除了抑制人的交往热情外，还会驱使人去贬损交往对象的杰出品格，消除为维持融洽关系所必需的尊敬和恭维。而这一切又会在有意无意间流露出来，乃至影响到对象的内在体验及其对记者魅力的感知。

可见，自卑感、优越感、羞怯心理和嫉妒心理是记者充分表现其风度的心理障碍。不克服这些障碍，记者就不可能恰如其分地通过各种动态表征来展示自己的风度。

2. 加强知识修养

既然知识修养是记者的风度要素之一，那么，加强这方面的修养，也就是增强记者风度的重要手段。至于如何加强知识修养，已有许多人进行了专门研究，在此不做赘述。

3. 仪态的修饰、谈吐举止的讲究

要增强记者的风度，绝不可忽视仪态的修饰、谈吐举止的讲究。在这方面，记者应充分利用已有的条件并创造新的条件。这些条件主要有气质、性格、相貌、能力等。一般认为，美貌固然是一个重要的魅力因素，但这种自然美如得不到恰当的利用和修饰，反而会引起不利的后果。另一方面，在交往的初期，美貌的吸引力非常明显，但是随着交往的深入，美貌的魅力作用就会逐渐下降，而气质、才能、品德等因素的作用则会逐渐加强。所以利用现有的条件，并不是单指利用自己的外貌，而是通过修饰打扮、言谈、举止，充分发挥自己所有的特长和优势。只有仪表美、动作美、心灵美的综合表现，才是风度美的全部内涵。

此外，记者还要有意识地创造新的条件。前述的相貌、气质、性格具有先天遗传性质，尤其是相貌。而知识、能力、言谈举止、品德修养则是后天创造的，记者完全可以在工作和生活实践中，有意识地对此加以培养，使之在更深的层次上感染采访对象，增强其内在情绪的肯定色彩。这一点已经得到了新闻实践的证明。

4. 提高自己的应变能力

记者还应在实践中不断地提高自己的应变能力，以求在不同的时间、地点，针对不同的对象，采取各种适当的交往方式，充分表现自己的魅力。在这方面，有三点值得注意。

其一，以时间、地点、对象为转移。人们之间的交往及其相互间的感知，在较大程度上受到时间环境的影响。一般认为，在人遇到困苦和感到不安的时候，总希望和别人在一起，在这种情况下，他人微小的安慰就会引起他的感激之情；当某人因事业成功、爱情顺利而怡然自得时，适当的恭维和赞扬，也会引起喜欢的情感，从而影响到他对对象的评价。地理环境也有同样的作用。实验表明，当人处在不舒服（如酷热、严寒）的地点时，对他人的注意力和兴趣容易被转移到内在痛苦的体验上，在这种情况下，对象往往很难引起他的好感。至于交往对象的特殊性品质则直接影响到对他人影响的感知。在老人面前最受欢迎的是礼貌、恭敬、稳重、诚实；而受到青年欢迎的，则是机智、勇敢、朝气蓬勃等。所以，同样一个

人同样的风度表征，在不同的对象面前会得到完全不同的评价。这就要求记者在接触不同的交往对象时，要根据时间地点的变化，灵活地调节自己的言谈举止等动态表征，适当修饰自己的仪态，以获得对象的肯定性评价。

其二，合理接近，即在新闻活动中，记者应合理地接近采访对象，认真地掌握交往的分寸。对于这一点，笔者打算另文专论，在此不做赘述。

其三，适当暴露。所谓适当暴露，指的是正确掌握人际关系的"透明度"。在交往过程中，把自己的真实面目暴露给对方。心理学家认为，"个性的更广泛和更亲密的暴露"，是促使人际关系"逐渐相互接近和变得亲密"的关键。当某人把自我向他人敞开，让他人了解自己的真相时，就会使他人本能地得到满足，而这种满足的体验又会泛化到交往对象身上。这是因为，自我暴露的程度与人际客观的亲疏关系和信任程度密切相关。交往对象与自己的关系越亲密，越是值得信任，人们就越能在更深的程度上和更广的范围内将自己暴露给对方。在这个意义上，暴露程度乃是信任程度的表现，是衡量交流双方亲密程度的标尺。在采访对象面前，如果记者能适当暴露自己真实的想法和体验，必然会在一定程度上影响到对象对自己的观察和评价。

总而言之，记者的风度表现取决于许多内在、外在的因素。要增强记者的风度，自然也要从多方面着手。其中重要的就是克服自身的心理障碍，加强知识修养，提高自己的应变能力，注重仪表的修饰和言谈举止的讲究。只有综合运用这些手段，记者才能在新闻活动中表现出良好的风度，进而完成特定的报道任务。

（本文原载于《声屏世界》1990 年第 3、4 期）

打造一支高水平的新闻史学术团队

今天是个好日子，第二届中国新闻史青年学者论坛在华中科技大学隆重开幕，这是中国新闻传播教育界的一件大事。本次会议由中国社会科学院新闻与传播研究所、《新闻与传播研究》杂志社主办，华中科技大学新闻与信息传播学院承办，是我们华中科技大学新闻学院的荣幸。在此我谨代表华中科技大学新闻与信息传播学院向莅临会议的各位领导、专家、学者表示热烈的欢迎，向长期以来一直支持我们学院办学的中国社会科学院新闻与传播研究所，向一直呵护、支持新闻传播史研究、提携青年史学研究者的《新闻与传播研究》杂志的各位领导和同人，表示衷心的感谢！

我们都知道，万事万物都有其从来，都有其从无到有、从小到大、从简单到复杂的发展、进化的历史。我们经常说这么一句话，忘记历史即意味着背叛，这个说法也许太过沉重，但是，我们确实发现一个失去历史记忆的国家、一个忘却了自己历史从来的民族，不可能有强大的内心，也不可能凝聚起巨大的物质力量。在精神病学看来，一个失忆症患者是找不到自己的皈依、找不到属于自己的精神家园的。我记得还是在20世纪末叶，在中央电视台上看过一部外国电影《鸳梦重温》，讲的是一个战争（第一次世界大战）英雄通过自己的爱妻治愈失忆症而最终找回自己、重温鸳梦的感人故事。每个人都有自己的过去，我们经常填写各种表格，少不了的一个内容就是简历，那就是我们人生历史的重要节点。每个行业、每个学科也是如此。不了解它的过去，不了解它的从来，我们就无法在现实中给它定位，就无法预知它的未来。

对于新闻传播学科来说，新闻传播史的知识积累具有特别的意义。有一个众所周知的结论，新闻传播学知识体系的建构，源于新闻史的研究。世界历史上最早一部新闻学研究成果是 17 世纪末期德国人研究当时德国报刊史的作品。不仅如此，在新闻传播学诞生以来几百年间，在其各知识领域中，新闻传播史的研究是最成熟的，也最能经受时间的检验。如果要我们评点中国新闻传播学术的历史，在能够隆重推介的成果中，属于新闻传播史的研究成果绝对会占大部分的比例。这是因为，在新闻传播学的三个相对大的研究领域，新闻传播实务与当下的行业实践联系太紧，会随着技术的进步、业务的发展而变迁，很难有一种操作原理或技巧能够在历史上贯彻始终；新闻传播理论则会受到政治规则、意识形态因素的影响，其学术研究、成果呈现也很难实现我们的期待。只有新闻传播史的研究，因为源于历史事实，同时与政治现实保持一定的距离，给我们提供了一个秉持职业操守、理性判断、自由言说的精神环境。我常常为自己作为一个新闻史学者的身份而感到自豪。这倒不是因为我们自以为品德高尚、灵魂纯洁，而是因为我们安于寂寞、愿意常伴孤灯的恬淡的心性和为学术献身的理想追求。可以不夸张地说这种心性与精神的追求，不是所有人都具备的，因为它必须要有能够排除外在物质诱惑的强大的心理定力。正是因为如此，我们非常佩服历史学家，也特别欣赏青年的新闻史学者。在这里我作为一个新闻学院系负责人的代表，要向在座的各位青年才俊表达我的敬意。

当然我也深知，在当前的信息化时代，正如其他社会生活领域面临的危机，新闻传播史的教学与研究也面临着严峻的形势。由于急功近利的社会思潮，不少学校新闻传播史教学的课时、学分在压缩，学生的学习兴趣也在下降，我们任课老师的自信心受到一定的影响。同时在新闻传播史研究方面，由于获得资助的途径比较单一，对研究的物质支持远低于其他的领域；加上研究视野、研究方法的局限，新闻史研究获得其他同行认可度的提升也面临着瓶颈。一些学术期刊为了发行的目的，也在压缩新闻传播史文章发表的空间。最近我看到了一个可喜的现象，唐绪军教授主政中国社会科学院新闻与传播研究所以后，不仅在成果发表方面对新闻传播史研究给予大力的支持，而且组织了中国新闻史研究青年学者论坛，集中栽培了一批有希望的青年学者。这可是功在社稷、利及千秋的事。正是受到了这种道义的感召，我们华中科技大学新闻与信息传播学院愿意共襄盛举，我们不仅乐意举办第二届论坛，如果大家需要而且信任，我们愿意和中国社会科学院新闻与传播研究所一起把这个论坛办下去。

今天中国新闻史学界青年才俊们在我们华中科技大学汇聚一堂，是为了我们共同的事业。实际上，华中科技大学自20世纪80年代初期草创以来，新闻传播史研究一直就是我们的重要的学术方向。现在我们新闻学院虽然块头不够大，但是我们在人才培养、科学研究方面的产值或者说GDP还是比较高的。今年初，一个关于在国内四大新闻传播权威期刊论文发表的数字表明，我们在《新闻与传播研究》《新闻大学》《现代传播》《国际新闻界》上面发表的论文，位居全国新闻院系前四位。全国一级学科评估中，华中科技大学新闻传播学科位居全国第五。我们能够取得这些成绩，一个重要的原因，就是我们的学科布局和团队建设相对较好。说实话，华中科技大学队伍规模不到40人，准确地说，只有36个人。但是这些人力资源的配置比较合理，呈三足鼎立之势。新闻传播史论是一足，新媒体传播是一足，另外一足是战略传播或策略传播。三者互为犄角，相辅相成。特别在新闻传播史论这一部分，中国新闻史、外国新闻史及思想史研究是我们的特色，我们的资深带头人吴廷俊教授的大公报研究及新编中国新闻史两次获得吴玉章奖，并且是教育部马克思主义理论建设工程中国新闻史教材的第一首席专家；唐海江教授是我们学院青年学者的代表，入选教育部新世纪人才，其思想史研究也有小成。我本人这些年不学无术，但在课程建设方面做了一些工作，主讲"外国新闻传播史"先后入选国家精品课程和国家精品资源资源共享课，主讲"传播的历程"被纳入首批国家视频公开课程。华中科技大学的新闻传播史学术团队结构比较合理，老中青无缝连接。最近我们在网上公布了十二个岗位的招聘引进计划，其中就有新闻传播史教学研究岗。在这里我诚恳地发出邀请，欢迎各位青年才俊加盟。

我们现在正值社会转型、媒体转型时期，在人类传播史上，这可是千载难逢的重要节点。人类从口语传播时代过渡到手书文字传播时代，历经了几十万乃至百万年漫长的时间，从手书文字到印刷传播几千年，从印刷到电子传播几百年，从电子（广播电视）传播到网络新媒体时代不到一百年。历史累积的能量在这短暂的几十年间爆发，让我们领略到新闻传播历史的奇情壮彩。我们何德何能，享受了我们的前人难以想象的愉悦和快感，这真是我们的幸运。我们见证了历史的爆发和嬗变，注定了我们的新闻史研究，在这一重要节点上要扮演重要的角色。我们要有这种基本的认知和责任意识。新闻传播学科要与时俱进，解释和指导当下纷繁复杂的传播现实，建构科学的理论和方法体系，必须建立在扎实的新闻史研究的基础上。在这个意义上，在座的各位青年才俊任重道远。新闻传播学科的希望在各位的身上。

在 20 多年前我读了林甘泉先生的一篇文章，我非常认同林先生对历史研究的认识。林先生告诉我们，历史研究实际上在致力解决三个层次的问题。第一个层次是事实判断，即确定事实的真伪，这必须要有扎实的甄别、考证的功夫；第二层次是认知判断，即要理清事情的来龙去脉、前因后果；第三个层次的问题是价值判断，即对历史事件、历史人物、历史过程的理性评价。我认为，无论是中国新闻史还是外国新闻史，无论是思想史、事业史还是制度史，无论是专门史、断代史还是综合性通史，都需要从这三个层次开拓，而其中最重要的，还是事实判断，没有正确的事实判断，就没有一切。要做到这一点，不仅需要智慧，还需要更重要的德行。古代历史学者反复强调治史者要兼具史才、史识、史德，而以史德为最优先。只有兼具三者才有可能成为所谓的良史。可是事实上，我们都知道在中国文化史上，千古多文人而少良史。说实话，我对一般历史学的传统很有信心，但是对新闻历史传统的信心却没有那么坚定。因为在新闻学科不长的历史上，新闻史研究受到了太多的干扰，尤其是政治因素的影响。由于内心不是那么的强大，我们太容易屈服于权力与资本，太容易为五斗米而折腰，太容易因外在因素而改变我们的信仰。当然，我相信这一切在你们中并不存在。但是我还是要提醒各位，要排除一切外在的干扰，心无旁骛，致力于我们的学术，同时拓展我们的思维空间。因为你们是中国新闻学术界的希望。

各位嘉宾、各位朋友、各位同人，新闻史研究是新闻传播学科的重要领地，它不仅关系到新闻传播理论的科学建构和新闻传播学科整体水平的提升，更是影响到新闻传播学与传媒行业乃至社会系统的良性互动。而你们正是担当责任、肩负使命的人。我愿意与你们同行，愿意为你们分忧，愿意为你们加油，我们更愿意分享你们的成果！我相信你们怀抱着追求真理、创造新知的冲动，更尊重你们默默地耕耘和付出。我们期待着你们的成功，正如你们自己。

在此，我还要作为一个新闻院系的管理者向教育界同人发出呼吁，希望各大新闻院系能够给新闻史研究者营造一个宽松的环境，要鼓励大家坐冷板凳，鼓励新闻史研究者本着十年磨一剑的态度，精心地打造不俗的学术精品。千万不要把目前流行的数据考核纳入新闻史研究领域，不要像期待母鸡生蛋一样，要求我们的新闻史研究者每 24 小时生下一枚蛋。新闻史领域的知识生产有其特殊的规律，我们必须尊重，它有漫长沉寂的知识积累时期，也会有短期成果的爆发式奔流时期。有的人，甚至努力一辈子也不会推出代表性的成果，但是他的努力会为后来者打下坚实的基础，扮演后来者人梯的角色，对此我们应该予以承认。对每个新闻史研究者，我们作为管理者都应该有起码的信任和尊重，要想尽办法解决新闻史研究者的生存与发展的问题。很显然，在目前的办学体制下，再有能耐的院长也难以解决这些问题，但是我们应该竭尽全力去呼吁，充分利用学校的授权，为我们的新闻史研究者做一点实实在在的事情。

最后祝我们的第二届中国新闻史青年论坛圆满成功，祝各位在武汉期间身体健康，心情愉快，梦想成真！

（本文系张昆教授于 2016 年 11 月 19 日在华中科技大学召开的
第二届中国新闻史青年学者论坛上的致辞）

中国传媒教育发展的师资瓶颈

在信息化时代，传播媒介在社会运行中扮演着重要的角色。传媒工作者作为社会的哨兵，不仅履行着报道消息、为民立言的职责，而且在传承文化、社会沟通方面的功能，也是其他社会职业无法替代的。但是，随着网络传播的迅猛崛起，随着全球化进程的加快，传媒及其从业者的表现与社会期待的落差日益显现，社会批评的声音不绝于耳，而且逐渐由针对媒介本身转向传媒教育界。应该说，舆论界针对传媒教育的批评不是没有道理的。传媒的表现最终取决于其从业者，而传媒从业者绝大多数来自学校，来自新闻传播院系。追根溯源，传媒业界的弊端与传媒教育的病根息息相关。在此检讨传媒教育，诊断其由来已久的病根，确有必要。笔者认为，当前中国传媒教育的病根在于师资。正是师资问题，成了制约传媒教育发展的瓶颈。

一 师资在传媒教育中的重要地位

教育之本在于教师，从某种意义上说，有什么样的教师，就有什么样的学生，教师的水平从根本上决定了学生的水平，教师的品质决定了学生的规格，这是学界，也是社会的一般常识。所以，作为新闻传媒人才的制造工厂，大学新闻传播院系的建设，首在师资。

建设一流的高水平师资队伍，有利于建构科学合理的人才培养模式，建设健全完善的课程体系。在高等学校的人才培养过程中，培养模式和课程体系至关重要。一个好的、合理的培养模式与课程体系，能够在很大程度上决定人才产品的品质。知名大学与一般大学的区别就在于此。一般而言，一所大学或一个院系的培养模式、课程体系，与教师队伍的教育理念直接相关。只有立足于先进、科学的教育理念，才有可能保证培养模式与课程体系的科学性。而先进的教育理念，只会掌握在立于时代潮头，具有敏锐的洞察力，对人类命运、社会发展和环境需求有着深切感受的教学科研工作者手中。一个对社会发展、时代进步和环境变化感应迟钝的人，一个对自己所属领域了解不透的人，即使占据着教师的岗位，也不可能成为一个合格的教师，不可能拥有先进的教育理念。

一流的教师队伍还可以通过教学过程，直接影响，进而提升学生的价值观、知识体系和能力结构。教师的职责是传道授业解惑，其工作对象就是学生。一个真正的教师，其成就感应该主要来自其学生的成功，而不是自己的研究发明。在人才养成过程中，学生正是按照老师的模型，亦步亦趋。老师的渊博知识与人格魅力，会吸引学生潜心向学，主动模仿；老师的价值观，会自然地影响到学生对人生、对社会、对自然的认知与感悟；老师描绘的美好愿景，会成为学生孜孜以求的人生目标；老师在学业上提出的要求，会成为学生课内课外学习，进而完善自我的动力。一个优秀的导师与普通老师所能给予学生成长的影响，是完全不同的。优秀的老师视野开阔，目光敏锐，思维活跃，在与学生的互动中，不仅能够启人心智、点石成金，更能提升学生的道德力量与精神境界；而一个平庸的教师，由于其见识、能力及道德禀赋的不足，对学生成长的帮助是非常有限的。

二 新闻院系师资结构存在的问题

现代传媒教育在中国有近百年的历史。但是中国传媒教育的历史曲折蜿蜒，其真正的黄金时代是在20世纪80年代以后。经过近30年的发展，传媒教育在中国已经颇具规模，在教育部正式注册的新闻传播类专业约九百多个，设立新闻传播院系的大学有四五百所，在校新闻传播类各专业大学生有十五六万人。有十五所大学设有新闻学或传播学的博士生教育点，开设新闻传播学硕士生教育点的学校有百所之多。但是，社会对传媒教育的评价并不高，其直接表现是作为其产品的学生，不是那么适销对路，即便是在业界就职学生的表现，也与业界及社会大众的期待相去甚远。究其原因，在于新闻传播院系根深蒂固的师资问题。

从总体情况看，国内新闻传播院系的专职师资，除极少数"985"大学以外，基本上都是以国内大学培养的学术型师资为主。而这部分师资，又有两种情况。一是教师队伍中，绝大部分来自新闻传播类各专业，他们基本上都没有媒体业界的从业经验，从本科到硕士、博士，正所谓科班出身。他们受过系统、严格的学术训练，系统、完整地掌握了新闻传播的理论知识和科学研究的基本方法。这对于强化学生的专业意识和职业精神是相当有利的。二是教师队伍中，大部分来自非新闻传播类的其他专业，如人文社会科学相关专业或自然科学相关专业，他们的第一专业虽然不是新闻传播学，但因工作需要，从他们独特的学科视角切入新闻传播学科领域，并且运用其独特的研究方法与新闻传播学的方法相融合。这种队伍结构对于拓展新闻传播研究的新空间，对于打开学生的视野，完善学生的知识结构，应该是很有帮助的。

然而，正是上述师资结构，导致了我国高校新闻传播教育的封闭性特征。这种封闭性首先表现为与国际新闻传播学术界的隔绝。国内高校新闻传播院系中，很少有来自国外一流高校的新闻传播专业教师，或者在教师队伍中，很少有具备国外一流大学硕士、博士学位的。所以，我们国内的新闻传播教育视野狭窄，很少了解国际新闻传播教育界的现状及其发展演变的趋势。虽然在改革开放的大局下，国内不少新闻传播院系正在逐步加大与国外知名大学新闻院系的学术和师生交流力度，但是总体而言，国内新闻传播院系基本上置身于国际新闻传播教育与新闻传播学术的主流之外，无法与新闻传播教育的常规接轨。这必然会影响到学生的质量，影响到学生的社会适应能力。其次是与新闻传播业界的疏离。新闻传播教育的基本特点，就是其鲜明的职业指向性。面向新闻传播院系，有一个生机勃勃的信息传播行业，涉及新闻出版、广播电视、电影、网络等，它们已经产生并将继续产生巨大的专业人才需求。在这一点上，新闻传播院系与其他人文社会科学院系是大不相同的。新闻传播院系必须为新闻传播业界量身定制其急需的专业人才。这种专业人才，不仅要有开阔的视野，合理的知识结构，强烈的社会责任感，科学的理性思维品质，更要有驾驭传播技术、胜任新闻传播全流程各环节的业务能力。前者通过高校新闻传播院系的教学过程，基本上可以达成，后者则不然。因为新闻传播院系的教师队伍中，从学校到学校的纯学术型教师占绝大多数，他们的兴趣在于对新闻传播现象及其内在规律的学理探讨，他们擅长的是理性思维而非操作经验，对于业界的最新发展及未来趋势，对于新闻传播的实际技能，却不甚了了。所以在校园内，学生们无法得到必要的技能训练，学生从校园走出去，面对媒体业界的选择，相对于其他专业毕业的学生，并没有自己独特的优势。

可见，目前国内新闻传播院系专业师资结构的弊端，已经深刻地影响到新闻传播人才的培养，甚至在很大程度上决定了人才培养的质量规格。社会对新闻教育的负面观感，业界对新闻传播院校的批评，都与新闻传播院系的师资队伍有关。不解决师资队伍的问题，新闻传播教育发展的愿景就会难以实现，社会各界对于媒介及其从业者的期待也会落空。

三　遵循传媒规律，建设一流师资

新闻传播院系要建设一流的师资，必须从两个方面着手。第一是面向业界，延揽一流的业界精英，充任传媒专业核心业务课程的主讲教师。第二是面向国际，引进外国知名大学的新闻传播学院的优秀博士和教授，加强与国际一流大学的学术交流、合作研究，从而实现与传媒教育国际惯例的接轨。

延揽业界精英担任传媒专业核心业务课程的主讲教师，事实上是国际传媒教育界的流行做法。在美国大学的新闻传播院系，其核心业务课程大多由来自业界的具有编辑、记者经历的教师担任，他们具有丰富的实践经验，但一般都没有博士学位。这些来自业界的业务课程教师是美国新闻传播院系专业师资的重要组成部分。在我国传媒教育界，早期也十分重视业界精英在专业人才培养过程中的地位，北京大学新闻研究会就聘请著名报人邵飘萍为高级讲师，担任业务课程的教学。20世纪80年代上半期，国内涌现出一批新闻院系，这些院系草创之初，就从业界延揽了一批骨干记者。如华中科技大学新闻系首任系主任汪新源就来自《湖北日报》，副主任程道才来自湖北人民广播电台，第二任系主任程世寿来自《襄阳日报》；武汉大学新闻系则从报界、广播电视界请来了罗以澄、胡武、单承芳、刘惠文，其中罗以澄后来担任武汉大学新闻传播学院院长达十年之久。华中科技大学的前身——华中工学院院长朱九思是一个从延安走来的老报人，具有深厚的新闻情结。正是他创办的华中工学院新闻系，后来演变成华中科技大学新闻与信息传播学院。他在当时做了一个死规定，没有从事新闻实际工作的人不能担任业务课程的教师。这一做法在华中科技大学一直坚持下来。实际上许多一流高校的新闻院系，一直保持着这一传统。21世纪初，中国人民大学新闻学院从业界引进高钢、马少华等，其中高钢一度担任该院的院长，后又担任学院党委书记兼常务副院长。

但是国内绝大多数高校新闻院系在建设师资队伍时，往往忽略了新闻传播专业的特殊性，过于重视学历学位等统计指标，将学术研究放在压倒一切的位置上，对于业务课程的建设和学生专业能力的培养，没有予以足够的重视。在这种情况下，师资队伍的来源基本上是从学校到学校，博士生硕士生满座，其专业课程的教学基本上是从理论到理论。仅就知识摄取而言，或者说就学生的理论素养而言，新闻院系可以说是基本达标。但是新闻传播专业的毕业生能否适应业界的需求，能否胜任传媒所赋予的业务工作，恐怕还存在着诸多疑问。特别是随着最近十年来传播技术的突飞猛进，融合媒体已成为传播发展的基本趋势，新闻传播操作实务的复杂程度更是远非昔日可比，在这种情况下，以现有的师资储备，新闻传播院系所能给予学生的技能训练与业界的人才需求相去甚远。这正是当前传媒教育为业界诟病之所在。要解决传媒院系师资瓶颈问题，当务之急便是从业界引进具有学术理想的媒体精英，改变目前新闻院系师资清一色学术人才的结构，在理论人才与业务精英之间达致一定的均衡，彼此互补。从而在人才培养过程中，在建构学生合理的知识结构、夯实理论基础的前提下，同时给予学生必要的技能训练，提高学生适应业界需求的能力。

另一方面，鉴于国内新闻院系相对封闭的环境，其教学组织和学术运作昧于国际大势，教学内容与学术训练难以与国际通行标准接轨，目前新闻院系最紧要的工作就是从国外一流大学新闻传播院系引进有实力的教授和高水平的博士，来补充现有的师资队伍。固然新闻传播学，特别是新闻学，具有中国自己的特色，与西方国家不能一概而论。但是新闻传播学作为一门社会科学，或者新闻传媒作为一种社会职业，也有超越国家、民族乃至意识形态的共同价值和一般规范。也就是说，来自国外一流大学的教授和博士是可以与本土培养、成长起来的教师和谐共生的。在培养传媒所需要的一流人才的共同目标上，海外教授与博士可以发挥建设性的作用，他们不仅能够帮助学生打开国际视野，引进国外先进的理论与方法，而且能引导学生以新的视角理性地审视其面临的行业现实和社会环境。除此以外，借助这批海外教授和博士的人脉，还能够进一步扩大国际学术交流，推进合作研究，就共同感兴趣的问题召开学术会议，从而拓展中国当代传媒教育和传播学术的空间。

教师是教育之本，传媒教育的发展也依赖于这个根本。当前国内的新闻院系，师资之本并不稳固，从而威胁到传媒教育的可持续发展。所以固本乃是当务之急。新闻院系一方面要延揽业界精英，另一方面则要从国外一流大学传播学院引进教授和优秀博士，改善师资结构，使学术型师资与专业型师资、本土成长的师资与来自海外的师资保持一个合理的比例。只有这样，才能建设合理而完善的课程体系，确保传媒人才的培养质量。

四　推进配套改革，完善管理机制

如前所述，师资是制约当前中国传媒教育的瓶颈。建设一流的师资队伍，是传媒教育健康、持续发展的保证。但是师资队伍建设本身又是一个系统工程。它不仅是一个引进来的问题，还有一个留不留得下、干得好不好的问题。围绕师资队伍建设，需要对现有的制度体系和院系文化进行大幅度的革新。不然即使引进了大量的顶尖人才，也难以留下，难以融进既有的院系文化，其结果可想而知。

首先，要改革现有的师资评价体系，对于不同类型的师资，应该实行不同的考核方式。在现有的师资队伍中，既有学术型的，又有专业型的；既有来自业界的业务课程教师，又有来自学界的研究型教师。不同的师资在人才培养和学科建设过程中扮演着不同的角色，履行着不同的职能，对于其绩效考评理应采用不同的指标。来自业界的业务课程教师，其职责在于提升、强化学生的职业能力，在日常教学过程中，在课堂内外，围绕着传播过程中不同环节的专业技能的培养，耗费大量的精力，这必然会影响他们在学术理论方面的探索；而学术型的教师，其深厚的学养和理论功底，使得他们在培养学生理性思维能力、建构学生完善的知识体系方面，具有独特的优势，如果一定要安排他们指导学生的业务实践，那也有强人所难之嫌。不论是哪一类型的教师，在新闻院系，只要能够履行岗位职责，都应有发展晋升的空间，其业绩也应该得到公正的评价。要做到这一点，就必须实现分类考核，对业务课程教师，重在考核其专业实践和人才培养方面的成果；而对于学术型教师，则要以其在学术探索方面的贡献作为核心指标。当然这两类不同性质的师资，也并非两条互不交织的平行线，业务课程教师也要注重自身的理论素养，要致力于对传播现象的理性思考；而学术型教师，在进行学术探索的同时，也要了解媒体的实际业务，掌握起码的专业技能。这样的要求，对于两类不同师资自身的全面发展，都有重要的意义。

其次，要实行灵活的人事制度，不求所有，但求所用。传媒院系与其他院系一样，承袭了几十年来中国大学在师资建设方面的弊端，师资队伍小而全，而且都是全职正规在册人员，只进不出，生老病死全包，基本上没有灵活用工，社会上的教学资源无法利用，院系自身也因此背上了巨大的包袱。由于每个院系都有固定的编制，如果编制满了，即使有紧缺的岗位、尖端的人才，也无法引进。有不少院系在业界聘请了一些兼职教授，但基本上都是名誉性质，很少有兼职教授担任实际的教学任务。相邻大学的新闻院系即便有充沛的师资，限于所有制，也无法为其他院系所用，从而导致人力资源的浪费。这种用人制度显然不合理。在这个媒介化社会，在传播技术狂飙突进的时代，传媒教育界应该打破师资管理上的藩篱，摒弃小而全的单一人才所有制，实行灵活的用工制度，在主体是全职正规在编师资的前提下，可以向业界、兄弟院系聘请一批急需的兼职教师，担任特定课程的教学，或者担任学生专业实习的指导老师，其薪酬可以按其付出的劳动量来计算。这样既能促进教学资源的有序流动，实现人尽其才，又能提高新闻院系的生产效益，保证传媒专业人才培养的质量。

　　最后，要营造进取、创新、和谐的院系文化。新闻院系不仅是一个传媒人才工厂，更是创新与传承文化的精神共同体。要促进传媒教育的永续发展，保持与发展一流的师资，培养一流的传媒人才，新闻院系必须有深厚的文化积淀。在建设院系文化时，有三个关键因素应予以注意，那就是进取、创新、和谐。要摒弃保守、因循的心态，弘扬进取、创新的精神；要清除冲突的隐患，营造和谐的氛围。只有在这种文化环境中，来自不同单位、具有不同背景的多元教师队伍才能和谐共生、与时俱进，从而保证新闻院系的人才培养与学科建设有序推进。

　　总之，师资瓶颈是制约当前中国传媒教育的关键。要破解这一瓶颈，必须从战略的高度，在制度设计上下功夫，改革教师绩效考核指标体系，实行灵活的用人制度，同时创新院系文化。只有这样，才能最大限度地延揽业界精英，引进国外一流大学的教授、博士，完善师资队伍结构，提高师资队伍的学术水平和专业能力，从而满足业界对于传媒教育的期待。

（本文原载于《新闻记者》2011 年第 7 期）

关于设立冠名教授席的思考

人才乃兴业之本，古往今来，各行各业因人才而兴者比比皆是。不重视人才，对人才弃如敝屣，往往是事业失败的重要原因。东汉末年的曹操，所以能挟天子以令诸侯，最终一统北方，就在于其"唯才是举"。唐太宗之用魏征，不计前嫌，被传为千古佳话。高等教育是人才密集型行业，特别是重点大学，人才济济。而最顶尖的大学往往是因其拥有一定数量的领袖级人才。人才的竞争已成为大学竞争的核心领域，各个高校，无不在人才竞争战略及策略上殚精竭虑。其中，利用社会资源在学校设置冠名教授（Named Professor）席位，乃是重要的竞争手段。

一　为什么要实施冠名教授制度？

目前，人才竞争不仅在学校的层面进行，更在学科、学院的层面展开。在目前的办学体制下，人才竞争不仅是校长的事，也是院长的职责。在开放办学的格局下，不少学校学习国外知名大学的经验，引进外部资金，设置冠名教授席位。企业或者个人在学校设立冠名教授席，属于公益项目，属于社会责任，没有任何交换条件。1999 年，北京华远集团向北京大学光华管理学院捐助 500 万元，用于"华远管理学讲座教授"的薪水、科研活动和其他必要费用。该教授的起步年薪为 20 万元，每年的科研经费不低于 5 万元。2000 年 4 月 7 日，7 家企业出资 220 万元买下上海交通大学 36 位名教授的"冠名权"。2007 年，上海交通大学制定了《上海交通大学"冠名"讲席教授计划实施办法》，全面启动冠名教授计划。但是由于经济发展水平的制约，以及国人在慈善方面相对保守的态度，在国内高等教育界，实行冠名教授制度的高校属凤毛麟角，少之又少。唯其少见，所以实行起来更有示范意义，更有推广价值。

设置冠名教授席位的本意有三，一是给应聘者尊荣的学术地位，在一般高校冠名教授席位很少，属于稀缺资源，能够得到这一职位者多为学界翘楚或战略科学家。人们可以视钱财如粪土，但是荣誉、地位和尊严，对于绝大多数人而言，是其人生追求的目标。马斯洛的需求层次理论表明，人类最高的需求是其人生价值的自我实现，重点大学的冠名教授席，倍极尊荣，是可遇不可求的。二是给应聘者优厚的薪酬，在一般的情况下，冠名教授席的职位薪酬要远远高于一般教授职位。从人性的角度而言，物质利益是人的第一需要。人要发展首先就要生存。孟子说："若民，则无恒产，因无恒心。……是故明君制民之产，必使仰足以事父母，俯足以畜妻子，乐岁终身饱，凶年免于死亡，然后驱而之善，故民之从之也轻。"（《孟子·梁惠王》）三是给应聘者稳定感，一旦受聘为某一冠名教授席位，将有至少三年的任期，期满还可续任一期。在这一任期，他可以不受年度考核之累，专心致力于学术研究。这三点对于吸引高级学术人才，稳定战略科学家队伍，能够起到积极的建设性作用。所以不少大学不约而同地将此作为学术队伍建设的重要举措。事实上，这一举措与国内社会环境和高校生态也比较适应。国内教育界、企业界高层在谈到人才队伍建设时常说，事业留人、待遇留人、感情留人。冠名教授制度，至少在事业发展空间、物质待遇方面，对高级人才具有相当的吸引力。

应该指出的是，设立冠名教授席位，与旨在提高高等教育全行业的工资收入的绩效工资制度改革并不矛盾，而且是并行不悖的。要提高大学的对于高层次人才的吸引力，必须提高全行业的收入水平。但是如果全行业工资水平是平均上升的，在一般教授和战略科学家之间没有适当的差距，也无法起到激励作用。虽然设想通过配套的绩效工资改革，加强绩效考核，在同级员工之间拉开一定的距离，但是由于不患寡而患不均的传统文化基因，这个差距还不足以激发顶尖人才的潜能。在这个背景下，在进行绩效工资改革的同时，在现有的工资体制外，引进社会资源，设立冠名教授席位，来适当地拉开顶尖教授和一般教授的差距，对于调动战略科学家的积极性，占领学术前沿，引领科学发展无疑会产生积极的作用。同时，由于实行的是增量改革，不会影响到一般员工正常的物质利益，所以也不会引起一般职工的反感。

我认为，在学习借鉴欧美国家大学冠名教授制度方面，我们不能继续停留在看的阶段、观摩的阶段，应该开始尝试。因为当下激烈的人才竞争也不容我们静心思考，我们已经没有从容应对的余裕。特别是对于武汉地区的高校，与沿海、北上广地区的高校竞争，没有丝毫的地缘优势可言。在体制内可以操作的各种手段，都难以与沿海、北上广的一流高校相匹敌。加上本地经济发达程度不高，企业的活跃程度、国际化程度及慈善意愿远低于国际水平。我们筹措社会资源的能力受到极大的制约。华中科技大学在中国整个中南地区虽然是一个强势品牌，但是华中科技大学的文科专业，在学校处于从属地位，在社会上的知名度、在校内的话语权的还不够强、不够高，以至于在资源分配方面，一直处于劣势地位。文科院系要打翻身仗，一定要学校支持，但绝对不能全赖学校的支持，可以也应该结合学科、专业的优势，走出校门，走向业界，发掘社会资源，设置冠名教授席位，以延揽一流人才，稳定师资队伍。

二　怎么实施冠名教授制度

在中国目前的情况下，在高等学校大面积设立冠名教授席是有一定的难度的。但是在少数品牌重点高校，如北大、上交大就完全具备条件，而且早已实行。其他如武汉大学、华中科技大学，虽然学校的品牌效应远不如前者，但是在一定地区、行业，还是有相当的号召力。因为其办学历史比较悠久，校友资源比较充沛，特别是其专业教育（如测绘、水电、机械、医疗卫生等）的传统，对某些特殊行业渗透较深，影响很大。如果持之以恒地努力，也是可以做到的。

一般而言，冠名教授席的设置，有两种基本模式。一种是基于某种基金的冠名教授，前述北京大学光华管理学院的"华远管理学讲座教授"就是如此。其本金不动，主要是靠基金滋生的利息来支付讲座教授的酬金和科研经费。这种冠名教授席实施时间比较长，稳定度高，而且资助的力度也比较大。但是其起点门槛也比较高，出资者需要有较大的一次性投入。在发展中国家，在工资水准比较高的情况下，能够一次性拿出一大笔钱设立基金，而且这个基金的年利息还足以支持至少一个冠名教授席的工资津贴，其一次性投入起码在500万以上。具有这样财力的企业或基金是不多的。另一种是直接冠名教授席，即它不是以某项基金为基础，而是由某个企业直接出资，与学校约定一定年限，资助若干个冠名教授席，每年经费若干。约定期限结束，这个合约即告完成。如愿意再续前缘，可续签协议。这样入门门槛比较低，如设立一个冠名教授席，每年10万，约定期3年，其总额也就30万元而已。如果是基于某项基金的冠名教授，按照目前的利息水平，其一次性投入则要高得多。所以在目前的情况下，我们设置冠名教授席，应该以第二种为主，虽然其力度、稳定度不如第一种，但是其门槛相对较低，在初创阶段起步比较容易。

那么我们应该向谁去募集这个资金来设立冠名教授席呢？当然是向有钱人，但不是所有有钱人都愿意行善，都愿意出资支持教育。世界上没有无缘无故的爱。最有可能资助大学教育的有两种人。一种是与大学相关专业相对应的行业企业的企业家或高层管理者，对于新闻传播学院而言，与我们有着千丝万缕的联系的行业就是媒体行业，包括新媒体、传统媒体行业，这些行业企业长期以来与我们有着密切的合作关系，其高级管理和主要的技术人才就是来自我们学校。其他一些与传播有着间接关系的行业企业，部分也有这种可能。另一种是我们的校友。从我们学校、学院毕业的校友、院友，他们事业成功了，对母校的培育之恩长驻于心，需要寻找报效的路径。而冠名教授席的设置，对他们而言，可谓名利双收，何乐而不为呢？

我有个不成熟的设想，起步阶段可在华中科技大学新闻与信息传播学院设置10个冠名教授席，分为两个层次，一为10万元，二为5万元。10万元4个席位，5万元6个席位。每年约需70万元，如以3年为期，一共也就是210万元。这里就会产生几个问题：这10个席位是面向外部觅才而设立，还是面向院内既有师资？为什么是10个而不是更多？为什么还分两个档次？我是这样思考的，最初设立的10个冠名教授席，主要面向院内教师，也不排除刚刚从外界引入的杰出教授。之所以这样考虑，是因为目前学校的工资水平比较低，对于高水平的教授缺乏吸引力，也难以稳定队伍。目前的当务之急是稳定现有的高水平教授。至于从外部引进的杰出教授，可以利用学校的人才引进政策，其实这个政策的力度还是很大的。为什么是 10 个，而不是更多或更少？根据管理学流行的二八定理，通常一个企业 80% 左右的利润来自它 20% 左右的项目；一个科研单位，能够做原创性研究的高水平杰出教授往往只有 20% 左右，而其他 80% 左右的教师做的则是一般的工作。考察当下我们新闻学院的实际情况，师资队伍总盘子不到 40 人，而其中工作最辛苦、贡献最大的不超过 10 个人，也就是 20% 左右。冠名教授席的功能不是扶贫，不是普遍的福利，而是对优秀杰出人才的鼓励。如果把它作为普遍的福利，我们也无法争取到这个资金。但是也不能少于 10 个，如果少于 10 个，就必须在最优秀的 10 个人中再做选择，就会伤害这些优秀分子的积极性。为什么要分两个层次呢？我们要承认人与人是有区别的，这 10 个优秀教师中，其资历、影响、实际贡献不可能完全一致，把他们分成两个层次，是合理的；同时，只要聘任、评审公正，对于第二层次的教授来说，争取下个聘期进入第一层次的追求，对他们的成长也是个不小的动力。我的设想是，10 万元，主要面向教授，而 5 万元则主要面向副教授。

岗位设置了，钱也募集来了，应该怎么样评审，怎么样聘任呢？这是实施冠名教授制度的关键，这个环节弄砸了，不但不能激励人才，留住人才，激发教师们创新的活力，而且还会产生诸多的副作用。我有一个设想，在冠名教授席的评审、聘任方面，学院只是起辅助作用，只确定应聘者的基本资格（比如副教授及以上，年龄 62 周岁以下），负责动员在岗教师申报和资料的审核；而评审和聘任的主导权属于出资方，由出资方组织专家依据严格的学术标准评审，最后由出资方董事会或党委会决定聘任。但是出资方对于受聘者的履职不提任何要求，也不干预其职务行为。这种制度设计，一方面保证了出资者的主导地位，强化了他的责任感、荣誉感，有利于调动其积极性；另一方面，又维护了学术自由，保障了杰出学者的创新研究所必需的物质条件。这是一种多方共赢的制度安排。

三　实施冠名教授制度需要克服什么难题？

冠名教授制度的实施，是稳定优秀师资、激发创新潜能的好办法。但是要把这件好事办好，落到实处，还有许多细致的工作要做。这是对学院治理能力的考验，也是对学院领导者智慧和毅力的考验。

首先，要做的第一件事是保证资金持续的来源。事情的开始往往是容易的，毕竟学校、学院累积了多年的社会资源，第一次发掘，比较容易得到业界、校友的响应。但是要持续下去，而且可以想见的是，随着经济发展、物价上涨，居民收入的普遍提升，对于冠名教授基金或工资津贴的规模需求也会越来越高，维持冠名教授席的难度也会越来越大。这就需要在更大的力度上开发社会资源，提供更加优质的社会服务。虽然冠名教授基金属于公益基金范畴，不附带任何条件和义务，但是如果企业在这方面的付出完全没有任何回报，要想长期维持是相当困难的。所以学校、学院也要考虑，让资方感到这笔冠名教授资金的投入物有所值，至少在增加企业的无形资产方面，在提升其企业品牌方面，能够起到加分的效果。这样学院的冠名教授席才会有源头活水，而且水量会越来越大，乃至汹涌澎湃起来。

其次，要努力协助出资方做好冠名教授的评审、聘任工作。出资方组织专家评审，在某种程度上，隔绝了学院教职工之间的利益关联，因而更有公信力。但是，企业毕竟不同于学校，对于学术水平的评价，对评价标准的掌握，与学校相比会存在较大的差距。要保证企业评价与学校评价的接轨，真正发挥冠名教授席的建设性作用，学院在企业组织的评审、聘任过程中，要提供必要的专业帮助。比如在评定标准制定方面，哪些条件是必须的？哪些条件可以放宽？哪些标准必须提高？学校的认知可能更加符合实际情况。在资料的审定方面，学校的经验更加丰富。在组织动员方面，学院的工作可以更扎实、更深入、更广泛。广泛的参与能够消除暗箱作业的疑虑。学院的辅助工作做得更细致、更到位，出资方的评审、聘任就会更公平、更公正，其结果就更有公信力，从而更好地发挥冠名教授席的建设性作用。

最后，做好后续的思想工作。冠名教授制度是个好制度，但是这一制度对学校、学院管理者，对于学院的一般职工，对于冠名教授席的得主的意义是完全不一样的。中国是一个刚刚脱离农耕社会的国度，在其传统文化中有着深厚的平均主义的精神基因。孔子曾经说："不患寡而患不均，不患贫而患不安"（《论语·季世》）。朱熹对此句的解释是："均，谓各得其分；安，谓上下相安。"这里的各得其分，就是均分。战国时秦国的商鞅甚至主张，国家应该通过政策法令平衡财富的占用，"治国之举，贵令贫者富，富者贫"（《商君书·说民》）。这一思想对今人影响很大，乃至形成了普遍的社会心理。冠名教授制度的设立，虽然不会动用学校体制内资源，没有影响到校内职工之间正常的利益分配，但是它毕竟拉开了冠名教授与一般教授的收入差距，增加了两者之间的地位差距。这对于崇尚平均主义的中国人而言，是不容易得到大家普遍支持的政策。可是不这样做又不行，如果一味地因循守旧，学科就上不去。所以学院领导一定要做好思想工作，结合邓小平的先富后富理论，解开一般教师的思想疙瘩，理顺全体教职工的情绪，这样好事才能办好。

（本文发表于《新闻与写作》2017 年第 6 期）

论高校新闻专业的教学团队建设

进入 21 世纪以来，高等教育界以人才质量为核心的系列建设工程陆续出台，大学教育开始回归到教育的本质。在这个大的背景下，人才培养尤其是本科教育在高等教育中的地位显著提升。围绕着社会的人才需求及信息化全球化带来的挑战，高等院校面临着一系列不容回避的问题。这些问题涉及教学团队建设、专业定位的调整、课程体系的重构、实习实验基地建设、课程建设、教材建设等方面。本文拟就新闻专业教学团队建设问题略述管见。

一 教师与教学团队

在人生的任何阶段，教师都是传授知识、形塑人格的精神力量。孔子云："三人行，必有我师焉；择其善者而从之，其不善者而改之。"① 唐代思想家韩愈更是这样说："古之学者必有师。师者，所以传道受业解惑也。人非生而知之者，孰能无惑？惑而不从师，其为惑也，终不解矣。"②从这两段话即可看出，古人对于教师、对于教师职业的尊重。不过，古代知识的分化和丰富程度远非今日所能比，其为师者，不过为社会极少的一部分人而已。

如今，由于知识的分化与创新的加速，知识总量呈爆炸性增加，这一

---

① 孔子：《论语·述而》。
② 韩愈：《师说》。

现实决定了即使是博学的人也不可能像古希腊时代的亚里士多德那样，无所不知，什么都懂。而大学的专业教育，虽然只是局限于某一学科的知识范围，但是就在其相对狭小的空间里，也包容了无限的知识内容。我们无法想象，在今天大学有人能够像孔子或柏拉图那样，一个人面对众多的学生，满足他们全部的知识需求。事实上，教师在教室里面对学生，虽然是以个人的身份出现的，但是教师个人往往又是各种不同的教学组织的一员，不管是否意识得到，教师所传授者不过是构成学生知识体系的一部分。学生最后学成毕业，是众多教师共同教育的结果。纯粹作为个人的孤立的教师是不存在的。

现代大学的教学组织有多种形式，如教研室、教学团队。在一般的情况下，教研室是大学二级学院下基本的教学建制，学院按专业设系，系下面设置教研室。教研室是一种刚性的教学组织，新进老师一到学院就会根据专业和所讲授的课程被分配到相应的教研室，不管他是否喜欢，他必须进入这个业务活动的平台。教学团队不同于教研室，首先在于它是一种柔性的教学组织，进入这个团队不是出于强制，而是成员自己的选择，做出这样的选择是因为共同的兴趣和目标。在这个前提下，团队成员相互交流、彼此协作、取长补短，组成了一个命运共同体，共享一切成果。

现代大学教育充满了激烈的竞争。这种竞争不仅是以学科、专业为单位，有时亦以教学团队的形式进行。所以建设高水平的教学团队，是确保教学质量、提升办学水平的重要途径。那么应该怎样理解团队？英国学者德里克·托林顿认为："团队可以被描述为由一定的数量的人组成而收益却大于个人简单加总的群体。"[1] 上海国家会计学院主编的《个体、团队与组织》则主张："团队是由两个以上具备互补知识与技能的人组成的，他们具有共同的目标以及具体的、可衡量的绩效目标，团队成员为达到共同的团队目标相互负责、彼此依赖。"[2] 犹如一支球队，由不同的运动员组成，不仅其知识、能力、个性差别很大，其角色扮演是各不相同的。唯

---

① 〔英〕德里克·托林顿等：《人力资源管理》，邵剑兵等译，经济管理出版社，2008，第239~240页。

② 上海国家会计学院主编《个体、团队与组织》，经济科学出版社，2011，第134页。

有精诚团结、亲密合作，才能完成比赛任务。

教学团队（亦有人称之为教学梯队）是在人才培养过程中，为实施课程教学而采取的一种组织形式。"它是高等学校以课程、课程群组的建设为任务，整合教师力量，形成教学设施、研究与改革的创新型教学业务组合。教学团队以教学内容和教学方法的改革为主要路径，以系列课程和专业建设为平台，以提高教师教学水平和教育质量为目标。"① 一个教学团队，实际上就是一个命运共同体，它虽然是由不同的个体组成，虽然成员的年龄不同、性别不同、专业不同，但是他们有一个共同的目标，愿意承担共同的责任，他们彼此之间相互理解，所以能够相互协作。在同一个教学团队内，可以实现各种教学资源的共享。以团队为平台的各种教学研讨活动，包括集体备课、轮流听课、教学研讨、统一确定教学大纲和教材，共同设计授课 PPT，汇集众智，以解决教学中面临的问题。

从不同的角度，我们可以把教学团队划分为多种不同的类型。从行政层次来看，可以把教学团队划分为国家级教学团队、省级教学团队、校级教学团队；从存续时间看，有临时教学团队，有常设教学团队；从教学内容来看，有综合素质教学团队，有专业课程教学团队，有实践教学团队；从课堂形式来看，有计划内第一课堂教学团队，有计划外第二课堂教学团队；就课程本身而言，有单一课程教学团队，也有课程群教学团队等。

建设高水平的教学团队，是提高教学质量，培养和造就优秀的专业人才的基本条件。教育部在"十二五"期间推出的"本科教学质量与教学改革工程"就把教学团队作为重要的抓手。"加强本科教学团队建设，重点遴选和建设一批教学质量高、结构合理的教学团队，建立有效的团队合作的机制，推动教学内容和方法改革和研究，促进教学研讨和教学经验交流，开发教学资源，推进教学工作的老中青相结合，发扬传、帮、带的作用，加强青年教师培养。"② 教学团队建设在教育部主导的改革议程中的地位，充分说明了教学团队建设对于人才培养、科学研究的重要性。

---

① 李进才主编《高等教育教学评估词语释义》，武汉大学出版社，2016，第96~97页。
② 《教育部　财政部关于实施高等学校本科教学质量与教学改革工程的意见》教高〔2007〕1号。

二 教学团队的功能

教学团队是现代人才培养和课程教学基本的组织形式，在大学教育阶段，教学团队的水平更是衡量其所在的学科发展水平的重要指标。作为现代大学教育的重要的组成部分，新闻传播院系自然应该把教学团队建设作为规范教学行为、提高教学水平、确保人才培养质量的重要途径。从教育教学的基本原理而言，在人才培养过程中，教学团队的功能主要表现在教学业务和教师心理两个层面。

1. 在教学业务层面

从教学业务层面而言，以教学团队为基本的组织形式，可以促进团队成员在教学业务方面彼此交流、相互协作，推进教学改革和学术研究。具体而言，教学团队可以推动如下几项重要的工作。

其一，帮助团队成员协调、统一对课程范围内关键知识点、核心概念的理解，消除不同老师因学缘不同、理解不同而产生的歧见，消除学生在课堂上接受、理解的困难，提高教学效果。在没有教学团队或教研室功能不健全的地方，对于课程的讲授，往往是不同的老师各人讲各人的，以至于对同样课程的同一概念、核心知识点的解读，各异其趣，从而造成学生理解的困惑，不知道哪个老师讲的是准确的，应该接受哪一种解读。

其二，教学团队在促进成员交流教学经验、切磋学术研究，满足课程教学及课外指导需求的同时，还能够推动成员开展学理探讨。大学教育不同于中学教育，大学教师不仅要将成熟的知识系统地灌输给学生，也要致力于探索未知，发现和创造新的知识。对于大学教师而言，教学与科研是同样重要的。在自己所在的学术领域，如果没有独创性的学术研究，是很难做好一个优秀老师的。一个好的老师，应该是一个杰出的学者。他不能满足于一般意义上的经典知识的搬运，而应该将自己探索的最新成果、独到的见解，发掘的新资料、数据，或者对研究方法的创新，直接转化为新的教学内容。这样的内容才能够吸引学生，才是学生最希望接受的。

其三，教学团队的学习探讨，还会帮助团队成员厘清相关课程之间的边界，实现相关课程知识内容之间的无缝衔接。教学团队的成员可能来自不同的学校、具有不同的专业背景或业界经历。根据课程体系的设计，课程与课程之间是存在着知识边界的，而教学团队成员对其担当的课程的知识范围的理解，不一定完全一致。只有加强交流、沟通，彼此合作，才可能在充分覆盖课程知识空间的同时，又不至越界，从而实现无缝链接，这样既节约了教学时间，又方便学生理解和接受。

其四，教学团队在教学分工的基础上，推动成员之间合作、互补，实现成员教师的一专多能，在特殊情况下，团队成员之间可以彼此替代。这种互补与替代性准备，有效地克服了因不可抗拒的原因主讲教师缺课而导致的停课，从而在根本上保证教学秩序。

其五，教学团队也称为教学梯队，团队的构成，不仅有专业与学历之别，更有年龄方面老、中、青的差异；在学术水平上，有学科带头人、学术带头人、中青年学术骨干。这些不同背景、不同年龄的成员汇聚在一起，资深的学科带头人自然就能够对青年教师起到传帮带的作用，课程教学的接力棒就会在他们之间平稳地交接。

其六，教学团队的建设使教学改革成为可能。这一点对于当今的新闻传播教育显得特别的重要。传播技术的发展、传播格局的转型、传播流程与信息生产的革命性变化，使得传媒行业的人才需求也发生了重大的改变。从而倒逼高校的新闻传播院系，倒逼在校的老师们，不仅要在专业定位、课程体系建构等方面动大手术，在课程建设、教材建设、课堂教学方面也要与时俱进，在内容与形式、方法、手段等方面大胆创新。由于有了教学团队，围绕教学改革的探索有了一个轻松的环境和平台，得以顺利地展开。

2. 在教师心理层面

教学团队的作用与功能不仅体现在教学业务、教学改革的促进方面，在教师本身的心理层面，也会产生积极的影响。

其一，增强团队成员的归属感和安全感。归属感是人们心理的基本需要。没有归属感便没有认同感，也会失去安全感。[①] 人不是生活在真空中，而是总是处在一定的现实的历史环境之内。物质环境与社会环境的不

---

① 刘永哲：《团队建设的有关问题探析》，《中外企业家》2015年第4期，第58~59页。

确定性，工作上的挫折，人际交流的困难，难免会使个体感到失意、孤独，甚至恐惧，缺乏安全感。这就使得个体产生了一种寻找"组织""主心骨""靠山"的心理需求。教学团队就给团队成员提供了一个安全的港湾，一个可以依靠的组织，在这里他可以就学术研究、教学探讨，甚至个人生活方面的问题找到倾诉的对象，而不用担心他们的歧视、嘲笑或打压。教学团队就是一个命运共同体，大家情趣相投、目标一致、感情融洽，作为团队的成员不仅能够在这里获得物质和道义的支持，也能吸取源源不断的内在动力。

其二，获得成就感。因为有了团队，有了集体的力量，可以克服个体能力的不足，从而干出普通成员自己难以想象的大事情。一个成功的团队，实际上就是一个高水平的平台，一个高效运行的载体。没有飞机时，我们不能快速地飞越高山海洋；没有高铁时，我们无法在一千公里之内当日往返。教学团队就是类似于飞机、高铁的平台、载体。我们个体的生理结构没有变化、生理机能并没有增强、我们的智商也没有根本的提升，但是如果能够利用这些平台和载体，就能够以快于飞鸟、奔马的速度穿行。能够置身于团队之中，和在团队之外的感受是完全不同的。因为是团队的成员，其成功的概率远高于非团队成员，由此带来的成就感也是非团队成员难以领会的。

其三，提高团队成员的自尊与自信。因为是团队的成员以及团队平台的支持，教师很容易在教学活动中取得突出的成绩，也容易得到院系同事和学生的认可，得到他人的尊重、承认和欢迎，这自然会在一定的程度上提升团队成员的自尊心和自信心。因而在此后的教学研究、教学改革活动中，团队成员会更加积极主动，而教学团队自身也会更加活跃，其成效也会更加显著。

其四，促进团队成员的感情交流。教学团队的成员来自不同的专业、不同的地方，年龄、学历、经历也存在很大的差异。他们之所以能够在一起工作，相互协作，彼此促进，除了共同的目标以外，还有一个重要的因素，那就是成员之间作为同事、作为朋友、作为师生的感情交流，团队成为他们的精神家园。因为团队的存在，大家培养出兄弟姐妹般的亲情，水乳交融，难以分离。这种深厚的感情，消除了成员之间可能的隔阂，降低了正常的工作争议可能带来的伤害。

三　教学团队的构成要素

一个教学团队的构成实际是多样性的统一。作为团队的成员本身是多样的,世界上没有两片完全相同的树叶。来自不同学科专业、来自不同的学校,并且具有不同经历的个体,本身就具有各自不同的特质,包括历史观、价值观、政治立场、情感体验和专业取向,对同一个问题,可能存在完全不同的理解或判断。但是为了一个共同的基本目标,他们自愿地组成了教学团队这个命运共同体。就团队本身而言,在一个新闻学院,可能同时存在着性质与形式迥异的多种教学团队,如有单一课程的教学团队,这在公共基础课部分比较普遍,但有些特别的专业课也会设置,如华中科技大学的新闻评论教学团队;有课程群教学团队,多为在学院层面组建的,往往是跨专业系的教学团队,如新闻传播实务教学团队、新闻传播史论教学团队;还有课程教学计划之外旨在提升学生专业能力的第二课堂教学团队,如华中科技大学的红树林团队、V-fun 团队等。团队的形式多种多样,团队的规模也大小不一,有限于本院师资的封闭式教学团队,也有跨越院系的开放式的教学团队,团队的形式不同,但是教学团队的本质使命是一致的,都是为了造就优秀的传媒专业人才。

要组成一个富有活力的教学团队,必须具备如下几个要素。

其一,统一的目标愿景。一个教学团队或学术共同体是由众多单独的个体自愿组成的。这些不同的人之所以能够克服各种差异,共建精神家园,是因为他们有一个统一的目标愿景。这是教学团队建设的大前提。有了这个目标愿景,团队成员都知道他们要实现的目标是什么,他们能够从共同的奋斗中得到什么。这是教学团队发展的动力之源。如果没有这个目标愿景,团队就没有办法树立起吸引成员的大旗,即使吸引了团队成员也难以稳住他们,无法让他们在这个团队平台上共同奋斗。

其二,有效的沟通。教学团队能否充分地发挥其机能,取决于团队成员之间能否保持有效的沟通,彼此之间是否能够坦诚相见。大家是否都认定对方是自己人,是我们自己的家人。这种沟通不仅能够保证团队成员之间彼此深入了解，而且能够了解彼此的重要关切。在这种心理基础上，成员间会自然地产生一种对教学团队的认同感、依赖感，意识到我是团队的一员，或团队是属于我的，团队其他成员是我的战友、伙伴和朋友。

其三，合理的分工。一个教学团队由若干不同的成员组成。这些成员都是一时之选，十分优秀，但是由于知识的分化和爆炸性的繁殖，他们不可能都是通才。他们更多是某个专业、某门课程或者某个领域的杰出专家。要发挥教学团队的效能，对其成员必须用其所长、避其所短。把每个教师放在最适合的位置，让他的才华得以充分的展现。

其四，彼此激励、共同承担。教学团队是一个命运共同体，遇到了挫折、失败，成员要一起承担；收获了成果，大家也要一起分享成功的喜悦。团队的工作，就是成员自己的事业，大家理应共同承担。对于各自负责的岗位、各自承担的领域，成员间也应相互激励。团队成员在做好自己分内工作的同时，也要对团队同事表达一份关爱和支持，这样每个成员才能感受到不是一个人在孤立地奋斗，每个成员的背后，都有无数支持的力量、无数关爱的眼神。这种精神体验，会极大激发团队成员的潜能，发挥团队运作的效率。

其五，彼此信任和默契①。由于团队成员间充分、有效的沟通，成员之间彼此激励、相互支持，团队成长为一个具有活力的命运共同体，由此建立起成员之间的相互信任。每个成员都相信在自己最困难、最需要支持的时候，同事们会伸出援助之手。自己同样也是如此，时刻在准备着支持需要帮助的同事们。成员之间这种相互的信任，升华为一种默契，关键时一个眼神、一个微笑、一个细微的动作，就会产生巨大的精神力量。在这个场景下，精神力量完全有可能转化为物质的力量。

其六，责任感。教学团队的每一个成员都是命运共同体的一员，都对共同体的生存与发展承担着一份责任，无可推卸。这种责任感表现为对团队发展前途的关心，对团队成员的生存、生产与生活状态的牵挂，团队成员之间无私的关爱，时刻准备为团队的发展而付出自己的辛劳、汗水的决

---

① 万涛等：《基于目标管理的团队有效性研究》，《企业管理》2016 年第 4 期，第 116～118 页。

心。正是这种强烈的责任感，使得教学团队成为具有强大生命力的有机体，团队成员彼此性命相关，难以割舍。

最后是有限的资源支配。一个团队要想有效地运转，激励成员的积极性和创造性，必须拥有一定的物质资源，并且能够自由地支配和运用这些资源。因为教学团队的每个成员都是人，都是有着七情六欲的生物个体，都有自己的物质利益诉求。马克思说过："人们奋斗所争取的一切，都同他们的利益有关。"[①] 所以他主张"以一定历史时期的物质经济生活条件来说明一切历史事变和观念、一切政治、哲学和宗教"[②]。如果团队成员的努力、创造和奉献，得不到起码的物质奖励，他的积极性就难以维持。所以教学团队必须掌握和支配足够的物质资源，并且能够自主地分配和处理这些资源，以调动成员的积极性、主动性和创造性。

四　教学团队建设的原则与路径

建设教学团队是提高教学质量、培养高水平专业人才的重要措施，这已成为教育界的共识。但是审视当下的高等教育界，其在教学团队建设方面还存在着不少的问题。这主要表现在以下几个方面。教学团队建设的总体目标不够明确，有时把具体的工作任务视为总目标，有时把临时性的工作要求视为总目标，以至基于总目标而进行的总体设计偏离了教学团队建设的原有宗旨。[③] 此外，团队组织结构不甚合理，有一种贪大求全的喜好，认为团队成员越多越好。这是一个莫大的误会。教学团队不同于其他组织，其大小应该适度。还有，教学团队的运行机制不够完善，团队的评价和奖惩激励办法不够科学，难以调动团队成员的积极性和创造性。

教学团队的建设是一个涉及面广的系统工程。首先必须确认和坚守团队建设的基本原则，笔者以为这一基本原则的核心内涵有四点。

一是开放性原则。新闻院系的教学团队不是一个封闭的自娱自乐的机

---

① 《马克思恩格斯全集》第 1 卷，人民出版社，1956，第 82 页

② 《马克思恩格斯全集》第 2 卷，人民出版社，1956，第 208 页。

③ 肖久灵：《高校教学团队运行的障碍与对策研究》，《管理观察》2018 年第 20 期。

构，而是一个开放的发展中的教学平台。教学团队不能局限于某一专业、系，或者不能局限于某一学院，只要知识相关、背景相同，就可以跨专业，甚至跨学科组建教学团队。尤其是以提升学生综合能力为目标的团队，如华中科技大学新闻与传播学院胡怡教授主持的 V-fun 团队就是跨专业、跨学院，面向全学校组建的。V-fun 团队每年出品一部以校园生活为题材的大电影，除了制片、导演、编剧是新闻学院的师生外，其他的岗位，包括演职员都是其他学院的老师和学生。这样每到毕业季，观赏其制作的电影，就成为校园一道靓丽的风景。

二是结构合理、规模适当的原则。教学团队建设不能一味地追求大而全，绝对不是规模越大、人数越多越好。大小适当、适度从紧，是教学团队建设的重要原则。同时团队建设还要注意结构合理，年龄结构上要合理，老、中、青都要有适当的配置，一个团队如果只有老同志、中年同志，是没有未来的；如果只有青年、中年，而没有资深的学科带头人，这个团队也难以达到理想的高度。结构还涉及团队成员的学历经历，成员的学术背景、工作背景以及与相关行业、学科领域的关系等，不能搞清一色，最好有一些差异，有差异才能互补，有互补才能增强团队对各种复杂情况的适应能力。

三是教学与科研相结合的原则。教学团队虽然在名字前面冠以教学二字，其功能和实际活动绝非仅限于教学。既抓教学，又抓科研，同时还致力于将科研成果转化为课堂教学的内容，是教学团队的工作特点。不过这里的科研，指的是与课程教学紧密相关的学术研究。通过这种研究，不断拓展课堂教学的思维空间，不断地为教学注入新的内涵，从而提高课程教学的学术品位，这是保证教学质量的必要的措施。一个没有科研成果的教师，绝对难以成为一个学生喜欢的教学名师。

四是优化资源配置的原则。教学团队是一级教学的组织形式，并且还拥有一定的教学资源支配权，要用好用活这些资源，教学团队应该优化资源的配置。一方面要注意节约，提高资源的使用效率，另一方面则要合理地配置，把好钢用在刀刃上。在教学资源的配置方面，不能搞平均主义，不论干不干、干得好不好，利益均沾、撒胡椒面是绝对不行的。唯有在科学评价的基础上，把资源配置与绩效奖惩有机地结合起来，方能发挥资源的效率。

以上四条是新闻专业教学团队建设必须坚持的基本原则。这四条原则本身也存在着内在逻辑关系，开放性原则与结构合理、规模适当的要求，主要是就团队的构成而言的，其核心的要求是贯彻多样性统一的精神。团队成员应该来源多样、各具特色、规模适度、目标一致。教学与科研结合和资源配置，则是针对团队的运行，要求教学团队在运行方面要照顾到教学和科研两方面的需求，同时要将两者有机地结合起来，而资源的配置则要服务于团队的高效运行，进而达到团队成员共同的目标。

教学团队的建设不仅涉及面广，而且耗时费力。虽然到达目标的途径有多种，但是在时间、条件、资源有限的前提下，如果能够选择最优的路径，则有可能提前达成团队的建设目标。具体而言，在选择教学团队建设的路径时，有必要注意以下六点。

第一，选择好团队负责人。对于一个团队而言，没有比确定团队负责人更重要的事情了。一个有远见、有胆识、有胸怀、敢担当的负责人，可以使团队成员人尽其才，带领团队不断地克服困难，创造佳绩。反之，即便团队拥有一流的师资、充沛的资源，这个团队也难以达到预期的目标。汉高祖刘邦就是优秀的团队负责人。他曾经问臣下："吾所以有天下者何？项氏之所以失天下者何？"高起、王陵对曰："陛下使人攻城略地，所降下者，因以予之，与天下同其利；项羽妒贤嫉能，有功者害之，贤者疑之，……此其所以失天下也。"高祖曰："公知其一，未知其二。夫运筹策帷帐之中，决胜于千里之外，吾不如子房。镇国家，抚百姓，给馈饷，不绝粮道，吾不如萧何。连百万之军，战必胜，攻必取，吾不如韩信。此三者，皆人杰也，吾能用之，此吾所以取天下也。项羽有一范增而不能用，此其所以为我禽也。"① 教学团队也是如此，如果团队负责人有刘邦的气度和雅量，有识人之明，何愁事业不成？

第二，不拘一格，根据需要和现实条件建设独具特色的团队。如前所述，教学团队有各种不同的类型，组建团队需不拘一格。在新闻院系，重点要建设好课程群教学团队、专业实践教学团队。华中科技大学的新闻传

---

① 《资治通鉴》。

播史论教学团队就是跨专业组建的课程群教学团队，将新闻学原理、传播学概论、马克思主义新闻观、中国新闻史、外国新闻史、比较新闻学、新闻伦理与新闻法规、传播学研究方法等课程的主讲教师组织在一起，现已建设成湖北省优秀教学团队。武汉大学为了组织学生的专业实践活动，组建了全院专业实践教学团队，因其突出的业绩获得了国家级教学成果奖。其次要建设好第二课堂教学团队。如华中科技大学的红树林团队是一支以培养"创意思维—策略制定—问题解决"核心专业能力的咨询策划创意团队，深受学生的欢迎。[1] 最后要建设好单一课程教学团队。如华中科技大学的新闻评论教学团队就是一支融合学校学界精英和业界高手的双师型教学团队。[2]

第三，培养团队精神。教学团队不仅是团队成员物质上的集合，也是他们精神上的联盟。一个团队之所以能够在教学中取得佳绩，在与其他团队的竞争中立于不败之地，主要在于其团队精神。所谓团队精神是建立在学院文化基础上的，由全体团队成员拥有的团队归属感、责任意识，以及团结协作、相互配合、共同努力的集体观念和精神氛围。有了这种精神，个体能够体会到作为团队成员的自豪感，能够自愿地将自己的前途和命运与教学团队紧密地联系在一起，能够自觉地为团队的工作努力奉献。同时在团队成员之间，也会形成彼此信任、相互支持、相互敬重、相互谅解、相互包容的建设性伙伴关系。[3] 这种团队精神在特殊情况下会演变成一种强大的物质力量。

第四，健全激励机制。教学团队的正常运行，需要有科学的制度设计和完善的奖惩激励机制。在实际教学过程中，即使条件、环境完全相同，每个团队成员的工作绩效也会出现一定的差异。对于成就卓著者，理应在团队掌控的资源中予以必要的奖励，以调动优胜者的积极性。而成绩一般者，也会因此正视自己的差距，寻找自己落后的原因，争取在以后的工作中，实现对其他成员的超越。所以教学团队的负责人应该认真研究国家相

---

[1] 欧阳康主编《自主成长与人文情怀——华中科技大学文化素质实践教育探索》，华中科技大学出版社，2012，第258~270页。

[2] 张昆：《新闻评论教育的"华科大模式"》，《新闻记者》2018年第6期。

[3] 刘永哲：《团队建设的有关问题探析》，《中外企业家》2015年第4期，第58~59页。

关政策，结合高校和学院工作的实际，完善教学团队管理的具体细则，重视奖惩制度的设计。通过完善的制度，激发团队成员的潜能和创造、创新的激情。

第五，营造团队自由生长的外部环境。教学团队的高效运行离不开学校、学院提供的支撑性环境。教学团队本身就是社会教育系统的一个部分。一个开放的、宽松的环境，有利于教学团队获得更多的社会资源，有利于教学团队自主决策、自由思考，发挥团队成员的想象力、创造力。相反，一个过于封闭、严肃、紧张的环境，可能不利于教学团队与学院、学校系统的互动，会愈来愈固化教学团队成员的想象与思维，还会限制团队成员自主的创造性活动。在这个意义上，学校尤其是学院应着眼于教学团队发展，建设开放、自由的校园（学院）文化，突出专业特质，营造自主、创新、包容、协作的精神氛围。只有这样，教学团队才能在宽松的文化土壤上健康成长！

总之，高校新闻专业教学团队的建设，是新时代提高人才培养质量，加强学科建设的主要举措。而团队建设本身又是一个复杂的涉及面广的系统工程，要实现教学团队建设的目标，必须深入地认识教学团队这种新的教学组织形式的特点及其组成要素，在学校学院战略的高度思考团队建设的基本原则，选择建设团队的准确路径。

（本文原载于《新闻与写作》2019 年第 8 期）

关于编纂《中国新闻传播教育
年鉴 2016》的思考

在人类社会发展史上，没有比今天的信息时代更能说明传播重要性的历史阶段了。信息传播作为维系社会共同体的黏合剂，将分散的个体聚合成彼此相依、须臾不可分离的有机体。信息弥漫于人类生活的全部空间，渗透到社会系统的每个角落、各个层面。它就像空气，影响到人类的呼吸，丰富着人类的思想，引导着人类的行为。在社会系统的延续发展中，传播不仅在守望着社会、传承着文化、维系着社群，而且其本身就构成了人类生存的环境。作为人类环境的信息传播，不仅制约着人类的思维空间及其生存与发展的物理空间，而且决定了人类的精神境界。传播与社会同生共存，是历史进化的铁则。

一　没有新闻教育就没有新闻业

正如无法想象一个没有传播的社会，我们同样也无法想象一个没有新闻传播教育的传播业。新闻传播从自发的社会活动演变成一个根系发达、枝繁叶茂社会事业，除了社会需求的拉动，传播技术的支撑之外，还有一个十分重要的因素，那就是一批批具有专业技能和职业理想的传媒人的涌入。人自始至终都是传播的主体，是人类社会及其传播历史的主人。在传播本身进化的历史上，传媒人始终是决定性的因素。但是，传媒人不可能在真空中成长起来，传媒人的成长不仅需要空气、水分和阳光，更需要导师的教导与引领，就像医生、历史学家、天文学家一样。

信息传播作为一项社会职业，在西方社会，其早期历史上的行吟诗人，可以说是最早的传媒人和历史学家。在荷马史诗中，既有历史故事的陈述，也有最近新闻的报道。罗马帝国时期手抄新闻作者的新闻职业特征已经十分鲜明。在中国，新闻传播的早期历史最早可以追溯到周朝，其宫廷中的史官，就承担着记录新闻和历史的职责。蔡元培先生主张，新闻与历史同源，他在为徐宝璜《新闻学》所做的序言中说："余惟新闻者，史之流裔耳。古之人君，左史记言，右史记事，非犹今日新闻中记某某之谈话若行动呼？"当然，他也深知新闻与史又有差异："两者虽记以往之事，史所记不嫌其旧，而新闻所记愈新愈善，其异一；作史者可穷年累月以成之，而新闻则成之于俄顷，其异二；史者纯粹著述之业，而新闻则有营业性质，其异三；是以我国虽有史学，而不足以包新闻学。"[①] 在专业史官之外，朝廷还有"采诗之官，王者所以观风俗，知得失，自考正也"（《汉书·艺文志》）。更有甚者，中国古制还规定："从十月尽正月止，……男年六十，女年五十无子者，官衣食之，使民间求诗。""故王者不出户牖，尽知天下所苦。"（《春秋公羊传注疏·宣公卷十六》）新闻传播由来已久，在东西方古代史上都可以得到印证。

万物皆有史，皆有其从来。英国历史学家卡尔·贝克尔在《人人都是自己的历史学家》一文中指出："每个普通人，同你我一样，记忆种种说过做过的事情，并且只要没有睡着也一定是这样做的。假定这位'普通先生'早晨醒来而记不起任何说过做过的事情，那他真要成为一个失去心灵的人了。……正常地说来，这位'普通先生'的记忆力，当他早晨醒来，便伸入过去的时间领域和遥远的空间领域，并且立刻重新创造他努力的小天地，仿佛把昨天说过做过的种种事情联系起来。没有这种历史知识，这种说过做过事情的记忆，他的今日便要漫无目的，他的明日也要失去意义。"[②] 新闻传播源远流长，新闻传播教育也不是无源之水、无根之木。

---

① 蔡元培：《蔡序》，载徐宝璜《新闻学》，时代文艺出版社，2009。
② 田汝康、金重运选编《现代西方史学流派文选》，上海人民出版社，1982，第261页。

虽然我们还无法找到教育史上资料来清晰说明古代社会如何培养职业新闻人，但是一个普通人，要成为能够记录与传播事实，胜任采访、写作、编纂工作的传播者，显然是需要一个复杂的学习或培训过程的。现有的一些证据表明，古代罗马第一批手书新闻采写者多是奴隶出身，作为奴隶主的会说话的工具，他必须得到系统的技能训练才能进入职业角色，这种培训多以师傅带徒弟的方式进行，在工作中学习。而中国古代的史官，多具有家族传统，子承父业，或者兄终弟及是职业技能培训的主要途径。春秋时期的襄公二十五年，齐国的崔杼杀了国君。"大史书曰：崔杼弑其君。崔氏杀之，其弟嗣书，而死者二人。其弟又书，乃舍之。"另一个众所周知的事实是，司马迁作为太史令，就有家学渊源，他的父亲司马谈也担任过太史令。

关于古代新闻传播教育，因历史久远，资料湮没无闻，很难勾勒其全貌。可以肯定的是，古代社会有传播活动，有职业传播人，但是没有社会化的职业传播教育，这和其他行业十分相似。我们对古代传播的描述，更多的是根据片段材料的拼合，其间有很多想象的成分。虽然历史学家也需要想象力，但是绝不能过于依赖想象，更不能陷入想象的泥坑而不能自拔。应该说，对古代传播及传播技能的培养情况，我们确实所知有限。这一方面是历史本身的原因，时代的长河滚滚向前，大浪淘沙，能够沉淀下来的，自然只是少数有分量的重量级的存在物。另一方面则是人们历史意识缺失，没有及时地记录或保存相关的文献，或者是记录了，而因为种种原因而泯灭，从而给今人认识传播教育历史造成了困扰。

二　历史是新闻教育的起点

今天我们处在一个发达的信息社会，而支撑、维系这个社会的就是信息传播系统。这一系统直接源自欧洲文艺复兴及随之而来的工业革命的需求。当信息传播与工业社会彼此互动，从而加速了社会历史的进程时，近代的新闻传播教育便应运而生了。在 20 世纪初，从美洲大陆到欧洲大陆，在不同的国家相继出现了大学新闻教育，并且形成了不同的传媒人才培养模式，而这些模式又随着全球化的进程，为其他国家和地区所借鉴，乃至吸收。中国的新闻传播教育正是在这个背景下发展起来的。

我们一般把 1918 年北京大学新闻学研究会的成立视为中国新闻教育的开端。从此开始，一系列标志性的事件，逐步地拉开中国现代新闻教育的序幕。1922 年，厦门大学成立了新闻学部（于 1926 年停办）。1924 年，燕京大学新闻系成立，不久就因其先进的教学理念和高质量的人才培养，确立了在民国新闻教育中的地位，被视为民初中国大学新闻教育的"最优秀者"。1926 年 9 月，复旦大学首次以新闻系名义正式招生。3 年后，复旦大学正式成立新闻系，其首任系主任为留学日本早稻田大学的谢六逸教授。1936 年南京大学前身金陵大学创立"电影与播音专修科"，成为中国高等电影广播教育的源头。1946 年，暨南大学新闻学系在上海成立。共和国建立后，中国人民大学于 1955 年成立新闻学系。由此新中国高等新闻教育事业开始发展起来。

截至 2015 年底，全国有 681 所大学开设新闻与传播类专业。而"985""211"大学中开设新闻与传播类专业的比例高达 55.9%。这些学校拥有新闻与传播类专业教师 6912 人（其中硕士以上 2943 人），设有 1244 个本科专业点，其中新闻 326 个，广电 234 个，广告 378 个，传播学 71 个，编辑出版 82 个，网络与新媒体 140 个，数字出版 13。其本科生在校学生总规模达 22.5691 万人。在此之外，还设有新闻与传播学一级学科博士点 15 个，一级学科硕士点 75 个，二级学科博士点 3 个，二级学科硕士点 13 个。正如大家所知道的，有些重点大学的研究生规模超过了本科生。中国新闻传播教育的繁荣发展，可谓洋洋洒洒，蔚为大观。中国新闻传播教育界不仅已然成为中国高等教育重要的组成部分，而且因为其大量的专业人才培养和定向输出，成为支撑当代新闻传播体系的重要支柱。

作为一个新闻传播教育者，面对全球化、数字技术发展和社会转型带来的挑战，面对无所不至的信息和无所不能的传播，面对学校所能与社会所需的差距，不仅深感自己肩负的责任重大，而且逐渐地失去了方向感。如何才能胜任新闻传播教育的天职，怎样才能满足社会的期待？虽然我们可以从许多渠道获得不少的知识资源和理论资源，诸如传播学研究、新闻学研究、传播法学研究、传媒经济研究、新闻传播实务研究、新媒体研究、品牌传播研究等等，来引领我们的思维，相关的研究成果也是汗牛充栋，但是对于新闻传播教育能够起到本质性资鉴作用的当代历史资源的发掘和累积，对于当下中国新闻传播教育的新发展、新变化、新成就、新问题的客观记录和整理，基本上还是付之阙如。如果说过去没有这方面的研究，没有进行这方面的开发、积累，是因为认识方面的原因，或者是新闻传播业发展的程度还不够，那么，今天则完全不同。新闻传播与传媒教育的发展已经达到了这样的程度，以至于我们有足够大的物质资源和工具条件，来做我们的前人想做而没有做的工作。我们不能再任由这些历史资源随水漂流，湮没无闻。置身于新闻传播教育这个以培养历史记录者为天职的行业，我们在关注自然与社会变迁的同时，也应该关注、记录自身的历史，千万不能让我们的后人也重复我们今天的遗憾。

三 时代呼唤《中国新闻传播教育年鉴》

亡羊补牢，犹未为晚。从现在开始，编纂一本《中国新闻传播教育年鉴》，是解决新闻传播教育当前问题、满足社会的期待的可靠途径。所谓年鉴，以年为时间单位，全面、系统、真实地记录上年度特定领域新发展、新变化、新成就、新问题，有文字、有图片、有表格，有文献目录，有统计数据，有名著解读，有人物研究，有事件解析，有个案解剖，有全局纵览，有政策分析，具有数据权威、及时反应、连续出版的特点，兼具工具性、学术性和政策性。

年鉴这种出版物，最早出现于欧洲，英国科学家培根在其《大著作》中，就引用了外国年鉴中有关天体运动的材料。事实表明，至少在 13 世纪中叶欧洲就已经有了类似年鉴的出版物。随着经济文化的发展，年鉴编纂出版遍地开花。大到全球政治经济，小到一个地区、一个城市、一个单位。宏观者如综合年鉴，全面记录特定地域的政治经济文化的综合发展变化，微观者仅涉及一个个具体的领域，如军事、卫生、体育、传媒等。在当代中国，年鉴的编纂出版空前繁荣。仅在经济领域，就有经济贸易、人口普查、宏观经济、能源电力、金融保险、石油化工、钢铁冶金等年鉴。在新闻传播领域，除 20 世纪 80 年代开始出版的《中国新闻年鉴》外，中国社会科学院新闻与传播研究所在 2016 年又推出了《中国新闻传播学年鉴》。前者主要服务新闻传播业界，后者则重在新闻学术。这两本年鉴都与新闻传播教育有一定的联系，涉及新闻传播教育的某些内容，但又不能完全涵盖新闻传播教育，不能全面地满足新闻传播教育界的期待。于是编纂一本《中国新闻传播教育年鉴》，全面、系统、客观、连续地记录中国新闻传播教育的新发展、新变化、新问题、新成就、新经验，记录中国新闻传播教育的当代历史，保持中国新闻传播教育的文脉，为后人研究今天的新闻传播教育留下宝贵的第一手文献，是时代的要求，也是业界的期待。但是，这部《中国新闻传播教育年鉴》在内容建构方面，还须与《中国新闻传播学年鉴》《中国新闻年鉴》有所区隔，以避免内容的重复和资源的浪费。

正是基于这一认知，中国新闻史学会新闻传播教育史研究会决定承担起这一历史的责任。在经过多次周密论证、反复讨论后，新闻传播教育史研究会组成了年鉴编委会，拿出了《中国新闻传播教育年鉴2016》编纂大纲和具体篇目。从2015年5月到2016年7月，编委会动员了100多人参与编写，经编辑部审定，最终完成的样稿近150万字。在编委会第三次全体会议上，又广泛听取委员们意见，在此基础上编辑部对文稿又进行了修改、精简，最终定稿。今天呈现在读者面前的《中国新闻传播教育年鉴2016》是中国新闻传播教育史研究会全体同人共同努力的成果，也是中国第一本以新闻传播教育为主体的年鉴。

我们期待这本《中国新闻传播教育年鉴》的出版，能够在服务中国新闻传播教育、促进新闻传播学术发展方面做出一点实实在在的贡献。其一，通过这本大型年鉴能够汇集、记录、保存大量的与新闻传播教育有关的数据、文献，年复一年地坚持下去，一本接着一本地出版下来，积沙成塔，这就是一部中国新闻传播教育的历史资料长编，其保存历史之功，不言自明。对于后来者认识今天的历史，是莫大的帮助。其二，这本年鉴因为全面地呈现中国新闻传播教育的实况，各大学院、各种流派、各种风格、各种模式、各种理念，尽展所长，对于每个新闻传播教育者，每个新闻学院院长、新闻系主任，在其决定本院（系）的办学方针、发展战略、路径选择时，提供了重要的参照系，是一种不可替代的学习、借鉴资源。其三，我们今天正处于一个转型的时代，全球化进程、社会转型、媒介转型不仅影响到社会的运行，更是直接影响到新闻传播教育。时空的压缩，使得新闻传播教育的环境顷刻间发生了根本的改变，其服务的传播业界发生了变化、业界对传播专业人才的需求也发生了变化，可是，新闻传播教育界本身的办学格局一如旧制，培养模式、课程体系、人才规格、办学理念、研究方向等，与社会变化和行业需求完全脱节。要解决当前面临的问题，需要从历史中、从同行的成功的经验中获取智慧。而《中国新闻传播教育年鉴》正好可以满足这一需求。其四，本年鉴对于教育新政策、业界新动向、政治新变化的深入解读，对于新闻传播教育者，对于新闻院系的领导人也会有一定的帮助。

四 《中国新闻传播教育年鉴2016》的架构与不足

为了满足新闻传播教育发展的客观需求，我们希望这部年鉴既要全方位覆盖中国新闻传播教育的全部要素，又要突出重点，聚焦当下学界、业界关注的问题；既要有全面的综述性归纳，又要有深入的个案分析；既要有扎扎实实的统计数据和量化分析，又要有深刻的定性研究；既要立足国内新发展、新经验，又要兼顾国际，注重新闻教育的他山之石；既要深入分析顶尖高校一流新闻院系的经验，也要关注一般院校面临的问题和苦恼；既要全面梳理新闻传播教育的完整人才链，又要突出本科和研究生的重要地位等等。所有这些考虑，成了我们构思这部年鉴的出发点。

《中国新闻传播教育年鉴2016》全书140万字篇幅。由三个大的板块组成。第一板块总论篇旨在回溯、梳理中国新闻传播的历史，分两个部分，第一部分是中国新闻传播教育简史。这一部分近五万字，简明扼要地勾勒了中国新闻传播教育的历史，从萌芽、生长、开花以至结果，线索分明，脉络清晰。第二部分是不同类别新闻传播教育发展综述，从九个方面分别综述了外语院校、民族院校、工科院校、体育院校、师范院校、农林院校、军事院校、兵团院校以及独立学院新闻传播教育发展演化的历史及现状。这一板块总的基调是历史回顾，解决过去的遗留问题，梳理不同类型的高校新闻传播教育从无到有、由昨到今的脉络，帮助读者建构起中国新闻传播教育历史的整体观。

第二板块是平台与人物篇。这一板块旨在彰显中国新闻传播教育的主体，从行业（专业）组织、新闻院系、研究生硕博士学位授权点、博士后流动站，到对中国新闻传播教育产生过重大影响的教育家们，都成为本板块的核心内容。此版块由五个部分组成。第一部分是新闻传播教育界行业组织与专业学会介绍，分别就国务院学位委员会新闻传播学学科评议组、全国新闻与传播专业学位教育指导委员会、教育部高等学校新闻传播学类专业教学指导委员会、中国新闻史学会、中国高等教育学会新闻学与传播学专业委员会、中国高等教育学会广告专业委员会、中国高等教育公共关系教育委员会、中国新闻文化促进会传播学分会、中国新闻史学会新闻传播教育史专业委员会的沿革、性质、职能及其活动做了全面的梳理和分析。第二部分就国内最具影响力的十五所新闻传播学院，包括中国人民大学、中国传媒大学、复旦大学、武汉大学、清华大学、华中科技大学等，就其历史沿革、办学理念、培养模式、课程体系、科学研究、社会服务等做了比较全面的梳理。第三部分为研究生教育和博士后流动站。在这部分综述了全国新闻传播学博士点、硕士点设点情况、招生情况，介绍各一级学科博士点、二级学科博士点、跨学科博士点的办学情况及其特色；同时综述了全国现有的新闻传播学一级学科博士后流动站的运行情况，各主要站点的特色等。第四部分为教育家研究，这可以说是本年鉴的亮点。它不仅对七位已故新闻教育家，即陈望道、谢六逸、王中、安岗、顾执中、罗列、马星野，还对十位不在院长、主任岗位的老院长、主任做了口述史的研究。如此集中地对这些影响中国新闻传播史的教育家的教育理念及其办学实践的探索，在国内学界还是第一次。第五部分是新闻传播学教授名录，《中国新闻传播教育年鉴 2016》共收录了 115 名教授，虽然每个教授只有 600 字篇幅，但也基本上勾勒了其学术轮廓和个性特征。

第三个板块是成果与政策。这个板块旨在综述和解读中国新闻传播教育界的教学成果、专业与学科评估、教育政策及各种统计数据，也分为五个部分。第一部分包括专业、课程、教材、实验室建设、教学成果奖和各级名师奖。第二部分是各类学生竞赛。第三部分是专业与学科评估，主要是本科专业评估、专业硕士评估和博士点评估，重点是由国家学位中心进行的一级学科评估。第四部分是科学研究与学术交流。这部分为与既有的

《中国新闻传播学年鉴》相区隔，对各类项目课题只做了统计意义上的梳理，对于学术研究成果、学术会议的综述、介绍也仅限于新闻传播教育领域。第五部分收录了与新闻传播教育紧密相关的重要文件和权威的专业统计数据。

这部《中国新闻传播教育年鉴 2016》虽然凝聚了编者和作者的心血，虽然编委会做了大量的工作，群策群力，集思广益，但是毕竟是第一次尝试，没有陈规可循，没有经验借鉴。所以必然地会留下不少的瑕疵和遗憾。比如，因为参与者众，年鉴前后行文的风格难以完全统一；不同章节之间，同一主体的内容因为分属不同的作者，而每位作者都力求小而全，难免会出现重复；有些章节的内容出自本单位的作者，有些作者是事主的学生，与对象的距离相对近了些，在中立性方面不一定能够做得令人满意；在体系结构方面，因为顶层设计不够完善，有些应该覆盖到的地方还没有覆盖到，例如台港澳地区，2016 版就没有涉及；个别篇章行文不够规范，有的过于简练有的又过于铺陈，以致部分章节缺乏必要铺垫，或显得较为冗长。虽然问题不少，但是作为中国教育史上第一本《中国新闻传播教育年鉴》，其开拓建树之功，也是不容忽视的客观存在。

作为年鉴的编者，我深信，《中国新闻传播教育年鉴 2016》作为一本具有资料性、权威性、政策性、及时性的信息密集型工具书是应时而生的，它应该会在中国当代新闻传播教育史上发挥积极的建设性作用。但是我们深知，以我们现有的力量在一个比较短的时间段内，完成如此规模的工作量，还需要大量的整合，出现这样那样的问题是免不了的。我们能力有限，但是有自知之明。好在这本年鉴会继续出版下去，2016 年存在的遗憾，应该会在 2017 年得到解决，随着 2018 年、2019 年的相继推出，我相信，《中国新闻传播教育年鉴》一定会逐步地趋于成熟，臻于至善。

（本文发表于《现代传播》2016 年第 11 期）

见证历史，传承文脉

大家上午好！今天，是中国新闻教育界重要的日子。中国新闻教育史学会 2016 年学术年会与马克思主义新闻理论研讨会，在龙兴之地辽宁大学隆重举行。来自全国各地一百多位代表齐聚一堂，还有我们敬爱的前辈、新中国新闻传播教育的开拓者们莅临大会，可谓高朋满座，群贤毕至，盛况空前。会议还有一个重要的议程，为由本会组织编纂的首部《中国新闻传播教育年鉴》举行首发式。在此，我谨代表中国新闻传播教育史学会向莅临会议的各位前辈、各位代表表示热烈的欢迎，向承办会议的辽宁大学新闻与传播学院领导和教职员工表示衷心的感谢！

本次会议与过往会议最大的不同，是老少咸集，中国新闻教育界三代领军人物共襄盛举。我们敬爱的何梓华院长、赵玉明会长、童兵教授、吴高福院长、罗以澄院长、邱沛篁院长、郑保卫教授、刘建明教授等和我们一起见证这个重要的时刻。我想起了 32 年前在中国人民大学读研究生的时候，记得我第一次拜见何梓华老师，是在 1984 初春研究生复试的时候，当时我拿着武汉大学吴高福老师的介绍信叩门，办公室里有一个器宇不凡的男老师，我问他何梓华老师在哪？没想到他就是何老师，真是尴尬。在人大的时候，童老师还是讲师，跟我们讲课，用今天的话说，是学生心中的男神，我和一个同学到童老师在人大那个两居室的家里去拜访过两次。那时，刘建明老师、尹韵公老师是在读博士，经常到我们这些师弟的宿舍聊天。其间，罗以澄老师调到武汉大学新闻系，他和另一个人大的校友胡武教授到人民大学来看我，我就请他们到学校食堂吃 5 毛钱一个的肉饼，现在想起来实在是有点不恭敬，当时我们太穷。我忘不了敬爱的赵玉明教授对我的提携，在他担任中国新闻史学会会长时，提拔我担任了副会长，当时应该是最年轻的一个。邱沛篁教授洪亮的歌喉更是新闻教育界每次会议的必备节目，给我们这些晚辈后学留下了深刻的印象。

这些事情、经历，仿佛就在昨天，平平淡淡，然而正是这些平凡的故事构成了我们的历史。我们就是在这些故事的基础上，创造着我的生活，从昨天走到今天，从今天迈向未来。中国新闻传播教育的历史，如果从1918年北京大学新闻学研究会肇始，将近一百年。其早期的初创阶段，筚路蓝缕，以启山林，无数前辈学者的努力贡献，除极少数青史留名者外，绝大多数都湮没无闻，即使想要在浩如烟海的文献中打捞，也不是一件容易的事情。甚至最近三四十年，我们亲身经历的历史，仅凭记忆的碎片，已经很难建构起原来的模样。当我们想要追寻过往，凭吊英雄，缅怀昔日的光荣，抒发思古之幽情时，便会感到很多的遗憾，因为记忆的局限，很多客观存在的事情，甚至我们自己参与的事情都已经从我们的记忆中消失了。

往者不可谏，来者犹可追。我们新闻教育史学会的全体同人们，正是怀着这份深厚的历史情结和对于新闻教育、对于历史的责任感，下定了为中国新闻传播教育记录历史的决心。事实上今天新闻传播与传媒教育的发展已经达到了这样的程度，以至于我们有足够强大的物质资源和工具条件，来做我们的前人想做而没有做的工作。我们不能再任由这些历史资源随水漂流，湮没无闻。置身于新闻传播教育这个以培养历史记录者为天职的行业，我们在关注自然与社会变迁的同时，也应该关注、记录自身的历史，千万不能让我们的后人也重复我们今天的遗憾。于是我们决定着手编纂中国新闻教育年鉴。

今天我们处在一个重要的历史节点，历史上难得的转型期。信息时代的来临，网络新媒体的崛起，不仅重新建构了我们的社会，而且传播系统本身，也正在经历重大的转型。新闻传播教育也面临着空前的机遇和挑战。根据马克思主义的历史观，历史从来不是匀速发展的，有的时候，短短的几天释放的能量可能会相当于平时的几年甚至几十年。现在正是累积的历史能量大爆发的时期。中国新闻教育在短短的三十年间，已实现了爆炸性发展，如今已经是儿孙满堂，洋洋大观。截至 2015 年底，全国有 681 所大学开设新闻与传播类专业。而"985""211"大学中开设新闻与传播类专业的比例高达 55.9%。这些学校拥有新闻与传播类专业教师 6912 人（其中硕士以上 2943 人），设有 1244 个本科专业点，包括新闻学、广电、广告、传播学、编辑出版、网络与新媒体、数字出版。其本科生在校学生总规模达 22.5691 万人。在此之外，还设有新闻与传播学一级学科博士点 15 个，一级学科硕士点 75 个，二级学科博士点 3 个，二级学科硕士点 13 个。新闻传播教育的辉煌发展，书写了我们这一代新闻教育工作者的光荣和骄傲。

我们之所以不惜人力物力要把这段历史完整地记录下来，主要是出于两个考虑。一是记录历史，传承文脉。新闻传播教育不同于其他教育领域，其输出的新闻传播专业人才，是社会的守望者，历史的记录者，是公平正义的捍卫者，是人类文化精神的传承者。传播系统是否有序运行，事关社会的和谐、国家的稳定、文明的延续。而这一切又取决于传媒人才的供给。随着信息时代的来临，新闻传播教育迅猛扩展，面对媒介转型带来的挑战，教育工作者急需从新闻教育史本身获取智慧，从我们的成功中获取自信，继承和传扬中国新闻传播教育的精神力量。二是服务业界，提供资鉴。有两句话可以说明历史的价值。以史为镜，可以明得失。因为历史是循着螺旋式上升的轨道发展的，所以常常会出现惊人的相似。在这个意义上，可以说历史是现实的教科书，相似的问题可以利用相似的解决办法。同时，年鉴的内容囊括全国，甚至瞭望世界同行，因而能够拓展新闻教育工作者的视野，为业界同行提供决策的参照系。

我没有想到我们的理念能够得到同行如此热烈的响应，我们的倡议一经发出，很快得到学会同人热情的支持。学会很快组织起编委会、编辑部，拟定并完善编纂大纲，编写任务的分派也出乎寻常的顺利，一切均在掌控之中，一切都在按计划运行，每一个节点的把握都十分精准，可以说是无缝对接。作为学会的会长和编委会的主任，我切实地感受到学会的团结，学会的力量，什么叫学术共同体，什么叫精神家园，有了这一次编纂《中国新闻教育年鉴》的经历，我有了切身的体会和感悟。

　　我深知这本《中国新闻教育年鉴》的出版，因为时间仓促，肯定会存在这样那样的不足，从体系安排、内容设计，到行文风格，与我的期待也存在着相当的差距。但是我很自信地感到，这本带着油墨香味的年鉴，作为中国新闻教育界当代历史的记录，为我们当今的新闻教育提供了不少的正能量，对于新闻传播教育工作者，对于当下的新闻教育改革，一定会产生正面的效益。第一，它从宏观的视野全面梳理了中国新闻传播教育从无到有，从小到大，从单一到多元的发展演变的历史；第二，借助于这本年鉴，我们能够全面地掌握中国新闻传播教育的全部家底，多少学校办新闻教育，多少专业、多少学科，师资配备，物质条件等等，我们能够了然于胸；第三，我们还能够借助这本年鉴，摸清中国新闻教育的江湖，新闻传播教育的各个流派，各代表性院系的办学理念、教学风格的差异，培养模式和课程体系的特色，学术研究的异同等，在这本年鉴中也有充分的体现；第四，它还能够帮助我们解读现行的教育政策，及教育政策的演变；最后，也是最重要的，这本年鉴还为我们保存了大量的数据和文献，从宏观到微观，从表层到里层，从整体到细节，事关新闻传播教育的各种数据和文献资料，一应俱全，为业界和后来的研究者提供了莫大的便利。

　　面对这本《中国新闻传播教育年鉴》，我满怀自豪和感激之情。在此我要感谢新闻教育史学会的各位同人的理解和支持，要感谢各位前辈学者的关心和鼓励，要感谢各位作者、编者的辛勤付出，还有出版社编辑的全力配合，如果没有这些外在的助力，我实在是无法想象我们的目标是否能够达到。昨天，我在武汉飞往沈阳的飞机上，眺望舷窗外面的云海，鸟瞰下面的群山和湖泊，心潮激动，难以平静。乃口占打油一首，贺《中国新闻传播教育年鉴》公开首发，现请各位指教：

　　　　秋风送我入沈阳，漫天云海映舷窗。
　　　　群贤汇聚龙兴地，同谱济世大文章。
　　　　教化自古经国事，传媒功过联八荒。
　　　　书生报国无他途，皇皇年鉴飘墨香。

献丑了，诗写得不好，但是可以表达我此刻的心情。

再一次感谢辽宁大学新闻传播学院为此次会议辛勤的付出，感谢老师们学生们的奉献，特别要感谢各位前辈学者的鼓励和支持。

最后祝中国新闻教育史学会 2016 年学术年会与马克思主义新闻理论研讨会圆满成功，祝各位领导、各位专家、各位同人心情畅快，身体健康。

（本文是张昆教授 2016 年 11 月 5 日在辽宁大学新闻与传播学院
召开的中国新闻史学会新闻传播教育史研究会 2016 年学术
年会及马克思主义新闻理论研讨会上的致辞，在这次会议上，
还举行了《中国新闻传播教育年鉴 2016》的首发式）

纪念新闻教育家何微先生

何微先生离开我们已经三年了。三年前，我得知先生故去的噩耗，代表学校和新闻学院星夜兼程赶往西安，出席了陕西省为他举行的隆重的追悼会。何先生永远离开了我们，我不愿意相信，但又不能不接受。三年了，何微先生的音容笑貌，时常在我的脑海中显现，仍然在鞭策着我们这些后生。其宽厚的长者之风和严谨的治学态度，每时每刻都在激励、鼓舞着我，教我怎样做人，如何做学问。我有今天的进步，应该感谢先生的栽培、提携之处，实在太多。在先生逝世三周年之际，我不由想起先生在武汉大学担任新闻研究所所长期间的几件事情，其为人为文之风，足为我辈楷模。

我最初认识先生，是在 1986 年 7 月。当时我刚从中国人民大学毕业，分配至武汉大学新闻系任教。早就听说刘道玉校长为办新闻教育，从西安调来了老报人、著名的新闻学者何微先生，担任武汉大学新闻学研究所所长。初来乍到，我自然要拜访各位领导。在一个青年老师的带领下，我们来到了位于北三区资深教授住宅楼。先生住在三楼的一套大的三居室。一个老人打开大门迎我们进屋，他身材不高，面目清癯，精神抖擞，和蔼可亲，一副典型的学者模样。他就是我们要拜访的主人。我真不敢相信他就是大名鼎鼎的何微教授。一个从延安走来，经过战火洗礼的老报人，在我们的印象中，似乎应该更为高大伟岸。怎么也难与眼前这位忠厚老者联系起来。

先生招待客人的方式很特别。当时天气相当热，我们进门时已经是大汗淋漓。他让我们坐下后，拿出一瓶啤酒，每人斟满一大杯。"权且以酒当茶，欢迎各位！"我们之间的交往就此开始了。从此直到1990年，我隔三岔五地往先生家里跑，多半是一个人去，一聊就是两三个小时。我们谈新闻史，谈新闻界的人物，谈当前新闻理论研究的动态，谈新闻教育的基本理念，一谈就没有个完。先生总是那么热心，总是有那么多新的东西，在畅谈的同时也愿意做一个听众。有时谈着谈着连饭也忘记了做。这时我才觉得该离开了，该让他休息了。

先生是一个十分爱护青年的老者，特别是对于一些爱动脑筋、思考新问题的青年人，他总会给予鼓励。记得在1986年冬，武汉大学新闻系和新闻研究所联合举办了一次高规格的新闻理论研讨会。我在会上发表了一篇论文《宣传过程中的逆反心理》，文中强调了受众的地位，引起了与会专家的注意。其中有一个德高望重的教授表示不同意我的观点。但是先生在仔细阅读了拙作之后，公开地肯定了这篇文章的价值，他还建议把它拿到学术期刊上发表。先生的肯定，增强了我的自信。随后，这篇文章果然在中国社会科学院新闻研究所主办的《新闻学刊》上公开发表了，其论点被人们多处引用。在去年武汉大学召开的中国财经高级论坛上，天津师范大学新闻系主任刘卫东教授还高度地评价了这篇论文。

我从此走上了新闻学术研究的道路。1988年，我在武汉大学申请了一个科研项目"新闻受众研究。"在项目进行的过程中，先生给予了我不少的启发。他建议把重点放在受众心理研究方面，要注重吸收心理学特别是社会心理学的研究成果。他还提出逆反心理固然值得重视，但传播过程中的从众心理更应该引起新闻学者的注意。先生谈起社会心理学时，眉飞色舞，十分兴奋。先生的观点，引发了我的联想。我之所以能完成这个课题，实在是离不开先生的鼓励。

在我的印象中，先生还是一个开放的学者。他有自己的专长，长期以来，他一直研究新闻理论、新闻思想史，有不少论著传世；在法学、古文字学方面，也有较深的造诣。但是他对于科学的新发展，对于学科的前沿，对于学术界的热门话题，对于新闻传播界的业务改革，也十分关注。他是一个名副其实的博学者。任何人，不管他的知识背景如何，都可以找到共同语言与他交流。不只是我，其他的一些朋友，也有这样的感觉。不过，先生在晚年主要的精力还是集中于中国新闻思想史研究。他有一个宏愿，希望在有生之年完成一部中国新闻思想通史。为此，他花费了巨大的精力，从浩如烟海的历史资料中，去粗取精，去伪存真，编成了一部数百万字史料长编。这一拓荒的建设性工作，为后人的同类研究打下了坚实的基础。

先生严谨的治学态度，也为我们后辈树立了榜样。他经常说，做学问，写文章，是一件十分严肃的事情，要经得起历史的考验。对当时学术界功利、浮躁的倾向，他大不以为然。他身体力行，以身作则。在新闻思想史研究方面，涉及许多古文献，从甲骨文、钟鼎铭文到竹简，有时为了一个复杂的字，他不耻下问，反复鉴别考证，要花上好几天的时间。我经常看到先生拿着放大镜，对着线装书、拓片沉思的情形，他身边的工作人员至今仍不时提到这样的例子。先生的言传身教，影响了新闻系年轻的一代。新闻与传播学院能有今天的局面，先生功不可没。

先生来武汉之前，本是国家的高级干部，享受副部级待遇。在武汉大学的几年，已逾古稀。由于夫人没有随调武汉，先生只身度日。虽然在身边有众多的学生和青年教师，但是毕竟不是先生的家庭成员。人到老年，本应儿孙满堂，享天伦之乐。可是为了事业，先生毅然放弃了家庭，放弃了优厚的高官待遇。先生的生活十分简朴，从他平时桌上的饭菜，根本看不出他是一个高级干部、知名教授。艰苦、单调的生活，对于常人无法忍受的寂寞，丝毫没有影响到先生对于新闻教育、新闻学术的执着。他对工作、对学生倾注了满腔的热情，对同志表现出了春天般的温暖。在他的身上，集中体现了一个淡泊名利的学者、一个高风亮节的党员、一个诲人不倦的师长、一个宽容厚道的老人所应该具备的全部品质。

1991年9月，我自日本留学归来时，先生已经离休回到了西安。从此，我们见面的机会少了。1993年、1995年，先生在新闻学系建系十周年、新闻学院成立时，曾两度回到学校。我当时的印象，先生还是那么精神、那么健谈、那么乐观。一次我们在珞珈山盘山公路上散步时，他行进的速度让青年人自叹弗如。打那以后，我们只有书信往来，有时节假日，还是我们先收到他的贺卡。先生的心中始终有我们的位置，我们也无时不在挂念着先生。

　　我没有也不敢设想先生会离开我们。但是，三年前的清明节后，我最不愿意见到的事情发生了。先生终于放下了他的事业、放下了他未完成的书稿，先我们而去了。"泪飞顿作倾盆雨，"我们惊呆了！他的同事、他在武汉的学生，无不悲痛伤感。三年过去了，先生走得可好？如果有天国，我想先生一定还在牵挂着我们，一定还在牵挂着我们新闻学院。

　　可以告慰先生的是，他的事业后继有人，武汉大学新闻学院已经在他所奠定的基础上，上了一个新的台阶：我们已经拥有了自己的博士点，在原有的新闻学、广播电视新闻、广告学之外，又创办了播音与主持艺术、网络传播专业。最近根据学校安排，新闻学院与印刷工程学院联合组建了新闻与传播学院，新的学院拥有一个博士点、三个硕士点、七个本科专业，其教学水平、办学规模均有了很大的提高。我们有信心把新闻与传播学院办得更好。

　　愿先生在天国安息！

　　（本文曾收入《何微新闻思想与实践》，武汉大学出版社，2001）

难忘的神农架会议

2006 年 7 月 30 日，我调任华中科技大学新闻与信息传播学院院长。8 月 12~16 日，新闻学院在刚刚完成行政班子换届后，在神农架举办了学院第九次学科建设研讨会。这次会议，在华中科技大学新闻与信息传播学院的发展历史上，是一个非常重要的节点。它不仅为行政班子交接、学院的新老交接，划了一个圆满的句号，而且还为未来十多年的发展，谋划了总体的方略，确定了行进的路径。有一句套话老说，这是一个承先启后、继往开来的会议。

一 神农架会议的背景

神农架会议召开之前，学院刚刚完成行政班子换届。7 月 30 日下午，正值暑假期间，天气炎热，学校党委书记朱玉泉、党委组织部长马小杰到新闻与信息传播学院宣布对新一届行政班子的任命。我被任命为院长，石长顺、舒永平、钟瑛被任命为副院长。

会上，吴廷俊院长先做了述职报告，讲述了四年副院长、八年院长任职期间的工作成绩及遗憾，娓娓道来，讲了一个多小时。其中不少事情，我原来也知道。但在这天经吴院长集中梳理，还真是很佩服。讲到动情处，吴教授很激动，我的眼睛也湿润了。

学院前三任领导，首任系主任王新源、二任系主任程世寿，加上吴廷俊院长，还有我一同出席，四代同堂，参会的老师干部二十多人，场面十分温馨。

学院党委朱书记充分肯定了前任班子的工作，并向吴院长表示敬意。同时提出要团结、创新，以科学发展观统领工作，通过发展解决工作中存在的问题。我在会上也做了即席发言。主要的意思是感谢老院长、老班子的贡献，感谢学校朱书记的支持。同时分析了学院的地位及存在的问题，提出了未来的工作目标。关于目标的表述，最低目标是保住家业；在此基础上，用四到八年的时间，争取建设文科基地、重点学科，设立博士后流动站，使学科整体水平上一个新的台阶。

散会后，我和党总支书记唐燕红、吴院长留下来商量了几个问题。其中之一，就是利用每年一度的学科建设研讨会，来统一思想，稳住阵脚，对学院未来发展做系统的战略谋划。我们三个人的想法完全一致，决定利用假期，在 12~16 日，把学院的干部和学术骨干拉到神农架，排除外界的干扰，召开一个封闭式的学科研讨会。

这一倡议，在 8 月 1 日的学院党政联系会议上得到了大家的认同。于是委托舒永平副院长、办公室主任王维真负责筹备第九次学科建设研讨会（神农架会议）相关事宜。

8 月 9 日，在学院党政联席会议上，班子听取了舒永平副院长、王维真主任对神农架会议议程的安排，同时要求各个班子成员做好相应的准备，在会议正式召开前，要把会议文件全部发给与会代表。

二　会议的主要议题

作为一个常规性的学科建设研讨会，把全部二十多个人都拉到几百里外的神农架，我心里到底还是有一点不安，我主要是担心安全问题。但是唐书记和班子成员都叫我放心，办公室主任王维真也说，华科新闻与信息传播学院的执行力很强，不会有问题。11 日上午，我们一行乘坐学院的中巴车从学校出发，一路颠簸，到目的时，已近傍晚。大家比较困乏，晚饭以后，各自休息。

我自己也需要安静下来，厘清一下自己的思路。这几天，刚刚上任的我在学校上下内外到处跑，要接洽各个重要职能部门，同时也要了解学院的情况，抽空找学院的老师交谈。我知道老师们还在观望，你这个外来的年轻院长，前面的三板斧到底这么舞。我自己内心忐忑，一个人到一个全新的环境，人生地不熟，怎么样才能打开局面呢？虽然有点年轻气盛，但是底气还是有些不足。

在会议的官方议程之外，我自己还想利用这次会议，利用与各位老师难得的交流机会，做深入的了解，真心地和大家交朋友。同时，也希望得到大家的理解和支持。我希望通过这次会议，凝聚共识，在发展学科的基础上，实现平稳过渡。

会议将集中谈论下面几个议题：关于学科建设、关于本科评估工作安排、关于研究生培养、关于科研与文科基地建设以及学院新班子的工作思路。

1. 关于学科建设

12 日上午，华中科技大学新闻与信息传播学院第九次学科建设研讨会正式开幕。唐燕红书记主持开幕式。会议的第一个议程就是吴廷俊教授做学科建设报告。这个报告是华科大新闻与信息传播学院二十多年经验的总结，内容丰富而且深刻。大意如下。

吴院长认为，学科建设是学院发展的龙头，我们必须抓住这个龙头。学院的负责人尤其是院长，要研究大学、研究高等教育。大学教育有其特殊性，大学既是人才培养工厂，又是科研中心。两者犹如车之两轮，缺一不可。对于学院和院属系，职责要区分清楚。系管专业（本科），院管学科。在学科建设方面，要新闻与传播并重，人文与科技交叉。学院的学科建设涉及：学位点的建设、申请，队伍建设，课题申请与成果发表，经费与基地建设等。学科建设具有整体性、战略性、指标性，所以抓学科是学院行政一把手的事情。

吴院长回顾了华科大新闻与信息传播学院学科建设的历史，他认为这个历史经历了从不自觉到自觉的发展过程。20 世纪 80 年代中期，新闻学院初创时，没有明确的学科意识、科研意识，这主要是因为工科院校的氛围。进入 20 世纪 90 年代以后，学科建设进入了自觉阶段。1994 年获得硕士招生权，1996 年获得硕士点，以后每年召开一个学科建设研讨会。2003 年，获得了博士点。如今有了一级学科博士点，进入了第一梯队。

但是还存在着不少问题。如学术带头人老化。现在的重点是，培养青年学术带头人，同时建设文科基地。要处理好质与量的关系、规模与效益的关系。要增强实力，苦练内功。

吴院长还讲到了学院今后学科建设要注意的问题。这方面要处理好三个关系：入主流与创特色；应用研究与基础研究；扩大规模与提高质量。

会议组织了对吴院长报告的讨论。老一辈学者孙旭培、屠忠俊、申凡、赵振宇等充分肯定了这个报告，也肯定了近十年来华科大新闻与信息传播学院的学科发展思路及其实绩。中青年教师也纷纷发言。大家意识到新闻与信息传播学院已经来到了一个新的节点，未来该怎么做，他们对新班子充满了期待。他们希望我在后面的总结报告中，谈谈新班子在学科建设方面的基本思路。

2. 关于本科评估工作

开幕式后，紧接着第二个单元，由我主持。主题是关于本科教学评估工作。石长顺副院长做了主题报告。他在报告中说，本科教学是大学基础性的工作，虽然不大受到重视，但是却非常重要。此次本科质量评估十分重要，我们必须参加，也不能不参加。参评就要拿优秀。石院长说，这次评估的内容，分 6 大类，56 个二级指标，81 个观察点，而且观察点有可能还会进一步细分。这些评估的指标、观察点，只会有遗漏，不会有多余的。都要做。他特别说明，有 7 大项要抓紧：试卷；毕业论文；实习工作材料；教学成果；获奖情况；新专业等。

石院长认为评估的难点在：试卷、优秀校友。评估的盲点在：教师的教案、实验报告。这两点过去都没有做，没有记录。很麻烦。为了落实评估，石院长做了具体的安排。将 81 个观察点进一步细分到系、研究室。同时提出了倒计时。要求在 11 月底以前，完成所有的历史资料。

石院长报告后，舒永平副院长紧接着就《新闻与信息传播学院实验课程改革意见》做了解读。

张耀副书记就学院的本科评估问题，从学生的专业实践角度做了补充说明。张耀介绍，学院一贯重视实践能力，重视专业实践基地、社会实践基地建设，领导学生重走长征路等。学院也有自己的实习平台，如青年时代，校园媒体上的 50% 人基本上是新闻与信息传播学院的学生。但是这方面也有不足。如对学生专业实践指导（课外）不足；实习实践基地层次不高，中央级媒体太少，实习基地地域不够开阔，对研究生实践能够提升不够重视等。为此，张耀提出了四个问题：如何为学生开辟更多更好的实习基地？如何加强对学生实践环节的指导？如何加强研究生实践能力的培养？如何拓展与提高学生实践能力途径？

围绕着石长顺、舒永平、张耀的发言，会上展开了热烈的讨论。吴廷俊院长说，评估是没有商量的余地的，但怎么做是可以讨论的。要处理好做"假"和做好的关系，在做好上做文章。要利用评估这个契机，改善我们的办学条件，规范我们的教学过程。屠忠俊教授则说，评估要按照上面的规矩，有些必要做"假"的，也是必需的。但是做这种"假"，也有个底线。陈先红建议要尽快将评估的任务落实到系、落实到老师个人。孙发友教授指出，对于本科评估，要调整心态，不要被动适应，要把它当作一个机遇。孙旭培教授则强调，尽量不要做"假"，华科大这样的大学，没有必要做"假"。说到底还是平时要求要严格，如果平时做到位了，现在就不需要做"假"了。

在听取大家的发言后，我做了一个小结。解读了评估的目的。认为评估对于华科大这所大学而言，既是走过场，也是难得的机遇。如果华科大新闻本科教学不合格，还有哪些能够合格？但是通过评估，能够发现问题，找到差距。平时该做未做的，平时想做未能做的，这次动真格了，就必须做，今后坚持做下去，就成了习惯。我们要变被动迎评为主导迎接评估。对于当下存在的问题，如教学文件不全、档案遗失、环节缺损、教学手段落后等，要马上报告学校，争取改善。但是对于做"假"，我持反对意见，但是可以做些修复工作、做些拾遗补阙工作，如试卷补签字是可以的，但是没有试卷做一个试卷出来，那是不行的。

3. 关于研究生培养

13日上午，讨论专题是"一级学科框架下的研究生培养"。会议由陈先红主持，老师们围绕这个问题进行了热烈的讨论。吴廷俊教授说，最关心研究生教育问题，将来可能砸我们牌子的就是研究生。它注重研究生要分类培养，应用型、研究型应该有所区隔。要解决好研究生的生源问题，想办法吸收一流学校的学生。非新闻专业出身的硕士，应该补上本科生的基本业务课程，其学制原则上应该比专业出身的延长半年。研究生同样也要安排专业实习。吴教授还强调要加强导师队伍建设，导师不一定都给研究生开课，导师要有责任心、专业精神。学院要尝试制定导师工作规范。

孙旭培教授说研究生教育存在着大问题，应该注意。可以感受到研究生质量在下降，希望新一届领导能够抓实，不要怕得罪人。对硕士研究生的定位，应该有周到的思考，到底是两年还是三年？是不是所有的硕士生都要写硕士论文？关于研究生的答辩，建议拉开分数。现在都是 80 多分，优秀论文出不了。要重视论文答辩环节，对于真正优秀的论文，要敢于打高分。

关于研究生的学制，舒咏平、刘洁两位老师都主张维持两年制，要考虑教育成本，也要从学生方面着眼。至于研究生质量下降问题，要在培养方案修订方面下功夫，调整课程设置，增加实验实习的分量。舒咏平教授还建议再设置两个硕士点：广告与公关、广播电视学。同时增设一个媒介学博士点。

赵振宇教授说，研究生教育的讨论，过去说得多，但总是没有结果。希望这次不要空谈。关于研究生考试、"进口"问题，应该适当提高门槛。对面试，应该进行改革，把真正的好学生招进来。孙发友教授提到了，导师与研究生双向选择，要考虑到老师和学生的心理，不要过于简单、过于粗暴。

张耀副书记向老师们报告，学院准备出台导师负责制，旨在建设和谐的师生关系。为此，要进一步明晰导师对学生到底要负什么责任，导师的责权利体现在什么地方。

4. 关于科研与文科基地建设

13 日下午，会议讨论的主题是科研与研究基地建设。陈先红宣布了学院关于建设文科基地的文件。我向老师们介绍了当前高校文科基地的建设情况。目前主要有四所大学的教育部重点文科基地：中国人民大学、复旦大学、中国传媒大学、武汉大学。华科大可以努力争取设立第五家。学校统一给予支持，每年资助 30 万元，连续 3 年。在我们学院自设的科研基地设置课题，面向国内招标。老师们知道这一信息后，十分兴奋。

吴廷俊教授认为，在目前的情况下，文科基地的建设十分重要。两年前学院就开始谋篇布局。原来以为是按二级学科设置。现在争取成为工科院校的第一个基地。石长顺教授接着说，两年前吴院长安排申报文科基地，取名为"科技与传媒发展研究中心"。报告写了，交到学校了，但学校没有交上去。后来又准备以陈先红的金马广告研究院为基础申报，也没有结果。现在可以好好规划，基地以什么为主要研究方向，设置哪些课题，怎么样招标。

孙旭培教授很激动，看到华科不断地从胜利走向胜利，现在要建设文科基地，又是一个重要举措。旭培教授说，现在已经有了四大基地，我们再申请，一定要有特色。科技牌，担心被清华、上海交大抢去。建议聚焦传播科技与社会传播，如网络色情与猥亵画面识别与控制、传播的逆反心理产生机制、网瘾的心理控制、网上违法信息的取证、垃圾邮件等问题，可以纳入讨论，作为招标的选题。

舒咏平教授说，有一个新的角度，基地要重点研究政治传播。申凡教授认为，可以使用"科技与传播"这个名字，至于具体的招标题目，可以回家后，再仔细思考。钟瑛也赞同使用"科技与传播"这个名字。孙发友教授建议，要把科技放在突出的位置。陈先红也认同"科技与传播"。余红则指出，科技应该是个很好的卖点，不能丢掉科技。

刘洁教授提出了一个问题，科技究竟是旗帜还是包袱？她认为人文与科技的大跨度交叉有难度，两者之间有一道鸿沟，很难捏合起来。申凡教授接着说，文工交叉为什么难以落到实处，关键在于人。关键在于人才的引进。

除了基地建设外，大家还就科研问题进行了讨论，大家有个共识，那就是不能再延续过去的个体生产，要基于国家、社会的需要，选择重大课题，组织团队进行协同攻关。这种对科研的热情，是我在武汉大学工作时没有看到的。

5. 新老班子恳谈会

8月13日晚上，根据吴廷俊院长的建议，我们在神农架进行了一个新老班子恳谈会。参加会议的有吴院长、申凡、屠忠俊、赵振宇、唐燕红、石长顺、舒咏平、钟瑛、张耀和我。会议由唐燕红主持。

申凡教授第一个发言。他说，我高兴地看到新旧班子过渡，完全放心交班。新闻学院有几个传统：一是领导班子团结，班子会上什么都可以说，但一旦形成决议，就必须服从，所有的矛盾在会上解决。二是要有前瞻性，干现在的事、想未来的发展。三是形成决定必须慎重，不能朝令夕改，要充分地讨论，要代表不能参加会议的人的利益。班子属于强势群体，要代表弱势群体的利益。

屠忠俊教授说，新班子很好，很整齐。建议重大问题都提交相关委员会集体决策，凡事要事先制定好游戏规则。要按程序办事，按规则办事。当领导的既要干大事，也要干小事。

孙发友教授说，他1998年进入学院，是学院发展的见证人。老班子是一个做事的班子、一个团结的班子、一个有成就的班子。

吴廷俊院长讲得比较理性。他说，新班子令人鼓舞，新班子中看中用，年轻化、专业化、高职称、高学历。唐书记很不错。新班子一把手都是新来的，新来的就有一个适应过程，看一看，看大家，大家也看班子。他讲了三点体会。一是知与行的统一问题。认知是第一位的，凡事预则立，要认识办学规律，了解世界趋势、国家大势、教育大势。知难，行也难。行要落到实处，抓事情要抓到位。二是原则性与妥协性的统一。自己反思，原则性强了些，妥协性不足。党政一把手要有原则性，要担担子。同时也要妥协，这样才能团结。团结是个人品问题，要真诚。三是做好人与好领导的统一。朱九思是好领导，但没有人说他是好人。杨校长是好人，但不是好领导。杨校长不能正视矛盾，碰到问题绕道走。这只有短期效应，没有长期效果。

接着石长顺教授发言。他说在30年前、8年前都开过这样的会。30年前他从西藏退役。8年前离开钟祥电视台到华科大。学院对他很好，重用，2000年提教授，他很感恩。现在新老交替，有几个想法：加强组织观念，维护一把手；坚持发展的观念，要有前瞻性；树立正确的权力观，不以权力谋私利；坚持务实观念，踏踏实实干活。

舒咏平教授接着说，我们今天坐在一起，说明我们有缘分。要珍惜这个缘分，不仅是感情，更重要的是我们的事业。

我说，听了这些老师的发言，我很激动。大家是发自肺腑的，很真诚。我刚来到学院，感到担子很重，压力很大。但是几天下来，慢慢有信心了。在这里，首先感谢各位前辈的无私贡献，新闻与信息传播学院有今天，是因为大家的勤奋劳动，无私的奉献。老班子思路清晰，目标明确，始终维护班子的核心，这个传统要继承。其次，我代表新班子，恳请老班子一如既往地关心、支持学院的工作，为我们多出主意，多做参谋。再次，我们新班子也会学习老班子的工作作风，严格要求自己，集思广益，科学决策，分工协作，搞好团结，率先垂范。最后，新班子刚刚起步，当务之急，是做好当前的本科评估工作，建设好文科基地，进一步凝练学术方向，做好学科规划，准备挑战大项目、大课题。我相信，有各位前辈的支持，大家团结起来，我们一定能够实现自己的目标。

三　新班子的工作思路

8月14日上午，新闻与信息传播学院第九次学科建设研讨会进入闭幕阶段。会议在听取了刘洁教授、何志武教授的小组总结后，我作为院长做了题为《关于学院发展的基本思路》的总结报告。这实际是在会场上博采众议、集思广益的结晶。

我在报告中首先对我们学院的办学水平进行了评估。这是我们今后一起工作的出发点。我列出了七条衡量学科发展水平的标准：人才培养规格上的差异；科研水平的高低，是否有大课题、大平台、大成果；重点学科的有无；在民间学术机构中的位置；在政府权威学术机构中的位置，如国务院学科评议组、教育部教指委；学术队伍及其重量级学者的影响力；学生就业及学术出路等。综合这些标准，我认为华中科技大学新闻与信息传播学院的整体水平，应该属于国家第一梯队摆尾，第二梯队前列。而第二梯队之中，北京大学、清华大学、浙江大学、暨南大学等，各有特色，它们虽然没有一级学科博士点，但是其综合品牌优势、地域优势、学科特色，绝对不能低估，稍不留意，它们转瞬之间就会超过我们。所以，我们没有休息的资本，必须继续创业，再上层楼。

接着我分析了华科大新闻与信息传播学院的优势或特色。有四点：一是求实严谨的学风。有一句大家十分熟悉的话：学在华工，玩在武大，爱在华师。华中科技大学工科的影响无处不在。工科要求的严谨、求实、细致的学风，深深地影响了置身于其中的新闻传播学。二是独特的办学理念和研究方向，文工交叉，应用见长。三是团结协作的精神。四是丰富多元的师资结构。华科大新闻与信息传播学院是一个"移民学院"，我们的老师来自五湖四海。

在此基础上，我又分析了学院存在的问题与不足。四个方面值得注意：一是师资力量总体匮乏，且结构极不合理，为哑铃结构，两头大中间小，青黄不接。二是缺乏地缘优势。人才竞争不过北上广。三是学校政策环境与支持力度不足。华中科技大学是一个以工科、医科为主体的学校，学校的资源分配自然会向这些优势学科倾斜。四是社会偏见的消极影响。

我认为，华科大新闻与信息传播学院面临着空前的机遇，同时也面临着难以预估的困难。怎样才能在现有的基础上，排除万难，推陈出新，履行我们的社会责任，提升新闻传播学科的发展水平，取决于我们对以下十大关系的处理，即教学与科研的关系；入主流与创特色的关系；数量与质量的关系；学科建设与社会服务的关系；员工关系；稳定队伍与引进竞争机制的关系；院系关系；师生关系；不同办学层次间的关系；积累与消费的关系。以上十大关系，关系到学院工作、学科发展、员工生活的方方面面，具有全局性的意义。只有统筹兼顾、妥善处理，才能落实学院的发展战略。

我认为今后三四年，是新闻与信息传播学院发展的机遇之窗。抓住了这个机遇，我们就上去了，就进入了国内新闻学界的顶尖行列，融入了第一梯队；若失去了这个机遇，则恐怕又要等上十年。我这样说是有道理的，绝不是危言耸听。原因有三：一是近两年国家重点学科、教育部文科基地、博士点、博士后流动站将开始新一轮申请，为我们提供了新的机遇；二是国内主要新闻学院面临班子换届、著名学者退休的情况，可能会出现一定的震荡；三是我们的骨干教授在三四年后也将大量退休，会给我们学科建设带来一定的冲击，但也会给队伍成长、人才引进预留空间。综合这些因素，我们认为近三四年中国新闻传播学界将面临新一轮大洗牌。

关于未来五年的发展目标，我归纳了五点：其一，在现有的省级重点文科科研基地科技与传播研究中心的基础上，申报教育部文科重点研究基地。其二，冲击国家重点学科。现在国内新闻传播学二级学科国家级重点学科有三个：中国人民大学的新闻学，复旦大学的传播学，中国传媒大学的新闻学。今年，我院打算集中力量以新闻学申报国家级重点学科。其三，完善人才培养链，建设新闻传播学博士后流动站，同时开办新闻传播专业硕士教育。其四，建立一支结构合理、充满活力的学术队伍。其五，推出一批学术精品，彰显我们的学科特色。其中，前三项目标是硬指标，完全操之在人，实现的难度很大，但要争取实现其中的一个；后两项目标，基本上操之在我，相对比较容易，但内部的争议可能更大些，但一定要努力实现。总之，经过五年的努力，我们要全面提升学院的科研水平和办学水平，争取进入新闻传播学界第一梯队的行列。

为此，我提出今后学院的工作要强化六个意识：责任意识、忧患意识、团队意识、国际意识、精品意识、规范意识。要抓住两大任务，夯实四个支点。第一个任务是文科科研基地的建设。围绕着文科科研基地建设，凝练学术方向，整合研究力量，构筑高水平的创新平台，是我们当前的重要战略选择。第二个任务是本科教学评估和省部级实验示范中心的建设，利用机遇，以评估促建设，提高教学水平。不论是学科建设，还是两大任务的实现，都有赖于如下四个重要的战略支点。一是学术队伍建设，二是人才培养，三是科学研究，四是社会服务。

我的报告得到了与会老师的认同，上一届班子的成员，一些资深教授，如孙旭培教授、赵振宇教授、屠忠俊教授等充分肯定这个报告思路清晰，有高度、有跨度，让他们看到了未来的希望。

四　神农架会议的历史意义

神农架会议是我就任华科大新闻与信息传播学院院长、融入这个命运共同体之后，与学院的骨干职工第一次系统深入的交流，第一次全方位的沟通。在神农架的前后六天时间，除了会议期间与大家的正式的交流外，会议之外，休息中，用餐期间，包括风景观光期间，与各位老师的片段的交流，加深了老师们对我的了解，也深化了我对华科大新闻与信息传播学院的认识，更加真切地认识了华科大新闻与信息传播学院的学术传统与学院文化。

在与老师们的接触中，我被他们的热情、真诚融化。吴廷俊教授，我的前任，也是我在武汉大学的老学长，是华科大新闻与信息传播学院的功臣，为华科大新闻与信息传播学院打下了百年基业，从他的几次发言中，可以看出他是真正地以学院为家，把学科发展作为自己毕生的事业。现在换届了，尽管恋恋不舍，但是他真心交班，真心希望新班子能够接上去。孙旭培教授，这个新闻学界的权威，原中国社会科学院新闻与传播研究所所长，在新闻法、新闻改革研究方面成就卓著的学者，是一个谦谦君子、忠厚老者，我跟他的交流没有任何隔阂，他没有保留地介绍了他管理方面的经验和教训。还有申凡教授、屠忠俊教授、石长顺教授、舒咏平教授，他们都是那样坦诚、热情，是完全可以交心的朋友。与这些学者不同，党委书记唐燕红、副书记张耀我是第一次认识，但是通过这次会议，我们建立起了深厚的友谊。

我感到幸运，离开了一个学习工作二十六年的地方，来到了过去陌生的华科大，我却丝毫不感到陌生，仿佛是回到了亲密的精神家园。直到今天，我认为我的选择感到庆幸。

在神农架召开的第九次学科建设研讨会，在充分民主基础上达成的共识，成为新闻与信息传播学院党政班子的行动纲领，为今后十二年学院的发展，奠定了坚实的思想基础。这是一笔重要的精神财富。从神农架回到学校，开始了我新的人生。在华科大新闻与信息传播学院院长的任上，一干就是十二年。现在卸任了院长的职务，但是回首往事，回忆起在神农架的一幕幕，仍然让我心潮澎湃，仍然让我激情满怀。

（本文是张昆教授在华中科技大学新闻传播教育创办 35 周年前夕撰写的回忆文章，收入《35 年回眸——喻家山下的新闻传播教育情缘》，华中科技大学出版社，2019）

三生万物，众志成城

大家上午好。今天是农历戊戌年十月初三，吉日。中国新闻史学会新闻传播教育史研究委员会 2018 年学术年会暨《中国新闻传播教育年鉴2018》首发式在山东大学隆重举行。来自全国各地一百多位专家学者齐聚美丽的泉城，一起领略好客山东的风采。在此，我谨代表中国新闻史学会新闻传播教育史研究会、代表中国新闻传播教育年鉴编委会向莅临会议的各位专家、各位同人，表示热烈的欢迎，向承办会议的山东大学新闻传播学院全体师生员工表示衷心的感谢！

本次会议有三个重要的议程。

一是学术研讨。今年在中国国家、社会的发展史上注定是不平凡的一年，我们迎来了改革开放 40 周年的重要纪念。这是回顾反思过去的一年，亦是展望畅想未来的一年。与此呼应，我们将本次年会的主题确定为"改革开放 40 年来的中国新闻传播教育"。将围绕中国新闻传播教育的改革与发展诸问题，进行深入的探讨。

二是年鉴发布。由新闻传播教育史研究会集体编撰的《中国新闻传播教育年鉴2018》，也将于本次年会上举行首发式。这是学会连续推出的第三本年鉴，在前两本的基础上又有较大创新，进一步优化了结构、充实了内容、完善了体例。这是全国各地几百位教师智慧、心血、汗水的宝贵结晶。

三是学会换届。新闻传播教育史研究会成立于 2008 年，到今年已经历了两届。在全体会员的共同努力下，学会本身不断壮大，成就斐然。根据国家社团管理的相关规定和学会的章程，学会新一届的组织机构与负责人，将在本次年会上选举产生。

中国新闻史学会新闻传播教育史研究会是新闻传播教育工作者的精神家园，也是新闻传播教育研究的重要平台。十年来，学会聚集新闻传播教育的研究力量，围绕着中国新闻传播教育的基本理论、历史演变，做了大量的基础性工作，为当下的新闻传播教育改革提供了不少建设性的参考方案。四年前，由新闻传播教育史研究会发起编纂的《中国新闻传播教育年鉴》更是促成了学会的华丽转型。如今，新闻传播教育年鉴的编纂作为新闻传播教育史研究会的基本工作，在更大的范围、更高的强度上，促进了全国各院系新闻传播教育史研究者和新闻传播教育管理者的全方位协同。每年一本年鉴，一百多万字，洋洋洒洒，可是一项涉及面广、头绪繁多的系统工程。仅以 2018 年版年鉴为例，参与撰稿、编辑者有两百人。大家为了一个目标，基于同样的责任意识和使命感，为我们共同的事业尽了自己的心力。这可是一项了不起的成就。

我们新闻传播教育史研究会和年鉴编委会的全体同人，因为能够为中国的新闻传播教育和新闻传播学术的繁荣，为促进中国新闻传播事业的发展竭尽绵薄而感到骄傲。我们之所以能够排除万难，坚持下来，是因为深知，我们的工作关系到学界和业界的未来，关系到同人的福祉。从我们经营的学会平台、学术论坛、年鉴编纂、社会服务的各项业务来看，至少能够从四个方面发挥建设性的作用。首先是记录历史，记录中国新闻传播教育的历史，为中国新闻教育界树碑立传，增强我们对自己事业的认同感和自豪感。其次是开阔眼界，通过对国内同行的经验教训、境外他山之石的剖析和历史相似性的研究，拓展新闻教育工作者的视野。再次是传承文脉，传播与人类同生共存，随着未来信息传播的发展，新闻传播教育也将更加繁荣。从历史的演进的视角来看，每一个完善的事物都是从不完善的事物演变而来的，今天的成就总会凝聚着前人的成果和贡献。最后，对历史的记录、剖析，总会为当下的主政者、实践者提供借鉴，这是历史学的基本功能。

今天我们的会议在山东大学召开，对于我们学会和年鉴编委会，是一个新的契机。山东古属齐鲁，是中国儒家文化的发源地，也是中国史学文化的渊薮。孔子是古代中国最伟大的思想家、教育家，也是最早的历史学家。孔老夫子在编修《春秋》时发明的"春秋笔法"，主宰中国史学研究两千多年。孔子曾盛赞董狐："古之良史也，书法不隐。"（《左传·宣公二年》）就是因为董狐深谙春秋笔法的微言大义。《左传·襄公二十五年》还记载了这样一个故事，齐国大夫崔武子杀了齐庄公。"大史书曰：'崔杼弑其君。'崔子杀之。其弟嗣书而死者二人。其弟又书，乃舍之。南史氏闻大史尽死，执简以往。闻既书矣，乃还。"面对统治者血淋淋的屠刀，史官毫不妥协，秉笔直书，真是令人敬佩。这就是为我们称道的史家精神。在洋溢着历史气氛的济南开会，交流学术，从这里的精神氛围中吸取滋养，是一个难得的机会。

另一方面，在中国大陆一流高校中，山东大学是传统的文科强校。其文史哲等传统文科在国内占有很高的位置。其新闻传播学一级学科拥有博士学位授予权。在一个综合性大学如何办好新闻传播教育，如何建设好新闻传播学科，山东大学为我们新闻传播教育研究者提供了一个典型的个案。

所以，我作为中国新闻传播教育年鉴编委会主任，作为新闻传播教育史研究会会长，对于本次会议充满了期待。我相信本次会议能够取得预期的成果。

作为本次会议的重要议程，等会儿我们还将为《中国新闻传播教育年鉴2018》举行隆重的首发式。而且，今天还将诞生中国新闻史学会新闻传播教育史研究会第三届理事会。第三本年鉴和第三次理事会在此实现了美好的邂逅。老子在《道德经》中说："一生二，二生三，三生万物。"今天的会议，给了我们新闻传播教育无限的想象空间。

再次感谢山东大学新闻传播学院为本次会议所做的完善周到的准备，感谢学生志愿者们细致殷勤的服务！从会务安排上，我初步地领略了山东大学新闻传播学院严谨求实的学风和热情好客的豪爽！

最后，预祝我们的会议圆满成功！祝各位嘉宾、各位同人心情愉快，一切顺利！

（本文是张昆教授2018年11月10日在山东大学举行的中国新闻史学会新闻传播教育史研究会2018学术年会上的致辞）

以马克思主义新闻观为统领，
培养卓越新闻传播人才

在社会主义中国，坚持马克思主义在教育领域的主导地位再正常不过。正如欧美国家以自由主义理念作为意识形态的核心，强调其对社会系统的统领作用。在媒介化社会，新闻传播系统对社会的渗透达到了前所未有的程度，决定了整个社会的运行与发展。传媒从业者在社会历史上扮演着重要的角色。作为职业传媒人的养成所，以制造优秀新闻传播工作者为目的人才工厂，其设计与整个生产过程，都必须在马克思主义新闻观的统领之下。换言之，马克思主义新闻思想，应贯穿于新闻传播人才培养的全过程。

一 对马克思主义新闻观内涵的理解

以马克思主义新闻观统领中国的新闻传播教育，是当前中国新闻传播教育界的最大公约数。问题不在于是否坚持马克思主义新闻观，而在于对马克思主义新闻观的理解，在于是什么样的马克思主义新闻观。笔者以为，马克思主义新闻观是马克思主义经典作家，包括马克思、恩格斯、列宁、斯大林、毛泽东、邓小平等，基于无产阶级新闻传播的历史实践，在批判吸收资产阶级新闻思想的基础上，对新闻传播现象及其内在规律的深刻理解，它不仅表现为一系列具体的见解、观点，而且形成了逻辑谨严的理论体系。马克思主义新闻观的精要所在，表现为以下几点。

　　其一是以人为本。新闻传播必须以服务人民为宗旨，通过贡献社会来取得自己的存在的权利。马克思、恩格斯早年说过，"报刊按其使命来说，是社会的捍卫者，是针对当权者的孜孜不倦的揭露者，是无处不在的耳目，是热情维护自己自由的人民精神的千呼万应的喉舌"①。人民是传播的出发点，也是传播的最终归宿。只有作为人民精神的喉舌，报刊才能获得无与伦比的道义力量。毛泽东曾经向全党呼吁"全心全意为人民服务"，胡锦涛更是提出"权为民所用，情为民所系，利为民所谋"，把人民置于首要的位置，是对全党的要求，但是对于新闻传媒及其从业者尤为贴切。

　　其二是实事求是。传媒及其从业者是社会的哨兵，监测环境变迁是传媒重要的社会功能。这就要求传媒从业者对于自然与社会变动的报道必须真实、客观，对民意的表达也要公正、全面。在19世纪40年代，马克思在论述什么是"真正的报刊"、判断"好报刊"与"坏报刊"的标准时，提出衡量标准是看"谁是根据事实来描写事实"，"谁是根据希望来描写事实"。马克思强烈反对"重复别人的谎言"，"反对纯粹是捏造的报道"。毛泽东也强调报刊工作必须求真求实，1931年，毛泽东就告诫《时事简报》："严禁扯谎，例如，红军缴枪一千说有一万，白军本有一万只说一千。这种离事实太远的说法，是有害的。"② 随后毛泽东在中共"七大"报告中提出"各地打仗缴枪，缴一支讲一支，不报虚数。我们曾经有个时期分对内对外，内报一支是一支，外报一支是两支。现在我们专门发了这个通令，知之为知之，不知为不知，一支为一支，两支为两支，是知也"。③ "敢讲真话的人，归根到底，于人民事业有利，于自己也不吃亏。爱讲假话的人，一害人民，二害自己，总是吃亏。"④ 把真实视为传媒的生命，是马克思主义新闻观的核心。当然，世界万事万物的发展都有一个过程，事物真相的呈现也有一个过程，因此"如同生活本身一样，报刊

① 《马克思恩格斯全集》第6卷，人民出版社，1961，第275页。
② 毛泽东：《普遍地举办〈时事简报〉》，《毛泽东新闻工作文选》，新华出版社，1983，第29页。
③ 毛泽东：《讲真话，不偷、不装、不吹》，《毛泽东新闻工作文选》，新华出版社，1983，第128页。
④ 毛泽东：《假话一定不可讲》，《毛泽东新闻工作文选》，新华出版社，1983，第213页。

始终是在形成的过程中，在报刊上永远也不会有终结的东西"。但是只要报刊随着客观事物有机地运动着，"全部事实就会完整地被揭示出来"①。

其三是党性原则。党性原则是马克思主义新闻观的重要内容之一，在社会主义的制度下，报刊、广播电视、通讯社等新闻媒体都是党领导的新闻宣传机构，是党和人民的喉舌。所以在党报党刊党台工作的人员，必须加入党的组织，接受党的领导。同时应真正代表和捍卫无产阶级和人民大众的利益，让党报成为他们自己的报纸。新闻媒体必须遵守和阐述党的纲领和策略，按党的精神进行编辑工作。党组织也要加强对党报党刊工作的领导和监督。必须指出的是，对党负责是对全党负责，而不是对党的某个人负责；共产党具有其他政党无法比拟的先进性，它具有开放包容的胸襟和远见卓识；共产党是代表最广大人民群众的政党，它没有自身的利益，在这个意义上，忠于党与忠于人民是一致的。

其四是社会责任。新闻传播是一个独立的社会职业，有自己的专业精神和职业理想，有自己自由、创造和想象的空间。在新闻传播实践中，新闻传播业者可以也应该追求自己的理想，实现自己的最大价值。但是，由于新闻传播在当代社会扮演着特殊的角色，其影响之大、波及面之广，超乎想象。一言可以兴邦，一言可以丧邦。传媒不能片面地追求自己的利益的最大化，而应该时刻牢记自己的社会责任。当个人利益、个人自由与公共利益、国家安全发生冲突时，必须优先考虑社会责任。

其五是开放创新。马克思主义是一个开放的、发展的思想体系。诞生于19世纪40年代末期的马克思主义与当今中国的马克思主义，虽然在核心内容方面一脉相承，但是在体系架构及具体问题的阐述方面，是不能同日而语的。列宁主义是帝国主义和无产阶级革命时代的马克思主义，时代环境不同，赋予了马克思主义思想体系新的内涵；作为马克思主义的一部分，毛泽东思想是马克思列宁主义的基本理论与中国革命具体实践相结合的产物，是马克思主义中国化的第一个重大理论成果。当代中国的三个代表、科学发展观又在新的历史基点上发展了马克思主义。马克思主义新闻

---

① 《马克思恩格斯全集》第1卷，人民出版社，1956，第210~213页。

观也是如此，我们不能把它看成一个孤立僵死的教条。与时俱进是马克思主义新闻观的重要特征。时代在发展，实践在变化，新闻传播现象及其规律也会以不同的方式出现，这就需要在继承马克思主义新闻思想精髓的基础上，根据新的时空环境及传播实践，对于与新闻传播有关的理论与实践问题进行新的阐释。

由此可知，马克思主义新闻观不是凝固不变、止步不前的教条，而是一个持续发展的系统理论。它既是一个开放的思想体系，又是一个与时俱进的思想体系。这一先进的思想体系不仅是当今中国新闻传播的理论基础，而且是中国当代新闻传播教育的指导思想。要保证中国新闻传播教育正确的方向，培养满足社会需要的卓越新闻传播人才，必须将马克思主义新闻观贯彻到新闻传播教育全过程的各个环节，全方位统领新闻传播教育。

二　以马克思主义新闻观统领新闻传播教育

以马克思主义新闻观统领新闻传播教育，关键是将马克思主义新闻观落实贯彻到教育全过程的各个环节。具体而言，有如下七点应予注意。

其一是树立马克思主义的教育理念，清楚地定位培养什么样的传媒人。在当代中国，新闻传播教育的基本使命是在尊重教育规律与新闻传播规律的基础上，培养拥有坚定的共产主义信念，坚守马克思主义新闻观，具有强烈的职业精神和社会责任感，能够独立思考，精通新闻传播业务的卓越新闻传媒人才。简而言之，当今中国需要的卓越的传媒人才，必须政治可靠，业务过硬，而且具有深厚的发展潜力。

其二是要有一支用马克思主义新闻观武装起来的德才兼备的教师队伍。老师是教育活动永恒的主体，老师的水平是决定学生成长的关键因素。师者，所以传道授业解惑者也。教师的人生观、世界观、政治立场、思想境界，对学生的引领和形塑作用是显而易见的。教育者必须先获得教育。其途径不外乎以下几点，一是组织新闻院系的专业教师到党政新闻宣传领导机关，或者到新闻媒体挂职，在领导和业务实践中学习和掌握马克思主义新闻思想；二是由教育主管部门或上级新闻宣传领导部门，组织各新闻院系的教师参加马克思主义新闻观的理论培训。这两个途径近年来在教育部和中共中央宣传部的领导下，已成为新闻教育界师资培训的重要手段。当新闻院系的教师们普遍地坚信马克思主义新闻观，并且乐意在教学实践中贯彻时，新闻传播教育的政治方向就得到了保障。

其三是以马克思主义新闻观为指导建构新闻传播学各专业的课程体系。一般而言，课程体系与专业人才规格直接相关，某个专业的人才定位决定其人才培养的具体规格，决定了它具有什么样的知识结构和能力结构，什么样的人生观和价值观。目前新闻传播类专业的课程体系大体上分为三类，一是马克思主义基础理论课，属于政治理论课的范畴，讲授马克思主义的一般原理与方法，这是马克思主义新闻观的基础部分；二是马克思主义新闻理论课，一般体现为新闻学原理、新闻思想史、马克思主义新闻学经典著作导读等。这类课程是传输马克思主义新闻思想的主阵地；三是一般业务类课程，如新闻传播采编业务课课程，包括采访、写作、编辑、评论、摄影、策划、经营管理等，虽然其主体部分属于操作业务，但也需要马克思主义新闻思想的指导。课程体系的设计与建构，贯穿了不同人才培养理念。作为社会主义国家的高等新闻教育，自然要以马克思主义新闻观为统率，让马克思主义新闻观占领课堂。

其四是教材建设。教材建设是新闻教育界贯彻落实马克思主义新闻观的基本路径和重要载体。教材既是课堂教学的要件，又是学生摄取知识的重要渠道。新闻传播类各专业的教材建设具有鲜明的意识形态属性。近年来中宣部、教育部推动了两期中央马克思主义理论建设工程，其中就包括新闻传播学领域的核心教材：新闻学原理、中国新闻传播史、新闻采访学、新闻评论、传播学等。这些教材由当前国内著名的学者编写，其重要的特点就是以马克思主义新闻观为主导。同时教育部还延续过去的办法，建设了十一五、十二五规划教材，新闻传播学类各专业也有不少教材纳入其中。在此之外，一些重要的新闻院系、一些重要的出版社还牵头主编出版了一批系列教材。所有这些教材，在坚持传播规律、出版规则的前提下，都很重视贯穿其中的马克思主义导向。

其五是实践基地建设。实践基地建设是保障马克思主义新闻观落到实处的重要保证。长期以来学校与业界相互抱怨，业界怪学校没有培养好学生，学生出校时马克思主义理论的基础不扎实，沾上了不少自由主义的习气；而学校则指责业界的环境糟糕，学生在学校很纯洁，一到媒体就被浓厚的商业氛围污染了，理想主义顿时消灭于无形。这种相互报怨不是没有道理的。2012 年，教育部启动了大学生校外实践基地建设，针对一些重要的应用型文科专业，选择一些优质的权威媒体、企业，与优秀的新闻传播院系合作建设国家级的大学生专业实践基地。教育部不仅给予一定的经费支持，还要求作为专业实践基地的权威媒体、企业加强马克思主义理论建设，在强化业务指导的同时，保障对实习学生的政治引领，将马克思主义新闻观贯彻到大学生专业实践的环节。

其六是创新团队建设。创新团队建设也是落实马克思主义新闻观的重要环节。近年来一些高校，如清华大学、华中科技大学纷纷设立以学生为主体，以优秀教师为指导的大学生创新团队，其名称各不相同，清华大学叫工作坊，华中科技大学叫创新团队，其中有名的如"红树林团队"、"V-fun 团队"（又名"第二视觉影视创新团队"）。这些团队的组建，以学生的兴趣为牵引，以实践能力提升为目标，以小范围师生互动为特征，以满足社会需求为动力源，在整个创新互动过程中，注重学生健全人格、理性思维、职业理想的培养，尤其是注重结合创新实践的马克思主义新闻观教育。实践表明，凡参与过创新团队的学生，在能力上更加杰出，专业精神更加鲜明，在政治上也显得更加成熟。

其七是在创造性的学生工作中贯彻马克思主义新闻观。在过去一段时间里，不少高校常常把教学工作与学生工作割裂开来。虽然在同一个院系，负责学生工作与负责教学的老师却属于不同的系列，在学校层次还有不同的领导。这两条线应该也完全可以整合起来，聚合力于人才培养的目的上。为此，教师的工作面应该拓展，在上课之外还应该进入学生的内心世界，在学生的学习与生活、人生规划与学业规划上扮演重要的角色；负责学生工作的人，不能满足于平时的学生思想工作，而要努力将老师们纳入学生工作之中，调动专职教师的积极性。在这一背景下，对日常的学生工作，包括思想政治教育与组织发展、社会实践丝毫不能放松，而且还要进一步深化；同时，还要动员专职教师进入学生班级，或者担任班主任，或者作为学生的学业导师，指导学生读书，引领学生思考，激发学生的创意，灌输责任意识，强化职业理想，坚定学生的马克思主义立场，让专职教师在教书的同时，承担起育人的责任。

在新闻传播人才培养的过程中，贯彻马克思主义新闻观是一个复杂的系统工程，它涉及人才培养过程的诸多环节、各个要素，需要统筹兼顾、系统思维。办学理念、教师队伍、课程体系、教材编纂、实践基地、创新团队、学生工作等，都有进一步着力的空间。过去我们往往只是注意到其中一两个环节，而忽略了其他环节，重视了其中一两个要素，而忽略了其他要素，这便是问题所在。

三 贯彻马克思主义新闻观必须注意的问题

贯彻马克思主义新闻观，是新闻传播事业发展的必需，也是新闻传播教育发展的题中应有之义。在人才培养的全过程中落实马克思主义新闻观，必须注意以下三点。

坚持马克思主义基本立场与独立思考统一。在新闻传播教育过程中贯彻马克思主义新闻观，教导学生自觉地站在无产阶级的立场，运用马克思主义的新闻传播理论与方法，分析、解读复杂的新闻传播现象，是新闻院系的重大责任。但是，我们在教育实践中贯彻马克思主义新闻观，不等于自上而下地单向灌输，学生们也不是被动地接受马克思主义。马克思主义是放之四海而皆准的真理，学生们对这一真理的接受如果经过了独立、审慎的思考，最终是主动折服于马克思主义思想体系的，那么这种接受的效果将会异常牢固。反之，如果是被动接受，是不得不接受，那么由此而形成的基本立场和新闻观、价值观，将难以经受其他各种思想风暴的冲击。所以，在传播马克思主义新闻观的过程中，我们还要鼓励形成一种锐意进取、独立思考的学风，反对机会主义和投机取巧。只有这样才能使学生对马克思主义新闻观的理解、接受，建立在独立思考、自主选择的基础上。

坚持党性原则与专业精神的统一。在社会主义中国，新闻媒介是执政党和人民的喉舌、是政府权力机关的宣传工具，是传播主流声音、引导社会舆论的旗帜，所以新闻传播媒介及其从业者必须服从党的领导，遵守党的纪律，自觉地与党和政府的立场保持一致。但是，新闻传播作为一项独立的社会事业，有自己独特的不以人的意志为转移的规律，有本行业必须遵循的基本准则。马克思早年指出，报刊要"完成自己的使命，首先不应该从外部施加任何压力，必须承认它具有连植物也具有的那种为我们所承认的东西，即承认它具有自己的内在规律，这种规律它不能而且也不应该由于专横暴戾而丧失掉"①。规律是客观存在的，它不会因为权力的介入而有所改变。当这两者发生矛盾冲突时，孰重孰轻，哪一个应该放在优先考虑的位置，答案是不同的。在共产党领导的社会主义社会，新闻传媒的党性原则是第一位的，但是由于党的先进性，由于党与人民利益的根本一致性，新闻传媒的党性原则与传媒的专业精神完全可能统一起来。

坚持政治导向与职业伦理的统一。社会主义国家新闻传媒的基本功能是政治性的，这是与资本主义国家新闻传媒基本功能最大的不同。其他非政治性的功能处于相对次要的地位。在政治上，新闻传媒不仅要与执政党与政府保持高度的一致，还要通过精心策划的报道与言论，进行正确的舆论引导。新闻传媒及其报道活动必须服从政治，服从大局。但是新闻传媒也要有自己的职业操守和行为的底线。坚持客观、平衡、真实报道，捍卫公平正义，己所不欲勿施于人；杜绝有偿新闻、有偿不闻，敢于担当，勇于负责。新闻的职业伦理与社会发展的大局是并行不悖的。只有践行伦理准则，新闻传媒才能更好地服务于政治大局。

总之，在新闻教育实践中贯彻马克思主义新闻观，这是一个复杂的动态的历史过程。只有依傍着现实的生活实践，并且以科学的方式方法、正确的载体，在恰当的时间空间，才能成功地将马克思主义新闻观内化为教师和学生的信念、指导思想。只有在这种信念、思想的指导下，新闻传媒才能履行好自己的职责，完成历史赋予的重大使命。

(本文原载于《中国高等教育》2014 年第 13 期)

---

① 《马克思恩格斯全集》第 1 卷，人民出版社，1956，第 190 页。

视频公开课的内容设计与展示策略

教育部高教司在教高司函〔2011〕80号文件指出，视频公开课是我国高等教育适应世界高等教育发展的新趋势，通过采用现代信息技术手段，面向以大学生为主体的社会公众免费开放的优质视频课程。

这里有三个关键点要引起注意：一是面向什么人，即视频公开课的对象是谁？二是在什么环境下讲课？三是用什么手段讲课？

显然，答案是清楚的。视频公开课的对象不是坐在教室的全日制学生，而是以大学生为主体的社会公众，是一般的网民。前者的天职就是听课学习，而后者上网的第一需要可能是获取一般资讯或娱乐，主要是消遣而非学习。那么该怎样理解相关环境？笔者以为视频公开课的环境是世界高等教育竞争的新格局，是跨越国界的教育竞争愈演愈烈的态势，以及媒介化社会信息传播高度发展的现实。在媒介化时代，由于信息爆炸，信息不再是稀有资源。面对多元的信息，受众拥有近乎无限的选择的可能。至于手段，自然是以网络数字技术为基础的现代信息技术。在网络上有无数精彩的内容能够吸引一般网民的眼球，由于网民具有流动性和不确定性，视频公开课要从一般的娱乐内容或刺激性题材那里把他们的注意力吸引过来，不是一件容易的事情。

教育部就是在这个语境下启动了视频公开课建设工程。其战略意义自不待言。笔者主讲的"传播的历程"有幸列入第一批视频公开课建设规划。这是国内新闻传播类专业推出的第一门视频公开课。必须指出的是，由于是第一次讲授，而且时间很仓促，我这门课的制作还存在着不少问题。经专家评议，还需要做一些修改才能正式上线。但是亲自做了一次，而且经历了后期的专家的客观评价，真是感慨良多。现结合这门公开课的建设，谈谈自己的两点体会。

一 关于内容设计

正如一般商品的生产，课程内容的设计应该始终瞄准目标对象。看菜吃饭，量体裁衣，是一个普遍规律。由于视频公开课的收视对象超越了传统的教育对象，不再局限于在校大学生，而是以大学生为主体的社会大众，其目标定位实现了从精英到大众的转移。听众变了，消费者变了，课程内容自然也应该发生相应的改变。这是视频公开课内容设计的基本出发点。不了解、不正视这一现实，视频公开课无异于缘木求鱼。知道了我们的目标对象，就要根据对象的兴趣、胃口、理解能力及接受习惯来组织课程内容，以此来适当迎合对象，激发对象的兴趣，将对象从其他信息渠道那里争取过来。笔者以为，在视频公开课的内容设计上，应该坚持如下四个原则。

1. 大众口味

基于对象的大众化，视频公开课的内容及风格自然不能再是阳春白雪，而应该接近或趋向于下里巴人。大众口味应该居于主导地位，高端内容、精英兴趣的淡化成为必然的选择。大众口味不仅意味着大众的兴趣，而且意味着大众的理解能力、接受习惯。如果视频公开课的内容能够从大众感兴趣的事情出发，采取大众能够接受、喜闻乐见的表现方式，就能够抓住大众的心理。大众口味还有一层意思：在娱乐与教育内容方面，一般人更愿意选择哪一种？古希腊哲学家柏拉图曾经主张，在娱乐中学习，娱乐过程中的愉悦体验，能够强化学习的效果。教育自然不是娱乐，讲课也不是演戏，但是可以采用能够带来愉悦体验的内容和表现形式，调动视听者自主学习、主动收视的积极性。

2. 贴近生活

大众虽然有自己浪漫的追求和人生理想，有自己独特的目标愿景，但是他们感到最亲切的还是他们的现实生活，来自生活中的矛盾冲突、充满生活情趣的俗言俚语、真实丰满的人物群像，从这里升华、总结、归纳，演绎出生活的逻辑和历史的规律，用生活化的语言表达，才能适应大众的接受能力和欣赏趣味。传播本身是人类生活的重要组成部分，与人类社会同生共存。作为人类共同体黏合剂的信息传播，渗透到社会系统的各个角落，所以与生活联系密切的传播现象、新闻人物和媒介事件，自然会引起大众的关注。比如在如今的信息时代，我国网民可能有人不了解现在的美国总统、英国首相是谁，但几乎没有人不知道电视相亲节目"非诚勿扰"和网络红人"芙蓉姐姐"。

3. 从近到远，从远到近

人们对社会万象、物理规律，只有在与已有的知识和经验相联系的情况下，才有可能辨识、理解、接受和记忆。人们对身边事物的兴趣总是会高于遥远的事物，发生在遥远地方的事情，只有关涉身边的人物，影响到自己的切身利益，才会引起大众的关注。所以，视频公开课的内容组织，应该以观众为中心，从目标对象的切身利害出发，从近讲到远，从远讲到近，尽可能地与目标对象联系起来。

4. 中外合璧

如今的世界，早已没有中外之别、内外之分。21 世纪以来，世界已趋向于全球一体化，世界是包含中国于其中的世界，中国则是置身于世界的中国。发生在遥远的大洋彼岸的地震，会引发此岸滔天的海啸；冰岛的火山喷发会导致亚洲农作物的减产；美国金融危机很快波及世界，乃至影响到中国经济的基本面。中国强劲的需求及刺激经济的重大举措，也会使西方发达国家受益。所以在组织视频课程内容时，要秉持整体的、统一的世界历史观，站在地球之外看地球，审视国家与国家、地区与地区的互动。如印刷术的发明及其重大影响，单纯放在一个国家的范围内是难以得到全面理解的。其原初的发明者可能是在某一个国家，但印刷术本身在不同历史阶段的完善及其扩散，则要归功于全球的其他众多参与者，归功于他们之间的互动。近年来风靡世界的微博，起源于美国，但其产生的影响远远超越了北美的地域范围。今年上半年的"阿拉伯之春"，如今风头正劲的"占领华尔街"，在其背后都可以看到微博的影响。

笔者主讲的视频公开课"传播的历程"就是根据这四个原则来组织

课程内容的。希望以此改变传统的历史教学，使平面的陈述立体化、枯燥的内容趣味化、学术话语口语化，将课程内容与目标对象紧密联系起来。听过该课程的同学们反映，甚至评审专家们也认为，它在内容组织方面是比较成功的。

二 关于内容的表达

根据人类认识发展的规律，发现真理是非常艰难的事情，但科学地表达真理尤其困难。要吸引以大学生为主体的广泛受众，突破汹涌而来的信息包围，使之主动收看我们的视频公开课，仅仅在内容上下功夫是不够的。好的内容还需辅以完美的形式，才能收到事半功倍之效。视频课程的主讲老师还必须正视受众的理解能力和接受习惯，在表达方式、方法、技巧上着力，努力提高课程的表达水平，完善表现技巧，从而在系统地传授知识的同时，展示视频公开课的魅力，也展现主讲教师的风采。

笔者以为，在课程内容的表达或呈现上，要处理好以下四个关系。

第一，线性思维与发散思维的关系。历史课程的讲授，本身重在历史线索的梳理，沿着时间的长河，理清人类社会演进的基本脉络。所以线性思维是历史学者基本的思维方法。但是，线性思维只重视事件的来龙去脉，而对于事件得以发生的社会历史环境，对于同一历史时空中人与人、事与事、过程与过程间的横向互动有所忽略。这就需要用发散思维来补救，借助于发散思维，审视人物、事件所处的环境，注意点与面的关系，注意时空环境与历史人物、事件及其过程的相互作用，这对于建构丰满的历史体系是有帮助的。如大众化都市类报纸本身固然有其演进脉络和内在逻辑，但是一个地区、城市乃至国家的大众化报纸，与其所处环境息息相关，而且不同城市的报纸、同一城市的不同报纸，都存在着相辅相成的关系，它们既互为条件，又互为因果。在这个意义上，传播的横向联系的重要性丝毫不亚于纵向发展，发散思维的价值也不低于线性思维。

第二，抽象思维与形象思维的关系。长期以来，大学教育特别是基础理论课程的教学和研究出现了一种玄学化的倾向，将简单的事情复杂化、具体的问题抽象化，基本上秉持抽象思维的法则。固然这种抽象思维长于说理，善于利用逻辑的力量，但是叙述僵硬呆板、毫无生趣，教学效果相当有限，难以与娱乐内容竞争。要改变这种状况，必须加强形象思维方法的运用，形象思维最大的功能就是使复杂的问题简单化，抽象的问题具体化，僵化的题材趣味化，相信事实胜于雄辩，坚持动之以情，对于激发学生的学习兴趣，活跃课堂气氛，具有积极正面的影响。

第三，平面展示与立体呈现的关系。视频公开课与一般的课堂教学不同，受众是借助于网络视频收看老师的讲授，其现场感远不如课堂教学，而且也无法进行及时的互动。在这种情况下，多信道信息传输的效果远比单信道的信息传输要好，课程内容的立体展现比平面展现的效果要好得多。所以，在设计表达策略时，应该尽可能地采用多元化的表现手法，从不同的视角，尽量利用多种不同的传播渠道，如音频、视频、文字、图片等，全方位、立体地展示课程的内容。如此一来，课程的内涵将更丰富，视野将更开阔。否则，如果课程讲授只限于单一的内容，表现方式和渠道也较单一，那么受众能够接收到的只是平面的内容。在信息量有限、刺激强度不够的情况下，受众的兴趣是难以激发起来的。即便有一定的兴趣，也难以维持下去。

第四，单向传播与双向交流的关系。教学过程不是从老师到学生的单向的知识传递，而是教学互动、教学相长的动态过程。在一般意义上的课堂教学中，老师面对学生，能够根据学生的反馈及时调节教学内容，如此循环往复，保证了教学活动的源头活水。视频公开课虽然也能够与听众实现双向互动，但是这种互动是延时的，这与面对面的课堂教学完全不同。正因为如此，在录制视频公开课时，一定要尽量安排相应的议题，实现与课堂内听众的交流互动。在互动中铺陈引申，不仅能加深受众对课程内容的理解，而且能激发听众的好奇心，拓展听众的思维空间。

总之，视频公开课是网络时代一种新的教学形式，对于我们来说也是一种全新的体验。要驾驭好这种新的教学形式，展示视频公开课的魅力，提高视频公开课的教学效果，必须深入了解当代网络传播技术提供的可能，理性地分析、研究课程的对象，认真地做好课程的目标定位，根据目标对象的接收兴趣、理解能力和接受习惯，深入发掘课程资源的潜力，在搞好内容设计的同时，追求完美的表达艺术。只有这样，视频公开课的建设才能实现预期的目标，满足社会的普遍期待。

（本文系张昆教授代表华中科技大学于 2011 年 10 月 21 日在上海交通大学召开的教育部"高水平大学本科教学改革推进会"上的发言整理文章）

高校新闻专业教材建设的误区[*]

在信息化时代，新闻传媒及其从业者扮演着重要的角色，不仅是环境的守望者、公平正义的护卫者，而且在文化传承及公民的社会化方面，发挥着无可替代的作用。传媒的竞争"关键是人才竞争，媒体优势核心是人才优势"。所以，习近平非常重视新闻传播人才的培养，主张："要加快培养造就一支政治坚定、业务精湛、作风优良、党和人民放心的新闻舆论工作队伍。"① 为传媒输送高素质的专业人才，当然是高校新闻院系的责任。而高校新闻专业人才的培养又是一个复杂的系统工程，涉及诸多环节和要素，其中教材建设便是重中之重。"教材是供教师讲授和大学生学习的必备材料，是贯彻教学大纲的重要物质基础。因此，编写一部好的教材，就是教学中的一项重要的基础建设……"②

在高等教育领域，教材对于高级专业人才的养成至关重要。它直接影响到人才的质量和规格。在传播技术高速发展、媒介融合如火如荼的今天，高校新闻专业教材的建设存在着不少的问题，诸如数量庞大、质量参差不齐、选用制度不健全、缺乏质量保障机制等，这一切都源于教育管理部门、高校新闻院系的领导和教师对教材认知的误区。本文打算就这一议题略做分析。

---

* 本文系中共中央宣传部国家文化名家与"四个一批"人才国家级人才配套项目"中国新闻传播教育综合改革研究"系列成果之一。

① 《习近平谈治国理政》（第二卷），外文出版社，2017，第333页。

② 刘道玉：《创造：一流大学之魂》，武汉大学出版社，2009，第287页。

一 误以为教材只是教科书

在教育界，人们常常容易将教材与教科书混淆，以为教科书就是教材。其实这两者既相互联系，又有着明显的区别。根据官方的理解，"教材是根据教学大纲编选的指导学生学习的教学材料。它包括文字材料（如教科书、讲义、讲授提纲、参考书刊、辅导材料等教学辅助材料）、视听材料（教学影片、唱片、录音、录像磁带）和网络教材等"①。还有一种近似的说法，"教材（Teaching Materal）是教学材料的简称，指教学所依据的学术资料，包括教科书、讲义、参考资料及教学辅助材料等"②。在目前的教学体制下，教材与教科书的内涵与外延都存在着很大的差异，两者的关系是整体与部分的关系，教科书是教材，但教材不等于教科书。

教科书（Text Book）又称课本，英国权威的牛津大辞典（*The Oxford Dictionary*）对它的定义是："一种在学习某一特定科目作为规范著作使用的图书。"所附注解为"是学习任何一学科或领域的教学指南，尤其被认为是一种权威著作"③。人们要学习一定的科目或课程，必须要有教科书，但是仅仅依靠教科书是远远不够的，还必须要拓展涉猎更多的资料，包括讲义、参考书刊、讲授大纲、录像片或教学影片、录音、试题库，在今天的语境下，甚至还需要基于网络的数据库等。这些教科书之外的教学材料，对老师和学生而言，是教学过程中不可缺少的资源。

误以为教材只是教科书，或把教科书等同于教材，会把丰富的、复杂的、互动的教学过程简单化。老师要讲授、学生要学习的一门课程或科目，从历史到实践，从本土到国际，从本课程到其他课程，以及从本专业到其他专业的知识边际，头绪繁多，包罗万象。一本教科书，篇幅再大，其容量终归是有限的，其对重点或核心知识点的解读可能比较到位，但是难以实现对课程包含的知识空间的全覆盖；而且教科书作为一

---

① 李进才主编《高等教育教学评估词语释义》，武汉大学出版社，2016，第146页。
② 别敦荣、王根顺主编《高等学校教学论》，高等教育出版社，2008，第350页。
③ 别敦荣、王根顺主编《高等学校教学论》，高等教育出版社，2008，第350页。

本集纳成熟知识的教材，其出版、修订或再版也有一定的周期，对于最新的知识更新和学术前沿的最新变化的反应，也不一定总是那么及时。对于来自教科书的知识检验或强化，从教科书本身很难找到有效的方法和手段。所以，要实现课程教学的目标，提高学生学习的效果，在教科书之外，必须还要使用更多的辅助性的教学材料。进入21世纪以来，国外出现了一种新的教材形式，有人称之为"立体化教材"或"多元化教材"，这种教材内容丰富，除了教科书（主教材）之外，还有教师参考书、学习指导书、图片库、试题库等。这种新的教材形式，极大地丰富了课程的内容，延伸了课程的知识空间。无论是从内容还是形式来看，这种"立体化教材"或"多元化教材"的名称，似乎比教材的名称更加贴切。

在高校新闻专业教育方面，也存在着同样的问题。一提到教材，大家就想到教科书，而且把这两者混同起来。不管是纳入教育部规划的十一五、十二五、十三五规划教材，还是各学校、出版社自己推出的各种名目的新闻专业教材项目，几乎都是以单一的教科书形式出版的。在这里，教科书就是教材，教材等于教科书，大家都习以为常。只有极少数出版社出于营销的考虑，在纸质教科书上，附有光盘，其内容包括教师的讲义、PPT、试题库、案例库等，这才在某种程度上接近了学理意义的教材。中国高校新闻教育界的这种教学现状，显然是不利于复合型创新性新闻专业人才的培养的。新闻专业与其他基础文科专业不同，新闻专业面向的传媒行业本身就是高新传播技术装备起来的，技术上日新月异，其信息生产和传播流程也不断变化，其对于知识信息生产者的职业技能要求更是今非昔比。在这种语境下，新闻专业教育必须打破或改变传统的认知，树立科学的教材观，把教材视为一个包括教科书（主教材）、教师参考书、学习参考书、讲义、案例库、图片库、试题库等在内的多元的教学资源体系。这样一个开放的多元的教学材料体系，不仅会拓展课程或科目的知识空间，而且还会增强老师、学生在学习过程中的自主选择，便于学生交流、师生互动、教学相长。

二　误以为教材建设只是教科书编写者的事情

由于前面的认知错误，自然就连带产生了第二个误区。既然教材被普遍认为是教科书，教科书等于教材，那么教材建设，当然就只是教科书主编的事情。这一误区导致的后果更加严重，它把一个本来是集众智、群策群力的系统工程，窄化为只是教科书编撰者的事情，使得本来可以源源不断地注入教材建设过程的智力资源和物质资源，难以为教材建设发挥基础性的作用。

教育家们早就敏锐地洞察了这一问题。原江汉大学校长李进才指出："教材建设是指教育主管部门、高等学校、出版单位和广大教师根据人才培养目标和教学大纲的要求，所从事与教材有关的各种工作的总称。其主要包括教材的编写、评介与选用，教材内容的优化与更新，优秀教材的推广与使用，教材形式的多样化以及教材的印制与发行等。"[①] 这一观点被教育部采纳，成为中国高等教育教学评估对教材建设条目内涵的官方解释。由此可以看出，教材建设，远远超出了教科书编撰的范畴。即便是教科书的编写，也不是教科书主编一个人的责任。它还涉及教科书所覆盖的知识领域中的原创作者、使用这一教科书的教师和学生。著名教育家刘道玉曾经创造性地打了一个比方，"原始理论作者、教材编写者、教师和学生，他们分别担任的角色犹如作家、剧作家、演员和观众的关系。我认为，把教材编写者定格为剧作家的位子，这一点很重要。因此，教材编写者就要像剧作家那样，要以创造性的姿态从事编写工作。事实上，一本好的教材就像一部改编的优秀的剧本，相对于原始的作品，它是再创造性的成果。同样地，一本好的教材，也只能是在综合各家之言的基础上的再创造的成果"[②]。同时，这个剧本要达到叫座的目的，还必须充分地考虑到演员和观众的意见，演员在扮演角色时的体验，观众观赏节目时的体验和需求，即使用教材的教师和学生的体验和要求，也是教科书编写者不可忽

---

① 李进才主编《高等教育教学评估词语释义》，武汉大学出版社，2016，第146页。
② 刘道玉：《创造：一流大学之魂》，武汉大学出版社，2009，第287页。

视的因素。

教材建设是一个动态的过程，从建设过程的视角而言，教材建设包含教科书编撰、出版发行、评价推荐、使用（教师、学生）反馈、资料补充、修订再版等环节，这些环节首尾相连，循环往复。不同的环节，涉及不同的主体。在编撰环节，主体为教科书编写者，即刘道玉校长所谓的剧作家。剧作家是有门槛的，不是所有人都具备编撰教科书的资格。就高等教育而言，如新闻专业教材的编撰者，必须是行业的专家或新闻院系的教授学者。他们不仅精通专业知识，而且了解行业发展；不仅掌握学术前沿，而且对教师教学和学生学习的需要，有深刻的认识和体悟。教科书的内容组织、体系建构，不仅要遵循专业或科目知识体系的内在逻辑，也要正视、遵循学生学习、接受的心理规律。

教科书编写者的任务只是以最严谨、完善的形式完成课程、科目知识体系的内容建构。而将此以书本（教科书）的形式呈现出来，推向市场，向专业教师和学生们推荐采用，完成销售过程，则是出版社的责任。在包括教科书在内的教学资料出版过程中，出版社不仅有责任担保教材的编校质量，确保在政治上、学术上不出问题，还要以最大的努力进行市场推广。教材也是一种商品，和其他商品一样，只有通过销售才能实现其价值。好的教材理应最大限度地占领教材市场，为更多的学校、更多的老师和学生采用。

在教材市场上，同一门课程，往往同时存在多种不同的教材，甚至是几十种上百种同台竞争。究竟哪一种教材好，或哪种教材更加适合本学校本专业的教学需要，在使用之前教师不清楚，学生更是无从知道。从生产者与消费者的关系上，有人把教材归为"信任品"范畴。围绕着"信任品"，生产者与消费者之间存在着严重的信息不对称。生产者对产品质量信息的掌握程度远非消费者所能比，甚至在消费者消费完产品后，也难以准确判断其品质的好坏。"教材的信任品特性决定了学生无法'用脚投票'和信号传递（如口碑）来选择有用有益的教材，教师的经验和知识也难以克服教材购买中的信息不对称问题。"这一"特性客观上还为'劣币驱逐良币'提供了可能。现代出版是一个竞争化、国际化的市场，每门课程都有众多的编写者、众多的出版者、众多的教材版本供给，而且竞争激烈，丰富教材市场的同时也增加了选择困惑"①。在这种情况下，需要有一种高水平的、公正的教材评鉴或推荐机构，其对众多教材的评价数据，可以作为各高校新闻院系决定购买与否的重要依据。

任课教师对于教材建设也具有重要的意义。任课教师在教学过程中累积的经验告诉他们，其所讲课程或科目的知识内容应该怎么样组织，这一组织究竟是应该遵循学术逻辑还是心理逻辑。任课教师的意见对于教科书的体系建构绝对是不可或缺的。教科书的编写者应该与高校有经验的资深教授保持紧密的联系，不仅如此，教授授课肯定不是照本宣科，为了帮助学生理解、接受教科书的内容，他一定会根据教学需要编写讲义、教案，开列参考书名、提供学术论文索引；为了检验学生对知识的掌握和理解，有些资深、负责的教师还会根据教材编写试题库、案例库等，这些辅助性的材料与教科书一起，构成了专业教材的完整体系。

在教材体系建设过程中，学生往往是最容易被忽略的一个重要环节。教师与学生是教学过程中的两个对等的主体。在今天这个"后喻时代"②，大学生的兴趣内容和接受能力更是不能低估。教科书的编写者在构思写作提纲时，应该首先了解目标学生的知识储备和接受习惯，最好是根据学生的理解能力、接受习惯、认知规律来安排教科书的内容架构。同时，学生在上课学习过程中与教师的互动、课堂讨论和成果的分享，也可以作为同期或后期学生学习参考的内容。如今教育部力推国家精品资源共享课，不少课程网站就把学生的反馈资料、成果分享等和主讲教师的讲义、大纲、教案、PPT、试题库等，并列一起，作为学生学习的重要材料。

总之，教材建设是一个多元的开放的系统工程。对于作为人文社会科学的新闻专业而言，其教材的建设与新闻学科的发展密不可分。"学科体系建设上不去，教材体系就上不去。"同时，在"在教材编写、推广、使用上要注意体制机制创新，调动学者、学校、出版机构等方面积极性，大家共同来做好这项工作"③。绝不能把新闻专业教材体系建设的重任放在

① 刘自挥、刘清田：《教材管理的依据与对策》，《品牌研究》2018年第6期，第61页。
② 张昆、王宇婷：《"后喻文化"背景下的新闻教育》，《新闻与写作》2017年第4期。
③ 《习近平谈治国理政》第二卷，外文出版社，2017，第345~346页。

教科书编写者一个篮子里。

三　误以为教材建设门槛低，人人可编写，社社可出版

教材建设是人才培养的重要依托，关系到国家和民族的未来。首届中国国家教材委员会主任刘延东认为："教材建设是事关未来的战略工程、基础工程，教材体现国家意志。""要尊重教育规律和学生成长规律，提升教材思想性、科学性、时代性，逐步形成适应中国特色社会主义发展要求、立足国际学术前沿、门类齐全、学段衔接的教材体系。"① 将教材建设提升到国家战略、国家意志的高度，在中国教育史上还是第一次。如此高的定位决定了对教材或教科书的编写者，必须要有一定的门槛或资质要求，不是所有人都能够承担这一重要的历史责任的。

可是现实的状况却令人忧虑。就高校新闻专业的教科书编写而言，对编写者几乎没有任何硬性的资质要求，几乎所有高校的新闻专业教师都可以独自或联合编写。只要有出版社接受，就可以拉起一个编写班子。而只要有一定的发行量，或有一定的出版补助，出版社就可以出版。这样一来，同样一门课程或科目，可能同时存在着几十种乃至百种以上的教材，其中有的是名校名院资深的教授领衔编写的，有的可能是一般院系的一般教师编写的。近年来在高校陆续扩招的背景下，一般院校的招生规模越来越大，而重点院校出于培养质量的考虑控制了规模。重点大学由于学科评估的牵引，越来越重视科研和论文，教材的编写难以得到学校的承认和鼓励，所以，这些重点高校的资深教授逐渐失去了编写教材的积极性。而对于一般院校教师而言，由于受教育经历、知识视野的制约，加之繁重的教学工作量的压迫，在科研和顶尖论文发表上很难实现突破，而编写及出版教材相对不是那么艰难，为了职称晋升和提高工资收入，自然会产生编写教材的冲动。其庞大的在校学生规模对于出版社而言，也是一个重要的筹

① 《把国家教材建设作为战略性 基础性工程抓紧抓实抓好》，《中国教育报》2017 年 7 月 6 日。

码。这正是近年来，教材建设散乱，遍地开花，良莠不齐的重要原因。

另一方面，对出版社来说，作为精神产品的生产者，固然要追求社会价值，要把社会价值置于经济价值之上。但是出版社也是企业，考核企业成功与否的重要指标是利润。这一目标对出版社业务的牵引力，在实际上远远超过了对社会价值的追求。学术著作的出版利润很薄，风险较高。而一般院校庞大的学生存量和参与编写的教师对学校采用、学生购买的影响，对于一般的出版社有相当的吸引力，因而，在逐利动机的驱动下，出版社往往以联合编写的方式，组建由各学校专业教师参与的编写团队来编写教材，这样有利于占领更大的市场份额。

正是因为这两方面的原因，高校专业教材出现了散而乱，良莠不齐，乃至劣币驱逐良币的局面。这一现象在新闻教育领域表现得尤为突出。目前国内新闻传播专业类在校大学生（本科）约25万人，每个年级6万多人，全国约有700所大学开设了新闻传播类专业。这一存量支撑了新闻传播专业类教材建设的基本格局。一般而言，一本教材每年销量能够达到1500册，就可以做到小有盈利。在扩招的背景下，如果有四五所高校新闻院系集体订购，就可以保证这一起码的销量。虽然在教材市场上，由知名院校知名教授领衔编写、权威出版社正式出版的教材成为主流产品，占据了重点院校大半的份额，但是，那些由一般出版社推出的质量不高、品相不好的教材也占有一定的市场。这必然会影响到这些高校新闻专业的人才培养质量。尤其是新闻史、新闻理论课程或科目的教材，其内容经过理性思维能够直达灵魂的深处，直接影响到学生的价值观、专业理想和政治信念的形成，影响到未来的新闻传媒从业者能否坚定四个自信，"保持人民情怀，记录伟大时代，讲好中国故事，传播中国声音"[1]。所以习近平多次强调，教材建设实际是"为广大青少年打好中国底色的铸魂工程，是传承中华优秀传统文化、增强全民族自豪感和凝聚力的培元工程，是推进教育现代化、建设教育强国的奠基工程"[2]。要使这一工程达成目标，

---

① 《习近平致中国记协成立80周年的贺信》，《人民日报》2017年11月9日。
② 《切实担负好国家教材建设的历史使命，200余名专家委员会委员正式"上岗"》，《中国教育报》2018年5月23日。

就应该在教材建设方面建立起编撰、出版的准入制度，明确基本的资质，在学术和政治层面提出起码的要求。只有这样，才能确保高校专业教材的质量，进而确保新闻专业人才的培养质量。

四　误用专著的标准，混淆了专著与教材的区别

误用专著的标准，混淆了专著与教材、教科书的区别，是目前高校社会科学专业教材建设存在的另一个重要误区。许多教材编写者在相当程度上混淆了专著与教科书的界限，而且现行的高校教师绩效评价机制，重专著、论文，轻教材、教科书，从而在制度层面强化了专著与教材、教科书标准混淆的现象。

教科书不等于专著。专著是一家之言，是作者苦心孤诣、长期研究的独家成果。这一研究成果固然是在吸收、借鉴前人成果的基础上获得的，是站在前贤的肩膀上摘下的胜利果实。但是其在知识创新方面最关键的突破，是作者自己实现的。教科书则不同，教科书（包括大学的专业教材）的编写者不一定是学科的某一方面、领域的领军人物，其根本任务也不是通过教材的编写实现知识的创新，而是博采相关知识领域的百家之言，帮助学生掌握该领域的基本知识，引领学生进入学科的前沿。所以专著作者可以任性挥洒，甚至偏执一些也无妨，只要实现了独家的创新，这本专著就会得到学界的好评。教科书则不然，尤其是社会科学领域，教科书必须全面地展现学科的知识生态，不同学派、不同风格、不同的观点总有其存在的合理性，总有其可取的内涵。如果编写者任性地坚持自己的偏好，片面地强调个性，则不利于学生对知识的全面掌握和接受。

专著与教材、教科书还有一个重要的差异。专著的作者致力于"专深精尖"的探索，其呈现的是处于探索阶段的知识或者不确定的知识，这种探索可能还没有得到学术界的认可，甚至还没有被认定为知识。也许，经过若干年，这些处于探索阶段或不确定的知识，会被常识判定为谬误。一本专著，要想打动人心，多少要有一些这样的内容。如果全是对已有成熟知识的归纳或解读，没有对知识前沿新的探索，没有一些不确定的知识内容，这部专著的学术性就会引人质疑。教科书则不然。教科书主要

是为学生提供的学习资料，是引领大学生进入知识殿堂的指南。大学生还不是科学家、学者和教授。大学生的当务之急，并不是解决学界的未知，而是解决自己的未知。大学生的未知欲知，对于科学家、学者、教授而言，不过是常识而已。这是一种经典的或成熟的知识，得到了历史与实践的证明。教材、教科书就应该以这种经典的或成熟的知识为基本的内容。通过对这些知识的梳理，让学生领会知识创新的规律，从而强化学生的创造意识。

在知识的呈现形式上，专著与教材、教科书也有诸多不同。专著是作者十年磨一剑的产物，是对某一个问题，本着挖深井的理念，不舍昼夜，冥思苦想的成果。所以其知识的呈现，显得十分专业、精深，其内容的组织基本上依据科学的内在逻辑。一般学生、非专业人士是难以读懂的。教材、教科书则不然。一本好的教材，受到教师和学生的普遍欢迎，往往是基于如下的原因。首先，是对于科目或课程涉及的经典知识精准的概括、归纳，在众多的知识点中，编写者能够厘清重点与一般、核心与边缘，便于学生学习时提纲挈领、融会贯通。其次，编写者对于教科书采纳的经典知识及其原创者，能够站在学术史的视角，进行科学的点评，揭示其在学科、专业发展史上的地位，及其对今天知识创新的启示。再次，教科书的编写者对课程知识体系进行了精妙的剪裁。虽然一门课程涉及的知识的深度和广度是有限的，但是要在一定的篇幅容纳其全部内容也不是一件容易的事情。优秀的教科书编写者的高明之处，表现在他能够根据对教学大纲和学生的接受能力、接受习惯的了解，对课程覆盖的知识体系进行恰当的剪裁。这样，载入教科书的知识系统就显得十分和谐、得体。最后，一本好的教科书，在一般的情况下，其内在的知识结构既符合知识本身的学术逻辑，也符合学生学习、接受的心理逻辑。

教材虽然不是专著，但教材编写者也绝对需要创新的精神。在秉持创新精神方面，教材编写者和专著作者是完全相同的。简单地辑录，简单地综合，是难以编好教材的。教材呈现的是获得学术界共识的成熟的基础理论、基本知识和基本方法，"综合各家之言是必不可少的，也是允许的。但是完全抄录的方法是必须杜绝的。一种理论或观点，即使是科学定义，完全可以用不同的表述方法予以诠释。不仅编写者、教师应当以自己的理解并用自己的语言来表述，而且应当鼓励学生这样做"①。

五　结论

以上四大误区严重地影响到高校新闻传播专业人才的培养。在社会转型、传媒融合的背景下，传媒行业对新闻专业人才的需求发生了根本性的变化，社会各界对新闻传播教育的期待也与日俱增。中共中央宣传部、教育部在 2018 年联合发文要求："全面落实立德树人根本任务，坚持马克思主义新闻观，用中国特色社会主义新闻理论教书育人，培养造就一大批具有家国情怀、国际视野的高素质全媒化复合型专家型新闻传播后备人才。"② 制约这一目标实现的因素很多，诸如国家与学校投入不足、扩招过度、师资结构失衡等，这些显在的问题，大家都注意到了，教育部、高校与社会各界已经采取了不少有效的措施，并取得了一些成效。但是还有一些隐性的问题，教材建设问题就是其中之一。2016 年 12 月，习近平总书记在全国高校思想政治工作会议上明确指出："教材建设是育人育才的重要依托。建设什么样的教材体系，核心教材传授什么内容、倡导什么价值，体现国家意志，是国家事权。"③ 习近平的这一见解，从国家战略的高度道出了教材建设的意义。要解决高素质全媒化复合型专家型新闻传播后备人才的培养问题，必须正本清源，正视教材建设存在的诸问题，认真地研究这些问题，彻底地解决这些问题，我们高校新闻院系才能有效地满足社会的人才需求，回应社会的期待。

（本文原载于《新闻与写作》2019 年第 2 期）

---

① 刘道玉：《创造：一流大学之魂》，武汉大学出版社，2009，第 288 页。
② 《教育部 中共中央宣传部关于提高高校新闻传播人才培养能力，实施卓越新闻传播人才教育培养计划 2.0 的意见》（教高〔2018〕7 号）
③ 王湛、顾海良、韩震：《中国大中小学教材建设步入新的历史阶段》，《中国教育报》2017 年 7 月 14 日。

高校文科专业教材建设的辩证思考

教材是教育得以进行的基本条件，无论是中小学教育还是大学教育，教材的编纂、流通与选择是教育教学活动的前提。在整个人才培养过程中，教材占有十分重要的位置。没有好的教材，就无法培育出优秀的人才。所以，每个国家都重视教材问题，中国国务院还专门成立了"国家教材委员会"。在大学阶段，教材问题特别是哲学社会科学（以下简称文科）教材，尤其重要。习近平站在国家战略高度要求："要抓好教材体系建设，形成适应中国特色社会主义发展要求、立足国际学术前沿、门类齐全的哲学社会科学教材体系。"① 本文打算以高校文科专业教材建设为题，略述管见。

一 教材：功能、源流及挑战

什么是教材（teaching material）？怎样理解教材？不同的人从不同的视角出发，会有不同的理解。但是从教育的立场而言，教材通常被理解为教学过程中教师和学生使用的教学材料。《20 世纪的中国高等教育》一书主张，"教材（包括教科书、讲义、参考资料及教学辅助材料）是一门学科的知识和技能体系，是体现教学内容和教学方法的知识载体"②。李进

---

① 《习近平谈治国理政》第二卷，外文出版社，2017，第 345~346 页。
② 刘志鹏、别敦荣、张笛梅主编《20 世纪的中国高等教育》（教学卷上册），高等教育出版社，2006，第 283 页。

才教授则认为："教材是根据教学大纲编选的指导学生学习的教学材料。它包括文字材料（如教科书、讲义、讲授提纲、参考书刊、辅导材料等教学辅助材料）、视听材料（教学影片、唱片、录音、录像磁带）和网络教材等。"① 从这些定义来看，教材与通常意义上的教科书是不同的，可是过去我们常常把这两者混为一谈。严格意义上的教材，在内涵与外延方面都实现了对教科书的超越，它指的是一切形式的教学材料，这些材料涵盖了相应课程的知识与技能体系，是人才培养过程不可或缺的教学资源。

教材是伴随着文化传承和人才培养的需要而出现的。中国古代教材的编写始于孔子。孔子是春秋时期最有影响的教育家。周予同先生认为，"孔子为了教授的需要，搜集鲁、周、宋、杞等故国文献，重加整理编次，形成六种教本：《易》《书》《诗》《礼》《乐》《春秋》，这种说法是可信的"②。隋唐以来，随着科举制度的盛行，教材编写成为文化教育领域的核心工作。但是直到鸦片战争，中国人一直没有使用现代意义上的教材概念。而是使用"功课""课业""课本""课程""读本"等指代。根据教育界的研究，中国最早出现的近代意义上的教材或教科书，是西方传教士首先使用的。"清同治光绪年间，基督教会多附设学堂传教，光绪二年（1876）举行传教士大会时，教士之主持教育者，以西学各科教材无适用书籍，议决组织'学堂教科书委员会'。该委员会所编教科书，有算学、泰西历史、地理、宗教、伦理等科，以供教会学校之用，间以赠各地传教区之私塾。教科书之名自是开始于我国矣。"③

随着近代大学在中国的出现，大学成了教材编撰的主体。戊戌年间，在筹备京师大学堂的过程中，清政府就有设立大学堂译书局的筹划。总理衙门认为译书一事应和学堂相辅相成，且为措置统一考虑，由大学堂编译

---

① 李进才主编《高等教育教学评估词语释义》，武汉大学出版社，2016，第 146 页。
② 熊承涤：《中国古代学校教材研究》，人民教育出版社，1996，第 34～35 页。转引自梅汝莉、谭佛佑、施克灿主编《中国教育通史·先秦卷下》，北京师范大学出版社，2013，第 2~3 页。
③ 毕苑：《建造常识：教科书与近代中国的文化转型》，福建教育出版社，2010，第 2 页。转引自《教科书之发刊概况》，中华民国教育部编《第一次中国教育年鉴》（戊编·教育杂录），第 115 页。

局统筹译事——"京师编译局为学堂而设，当以多译西国学堂功课书为主"①。京师大学堂编译局的设立，乃是清政府为应对新形势，整合中西学、建立新教育所采取的措施。这时中国学界对翻译西方教科书有了更加深入的认识。孙家鼐认为："西学各书，应令编译局迅即编译。"学务大臣张百熙指出："译局非徒翻译一切书籍，又须翻译一切课本，泰西各国学校，无论蒙学、普通学、专门学，皆有国家编定之本，按时卒业，皆有定章，今学堂既须考究西政西艺，自应翻译此类课本，以为肄习西学之需。"② 可见，京师大学堂编译局的职能之一，就是组织翻译西方的大学教材。

教材是在教学过程中使用的，是为人才培养服务的。通过教材，知识以一种权威性的面目出现。它不仅能够为学生进行知识的导引，而且能够帮助教师明确教学任务，组织教学内容，为教师的授课提供具体的参考。如果从"知识/权力"关系的角度来看，教科书的编写、选择、使用"都在实践一种权力运作——对读者施加知识的'规训'。既有较为明显的部分，比如价值观念、道德评判、文化认同，也包括相对隐性的，诸如知识的分科划界、次第排序、叙述模式等。对于成长中的少年和青年读者而言，这种规训甚至可能成为伴随终生的精神留存"③。从文化传授的角度来看，教材有三个主要的功能。"1、信息功能。教材是一种信息和知识的载体，通过选择有价值的信息、知识，向学习者传递。2、结构化功能。教材通过对知识、信息的组织向学习者提供一种知识、信息图式，帮助学习者建构自己的知识，使其系统化。3、教育指导功能。教材还包括学习指导信息，帮助学习者掌握合理有效的学习方式。"④ 因为这些功能，大学通过教师、教材、教学延续了人类的文明，通过知识的传播培养了一代又一代社会的知识阶级，从而推动了社会的进步。

---

① 张静庐辑注《奏请京师编译局归并举人梁启超主持片》（1898），《中国近代出版史料二编》，第9页。

② 张静庐辑注《有关京师大学堂附设编译局诸奏疏》，《中国近代出版史料二编》，第11~12页。转引自毕苑著《建造常识：教科书与近代中国的文化转型》，福建教育出版社2010年版，第34页。

③ 张仲民、章可编《近代中国的知识生产与文化政治》，复旦大学出版社，2014，第2页。

④ 别敦荣、王根顺主编《高等学校教学论》，高等教育出版社，2008，第350页。

如今，人类文明已经历经农耕时代、工业时代，进入了信息时代。数字技术的发展，教育的普及和需求的增长，使得知识总量实现了几何级数的增长。另一方面，在教育领域，所谓"后喻时代"的来临，改变了教学过程中师生之间的信息不对称状况。在这一背景下，教材在学校尤其是大学教育中的地位也发生了变化。"一方面，学生可获得的信息渠道日益多元，使得传统教科书的权威性受到挑战，对教科书的批评性的学习，成为学生成长的一部分；另一方面，教科书依然是课程的中心环节和学校教育的重要载体，教科书的地位同时也得到教师和考试制度的权威的强化。"① 由此可见，即便是网络信息时代，教材的编纂虽然面临着新的挑战，但是教材本身在人才培养过程中的角色并没有削弱。建设科学适用的教材体系，是社会的需求，也是教师的天职。

二　政治性与专业性

教育是千秋大业，不仅关系到文明的延续，更是影响到人类的福祉。在政治社会，教育具有鲜明的政治性，教育系统总是掌握在统治阶级手中，服务于统治阶级的意志。教材的编纂当然也会受到这一政治定位的影响。2016年12月，习近平在全国高校思想政治工作会议上明确指出："教材建设是育人育才的重要依托。建设什么样的教材体系，核心教材传授什么内容、倡导什么价值，体现国家意志，是国家事权。"② 随后，习近平还多次专门论述教材建设问题，要求站在中国特色社会主义薪火相传、后继有人的高度，深刻认识教材建设是落实党的教育方针、为广大青少年打好中国底色的铸魂工程，是传承中华优秀传统文化、增强全民族自豪感和凝聚力的培元工程，是推进教育现代化、建设教育强国的奠基工

---

① M. 阿普尔、L. 克里斯蒂安-史密斯主编《教科书政治学》，侯定凯译，袁振国审校，华东师范大学出版社，2005，第1页。

② 王湛、顾海良、韩震：《中国大中小学教材建设步入新的历史阶段》，《中国教育报》2017年7月14日。

程，充分认识加强和改进新形势下大中小学教材建设的重要性紧迫性。① 习近平以党和国家最高领导人的身份，从国家意志、国家事权的高度，重视教材建设，将其视为铸魂工程、培元工程、奠基工程，在中外教育史上还是第一次。

为了落实国家事权，2017年国务院成立国家教材委员会，教育部成立教材局。同时，国家教材委员会设立专家委员会，通过层层推荐、全面比较、遴选出200余名专家委员会委员。② 在2018年末，教育部和国家教材局还在国内主要重点高校和研究机构正式成立了13个国家教材研究基地。试图在中小学教材、少数民族文字教材、高校思想政治理论教材、专业课程教材的建设方面，从确保意识形态安全、培养中国特色社会主义合格建设者和可靠接班人的高度加强研究和引导。对教材建设的行政管理，事实上不限于社会主义国家。在美国，教科书的发行，不单单被市场这只"无形的手"所控制，它同样在很大的程度上受到政府关于教科书的审批政策——这只强有力的"政治之手"——的控制。美国的将近一半的州——大部分在南部和"阳光地带"——都成立了教材审批委员会。一般来说由这些委员会来决定该州学校将选购什么样的教材。③ 在这种情况下，出版商考虑到经济得失，都竭尽所能确保他们的教材在通过审批的书目上占有一席之地。

虽然价值中立是教育追求的目标，但是教材所传播的不可能是完全中立的知识，而是合法的知识。"将学校课程看作是中立的知识，显然是一种天真的想法。相反地，被认为是合法的知识，恰恰是复杂的权力关系以及身份等级、种族、性别、宗教团体不断斗争的结果。"④ 也就是说，教科书尤其是社会科学教科书的编纂出版，是一个复杂的政治过程的产物，

---

① 《切实担负好国家教材建设的历史使命，200余名专家委员会委员正式"上岗"》，《中国教育报》2018年5月23日。

② 《切实担负好国家教材建设的历史使命，200余名专家委员会委员正式"上岗"》，《中国教育报》2018年5月23日。

③ M. 阿普尔、L. 克里斯蒂安－史密斯主编《教科书政治学》，侯定凯译，袁振国审校，华东师范大学出版社，2005，第6~7页。

④ M. 阿普尔、L. 克里斯蒂安－史密斯主编《教科书政治学》，侯定凯译，袁振国审校，华东师范大学出版社，2005，第2页。

是各种政治、经济和文化作用的结果。教材的出版是教育决策者、政府部门和其他社会力量共同影响学校教育的一个缩影。这一现实，马克思、恩格斯早在一百多年前，就做了精辟的论证："统治阶级的思想在每一时代都是占统治地位的思想。这就是说，一个阶级是社会上占统治地位的物质力量，同时也是社会上占统治地位的精神力量。支配着物质生产资料的阶级，同时也支配着精神生产资料，因此，那些没有精神生产资料的人的思想，一般地是隶属于这个阶级的。"① 在这里，统治阶级的立场和思想，统治阶级认可的知识，就是所谓的合法的知识。

事实上，不仅一般的学校教材会受到政治这一无形之手的影响。就是教会学校也难以实现完全中立，教会学校也有教会学校的立场。1877 年 5 月，教会"学校教科书委员会"正式成立，这就是后来中国人所知道的"益智书会"。当年，学校教科书委员会总干事威廉臣通知各教会学校，说明学校教科书委员会的目的，是以基督教的立场编辑课本，"此项课本，并能为中国人乐意采用，未进教会学校的青年，亦可借此获得知识"②。很显然，教会的立场与中立的立场不是一回事。在教材编纂过程中，围绕将什么编入教科书中、将什么排除在教科书之外的争论，事实上蕴涵了更深层次的政治、经济、文化联系。围绕着教科书编纂所暴露的冲突，往往反映出权力关系上更深层次的问题。③

教材的编纂固然会受到政治的影响，包括政治、经济、文化在内的各种复杂的权力关系会或多或少的影响或渗透到教材编纂过程之中。但是由于教材所传播的毕竟是知识，即便是合法的知识，它也在相当的程度上体现了真理。尤其是在社会科学领域，权力的涉入度更高，但是某一学科、专业对特定社会现象及其内在规律的认识，固然会受到外界因素的干扰，却未必完全受到现实政治的左右。作为一门学科或专业，对于相关领域应该有自己独立的判断，正是这种专业性判断，使得它赢得了社会各界的敬

---

① 《马克思恩格斯文集》第 1 卷，人民出版社，2009，第 550 页。

② 毕苑：《建造常识：教科书与近代中国的文化转型》，福建教育出版社，2010，第 11~12 页。

③ M. 阿普尔、L. 克里斯蒂安-史密斯主编《教科书政治学》，侯定凯译，袁振国审校，华东师范大学出版社，2005，第 4 页。

重。自然科学更是如此。所以教材的编纂不能无视政治，但是更不能无视专业，或者因为政治而否定专业。政治与专业是可以统一起来的。"教科书的编纂，代表的是专业化的知识，按照编辑理念或是国家制定的蓝图，化约成普遍性的知识生产；这套知识体系，继之透过教师的讲授，传递到莘莘学子的身上。经由此道，原本专业且零碎的知识形式，透过有意识的编织以及学科建制的过程，转换成系统的课程用书。教科书的出现，便是国家机器与专业学者携手打造的概念工程。"① 在这一过程中，教材的编者依照国家制定的课程大纲，基于学界最新的研究成果，站在顶层设计的视角，拆解、组装出一套新的知识系统，借助这一系统，教师得以引领学生、启发学生，学生得以掌握其应该知道的专业知识，从而成为国家需要的人才。

三　管与放

随着教育的普及，教材的编辑出版成了一个大的产业。"进入 20 世纪，这桩生意的规模之大、影响之广、情状之复杂，自不可与古时同日而语。各类经济、社会、文化资本参与其间，官与民、精英与大众的角力不断。"② 1980 年，（美国）整个（出版）行业的销售额为 60 亿美元。有人把出版市场做了分割。其中，12 亿美元来自参考书、百科全书和专业类书籍的收入；"15 亿（美元）来自于小学、中学、大学教材的收入"③；10 亿美元来自图书俱乐部和图书城邮购；面向大众的读物——被称为普通类图书——每年收入为 10 亿美元；6.6 亿美元来自市场巨大的平装本图书的收入。从 15 亿美元收入量来看，教材市场在整个出版行业中的比例，绝对不是一个小数字。就今日中国的教育而言，仅大学阶段，每年招收新生约 700万人，在校大学生近 3000 万人，其需要的教材市值绝对是个天文数字。

---

① 张仲民、章可编《近代中国的知识生产与文化政治——以教科书为中心》，复旦大学出版社，2014，第 115 页。
② 张仲民、章可编《近代中国的知识生产与文化政治——以教科书为中心》，复旦大学出版社，2014，第 2 页。
③ M. 阿普尔、L. 克里斯蒂安-史密斯主编《教科书政治学》，侯定凯译，袁振国审校，华东师范大学出版社，2005，第 34 页。

在当今社会，教材的编辑出版不仅具有经济方面的意义。就其内容及影响而言，教材建设是事关国家和民族未来的战略工程、基础工程，教材的编纂必须体现国家的意志。教材的好坏关系到能否"帮助学生扣好人生第一粒扣子"。因为教材承载的知识系统反映了主流价值和统治阶级的理想信念和利益诉求。教材编辑、出版、使用的过程，就是教化的过程，会影响到下一代人的理想、信念、价值观和政治态度。"无论古代的官刻、私刻和坊刻，还是现代的出版企业，无论在社会主义国家还是资本主义国家，出版都具有意识形态属性，都是统治阶级调控社会思潮和价值走向的平台。"[①] 所以国家对教材实行宏观管理，乃是题中应有之义。

从教育管理的实践来看，世界主要国家均以不同方式对教材进行不同程度的管理。第二次世界大战前，德国纳粹党不遗余力地在教材中贯彻和宣传它的党国意识形态。书报审查负责人鲍赫勒（任纳粹文学保护审查委员会主席）与教育部长鲁斯特密切合作审查教材的事项。当局大批销毁魏玛时期的教科书，造成教材短缺，考试只是对原有教材做一些修改，再印上纳粹的万字符和口号，随后便使用由鲁斯特亲自督导完全重新编写的教材，挑选教材编写人员必须经教育部和教师国社党联合会批准，以保证完全符合党化教育的思想可靠要求。[②] 第二次世界大战以后，各国对教材的管理日益趋向于宽松。大体上分为四种形式：教材编写制度、出版制度、审查（认定）制度和选用制度。从编写制度看，少数国家出面直接组织编写教材，如韩国、日本；多数国家是通过制定教学大纲或课程标准及考试制度为教材编写提供依据和标准。从出版制度看，有的通过国有出版社和国家授权的商业出版社联合出版，如新加坡、韩国、日本、新西兰；有的由国家授权的商业出版社出版，如法国、德国、匈牙利、西班牙、加拿大；多数国家是由商业出版社自主出版，如英国、美国、意大利等。从审查（认定）制度看，所有国家都对教材内容进行审查或认定，并对审定人员、审定时间、审定内容和程序有明确的规定。[③] 从选用制度

---

① 刘自挥、刘清田：《教材管理的依据与对策》，《品牌研究》2018年第6期，第61页。

② 徐贲：《统治与教育——从国民到公民》，中央编译出版社，2016，第418~419页。

③ 刘自挥、刘清田：《教材管理的依据与对策》，《品牌研究》2018年第6期，第62页。

来看，有国家指定、国家推荐（目录制）和自主选择等形式。

新中国建国以来，一直重视高校的教材建设。1958 年 9 月，中共中央、国务院颁发关于教育工作的指示："高等学校的教材，应该在党委领导下采取党委、教师、学生'三结合'的方法，经过大鸣大放大争大辩，认真予以修订。中小学教科书，由各省、市、自治区组织力量编写，编写时应当结合当地具体情况。中央教育部应召开各种教材的专门会议，交流经验，推荐较好的教材，确定全国应该通用的那一部分教材，确定各类学校的最低限度和最高限度的科目。"① 2017 年，国务院正式成立国际教材委员会，赋予其重要的职责：指导和统筹全国教材工作，贯彻党和国家关于教材工作的重大方针政策，研究审议教材建设规划和年度工作计划，研究解决教材建设中的重大问题，指导、组织、协调各地区各部门有关教材工作，审查国家课程设置和课程标准制定，审查意识形态属性较强的国家规划教材。② 国家教材委员会主任刘延东主张，"要尊重教育规律和学生成长规律，提升教材思想性、科学性、时代性，逐步形成适应中国特色社会主义发展要求、立足国际学术前沿、门类齐全、学段衔接的教材体系。要深化改革创新，加强完善教材各环节管理，使教材建设规范有序"③。

教材的编纂，关键在于其指导思想。一本教材是否科学、适用，不仅取决于编者的学术水平，而且取决于编者的政治信念及其指导思想。20 世纪 60 年代初，周扬负责高校社会科学教材的编纂工作。在其向中央的报告中表示"我们在编选工作过程中，对教材质量，反复提出以下几点要求"④，其中第一条就是要以马克思列宁主义、毛泽东思想为指导。进入 21 世纪以来，教育部和各高校启动了卓越新闻传播人才教育培养计划。中共中央宣传部、教育部明确要求："加强马克思主义新闻观课程建设，深入推进习近平总书记关于新闻舆论工作的重要论述进教材进课堂进头

---

① 范跃进编《新中国成立以来高等教育元政策》（1949－2016），中国社会科学出版社，2017，第 68 页。
② 《国务院办公厅关于成立国家教材委员会的通知》国办发〔2017〕61 号。
③ 《把国家教材建设作为战略性 基础性工程抓紧抓实抓好》，《中国教育报》2017 年 7 月 6 日。
④ 刘志鹏、别敦荣、张笛梅主编《20 世纪的中国高等教育》（教学卷下册），高等教育出版社，2006，第 379~380 页。

脑，做到新闻院系师生全覆盖、无死角。"① 在政治上不出问题，是执政党和政府对教材建设的基本要求。

同时，教材编纂还是一个复杂的高级的创造性的精神劳动，要激发编纂者的智慧和想象力，必须给予他们足够宽松的思维空间。也就是说，在坚持政治原则的前提下，还要有学术自由，要有自由讨论相互启发的空间。周扬同时还建议中央在编写过程中必须保证学术争论的自由。（1）提倡由学术见解相同或接近的人合作编书，人选最好由主编挑选，这样效果较好。结合要根据自愿的原则，不愿意合作的人就不勉强组织在一起。同时也提倡个人写作，鼓励写一家之言。同一门课程因学派不同和合作条件不同而同时组织编写几本教材。例如中国哲学史一课，我们既组织集体编写一本，又鼓励冯友兰教授个人写一本，冯的积极性很高。（2）已编出的教材初稿，印发有关专家，特别是不同学术见解的专家，广泛地征求意见，展开学术讨论，然后根据讨论的结果作适当必要的修改。我们鼓励不同学术见解的争论，但反对宗派、门户之见。② 这里所谓的学术自由，是鼓励专家们在宽松的氛围下，自由大胆地讲出自己的见解，在平等的条件下，彼此讨论、切磋，取长补短，于是正确的意见被吸纳，不完善的地方得以改进。

四　统与分

教材编纂是一个涉及面很广的系统工程，需要很多人的参与，所以必须调动多方面、多数相关者的积极性、主动性和创造性。1961 年，当时负责高校社会科学专业教材建设的周扬提出了五条要求，其中四条是：第一，必须坚持党内外新老专家合作的原则。第二，集体编书必须实行主编负责制，以保证每本教材观点的一惯性和完整性。……集体人数不能过多，一般三人、五人，至多十人、八人。第三，必须建立由专家组成的专

---

① 《教育部 中共中央宣传部关于提高高校新闻传播人才培养能力，实施卓越新闻传播人才教育培养计划 2.0 的意见》（教高〔2018〕7 号）。
② 刘志鹏、别敦荣、张笛梅主编《20 世纪的中国高等教育》（教学卷下册），高等教育出版社，2006，第 380~383 页。

业组，分别领导各专业的教材编选工作。第四，需要统一计划和调动全国的学术力量。① 从这些要求可以看出，周扬已经意识到，教材建设不是少数人的事情，它必须集众智，不仅要坚持马克思主义的指导思想，也要面向全国，在党内外寻觅专业人才，做到群贤毕至、老少咸集，要调动大家的积极性，但又要尊重带头人的意见，实行主编负责制。

教材不具有唯一性。教材除了受制于课程与知识外，还受到其他多种因素的影响。"高校的教材具有多样性，同一科目往往有多种教材，有的科目甚至有数十种、数百种教材。"② 在教材编纂中，首先要在正确的指导思想下制定统一的知识标准。不过标准的统一，不等于定于一尊，不等于一门课程只有一个版本。多样化的教材并存应该是教材建设的常态。即使是统编教材，其原意只是"从各有关大学选拔优秀的教师，集中优势的兵力，避免各校重复编写，这样可以保证教材的质量"。并不是说全国一门课程统一成一个版本。如果定于一尊，"使得众多的教师与学生只能教授和学习一种教材，不利于发挥教师不同的教学风格，也不利于拓展学生的思路。"基于此，原武汉大学校长刘道玉建议，无论是统编教材还是精品课程规划，都不能只搞一种课程和教材，允许几种不同风格的课程和教材并存。在抓统编教材的同时，我国的重点大学，应当鼓励那些的学养深厚的学者，专事教材的编写工作。③ 20 世纪 60 年代初，仅一门中国哲学史课程，教育部除了组织全国力量统编的一本外，还专门请冯友兰教授个人编写了一本。花开两朵，任各学校自己选择。这一做法受到普遍的好评。

在教材编纂方面，国内比较习惯于官方组织，而不大习惯于调动民间学界的积极性和主动性。1910 年，上海《申报》发表文章反对部编教科书垄断教育市场，其理由是"凡事以有比较而有竞争，以竞争而有进步"。如果任由部编教材垄断，则"民间所编之教科书，势必束之高阁，等于废纸……民间既不编辑，则民编教科书之比较竞争之机已绝，在民间

① 刘志鹏、别敦荣、张笛梅主编《20 世纪的中国高等教育》（教学卷下册），高等教育出版社，2006，第 380~383 页。
② 别敦荣、王根顺主编《高等学校教学论》，高等教育出版社，2008，第 360 页。
③ 刘道玉：《创造：一流大学之魂》，武汉大学出版社，2009，第 288~289 页。

固永无良好教科书出现于世矣"①。如何发挥官编与民间力量的积极性，清末湖广总督张之洞提出了自己的主张。在他看来，如果所有教材均委托官方编译局编撰，势必勉强。合理的办法，应由中外教员按照现定的学制学时，编成教材，交给学务大臣审订颁行。各省若有文士编成的精善教材，也可呈学务大臣鉴定，予以版权，准其自行印售发行。② 1904 年清政府颁布《奏定学堂章程》，即"癸卯学制"，接受了张之洞的建议，在官编教材之外，民间自编教材经学务大臣审定者，亦可采用。现在高等教育界，教材的采用大体上也是这种情形。除了统编教材外，一些教师个人自编的教材，经学校主管部门审批亦可作为正式教材，这在一定的程度上弥补了官编教材的不足。

在教育国际化的大背景下，师资、学生、教材等教育资源都实现了在全球范围的自由流动。教材的编纂、选择、采用也不再限于国内。在水平相当的条件下，我们自然应该选择国内的教材，推进大学教材的中国化。但对于外国先进的教材，则必须大胆地引进。在自然科学与工程学科领域，引进外国先进教材没有什么问题。可是在社会科学领域，不少学科专业存在政治敏感性，在引进西方资本主义国家的相关教材时，应该特别慎重。蔡元培在 1931 年专门就《国化教科书问题》做过深入的探讨。在他看来，采用外国教科书是文化落后国家接受现代知识"不得已的过渡办法"。引进外国教材有不少后遗症，如外国教材所引用的案例均取自编者所在国，中国学生难以理解；国外大学的学制与课程设置不一定与我们完全相同，外国教材难以完全适应；外文原版书的价格高，一般学生难以承受。③ 所以他主张要努力提高国内教材编纂水平，逐步实现教材的国产化。20 世纪 70 年代末，改革开放刚刚开始，百废待兴，为了在科学技术方面尽快地赶上西方国家，教育部根据毛主席"洋为中用"的精神，"大力加强外国教材的引进工作，有领导、有计划地把各个科学技术比较发达

---

① 《论限用部编教科书有妨教育之进步》，《申报》1910 年 3 月 12 日。

② 毕苑：《建造常识：教科书与近代中国的文化转型》，福建教育出版社，2010，第 131 页。

③ 刘志鹏、别敦荣、张笛梅主编《20 世纪的中国高等教育》（教学卷上册），高等教育出版社，2006，第 297 页。

国家的教材引进来"①。加快了我们的追赶步伐，避免了弯路。事实表明这一举措，取得了超乎寻常的效果。

五 编与创

教材是根据课程知识的内在逻辑而建构起来的知识体系。就单本教材的编者而言，总希望教材知识体系越全面越好，内容越丰富越好。但是客观上，每本教材所包含的内容总是有限的，而人们对知识的追求又是无限的。教材的内容篇幅一般是根据该课程在整个课程体系中的地位、教学学时、学生的基础等多种限制性因素，确定选择什么样的课程知识和学科知识，所以，在高校教材编写中，不能无限制地延长篇幅，不能无节制地罗列学科知识，而应当选择那些与教学目的密切相关的、学生需要且能够掌握的知识，并对这些知识进行体系化的组织和编排。② 这种体系化的知识如何编排、重组，主要取决于三个核心要素。其一是教学理念或教学指导思想，是以学生为中心还是以教师为中心，两种内容的结构是大不相同的。其二是教学方法，使用什么样的教学方法，会在很大的程度上影响到教材内容的安排。其三是教学计划。教学计划有两个含义，一是课程教学计划，二是全程教学计划。前者决定了教材的内容孰先孰后、孰重孰轻、孰多孰少。后者则决定本教材、本课程在整个人才培养过程中的地位，本课程、本教材与其他教材在内容方面的关系。

每本教材知识体系的构成，都有其内在的逻辑。总的来看，教材的编写逻辑表现在三个方面。首先是学术逻辑。即根据学科或学术领域知识生成、发展、演变的逻辑来编写，具体表现为由易而难，由浅入深，从古到今，由远到近；注重知识之间的相互关系，保持知识衔接顺序，使教材内容井然有序，有条不紊。其次是心理逻辑。根据这一逻辑，教材编写主要是根据学生的学习兴趣、接受能力和接受习惯，以学生容易接受、愿意接

① 《教育部 外交部 财政部关于加速引进外国高等学校教材的几项规定》（1979 年 2 月 2 日）。
② 别敦荣、王根顺主编《高等学校教学论》，高等教育出版社，2008，第 360 页。

受、能够接受为导向。换言之，教材内容的安排不一定遵循学科逻辑，只要是学习者感兴趣的，或容易接受的，就可以纳入教材，而对学习者不感兴趣的，则适当地压缩或回避。最后是教育逻辑。这种逻辑要求在编写教材时，把学术逻辑和心理逻辑结合起来，使教学内容既兼具学科知识的关联性，又有利于学生的学习掌握。[①] 教育逻辑实际是对前面两种逻辑的中和，在教材编纂实践中，为编者所普遍使用。

教材知识内容的安排，要以学生的理解和接受能力为出发点，既要尊重学生的选择，又要照顾到学生的接受能力。原华中科技大学校长李培根院士主张，大学的专业规范与课程教材要为学生预留空间。在他看来，"越是好的学校给学生提供的选择余地就越大"[②]。也就是说，在既定的篇幅里，教材的内容空间要尽可能大一些，尽可能充实一些。另一方面，教材的编纂者也要注意，不要对学生提过高的要求，不要让学生负担过重。古罗马教育家昆体良建议，"教师要克制自己的意愿，迁就学生的能力。因为要把水灌进瓶子，只有慢慢地、一点一点地往里灌，才能把瓶子灌满，所以，必须留意学生的接受能力：凡是他们不能理解的东西，是灌不到他们的头脑里去的，因为他们的头脑还没有完全成熟，还不能接受这样的东西"[③]。如果无视学生的接受和消化能力，人为地拔高对他们的要求，则可能欲速不达、事倍功半。

教材上所承载的主要是合法的、成熟的、经典的知识，对于这些知识，编者只需要梳理清楚其来龙去脉，注意选择解读的视角，寻找恰当的案例，拓宽自己的知识视野，换言之，编纂者只要在选编上下功夫，就基本上能够完成自己的任务。但是我们不要对编纂做简单性的理解。好的编纂者不等于"剪刀加糨糊"。一个优秀的编纂者，在陈述获得学界共识的基础理论、基本知识、基本方法时，固然会综合百家之言，但是他绝对不是简单的抄录，而是以自己的语言进行独特的诠释。"一种理论或观点，即使是科学定义，完全可以用不同的表述方法予以诠释。不仅编写者、教

---

① 别敦荣、王根顺主编《高等学校教学论》，高等教育出版社，2008，第 353 页。

② 李培根：《认识大学》，商务印书馆，2015，第 304~305 页。

③ 〔古罗马〕马可·昆体良：《论学校教育优于私人教育》，载王意如、刘文荣选编《中外经典作家说教育》，文汇出版社，2015，第 14 页。

师应当以自己的理解并用自己的语言来表述，而且应当鼓励学生这样做。"① 谁能在编纂时创新出彩，谁的教材就能得到学生的欢迎。

还应该指出的是，大学教材当然都是以合法性、经典性的知识为重点，但是每本教材编纂者不全是简单的教书匠，不全是简单的知识搬运工。高校的专业教师，包括专业教材的编纂者，也是课程所在领域的专业和权威人士，他们能够在这样的大学任职，或者能够担任教材的编纂者，本身就说明他在这方面的造诣达到了相当高的水平。如果在编纂教材时，能够将他自己的知识创新，把自己创造的增量知识也纳入教材的知识体系之中，无疑是这本教材的亮点。这对于跟踪学术前沿，对于教材的推广发行，对于提高学生的学术兴趣，无疑是十分有利的。

从中外高等教育的历史经验来看，每本成功的教材，实际上都是编纂与创新的统一。只有创新，聚焦创新的出版品不是教材，而是专著，它只能被少数活跃在学术前沿的知识精英关注。如果教材里面只有经典知识、合法知识、成熟知识，编撰者只是做了"剪刀加糨糊"的知识搬运工作，哪怕它编得再好，它也会因缺少学术含量而难以得到教师和学生的青睐。只有把编纂与创新有机地结合起来，才有可能创作出深受师生欢迎的好教材。此外，正如一幅好画需要适当留白，好的教材也要为使用的教师和学生提供补充和修改的空间。"教师在课堂上使用教科书时都对教材进行过补充和修改。同时，在学习知识过程中，学生也加入了具有自己阶级、种族、性别色彩的成分。学生也在选择性地接受这些合法知识，并对它重新解释，丢弃不需要的知识。"② 总而言之，教材只有进入教学过程，得到教师和学生的正确的理解、接受、诠释和创造性的补充，才会越来越充实，越来越完美，越来越得到高校师生们的欢迎。

六　教材体系与学科体系

高校专业教材建设是一个持久性的系统工程。尤其是社会科学领域的

---

① 刘道玉：《创造：一流大学之魂》，武汉大学出版社，2009，第288~289页。
② M. 阿普尔、L. 克里斯蒂安-史密斯主编《教科书政治学》，侯定凯译，袁振国审校，华东师范大学出版社，2005，第17页。

专业教材，反映了社会科学相关领域的总体发展水平。当代中国是一个社会主义大国，在发展道路、制度安排以及政治、经济、文化诸领域，与其他国家呈现了完全不同的情况。中国人民建设社会主义的实践，可谓前无古人，没有前例可循。"当代中国的伟大社会变革，不是简单延续我国历史文化的母版，不是简单套用马克思主义经典作家设想的模板，不是其他国家社会主义实践的再版，也不是国外现代化发展的翻版，不可能找到现成的教科书。"① 所以，中国当代的社会科学研究不应该跟在外国人的后面，拾人牙慧，而应该以我们自己正在做的事情为中心，面对中国改革发展实践中的新材料、新问题，"加强对改革开放和社会主义现代化建设实践经验的系统总结，加强对发展社会主义市场经济、民主政治、先进文化、和谐社会、生态文明以及党的执政能力建设等领域的分析研究"②，提出新观点、构建新结论，以彰显中国道路、中国制度、中国理论的特色。

立足于当代中国社会科学的发展，中国高校社会科学专业的教材建设也应该显示出坚定的文化自信和学术自信。我们是在干前人没有干过的事业，并且在相当短的时间内取得了世人瞩目的成就。随着中国作为全球大国的进一步崛起，随着中国教育的现代化，及其立足于国际学术前沿的各门类各学科教材体系的建成，中国作为高等教育强国的地位亦将正式确立。这种历史趋势，要求我们以坚定的文化自信和学术自信，引领高校专业教材建设，通过这些教材，显示中国立场、中国智慧、中国价值的信念和信心。③

教材建设与学科建设紧密相连。没有高水平的社会科学研究，就不可能有一流的社会科学专业教材。习近平对此有很深刻的理解："学科体系同教材体系密不可分。学科体系建设上不去，教材体系就上不去；反过来，教材体系上不去，学科体系就没有后劲。"④ 社会科学领域尤其如此。

---

① 《习近平谈治国理政》第二卷，外文出版社，2017，第 344 页。
② 《习近平谈治国理政》第二卷，外文出版社，2017，第 344 页。
③ 王湛、顾海良、韩震：《中国大中小学教材建设步入新的历史阶段》，《中国教育报》2017 年 7 月 14 日。
④ 《习近平谈治国理政》第二卷，外文出版社，2017，第 345~346 页。

因为学科决定专业，专业决定教材。学科是大前提，学科的研究水平上去了，其研究成果举世瞩目，得到学术界普遍的认同和肯定，那么立足于学科的专业起点就会高，在其基础上，专业教材就能够充分地吸纳该学科领域最新、最先进的学术成果，在这种背景下教材的水平就能够得到保证。

另一方面，教材的编纂实际是学术前沿探讨的延续，而且这种探讨是在更广阔的背景、更深厚的作业面进行的。来自不同学术背景的学者组成的编纂团队，围绕着教材涉及的新问题进行深入的讨论，形成新的学术兴奋点，从而把教材的整体水平提升到一个新的高度。"文科教材建设同整个学术建设是密切联系着的。教材的水平正反映着整个学术界的水平，同时通过教材的编选和讨论，又有助于活跃学术空气，推动学术研究、人才培养，促进学术水平的提高。"[①] 所以我们常常看到这种情形，一门高水平的教材，往往也会成为一本高水平的经典学术专著。20 世纪 60 年代，由周一良、吴于廑主编的《世界通史》，由王力教授主编的《古代汉语》，都是作为教材编纂的，但是学界普遍视它们为高水平的学术专著。

在教学过程中，教材作为教师和学生的学习材料，会在更广泛的背景下，与现实社会实践结合在一起，引起教师和学生的研讨和辩论。教材的理论体系，教材的学术观点，教材的政治立场以及教材编纂所依据的材料数据等，都会在开放自由的环境下得到进一步的检验。教师和学生的观点和建议，会循着反馈的管道达到教材编纂者那里，成为教材下一轮修订的依据。在这个意义上说，教学相长的原理对教材的编纂也是完全适用的。

由于教材体系与学科体系的关系，高校必须把教材建设提升到学科建设的高度。用抓学科建设的劲头抓教材建设，挑选一流学者组建教材编纂团队，或者委托世界级的大学者，立足于国际学术前沿，在系统归纳、吸收现有经典知识的前提下，聚焦最新的学术进展，同时结合自己的学术探索，根据学术逻辑、心理逻辑和教学逻辑，精心组织知识体系。只有这样，我们才能建设好适应中国特色需求的哲学社会科学教材体系。

---

① 刘志鹏、别敦荣、张笛梅主编《20 世纪的中国高等教育》（教学卷下册），高等教育出版社，2006，第 377~378 页。

七 结论

教材对于人才培养而言，是不可或缺的重要前提。正如教育受到时代和历史条件的制约，一个时代的教材自然会受到这个时代政治、经济与文化环境的影响。如今我们处在信息化时代，政治民主、教育普及、经济发展已经成为现代文明国家的标配。为了促进教育的发展，培养社会所需要的专业人才，必须建设高水平的、立于国际学术前沿的门类齐全的教材体系。

但是这一时代使命的实现，还面临着不少的难题。特别是当前教育体制的弊端，以及全球化和社会转型所带来的诸多不适应，使得我们高校的教材建设存在一些问题。例如，从整体上看，学科或专业的教材建设在顶层设计和整体规划上显得不够，以至于专业与专业之间、课程与课程之间的边界不是那么清晰；单本教材的编写质量不高，内容比较陈旧，视野比较狭隘，严重地滞后于当前的教学实践；教材的编审、评价、选择、流通机制不健全，教材市场难以起到优化资源配置的作用，以至于劣币驱逐良币的现象比较普遍；对外来教材、优秀教材的引进、推广的力度还不够大；对教育教材的基础研究远没有展开，我们对教材编纂规律的认识还很肤浅。

要解决以上问题，需要在国家战略的高度，从国家事权的视角来思考，在不同的价值观、不同的社会思潮、不同的教育理念碰撞、激荡、融合的背景下，教材建设如何才能与时俱进，反映全球科学技术的最新进展，吸收人类文明的最新成果；如何才能体现国家意志，发挥在人才培养过程中的铸魂作用、培元作用、奠基作用；如何才能进一步完善顶层设计，建成适应社会发展、满足教育需求的完整的教材体系。在双一流建设正在加速推进的情况下，高等教育正在回归教育的本质，以人才培养为本、本科教育为根的理念，使得教材建设成为新时代高等教育改革发展的决定性环节。只有突破这一环节，高等教育才会豁然开朗，克难前行。

（本文是张昆教授 2019 年 10 月提交给在湖南大学召开的 "媒体融合背景下的新闻传播教育——第三届岳麓传媒与文化发展国际论坛" 的论文）

信息技术变革背景下的
新闻传播学科建设

随着以计算机和网络为代表的信息技术的迅猛发展，人类已经进入了个人电脑为操作工具，互联网为运行平台，数字化为技术特征的信息化时代。① 信息时代不仅改变了人们认识世界的方式，同时也影响着人们改造世界的途径。更多的信息容量、更低的运输成本、更宽广的传播空间都提醒着人们在面对越来越猛烈的信息浪潮的同时，如何把控手中的媒介、把握信息的闸口才是关键。技术的革新不断渗透和辐射到社会的其他领域，并引起了新一轮的变革。1993 年 9 月，美国正式提出建设"国家信息基础设施"计划，在计划中尤其把 IT（Internet Technology）在教育中的应用作为实施面向 21 世纪教育改革的重要途径。② 在信息和传播技术不断突破的背景下，与其息息相关的新闻传播学科也面临新的发展前景，同样也需要学科建设理念的变革。

一　如何理解当前学科建设的时代环境？

1. 信息化、网络化与多媒化

如果说工业时代是解放了人的双手，将生产程序机械化，那么信息时

---

① 杨永林：《面向全球化、信息化、数字化时代的英语教学——基于"体验英语写作"训练系统建设的研究》，《外语与外语教学》2008 年第 5 期，第 20~26 页。
② 南国农编《信息化教育概论》，高等教育出版社，2011，第 18 页。

代则是凭借着计算机网络高速处理和传输信息进一步地解放了人类的大脑，给予了人类更多的自由和更强的主体性。数字化、网络化以及多媒化是信息时代最为突出的三个特征。生活中实体事物的信息被编码为数字在计算机中运行、传输、储存，统一的标准使得复杂的事物被简化并易于传播。在信息时代，被数字化了的有用信息将成为重要的智力资本。智力资本作为独特的生产要素取代了人力资本，信息和知识成为资源和财富的主要表现形式。①一个人拥有越多的知识信息，在网络社会中就越富有。收集、处理和传递信息不再只是传媒人的专属技能，其他人也都在努力地追求这种能力。

因特网和数字卫星系统，再加上移动数字通信系统在世界上编织了层层网络，使得一个个数字化网络系统能够互相联通。网络化变革实现了巨大资源的共享和多向互动，时空的概念被淡化，不受"异步"阻碍的人们能够更加自由地交流信息。网络实现了虚拟世界的四通八达。当社会全面深入地运用现代化信息技术来促进社会改革和社会发展时，其结果必然是形成一种新的社会形态——信息化社会。②不论过去还是现在，新闻传播学科都与"信息"紧密相关，技术的变革带来技能的更新换代，日益膨胀的信息意味着传媒面临着严峻的挑战。

数字化、网络化是多媒化的基础，过去的口语、文字、印刷、广播电视等媒体所承载的内容和形式被数字化，进而在互联网上为不同的终端所呈现。美国马塞诸塞州理工大学普尔教授1983年在《自由的科技》中提出了"传播形态融合"，即"媒介融合"，本意指各种媒介呈现出多功能一体化的趋势。③信息时代需要多媒化，需要媒介间的协作与融合，同时这也给新闻传播教育提出了新的要求。相对于以往传媒人单打独斗的生产方式，未来的新闻传播需要的是团队合作。过去，传媒人才专业能力相对比较单一，工作岗位也比较固定，现在则需要将各种技能集于一身，能够

① 南国农编《信息化教育概论》，高等教育出版社，2011，第2页。
② 张屹、祝智庭：《信息时代全球化教育的知识结构》，《全球教育展望》2001年第11期，第1~7页。
③ 孟建、赵元珂：《媒介融合：粘聚并造就新型的媒介化社会》，《国际新闻界》2006年第7期，第24~27页、第54页。

在传媒行业全流程自由流动。很显然，这对于新闻教育界提出了不少难题。

2. 教育全球化趋势

全球化与世界劳动力市场的发展是同步的，全球化直接影响了世界的劳动力市场体系，而世界劳动力市场分工体系越严密，全球化程度就越高。① 作为劳动力供给源的高等教育，不可避免地受到了经济全球化直接或间接的影响。产业分工的细化以及产业全球化的需要使得高等教育在培育人才的同时不得不借助于外界更广泛的资源。当信息资源能够在全球自由流动时，对于传媒工作者们来说，新的挑战是他们是否有全球性眼光和国际化思维。经济、文化、理念的全球化迫使各国打开其教育市场，让教育资源能够在全球市场上流通。随着我国全球化程度的加深，我国的高等教育越来越离不开国际市场。

开放教学，让本国的资源展示出去，同时也能吸纳国际市场上的资源，促进知识的交流与更新。与国际接轨，让自己的老师、学生走出去，接受国际化培养；与国外的教育机构合作，将优秀的师资、留学生引进来。据《2016中国高等教育国际化发展状况调查报告》（本科部分）显示，85.32%的高校制定了完善的与国际化发展相关的规章制度，加大国外人才引进的同时也鼓励本土教师、博士生等出国交流。② 中国高等教育已经融入了一体化的全球体系之中。

3. 教育投入大幅增长

教育是国家经济和科技发展的重要基石，教育事业的发展关系到国家的前途与命运。同时，也只有国家稳定、国力强盛，才能让一个国家的教育事业真正发展起来。改革开放以来，我国先是将教育确定为经济发展的战略重点，随后提出科教兴国战略并不断推进，中共十八大提出并确立建设人才强国和人力资源强国的目标。国家逐渐意识到21世纪不仅要造就能够运用技术的劳动者，更需要具有国际竞争力的高端人才。教育发展与

① 毛亚庆、吴合文：《多维视角下的高等教育全球化》，《清华大学教育研究》2012年第2期，第48~54页。
② 中国教育国际交流协会编《2016中国高等教育国际化发展状况调查报告》（本科部分），第38页。

人力资源开发是一个国家的竞争力，特别是科技竞争力的重要前提，是形成国际核心竞争力的关键所在。① 随着经济的发展，我国在教育经费上的投入也在逐年增加。国际上通常用一个国家"公共教育经费占国民生产总值（GNP）的比例"或"公共教育经费占国内生产总值（GDP）的比例"作为衡量该国将财政资金投入教育的指标。② 在 2008 年以前，我国教育支出占 GDP 比重一直在 3% 以下，相对于发达国家该比例还是较低，直到 2010 年比重上升至 3.13%，之后持续上升，到了 2012 年我国教育经费支出占 GDP 比例首次突破 4%，达到了国际标准。经费的投入最直接地体现于物质条件的改善上，教学工具升级、教学环境得到优化。近几年我国不仅在科学技术的研发和应用上加大了投入，使得国家的硬实力位居世界前列，并且越来越重视国家的软实力，在国家形象的塑造和对外传播方面需要更多的新闻传播人才，于是对新闻传播教育也有了更多的期待与关注。

4. 双一流建设

高等学校学科建设的发展历程往往直接反映了国家政治、经济、社会和科技发展的总体状况和趋势，成为国家战略决策的重心所在。③ 自改革开放以来，我国根据国家经济建设和社会发展的实际情况和需求，科学地、有计划地配置教育资源。1985~1993 年是高等学校学科建设的起步阶段，国家高校教育建设重点由宏观的全面建设转向微观具体的重点学科建设，由以前的重点高校建设转向重点高校建设和重点学科建设并重。1993~1998 年是高等学校学科建设的发展阶段。1995 年 11 月，"211 工程"启动，这一工程加速了高校之间的竞争，增强了学校的学科建设意识。1999 年国务院又启动了"985 工程"，高等学校的学科建设迈入提高阶段，科技创新创造能力被视为重要发展点，战略发展目标也从国内转向全球。进入 21 世纪，继"211 工程"和"985 工程"两项重点工程之后，

---

① 胡鞍钢、孙文正等：《大国兴衰与人力资源开发》，《教育发展研究》2003 年第 4 期，第 2~11 页。
② 喻恺：《我国财政对教育的投入能力分析》，《教育研究》2009 年第 4 期，第 30~35 页。
③ 张晓玲、李庆丰、王晶：《改革开放以来高等学校学科建设的发展阶段及其特点分析》，《学位与研究生教育》2009 年第 7 期，第 49~55 页。

教育部于 2012 年启动了第三个重大国家工程 "2011 计划"，旨在进一步提高各高校的协同创新能力。2013 年有 14 个协同创新中心获得认定。虽然在 2015 年国务院正式取消了对 "2011 计划" 协同创新中心的认定，但是在 2016 年教育部启动了更高规格的世界一流大学、一流学科建设工程，简称 "双一流" 工程，让更多有潜力成为一流大学或者拥有部分一流学科的大学能够获得国家和地方政府的支持。在双一流建设初期阶段，中国人民大学、中国传媒大学的新闻传播学科正式进入一流学科建设行列，其他重点高校的新闻传播学科也在这一浪潮中进入本校或本省一流学科建设计划，得到了大量的物质支持。双一流建设加剧了高校内部和高校之间的激烈竞争，这对于新闻传播教育的影响也不容低估。

二 学科建设及学科评估

学科是知识发展并分化到一定阶段时产生的一个概念。在古希腊时期并没有像现在如此多类别的学科，所有的知识被统称为 "哲学"。随着知识的不断发展和扩充，系统化、专门化的学科产生了。根据国家标准（GB/T13745-2009）学科分类的表述，学科（discipline）是一个相对独立的知识体系。[①] 人类在活动中产生经验，通过经验的积累、归纳、抽象和创造形成知识，根据共性特征而划分的知识体系成为学科。可以说，知识分化是学科产生的前提。学科（Discipline）词源来自希腊文中的 "didasko"（教）和拉丁文的 "（d）idisco"（学）。[②] 国外的一些著名辞书，都将学科与教学、学习和规训等联系在一起，可见学科不仅承担着教育与学习、知识的深化研究，也带有一定的管理和制度层面的性质。在高校中，学科建设牵涉方方面面，不仅有学科自身的学术水平提升，同时也涉及师资队伍、教育制度、资源配置和教育管理系统等诸多方面。因而在高校的各学院中，学科建设的管理往往是 "一把手" 的责任，其关系到

①　高久群、郑华、余全红：《交叉学科设置和研究生培养的实践与思考——以中山大学为例》，《高教论坛》2015 年第 2 期，第 98~101 页、第 125 页。

②　康兰：《关于大学学科和大学学科建设概念的思考》，《科教文汇（中旬刊）》2010 年第 2 期，第 9~10 页。

学院的整体基调，是一项综合性、持续性、系统性的基础建设工作。

学科建设的基本要素总结起来可分为四点：学术队伍、学术平台、科学研究和人才培养。学术队伍建设涉及师资的数量和质量，由学科内顶尖学术人才带领的研究团队能够促进学科的发展。近年来引进业界的有经验人士作为兼职教授等，以补充学科发展所必需的行业知识，也成为一种壮大学术队伍的手段。学术平台指的是学科活动的环境与条件，包括基地、重大课题和重点项目等。一个好的平台能容纳、吸引更多优秀的资源和人才，能够给予学科充足的发展和展示的空间。科学研究和人才培养涉及师生间的教与学，教师既要搞好学术研究，也要把课上好、培养更多的专业人才。老师的科研成果与学生的专业能力都是建设学科的重要因素。

学科水平的高低不是抽象的，它通过一系列具体的指标来评价。学科评估是对高校某学科的科学研究、人才培养及所要达到的目的、价值或效果、效率进行的综合评价，是学科建设与管理的重要组成部分。① 其中的核心指标是师资力量，一个学科应当配备结构合理的高水平的师资梯队，以严格的标准要求师资的知识结构和科研能力，以此确保学科稳定、持续地发展的核心竞争力。论文、著作、获奖以及学术声誉等是学科评估的关键指标，权威期刊文章和代表性著作的数量和质量能够反映该学科的专业能力，而获奖和学术声誉则是该学院学科影响力和知名度的体现。此外，在学科评估中还存在着一些重要指标，如科研项目、经费的多少，科研平台的建设以及办学条件好坏。在教育全球化的当下，学科国际化水平也是重要的指标之一，与国际学术界紧密联系、互相沟通，才能让学科走在世界发展的前端，证明该学院学科的尖端性、先进性。人才培养也是学科评估的重要指标，从生源到就业率，尤其是杰出校友代表了学科一定的学术水平和成功的培养机制。政府会依据学科发展的绩效来进行相应的拨款和资助，学科建设得越好越能引起社会、政府的支持，从而形成良性循环。

科学的学科评估对学科建设能够起到推动、牵引的作用。学科建设是一个巨大的系统工程，各子系统、要素纷繁复杂，如果不明确它们在学科

---

① 张晓玲、李庆丰、王晶：《改革开放以来高等学校学科建设的发展阶段及其特点分析》，《学位与研究生教育》2009 年第 7 期，第 49~55 页。

建设中的轻重次序，平均使力，将有可能影响到学科建设的效果。建立科学的学科评估机制，能够为高校的学科建设提供参考意见和衡量的标准，并以评估指标为基准，规范各校的学科建设。在这个意义上，学科评估还能为学科建设注入活力，为未来学科的发展方向、资源分配的方案提供重要的依据。在宏观的层面，学科评估及其结果还能够激励不同高校间的竞争，促进学科沿着正确健康的轨道全面发展，提高学校的整体水平。

三　制约新闻传播学科发展的因素

新闻传播学科在当下有着广阔的前景，然而在学科发展的道路上仍然存在着一些障碍。过去人们普遍认为新闻传播学科的学术含量不高，致使国家的投入过低从而制约了新闻传播学的发展。近年来，随着社会信息化和"双一流"建设工程的不断推进，新闻传播学科引起了国家和行业的关注，如今资金投入显然不再是制约学科发展的要素。无论是国家社科基金项目还是教育部人文社会科学项目，对新闻传播学的研究资助都有大幅度的提升。如2012~2016年，国家社会科学基金资助新闻传播学的研究项目就有594项，其中重大项目8项，重点项目39项，单项资助的金额也增加到了几十万元。[①] 十八大以来，习近平主席在许多场合发表了关于新闻舆论工作的讲话，提出了"加快媒体融合发展，占领信息传播制高点"等系列重要论述。在信息飞速传播、世界联通的当下，新闻工作备受党和国家的重视，新闻传播学相关的研究在国家级课题项目中的地位大幅提升。国家的支持、稳定的资金投入为新闻传播学科的建设和发展提供了基础的物质保障。

但是在丰富的物质条件之外，仍有一些问题制约着学科的发展。首先是师资队伍的转型问题。许多高校新闻学院的师资队伍中，中年教师是学科队伍的主体。在20世纪八九十年代，他们精于传统新闻学的采写编评等专业技能，入职时专业对口。然而进入互联网时代后，各种技术推陈出新，知识的更新换代速度远远超过了人们接受的速度。对于新闻传播专业

---

① 数据来自全国哲学社会科学规划办公室，http：//www.npopss-cn.gov.cn/。

的老师而言，他们既要教授学生专业知识，又要学习新的技术，同时还承担着学术研究的重任。在信息化社会，他们的知识即使专业但难免显得有些陈旧。在媒介融合的趋势下，社会需要的是全能型人才，既能熟练掌握各项媒体技术，又要能灵活组合、使用媒体。业界对学生能力要求的提高对新闻传播专业的老师提出了挑战，如果教师不能尽早适应社会转型和媒介融合，将难以回应社会对优秀传媒人才培育的期待。同时，信息融通也带来了学科之间的交叉融合，新闻传播学在与其他学科的交融之中，拓展了新的发展空间，因而迫切需要从其他学科引进具有不同专业背景的老师，从以往的单一学科的师资队伍向多学科、多层次的师资团队转型。

其次，高校中普遍存在行政化、机关化的办学问题。在高校学术管理中有两种权力体系，一种是以学术组织为主体、以学科研究为主的学术权力系统；另一种则是以行政管理机构为主体的行政权力系统。通常学术权力系统以教授为核心，学术成就越高的人拥有着更多的学术权力。而行政管理系统则主要是为了保证学校事务的正常运行，自上而下地贯彻上级的政策法规。然而由于行政管理系统负责学校资源的分配，加上中国自古就有"官本位"的传统，行政管理系统累积了越来越多的学术资源，以至于一些年轻学者不安心学术研究，而追逐行政权力。学校越来越机关化、衙门化。学术权力系统的地位下降，打击了研究者们的积极性。就国家层面而言，由于教育行政管理部门控制了大量的教育和学术资源，一些重大项目的立项、学术活动的申报等重大环节都需要"公关"，难免会滋生腐败行为。在大学，教师和学术研究人员对学科发展状况最为了解，学科的建设应当由他们来把握方向。① 但是由于学术权力的弱化，行政管理者在决策中处于主导地位，使得在人员配置、资源应用和学科方向等方面只围绕上级领导部门的意志转，而违背高校学科发展规律，影响了学科建设。

最后，以数字指标为核心的评估机制带来了功利导向的弊端。现行的学科评估对学科建设有积极的作用，但其以数字指标为核心的评估机制也滋生了不少问题。量化的评价制度以数字指标为核心，原本是出于激励学

---

① 陈磊：《高等学校学术权力的反思与建构》，《高等教育研究》2002 年第 4 期，第 65～68 页。

者创新研究的考量，现在却越来越凸显其功利导向，甚至引起畸形的恶性竞争。评估学科需要考察相关研究课题的级别、已发表的论文的数量与质量，这就造成越来越多的学者追求在短时间内快速制造学术论文的急躁风气。学者们重数量而轻质量，重形式而轻内容，重短效而轻长远，很难沉下心来钻研值得挖掘和突破的课题，反而生产一些短平快的成果。为了迎合评估，各院校一味追求各项指标，却放弃了学科的基础建设。如此下去，难免会产生大量的"学术泡沫"，甚至会导致"劣币驱逐良币"的逆淘汰现象。不仅难以促进学科的创新发展，甚至会成为学科发展的阻碍。

四　发展新闻传播学科的路径

1. 顶层设计：认清校情、尊重传统、明确定位

大学的基础在学院，学院不仅是学校组成部分，更是学科立身的平台。要建设好学科，首先就得明白其置身的平台和内外环境，依据高校的目标定位，因地制宜。新闻传播学科也是如此，这个学科寄身于什么样的大学，这所学校未来的目标是什么，新闻传播学科在整个学校中处于什么地位等，在很大的程度上决定了新闻传播学科的发展空间。在过去，"211""985"工程高校，如今的"双一流"大学，不仅拥有或多或少的国家资助，而且这些标签本身就是一种重要的无形资产。这都是新闻传播学科发展不可或缺的外在条件。在综合类偏文科的院校中，新闻传播学科容易得到相邻学科的支持，在与人文社科类学科的交流中获得滋养，其后劲和潜力不可限量。那些综合类偏理科的院校，由于文科基础薄弱，新闻传播学科的发展稍显艰难，因为学校的资源可能会优先给予理工科专业，一些优惠政策难以惠及新闻传播学科。但尽管如此，也存在有利的一面，在理工科院校，新闻传播学科与工科交叉融合面更广。在信息化、网络化社会，计算机、电信等工科都可能与新闻传播学科巧妙地结合与联系。文工有机融合将有利于开拓更广阔的学科领域，同时也能让新闻传播学科拥有自己的学科特色。

新闻传播学科建设要借助学校的平台，要尊重学校的办学传统和文化精神，其学科的发展思路应该契合学校的发展理念。不同的高校都有自己

的历史传统和办学特色。有的学校学风严谨，注重学术创新；有的学校开门办学，鼓励学界业界联动发展；有的学校视野开阔，重视多学科交叉融合；有的学校注重国际化等等，不一而足。可以说，每个学校都有不同于他校的风格。新闻传播学科想要稳定发展，就必须认清校情，尊重传统，在此基础上，为自己的发展做出科学的定位。

2. 目标导向：达成共识、凝练方向、优化布局

一个学科实际是一个小的学术共同体。新闻传播学科包含多种专业，随着技术的发展、媒介的兴替，专业之间也会出现彼此消长的现象。不论是传统的新闻学，抑或是新兴的网络传播，都有其存在和发展的依据。但是，对于一个学院而言，由于资源有限，事实上难以满足每一个专业自然扩展的需要，也不可能平衡发展所有的专业方向。没有重点就没有政策。一个学科建设的成功，主要源于其特色研究方向的突破。所以学科建设的要义，首在凝练学科方向。如果没有一个共同的目标导向和优化的专业布局，则研究的力量无法汇聚。要凝练方向，在共同体内部必须要形成共识，达成一致。虽然每个老师都有着自己独特的学经历和兴趣对象，都有自己存在的价值，但是在学科这个平台上，如果能够靠近主流方向，彼此相互扶植，一方面能够做大做强特色方向，另一方面，每个老师也可借冕生辉，和学科一起发展。所以学院领导、学科负责人，应该高屋建瓴，在战略的层面凝练学科方向，引领学术队伍达成共识，让大家心往一处想，劲往一处使，这样才能发挥出最大效力。每个老师本身也应该有大局意识、协同观念。或许自己所在的专业、自己正在做的课题，没有得到学院重点的支持，也不要特别在意。一旦学科做大做强了，学院整体地位提升了，这个共同体内部的每个个体，都会分享学科发展的成果。

3. 资源配置：完善制度、盘活资源、突出重点

要推动学科建设，一些不合理的制度问题必须解决。在科学研究方面，减轻量化评价占比，采用主观与客观相结合的方式进行评估，重新调整论文、著作等文章质量与数量在评估中所占权重，以实际的学术贡献为主，但也要注意避免学术腐败等问题的发生。在科研与教学方面，将老师的教学成果也纳入考核指标，同时控制招收学生数量，控制好师生比，鼓励老师在做好学术研究的同时，也不忽略人才培养的责任。此外，要划清

行政事务与学术事务的界限，不要让行政权力过多地干涉学术研究。制度完善了，学科建设才能顺利展开，优秀人才才能脱颖而出。

制度的完善，重在激活资源和合理地分配资源。虽然今天已经不再是短缺经济时代，国家的投入和社会的资助已经基本上突破了学科发展的物质瓶颈。问题是目前国内高校现有的资源没有盘活，资源配置不尽合理，不少钱没有花在该花的地方，而应该重点支持的项目却得不到相应的资助。新闻传播学科不同于一般的人文社会科学，它是文科中的工科，需要重装备。人才培养和科学研究需要建设高水平的实验室，重大课题的孵化需要资金投入，国际学术交流需要充足的资金保障，学生的奖助学金有待进一步增加，教师的学术贡献也应该提高奖励的幅度，还有课程建设、教材编纂、学生的社会实践、成果的出版发表等，无不需要资金的支持。这些资金在不同的专业、方向，应该怎样选择，重点与非重点如何确定，是不容回避的问题。新闻传播学院应该依据学科发展的目标定位，突出重点，纲举目张，将有限的资源投入到最需要的地方和最能带动学科整体发展的地方，充分发挥资源的刺激作用，促进学科建设的良性循环。

4. 能力提升：稳定队伍、提升平台、改善环境

师资队伍建设是学科发展的前提。学科建设的根本在于是否拥有一流的学术队伍，以及这支队伍是否稳定。一流的学术队伍不仅要有顶尖的战略科学家，更要有大量优秀的青年才俊作为梯队。队伍稳定了，学科才能稳定。新闻传播学科要发展，一方面要眼睛向外，广纳贤才，引进一流的学术英才，尽快充实学科建设的队伍；另一方面，还要盘活学院人力资源的存量，须知，学科发展的支撑力量不是引进来的，而主要是靠自己培养起来的。顶尖人才不仅能够引进来，还要能够站得住。这就需要有一个包容、开放的学院文化。能够吸引、稳住外来人才的不仅是高额的薪酬，和谐的环境更加重要；另一方面，学院现有的教师也要能够认同、接纳外来的人才，惺惺相惜，才能够和谐共生。

在稳定、做大、做强师资队伍的同时，还要不断地提升自身平台。在全球化、信息化、网络化的背景下，新闻院系可以聚焦国家重大需求和现实问题，通过多学科交叉融合做大学科平台。以此为基础，实现不同专业之间的交流与合作，互相借鉴、彼此提升。新闻院系还要超越业界与学界

的壁垒，实现产学研的贯通，吸纳业界精英进入人才培养过程，或者与业界联手进行科研攻关。新闻院系通过与国际接轨，开放办学，聘请世界一流的教授主讲核心课程，增加外国留学生招生名额，同时鼓励自己的老师和学生走出去，也可以使新闻传播学科在不断升高的平台中获得更好的发展。

软件条件固然重要，硬件条件更是不可缺少。新闻传播学科属于文科中的工科，与最新的数字传播科技息息相关。没有先进的物质技术装备，很难想象能够支撑起一个强大的新闻传播学院。不仅在人才培养方面，新闻院系需要从纸媒、视频到网络新媒体等在内的系列实验室；在科学研究方面，要探索传播与接受规律，解读传播心理，提升传播效果，也少不了装备先进的实验设施，用于大数据与舆情监测、心理学实验等。办学条件与学术环境的改善是学科发展的保证。没有这个保证，新闻传播学科的发展是无法想象的。

五　结语

要适应这个不断变化的信息时代，新闻传播学科必须与时俱进，自我革新。互联网联通了全世界，教育的全球化使得高校学科建设不再局限于一个国家，而是全球教育资源的分享、交流。过去的相对保守教育理念转变为现今更加开放的办学思想。与国际接轨，让学科走向世界，让人类共享全球的知识财富，是学科发展的大趋势。同时，国家经济兴盛，越来越重视教育，增加投入、改善学科发展条件不再是一种负担。尤其是"双一流"建设的启动，使高校学科间的竞争更加激烈。而现有的学科评估体制还不够完善，无法正确地展现学科真实实力。因此，只有进一步完善学科评价体系，才能够摒弃学术浮躁之风，促进学科稳步发展。作为学科建设的主体，新闻传播院系应不改初心，把握机遇，关注社会需求和紧迫的问题，凝练学术方向，集中资源，积极地回应社会的期待。

穷则变，变则通，通则久。但在当今万象更新的信息时代，新闻传播学科建设也有其应该坚守与不变的传统。首先是学校的办学传统和文化精神，学科再怎么发展，也不能离开其寄身的学校平台，没有这种传统精神的滋养，学科建设不可能有大的成效。其次，在学科、专业交叉日盛的当下，新闻传播学科可以拓展新的研究空间，但是不能放弃新闻传播的理想和责任。人类社会不管今后如何演变，新闻传播的影响只会增强而不会减少。最后，不管何时何地，人才都是兴业之本。学术队伍的建设始终会是学科稳定发展的关键。

（本文是张昆教授与王宇婷的合著，以《信息技术变革背景下的新闻传播学科建设》为题发表于《新闻与写作》2018 年第 1 期）

与时俱进，在改革中前行

　　大家上午好！在今年秋天温度最宜人的日子，我们迎来了各位先进和同人，在此我代表华中科技大学新闻与信息传播学院的全体师生向各位表示热烈的欢迎。同时，对于各位长期以来对我们学院的支持表示衷心的感谢！

　　在华中科技大学这所新中国创办的大学，新闻传播学科是一个年轻学科，迄今不过32岁；在中国新闻传播教育界，华中科技大学的新闻学科也属于青年之列。但是在新闻传播业界、新闻教育界先进的提携、帮助之下，华中科技大学新闻与信息传播学院已由当初草创时的一个本科专业，现今发展为拥有五个本科专业、六个硕士点，其中四个学术硕士点，两个专业硕士点，还有一个一级学科博士点，一个一级学科博士后流动站。2013年教育部发表的全国一级学科评估结果表明：华中科技大学的新闻传播学科位居国内同类学科前五位。

　　华中科技大学新闻传播学科发展至今，走过一条不平坦的道路。其间虽然历经曲折，但是几代传播学人心系学科，怀抱理想，矢志不移。特别是1998年建院以来，学院历任领导都非常重视学科建设，将学科建设视为学院的生命线。自此开始，学院每年开一次学科建设会议，雷打不动，每次会议有一个主题，试图解决一个问题。今年的学科建设会议是第十五次，会议的主题是新闻传播类专业的综合改革。

　　之所以提出这个议题，是因为我们和各位先进、各位同人一样，面临着同样的问题，经受着同样的冲击。一是源于经济持续高速发展的社会的整体转型，二是传播技术革命带来的媒介格局的断裂式变化。这直接导致了生产关系和上层建筑的结构性变迁。尤其是后者，对于新闻传播业界、新闻传播学界具有重要的意义。从社会发展史的角度看，人类技术形态的变革会直接推动知识创新与学科的不断分化与融合。从古希腊时期基于口语传播传统所形成的修辞学，到印刷技术催生的出版学、报学，以及广播电视技术基础上建构起来的传播学，技术变革引发了知识领域的转型、重组或裂变，其影响难以估量，但又线索清晰。如今网络新媒体技术的突破性发展，带来了传播领域的结构性转型，不仅对传媒人才培养提出了全新的要求，而且终将打破既有学科边界，更新新闻传播学科的内涵，甚至有人担忧，新闻传播学科向何处去。业界焦虑，学界也在焦虑。

当此关头，新闻传播学科应该怎么办？我们应该如何认识社会和媒介行业的变迁？如何回应社会和业界最新的需求？我们应该培养什么样的人才？应该以什么样的理论体系解释当今现实、引领今天的实践？

我们也焦虑，时代在变，环境在变，行业在变，我们岂能不变？于是，去年，还是在这个地方，我们召开了第十四次学科建设研讨会，主题是学科建设。不同的是上次只有学界的代表。上次会上专家的高见，启发了我们的思维，引发了学院同人对于变革的预期。

今年6~7月，我们组织全体教职工进行调研。兵分三路，一路向北，包括北京、天津、河北；一路朝东，包括江苏、浙江、上海；一路向南，主要是广东的广州、深圳、汕头。每到一地，都要调研当地的重要媒体或相关企业，拜访当地重要的传播院系，同时还要与当地的校友座谈。与此同时，我们还通过国际会议、校级交流的方式，对美国、港台等地知名新闻院系进行了跟踪了解。多方的信息汇聚，使我们受到了巨大的冲击。本学期初，三个小组分别报告调研所见所思，引起了学院教职工的深思，深思的结果是对于改革的共识。

我们正是在此基础上，策划了此次研讨会。我们希望以此为契机，审视社会结构和媒介环境的变迁，回应社会与行业的需求，以互联网思维厘清专业定位，重构知识体系和组织体系，实现学科的转型与升级。我们认为这是一次涉及面广，综合性、整体性强的全面改革，它将影响到华中科技大学新闻传播学科未来十年甚至更长时间的学科发展。

这里我想从宏观、中观、微观三个层面，向各位先进、各位同人简要汇报一下我们的思路，望各位专家能够为我们把脉。

第一是宏观层面。

在学术研究方面，凝练学科方向，重新谋划学科布局，围绕基础理论、战略传播、网络新媒体传播三大支点，组建学术团队。

在平台建设方面，整合"211""985"相关资源，集中力量发展2011国家传播战略协同中心，强化、支持媒介技术与传播发展研究中心和广播电视与新媒体研究院的建设。

在教学组织方面，重构教研组织体系，设立新闻传播基础教研部，囊括中外新闻传播史、新闻传播理论及研究方法等方面的师资；组建新闻传播实务教研部，以融通思维，打破媒介及专业界限，组建跨专业跨媒介的以内容生产为主体的教学团队，负责采写编评摄、广告策划创意经营、广播电视节目制作、播音主持等传播业务类课程的教学研究；设置实验与实践教学部，负责实验实训、社会实践和专业实习。

在专业特色方面，以媒介融合的实践需求为导向，以基础理论与创意思维、内容生产、管理、产业、技术为轴线，重构新闻传播专业的知识体系，进一步强化新闻评论、融合新闻报道、出镜记者、品牌传播与公共关系等专业特色。

第二是中观层面。

首先是变革培养模式，强化通识课程以拓展宽度，革新专业核心课程以提升高度，夯实基础，注重交叉，重构人才培养方案。大学前两年在课程设置上强化人文和科学素养、反思能力和基础技能的培养；大三、大四主修专业核心课程，增进学生专业核心能力培养，并以工作坊、课程板块（组）等形式，以问题、项目带动学生新闻传播技能的整合性提升；健全通识课程结构，完善人文社科及自然科学基础学科知识环节；强化学科基础课程的普适度，集中于史论、方法、技术、产业以及实务性课程的基础性教学；突破专业界限，强化专业核心课程的开放性、研究性，在3~4年级阶段开设相关课程包。鼓励学生阅读经典，与前贤对话，并将其纳入总学分。新增2~3个特色班，选取具有发展优势的方向进行重点建设。可与信息学科合办新媒体产品与开发实验班；与公共卫生学院合办健康传播方向特色班，以学科交叉锤炼专业特色。

其次是优化师资结构。根据学科和专业发展的需要，建设一支以中青年学者为主体的，学历、经历俱佳，国际化、结构合理的教师队伍。改变以媒介为知识链接的师资结构，以课程群为知识创新的纽带，通过自由组合，内部协商，合理分工，专家评鉴，建立健全若干个教研创新团队；以重大问题和项目为导向进行知识的研发、创新与传播普及，促进师资的合理流动与高效配置。完善"双轨制"师资体制：以问题为导向，瞄准重大基础理论问题和前沿问题，引进海内外高端人才；通过设立基金、项目制、短期讲学、系列讲座等方式，引入海内外业界高端师资，吸收业界前沿知识与信息，强化业界师资和导师队伍建设。同时鼓励青年教师，特别是业务课程教师到媒体兼职，或者定期挂职，提升实务教学的前沿性。

特别要提的是，进一步完善学院的冠名教授席位及相关制度，引进社会资源，激励业绩突出的教授和富有潜力的中青年学者。目前有十个冠名教授席位。下一步随着教师队伍的扩大，还将扩大名额，同时提高奖助力度，增强学者的光荣感和归属感。

最后是改革实践实验教学。重点突出融合媒体实验室在专业改革中的基础性平台作用。外引社会资源，整合院内实验资源组建融合媒体实验室，争取将其建设成国家级实验室。依托华科大医、工科优势，推进融合媒体实验室与医、工科实验室资源的协作；在数据挖掘、新媒体产品、健康管理、创意思维等方面促进交叉，将融合媒体实验室提升为创新创业的高端平台。加强与媒体单位的合作与联系，以项目承包制、实习基地建设以及创新创业项目等方式，拓展实践平台和相关资源。

第三是微观层面。

在微观层面，真正落实以学生为中心的办学理念，致力于完善学生的知识结构和专业能力，强化学生的反思能力、批判意识和社会责任感。

其一，在课程体系调整上，要以媒介融合带来的生产关系变革为导向，重新梳理新闻传播专业的知识逻辑，通过加、减、分、合等手段，建设适应媒介技术变革的开放的课程体系；完善与新媒体技术相关的知识领域，增加新媒体传播理论、技术及实践操作性课程，包括技术哲学、融合新闻报道、数据挖掘与数据新闻等课程；减去一些与现实不太适应的操作性课程，淘汰部分内容陈旧的课程；打通分列不同媒介形态的实务性课程，搭建全媒体融合的采写编评摄播、策划创意等实务课程体系；对于一些具有较好延展性的课程，可以扩展学分，乃至分设多门课程，组建课程包，如围绕融合新闻报道、科学传播、政治传播、公共关系等范畴组建较为系统的课程包。

其二，努力提升学生的综合素养。注重学生合理知识体系的建构，拓宽学生的视野，鼓励学生选修或辅修其他社会科学、自然科学课程，俾能左右逢源，触类旁通，增强学生的后劲。注重学生的理论素养，强化历史、哲学、逻辑与新闻传播学科的关联，活跃学生的思维，增强学生的反思能力和批判意识；致力于完善学生的人格，鼓励学生独立思考，培养其锐意进取、敢于创新的意志品质；重视学生的人文情怀和专业理想，激励学生敬畏生命，同情弱者，捍卫公平，维护正义。

其三，强化学生专业技能。推动业务技能的进阶式培训，实现四年技能培训的不断线。即低年级以培养基础的专业能力为主，在高年级设立促进业务技能进阶提升的工作坊或创新团队，以工作坊方式提升学生的业务技能。针对业务课的特点，大幅更新和完善案例库，以案例教学带动专业技能训练。以研究项目、栏目制作等方式，引入业界高手参与主讲业务课程，组织指导工作坊。

其四，健全教学资源共享机制。尝试与美国密苏里新闻学院、英国西敏寺大学以及中国台湾世新大学共建国际课程。探索与世界知名大学建立校际、院际合作关系的国际合作的人才培养模式，如实施"2+2""3+1"等培养模式，实施国际联合培养。建立与京、沪、汉等地著名高校新闻传播院系的核心课程资源共享机制。积极推进在汉地区主要高校新闻院系实行教师互聘、课程互选、学分互认。

总之，这次改革涉及面广，不仅事关专业定位的厘清、知识体系和组织体系的重组，更在一定的程度上涉及教职工的现实利益。加之来自体制的惰性、技术创新的不确定性，以及市场短期波动的诸多因素，使这一过程充满风险和挑战。兹事体大，我们一时难下决断。

各位先进、各位同人！

我们深感经验匮乏，视野狭隘，面对当前挑战实在难以一己之力应对。

今天请来各位先进、各位同人，就是要借各位的智慧、各位的经验，帮助我们解决当下的难题，为我们的想法会诊把脉。望各位专家不吝赐教！

再次向各位先进、各位同人表示衷心感谢，也祝各位在汉行程一切顺利，精神愉快！

（本文是张昆教授 2015 年 11 月 5 日在华中科技大学新闻
与信息传播学院第十五届学科建设研讨会上的致辞）

学院文化：新闻传播人才的培养基

新闻传播人才培养是新闻院系的基本职能，但人才培养是一个系统工程。这个系统涉及诸多的要素，不仅包括人力资源、物理空间、实验设施、实践基地，更重要的还有学院的整体的氛围或学习环境。长期以来，在新闻院系的建设和传媒专业人才培养方面，人们习惯于重视物质条件和硬件设施的改良，而在一定的程度上忽视了学院的文化软环境或学习氛围的营造，以至于在人才培养方面难以达到预期目标。当务之急，是改变观念，以学院文化建设为抓手，把环境和氛围的改善提升到战略的高度。

一 文化、校园文化与学院文化

在社会科学领域，大概没有比对文化的理解更加众说纷纭的了。在中国古代，文化的含义具有文治与教化两个方面的内涵。《易·贲卦·象传》曰："刚柔交错，天文也；文明以止，人文也。观乎天文，以察时变；观乎人文，以化成天下。"孔颖达对此的解释说："关乎人文以化成天下者，言圣人观察人文，则诗书礼乐之谓，当法此教而化成天下也。"① 在西方，文化一词来源于拉丁文 culture，原意为对土地的耕耘和对植物的栽培，以后引申为对人的身体和精神两方面的培养。中国人在 19 世纪把这个含义从日文转译过来。② 广义的文化指的是人类在社会历史实践中所

---

① 《十三经注疏附校勘记》（上册），中华书局，1979，第 37 页。
② 张昆：《大众媒介的政治社会化功能》，武汉大学出版社，2003，第 142 页。

创造的物质财富和精神财富的总和，而狭义的文化则指精神生产能力和精神产品，包括一切社会意识形态，有时又专指教育、科学、文学、艺术、卫生、体育等方面的知识与设施，以与世界观、政治思想、道德等意识形态相区别。① 从本质上讲，文化是人类历史长期积淀的成果，是一种历史现象，它寄生于物质之中，又游离于物质之外；既存在于历史之中，又能够延续到今天与未来。文化的本质功能在于化成，即对人的教化。

人类的文化包罗万象。在特定地区或国家，除了主流文化或综合文化之外，还有非主流的次文化或亚文化。它们与主流文化相对应，属于一种局部或某个特定集体的文化现象。这种次文化或亚文化，不仅拥有与主流文化相同的文化精神，也有自己独特的价值与理念。校园文化就是一种典型的亚文化或次文化。校园文化（本处的校园文化指大学校园文化，下同）是以大学校园为空间边界，以学生和教职工为主体，以课外文化活动为核心，以服务人才培养为主要导向，以物质文化、制度文化、精神文化和行为文化为主要建设内容，以学术理想和校园文明为主要特征的一种群体文化。它主要表现为包括第二课堂在内的课外活动、各种各类的学生社团、社会实践，校园的文化体育设施、文化氛围，学校的历史文化积淀和学术传统等，其中最能体现校园文化本质特征的是校园的风气和大学精神。这种校园文化是社会总体文化的一部分，但又显示出自己独特的个性特征，对于在校大学生的培养具有十分重要的意义。

学院文化则是校园文化之下的二级次文化或亚文化现象。它是校园文化的重要组成部分，在共同的大学精神、学术氛围下，学院作为一个亚文化的主体，除了拥有校园主流文化的基因和脉络外，还具有自己学科、专业性的特色。学院文化在一定的程度上由校园文化决定，但学院文化的发展和繁荣会在更大的程度上丰富校园文化的内涵，增强校园文化的活力。一所大学由不同的学科、学院组成，每个学院都有不同的研究方向和历史传承，其培养的学生的基本规格和最终归属也不尽相同。各学院学生的多样化的精彩表现，一方面取决于不同的课程体系、不同的师承及不同的实践历练；另一方面，不同的学院文化、专业精神的熏陶也有重要的影响。

---

① 《中国大百科全书》（第二版），第 23 卷，中国大百科全书出版社，2009，第 281 页。

正如法学院沉浸在公正、法治与独立的精神之中，新闻学院的学院文化所敬仰的则是真实、公平和自由的精神。新闻学院的学院文化还有一个重要的特色，那就其强烈的现实性，即对现实的关注。长期以来，大学被视为象牙之塔，研究远离俗世的形而上的学问。新闻传播学院与其他注重基础研究的学院不同，它关注现实社会的变动，研究变动的信息如何传播，以致怎样引发社会的适应和变迁。新闻学院的学生有梦想，但是他更关注脚下的土地。还有一点是学院文化的包容性。一个学院是一个小的天地、小的宇宙。宇宙的多样性同样体现在学院的文化之中。一个问题、一个现象，存在着不同的解释、不同的见解；一门学科，也会有不同的流派、不同的风格。新闻传播学科历史既短，又是学习、借鉴其他学科融合而成，所以在学缘、理念、方法等方面，异彩纷呈。这自然会影响到学院的文化精神，使得多元包容成为学院文化的重要内核。

学院文化与校园文化在逻辑上属于种属关系，其结构和功能十分相似。虽然两者在空间与内涵上不尽相同，但在以文化成、文化育人方面，则是完全一致的。学院文化整体可以细分为物质文化、制度文化、精神文化和行为文化四个方面，与校园文化基本相同。物质文化，涉及学院的物理空间、公共领域、实验设施、景观安排等；制度文化涉及学院的制度设计、院训院规、质量规格、学籍管理等；精神文化则指学院的历史文化基因、办学传统、专业精神和职业理想；行为文化则与学生未来的职业相关，表现为在社团活动、社会实践和专业实习中，以职业传媒人的行为模式为榜样，自觉地扮演好未来的职业角色，履行社会责任。

在新闻传播专业人才培养方面，学院文化比校园文化的作用与影响更加直接。所以，为了培养一流的新闻传播专业人才，加强校园文化和学院文化建设是十分必要的。但是观察当下的新闻传播教育界，学院文化建设却正是新闻教育最大的短板。根据水桶理论，水桶最大的容量取决于最低的那块板子的高度。反思今天的新闻传播教育，有两个问题值得注意。其一，过于重视硬件投入，忽略了软件建设。重视大楼建设、设备的更新，在这方面不惜重金，以提高档次，却忽视了学院文化和专业精神的熏陶。其二，重视校园文化建设，注意大学共同的精神熔铸，而忽视了学院学科的文化建设。每个大学都注意编修校史、锤炼校训、设计校徽、组建学生社团、强化第二课堂、活跃校园文化体育活动等，可对于学院学部层面的文化精神，却没有足够的投入。以至于在文化建设方面，重整体而轻个体，有全局而没有局部。因此，大学的学生越来越多，学院的规模也越来越大，但是学生对专业的认同、对学院的归属感却没有相应地提高，甚至有所下降。这一倾向，应该引起我们的注意。

二 学院文化是专业人才的培养基

学院文化是专业人才养成的培养基。培养基（Medium）是一个生物学的名词，它指的是供微生物、植物组织和动物组织生长和维持用的人工配制的养料，一般都含有碳水化合物、含氮物质、无机盐（包括微量元素）以及维生素和水等。不同的生物及其在不同的生长阶段都需要不同的培养基。人们可以根据不同的需要，在培养基中添加新的营养物质。用培养基来比喻学院文化，我认为是比较贴切的。因为两者都是人的主观意识的产物，都是经过人的努力营造出的适宜生长的一个小环境。这种环境对于学生的成长，具有非常重要的意义。

华中科技大学的哲学教授涂又光在人才培养方面提出了著名的"泡菜理论"。他把校园文化比喻为泡菜汤。在他看来，泡菜的味道主要取决于泡菜汤。虽然泡菜的原料、制作工艺、保存方式、环境温度等会在一定的程度上影响和决定泡菜的质量，但是真正决定泡菜口感风味而又不易为人所模仿的却是泡菜汤。校园文化环境犹如泡菜汤，它深深地影响和决定了浸泡其中的学生们，形塑着他们的人格和个性，熔铸了他们的思维方式和行事风格。好的校园环境如同一缸好汤，学生进了这个环境，好比泡菜原料投入汤料之中，会潜移默化受到影响，时间一长就会产生化学反应，最终形成人格健全、身体强健、学富五车、能力卓越的高级专业人才。涂又光的"泡菜理论"主要是就学校文化、校园文化而言的，但是学院是学校的组成部分，是学校大系统的子系统。所以这个理论同样也能适用于学院的文化建设。

一方水土养一方人。对于育人环境的关注不是始于今天。早在两千多年前，孟子的母亲就知道环境对孩子成长的意义，所以她一而再再而三地择地而居。荀子说："蓬生麻中，不扶而直；白沙在涅，与之俱黑。""故君子居必择乡，游比就土，所以防邪僻而近中正也。"① 南北朝时学者颜之推则称："与善人居，如入芝兰之室，久而自芳也；与恶人居，如入鲍鱼之肆，久而自臭也。"② 古人所强调的环境与今天我们所说的校园文化、学院文化大体上是相通或是相近的。从古人的论述来看，环境或学院文化对学生的影响，不是暴风骤雨式的，而是潜移默化的，润物无声。置身于学院特有的文化氛围中，不知不觉之间，就打上了学院的烙印，内化了学院的精神，植入了职业的梦想。

一般而言，学院文化对学生成长的影响，主要是通过如下的途径。

第一，提升学生的道德。大学教育不仅在于灌输知识，建构完善的知识与能力结构，更重要的在于完善学生的人格，提升学生的道德水准。经过大学阶段的教育，经过学院文化的渗透和浸泡，学生不仅会成为一个有知识、有文化的人，还会成为一个道德高尚的人。不仅适应社会一般的道德规范，体现出大家普遍推崇的道德品质，如诚实、勤劳、公道、正直等，而且在自身专业所对应的行业领域，也有较高的道德素养，如真实、公正、平衡等。这是学生进入职场前的必要准备。

第二，塑造良好的情操。情操常被人们视为一种高级的感情，通常指几种情绪以某一事物为对象结合而成的一种复杂的、有组织的、比较稳定的情感倾向，如求知欲、爱国心、悲悯、慷慨等。在心理学界，还有人把情操分为理智感、道德感和美感三种。良好的情操是人们普遍的追求。峻青在其《秋色赋·傲霜篇》说："然而我更爱的却还是那傲霜斗雪不怕寒冷不畏强暴的高尚情操和斗争精神。"对于一个职业传媒人而言，良好的情操更是不可缺少的。在浓郁的学院文化的浸润之中，未来的传媒人逐渐养成了健康、积极、稳定的高级情感，从而为将来的职业生涯注入了正能量。

第三，强化专业精神和责任意识。学院文化的重要特色之一，就是学科与专业的特质。不同的学院有不同的专业特质，因而有不同的学院

---

① 《荀子·劝学》。
② 颜之推：《颜氏家训·慕贤第七》。

文化，经受学院文化培养基浸泡的莘莘学子，也会因此具备不同的专业精神和职业梦想。职业传媒人常被公众誉为"无冕之王"，是社会环境的守望者、党和人民的喉舌，因而承担了重要的历史使命。新闻传播事关社会稳定、文化传承、族群和谐和信息安全，所以职业传媒人责任重于泰山。没有强烈的社会责任感，没有对新闻专业的执着追求，对国家、对公众的期待没有正确的体认，传媒人将难以回应社会的需求，满足公众的期待。

第四，营造学习氛围。每个人都处在不同的学习状态中，但是学习的绩效大不相同。这种绩效固然与个体的精神状态、学习的积极性直接相关，但最重要的影响因素还是学习的氛围。中国古人讲近朱者赤，近墨者黑。在某个特定的群体或特定的空间，大家彼此都喜爱学习，以学习为乐事，洋溢着爱学、乐学的氛围，在这个环境下，你即使想轻松些，想放松地玩一玩，也很难放松自己。在武汉地区高校，流行着这么一句话："学在华工，玩在武大，爱在华师。"这句话不一定正确，甚至有些绝对化，但是不少学生、家长最终选择华工（华中科技大学），就是因为这里的学风好。好学的氛围、追求真知的冲动、对真理的热爱、对探索的痴迷、学风的严谨、思维的张力，会使置身其中的每个学生静下心来，潜心学习，追求上进。

第五，增强对学院与专业的认同感。笔者在前面说过，随着高校的扩招，各新闻院系的招生规模在持续地扩大，尤其是一般院校。同时，由于近年来网络媒体的崛起，传统媒体处于低迷甚至萎缩的状态，学生们对传媒行业的前景不再乐观，对传媒专业的认同度开始下降。在这个背景下，新闻院系招生面临着困难，第一志愿考生所占比例逐年下降。非第一志愿生或调剂生来到新闻学院，对专业的兴趣缺乏，学习动力不足，因而对学院的归属感较弱。于是学生普遍不稳定，一旦面临第二次专业选择，不少新闻学院就面临学生出走潮。要解决这个问题，也只有从学院文化建设着手，营造专业氛围，描绘职业梦想，增强学院学科的光荣感归属感；组建富有活力的专业社团，开展充满魅力的实践活动，吸引学生的兴趣，调动学生的积极性，提升学生对专业的认同。

三 建设学院文化的路径

如前所述，文化的主要功能是教化。学院文化及其所营造的氛围，是专业人才的培养基。所以，在大学教育阶段，仅有社会主流文化、校园文化是不够的，学院文化是人才养成不可缺少的精神环境。我们不能满足于物质投入的增加，物质上的丰富不能解决精神上的贫困。事实上我们目前面临的正是学院文化建设方面的短板。人们看到的是有学校文化、没有学院文化；有校史无院史；有校歌、有校训、有校徽，学院层面几乎完全没有这些表征学院精神的载体。在这个背景下，学生只知有学校，不知有学院；只知有学科，不知有专业。对专业的认同感、对学院的归属感日渐稀薄，因此当务之急，是加强学院的文化建设。

首先，弘扬历史传统。每个学院都有自己的由来，从无到有，由弱到强。在这个历史进程中，总有一些院长主任的奋斗业绩令人自豪，总有一些知名学者的学术成就令人骄傲，总有一些成功的学长令人钦佩。这本身就是一种激励学生前行的精神力量，一种强化归属感、认同感的催化剂。可以想象，中国人民大学新闻学院的学生每当听到或看到安岗主任、何梓华院长治院的理念，或者回味甘惜分教授、方汉奇教授、郑兴东教授的风采，或者在书本上读到自己的学长胡福明、陈锡天的光辉事迹时，他们会有什么样的感受；可以想象，复旦大学新闻学院的学生们每当听到陈望道、谢六逸、王中的名字时，或者在梳理学术历史的过程中，看到学院的老师或学长留下的痕迹时，他们的心情该是如何。当然，并不是所有的新闻院系都像中国人民大学、复旦大学新闻学院那样，有着如此悠久的历史和传统。但是即便年轻的新闻学院，哪怕刚刚草创，其筚路蓝缕、以启山林的经历，也足以鼓励学生们发愤图强。其看到的每一位前辈学长走过的道路，学长们克服困难、驰骋职场的英姿，会引领这些后学者继续前行，鼓励他们加倍努力，在学业、道德、人格、体魄诸方面做好准备，以迎接时代的挑战。华中科技大学新闻教育创立于 1983 年，在 30 周年院庆时，学院请专家编纂了一本《华中科技大学新闻传播教育史稿》，洋洋 50 万字，在学生和校友中深受好评，教育界同行也给予了高度的评价。因为从这本书中，大家看到了学院秉持初心一路走来身影姿态、路线轨迹，一种自豪感、光荣感油然而生。

其次，丰富精神文化。狭义的文化，主要是指人类在改造自然的社会实践中所取得的精神成果。学院的精神文化，是在学院的空间平台上形成的具有专业特色的价值、理念、信仰和梦想。在这点上，院训、院歌、院徽的作用最为直接。一些有名的新闻学院，在学校校训的基础上，结合学科专业特色，制定了院训。院训犹如座右铭，将学院的宗旨、信条、理想融入其中。千回百转、反复吟诵之中，自然地嵌入学生灵魂的深处。如华中科技大学的校训是"明德厚学，求是创新"。在此基础上，华中科技大学新闻与信息传播学院制定了院训"秉中持正，求新博闻"。不仅彰显了学科与专业的特色，而且与校训一脉相承，彼此烘托。这八个字由原中国记协主席、北京大学新闻与传播学院院长邵华泽题写，其雄浑深厚的字体完全与院训的意涵相吻合。学院不仅将其篆刻于院徽之上，还在学院大楼旁树立了一个高达7.5米的院名石碑，"秉中持正，求新博闻"在石碑上熠熠生辉，成为学校的一道景观。这个院训还被植入院歌之中。其歌词曰："喻家山下，醉晚亭旁。新闻学院声名扬。我们怀着青春热血，梦想从这里起航。铁肩担道义，妙手著文章。追求真相无止境，我们一直在路上。秉中持正，公信昭示社会；求新博闻，实践引领天下。新闻学子，来自四方，齐聚共筑梦的家。春风化雨，满园芬芳，绽放传媒人的花。"作者本人多次经历华中科技大学新闻学院的开学典礼，学生们佩戴院徽入场，有一个环节是朗诵院训释义，场面令人震撼。当师生一起合唱院歌时，我看到不少学生泪流满面、激动不已。这实际上是一场灵魂的洗礼。经此过程，学生对专业的认同、对学院的归属感会大大强化。事实就是如此，在影响学生的诸多因素中，仪式、感性有时比理性更有力量。

再次，引领学习风尚。学生进入大学主要的任务是读书，在读书的过程中，在思考的基础上接受新知。当前高校最大的问题，是学生被外界喧闹吸引，红尘滚滚，物欲横流，学生们难以静下心来。尤其是新闻传播类专业的学生，担心落后于传媒转型，同时期待着带薪的专业实践，还参加了各种校园社团活动，能够用于读书的时间少之又少。新闻院系应该考虑建立一种机制，引领学生读书，回归学术经典，与圣贤对话。可以通过编制阅读书目，通过班规院规和学分制度，塑造、引领班风院风。清华大学、中国人民大学在这个方面做得不错。中国人民大学陈力丹教授推荐的大学生必读书目，清华大学李彬教授发布的书目清单，在大学生中影响很大，深受欢迎。学生们在读书的过程中思考，在思考中理解，在理解中接受，而不是盲从。长此以往，学生们自然会变得深刻。读书活动应该不限于有字之书，还应该拓展阅读的范围，同时读好无字之书。古人云，"读万卷书，行万里路"。当在书斋里读有字之书达到一定阶段时，就可以走出校门，带着问题，去阅读国家、社会这本无字之书。这种无字之书博大精深，浩渺无际，值得我们去深究。如果能够将有字之书与无字之书结合起来，相互参详，就能够触类旁通，相得益彰。读书是学生的本分，读书应该是学校尤其是大学最靓丽的风景。当读书、学习、思考成为学院的时尚，这所学院及其学院文化才可以说臻于化境，这才是真正的人才摇篮。

最后，提升行为文明。青年学生是国家的未来，尤其是大学生，一经毕业就可以直接进入职场，扮演建设者的角色，是国家、社会未来的支柱。事实上，当学生进入大学时，他们基本上都成年了，开始独立地享有公民权，对自己的行为承担法律责任。在大学期间，除了正常课程学习之外，还有众多的课外活动、社团活动、专业实习和社会实践活动。通过这些活动，与社会、与公众、与同学、与行业维持正常的互动交流。这些活动一方面是学生验证、活用课程知识的重要的途径；另一方面也是学生正式进入社会之前，以公民身份预先扮演社会角色，履行社会责任的重要平台。各种学生社团干部职务的选举，学生对公共活动的参与，学生的专业实习和以认识了解国情为目的的社会实践，都会在一定的程度上体现学生的行为文明及其程度。在参与这些活动时，要注意权利与义务的平衡。不可能只有权利没有义务，反之也是如此。同时也要理解自由与责任的协调。不少学生对裴多菲的诗句念念不忘："生命诚可贵，爱情价更高。若为自由故，两者皆可抛。"但是理性地思考后，谁都理解天下没有绝对的不受限制的自由，即便是在自由资本主义时期，自由都是伴随着一定的道德责任的。自由只是法律范围内的自由。任何社会都会在自由与秩序之间确定一个显而易见的平衡点。新闻院系对于校园内学生的学习、实践和社会活动，也应该明确行为的边界，一方面要鼓励学生大胆地创新、激发他们思维的张力，另一方面也要提醒学生不要忘记自己责任和底线。学生一切行为都应该符合文明的常规，既有开拓创新的勇敢，又有文质彬彬的优雅。这是社会对大学生的期待，也是学院文化在人才培养中重要的着力点。

学院文化建设是一个系统工程，涉及许多要素，众多节点，要做好这件事情，必须在战略的高度做好顶层设计，统筹安排。虽然学院文化主要属于精神意识的范畴，在今天这个功利的时代，实在是不大容易引起人们的关注，但是由其决定的精神氛围、学习风气，在人才培养方面影响深远，所以新闻学院的领导们，必须高度重视，切实地把学院文化这篇文章做好。

（本文发表于《新闻记者》2018 年第 2 期）

推进品牌传播研究，
服务国家战略需求

　　大家上午好！今天是一个很特别的日子，不知大家注意到没有，今天的气温比昨天下降了四度以上，有点寒气逼人。原来今天是寒衣节。翻翻日历就知道，今天是丁酉年农历十月初一，寒衣节也是中国传统的节日之一，古人十分看重。因为它标志着严寒冬天的到来。所以在这一天，人们会祭祀先祖，或给自己关心的人赠送御寒的衣物。不过，今天我们会场的气氛很热烈，可能感受不到寒衣节的丝毫气息。这可能是因为第一届中国品牌传播青年论坛暨第五届品牌传播论坛在这里隆重举行。在此我代表华中科技大学新闻与信息传播学院，向各位嘉宾、各位朋友的莅临表示热烈的欢迎！

　　在全球化、信息化，世界力量格局调整及社会结构转型的背景下，探讨品牌传播问题，具有非常重要的学术价值和现实意义。虽然经过三十多年持续高速的发展，中国已经成功地从一个农业国转身为工业大国、贸易大国，但是如果我们还比较清醒的话，就会认识到，目前的中国是产品大国，但不是品牌大国；是制造大国，但不是制造强国。要占领世界产业链的高端，中国还有很长的路要走。2014年，习近平在河南省考察时指出："推动中国制造向中国创造转变，中国速度向中国质量转变，中国产品向中国品牌转变。"这是崛起的中国必须选择的路径。

　　品牌来源于商品，依附于商品，但是超越了具体的物质商品，成为商品的灵魂。消费品牌商品，不仅能够满足主体物质的生理的需求，还能够产生一种精神上的愉悦。后来人们借助于品牌的理念，来认识、理解社会组织乃至国家，于是又出现了组织品牌、国家品牌。愚意以为，国家品牌源于品牌，其产生的背景则是以国家为主体的国际社会的互动与交流。其含义与国家形象、国家威望或软实力等名词相似或相近，但是也有其不同的内涵。国家品牌是基于国家物质存在和现实行为的无形资产，是国家在与国际社会互动过程中形成的国际社会公众对国家的正面评价、认可或信任。对于今天的中国而言，国家品牌与商品品牌建构并行不悖，具有同样重要的意义。

在这里，我特别要强调国家品牌的价值。国家品牌的形成或提升，对于主权国家具有非常重要的意义。对内，国家品牌的树立，能够激发国人的自豪感、光荣感，强化国人的认同感、归属感；对外，强势的国家品牌是国家之间重要的竞争优势，它能够促进国家与其他国家的交流互动，而且在这种互动之中，增强国家的吸引力、影响力、感召力。所以，每个国家，不论朝野都有提升国家品牌的内在的冲动。

我们知道，严格意义上的品牌概念产生于现代，但是在很早的过去，我们的先祖就已经有了一些模糊的品牌意识，不仅是商品品牌，还有国家品牌。仅以国家品牌而言，我们就可以找到丰富的思想史资料。以孔子为例，孔子生于礼崩乐坏的春秋时期，其政治理想便是恢复周礼。"周监于二代，郁郁乎文哉！吾从周。"在他看来，周代的制度建立在夏、商两代的基础上，丰富而完备，文采斐然，完全征服了他。所以在其早年的政治追求中，一直以恢复周礼为己任。他还讲了另外一句话，"故远人不服，则修文德以来之"。很显然，这里所谓的文德，大概可以理解为今天的软实力。在古代华夏中原地区，常常自诩为"衣冠上国，礼仪之邦"，可是在华夏人士看来，"秦，虎狼之国，不可信，不如无行。"（《史记·屈原贾生列传》）所以我们研究品牌传播，不仅要学习西方国家，更需要从思想史上，从古代先哲那里汲取智慧。

开展品牌传播研究，是社会的需求，是国家的需要。我们这个论坛正是对这一诉求的回应。我们四所大学的新闻学院，试图借助于这个论坛，搭建一个富有活力的交流和分享平台。以此为基础，组建学术团队，瞄准学术前沿。青年人富有创意，敢于突破，中国品牌理论创新和繁荣的希望在青年学者身上。所以，我对本次论坛寄予了厚望。

　　本次论坛能够顺利举行，要感谢我们的合作伙伴中国传媒大学广告学院、厦门大学新闻传播学院、华南理工大学新闻与传播学院的支持；感谢学院品牌传播学术团队的老师和学生志愿者们，感谢学院办公室的老师，谢谢你们为论坛辛勤工作和付出。

　　最后，预祝我们的论坛圆满成功！祝各位嘉宾、各位朋友在武汉期间辛勤愉快，一切如意！谢谢！

　　　　　（本文系张昆教授 2017 年 11 月 18 日在第一届中国品牌传播
　　　　　　青年论坛暨第五届品牌传播论坛开幕式上的致辞）

推展积极公关，繁荣传播学术

　　大家上午好！今天秋高气爽，万里无云。在这个美好的时刻，第十届公共关系与广告国际学术论坛在武汉举行。来自全球五大洲的 16 个国家和地区的 150 名专家学者欢聚一堂，探索移动智能时代的创意传播。在此我代表华中科技大学新闻与信息传播学院的全体同人，对各位的光临表示热烈的欢迎！

　　华中科技大学是新中国成立以来由中国政府创办的一所国立大学，被认为是新中国自己创办的最好、最成功的大学之一。最近刚刚被纳入一流大学一流学科建设的规划。在几乎所有的大学排行榜中，华中科技大学都在中国最好大学的前十行列。华中科技大学新闻与信息传播学院有三十多年的历史，其包括公共关系在内新闻与传播学科的综合实力位居中国国内前五。

　　根据中国的传统文化，今天是一个非常重要的日子，农历九月初九，重阳节。重阳节又名尊老节，正值菊花盛开的时候，遍插茱萸，登高望远，是中国文化一道靓丽的景观。唐代著名诗人王维说："独在异乡为异客，每逢佳节倍思亲。遥知兄弟登高处，遍插茱萸少一人。"黄历上还说，今天是吉日。宜开市开会开业开张。我们的会议选择在这个日子召开，天时地利人和俱全。

　　大家可能还注意到，今天的会议冠名第十届公共关系与广告国际学术论坛。在中华文化中，"十"是一个数字，九加一所得。但它又不是一个纯粹的数字。"十"这个字被赋予了很多美好的想象和期待。古人云，十者，数之终也，事物之极致也。"十"还有满足、完美、非常的意思，如十全十美。十年前，公共关系与广告国际学术论坛在华中科技大学起步，随后在中国香港、中国澳门、美国、中国台湾、泰国、新西兰、中国香港举办，今年又回到武汉举办。一个圆满的轮回，预示着一个新的起点。

各位嘉宾、各位朋友，我们今天在武汉相聚，为的是一个共同的兴趣和目的，那就是公共关系学术的繁荣。正如我们所知道的，人是一种关系的动物，关系的维持既要物质的链条，也需要精神的纽带。习近平主席最近提出要构建人类命运共同体，这个共同体就是各种关系的聚合和统一。今天我们所处的社会，充满着不确定性、充满着风险，就是因为沟通不够，以至于各种关系紧张，难以和谐共生。看看最近几天的新闻吧，英国脱欧谈判正在进行，西班牙加泰罗尼亚的独立运动风起云涌，中东地区战火不断，朝鲜半岛阴云密布，美国在退出 TPP 后又要退出《巴黎条约》。我们的世界需要充分而有效的沟通，我们的社会需要积极、阳光的公共关系。

所以，我对公共关系学术充满兴趣，满怀期待。以后，我还希望能够参加第二十届公共关系与广告学术论坛。不过那个时候，我想我已经退休了，但我会坐在台下，默默地注视着会议的进行，如果第二十届论坛仍在武汉举行的话。

今天的开幕式上还有一个重要的议程，就是举办华中科技大学一流学科建设计划的"战略传播国际研究中心"揭牌仪式。这是一个联合研究平台，由美国伊利诺伊大学、密西根州立大学、中华国际传播学会和华中科技大学联合创办。旨在全球化、信息化的背景下，推动中国战略传播研究的发展。我们希望能够在这个研究平台上，与国内外学界朋友进行深入而有效的合作。

本次会议还将连带着举行第四届战略传播与公共关系工作坊。议程安排得十分紧凑。但我还是想建议大家忙里偷闲，到会场周边走走。武汉是中国著名的百湖之城，各位下榻的酒店（会场）就坐落在东湖之滨，隔湖与珞珈山、喻家山遥遥相望。此地正处于中国光谷中心，人潮涌动，商机无限，山水相间，风景秀丽。希望大家不虚此行。

最后祝我们的会议圆满成功，祝大家在会议期间精神愉快，一切顺心！谢谢！

（本文是张昆教授 2017 年 10 月 28 日在第十届公共关系与
广告国际学术论坛开幕式上的致辞，根据录音整理）

建设好校友的精神家园

大家下午好！今天是个好日子。艳阳高照，春光明媚。我们一行乘高铁北上，车过石家庄，久违的蓝天白云扑面而来，令人兴奋。华中科技大学新闻与信息传播学院北京校友会在这个春意盎然的氛围下召开，来自各界的一百余位校友欢聚一堂，共筑我们的精神家园，可喜可贺。在此，我谨代表华中科技大学新闻与信息传播学院全体教职工，也代表全国各地的新闻与信息传播学院校友们向北京校友会，向在京的同学们表示热烈的祝贺！

校友会又叫同窗会、同学会，是由具有在同一学校学习经历的学生们自发组建的社会组织。校友会是学校和毕业校友联系的平台，也是毕业校友们的精神家园。把校友会比喻为一种媒介，或许更恰当。作为一种媒介，校友会不仅是同学们身体的延伸，更是同学们精神境界的拓展，它所营造的精神家园，给了同学们独特的体验，这种体验是其他任何组织都无法替代的。

说起校友会，我想起了一件事。在20世纪末的1996年，就在海峡两岸关系因"两国论"陷于紧张的情况下，我和华中理工大学（华中科技大学的前身）新闻系主任程世寿作为大陆新闻传播代表团的成员去台湾交流。刚进入宾馆，正待办理入住手续时，突然有人喊我的名字。随团服务的一个年轻人告诉我，有两个老人要见我。我很纳闷，我在台湾没有亲戚朋友啊！莫非是台湾情报系统的人？我忐忑不安，硬着头皮见了那两个老人，我不认识他们，事实上他们也不认识我，他们拿着一份当天的报纸，上面刊登着我们到访的新闻，其中有我的名字。他们自我介绍是武汉大学台湾校友会的负责人，我紧张的心才放了下来。随后，台北武汉大学校友会专门设宴款待，到会的十个多老校友，年龄最长者89岁，最年轻者69岁，他们围着我这个34岁的年轻小师弟嘘寒问暖，急切地问询母校的情况。拳拳游子情，悠悠学生心。此情此景，至今难忘。

因此，我对校友会有一种特别的情愫，对教育我、栽培我的母校也常怀着感恩之情。2006年我工作调动到华中科技大学新闻与信息传播学院。在工作开展过程中，我得到了不少校友的支持。2013年，华中科技大学新闻传播教育创办三十周年。以此为契机，我们发动、联络各地的校友，组建学院的校友会。先后在广州、武汉、长沙、郑州等地成立了省级的校友会。在条件成熟的地市，还成立了市一级的校友分会，如深圳校友分会。这些校友会在联系母校与校友，在服务母校和服务同学方面，扮演了重要的建设性角色。今天，北京校友会的成立，就是这一自然历史过程的延续，可谓水到渠成，瓜熟蒂落。虽然比其他城市晚了一些，但是好事不怕晚，重要的人物往往是在后面登场的嘛！

通过观察，我感觉到一个校友会是否能够办好，是否有活力，取决于三个重要的条件。第一，要有一面旗帜，没有举旗的人，四散的同学就难以汇聚在一起。这个举旗的人必须有威望，有感召力，有足够的资历，这样大家才比较服气。第二，要有一个有执行力的班子，这个班子的成员必须心甘情愿地为大家服务，而且还要有效率，工作周到而细致。第三，校友会要想顺利地运作，还要有坚实的物质基础，特别是在起步阶段，开会、组织活动，都需要一定的经费支持，巧妇难为无米之炊。今天我看北京校友会，完全满足了我说的这三个条件。举旗的有影响力、感召力，办事的有执行力、又热情又细心，更重要的还有经济保障，资助者实力雄厚。所以，我对新闻与信息传播学院北京校友会充满信心，完全看好北京校友会的前景。

我希望新闻与信息传播学院北京校友会在现任领导班子的领导下，做好学校和校友之间联系的桥梁，扮演好校友精神家园的角色，延伸、拓展校友的物质世界和精神空间。学会正式成立后，还有许多事情要做，千头万绪，而各位校友都有自己的本职工作和职业操劳。我们对北京校友会的期待主要有两点。

第一，服务母校。同学们完成了学业，离开母校来到社会，扮演着社会建设者的角色。经过一段艰苦的磨炼过程，大家终有所成。作为一个成功人士，感念母校的栽培之恩，想要回报母校，以各种方式力所能及地支持母校的教学与科研，帮助在学校的师弟师妹，是很正常的，也很容易理解的。但是校友的报恩行为、校友对母校的支持，并不意味着学校能够把校友作为一个随时兑现的提款机。学校、学院也要爱护校友，体惜校友。不要滥用校友爱校的情感，尽量不要添加校友的负担，只有这样，校友对学校的眷念、对母校的情感才能长期维持。我必须告诉各位校友，我期待校友会成为联系母校与校友的纽带和服务母校的平台，目的不是单纯地为了募捐，不纯粹是为了钱。而是希望校友更加关心母校，与母校、学院结成命运共同体，对母校、对师弟师妹给予更多的道义的支持。

第二，服务校友。校友会应该是校友的精神家园，围绕着校友会，延续着校友情，大家会有共同的精神寄托。事实上，校友会不仅能够解决精神上的皈依问题，它还能够借助于校友之间的互助行为，取长补短。虽然它不一定能够帮助解决大的问题，但是在相关信息共享、经验交流、精神支持等方面，还是十分有效的。在这个意义上，校友会可以说是校友们人生的加油站或充电器，是助推校友腾飞的翅膀。校友之间的交往很少带有功利的目的，感情是维系校友情的主要纽带。正是在纯真的同学情的引领下，一些在正常情况下难以解决的问题可能会迎刃而解。校友会不仅要帮助毕业的老同学，对于还在学校学习的师弟师妹，更要投以关爱的眼神。在专业实习、在求职就业等方面，对他们施以援手，这种帮助胜过其他物质上的资助。

校友会的建设不仅是校友的事情，也是学校学院的日常工作。为了促进学院校友会的发展，学院也要扮演重要的角色。对于校友会在运作过程中出现的问题或困难，学院应该提供力所能及的帮助。学院办公室负责校友会与学院及学校校友总会的联络中转，其职责之一就是服务各地的校友会。

各位校友、各位同学！

相逢是缘。古人云，百年修得同船渡。我们因为华科结缘，同窗四载或同学三年、两年，是多么难得的机缘。没有这个机缘，在芸芸众生中我们彼此擦肩而过，都不知彼此是谁。是母校、是华中科技大学新闻与信息传播学院使我们成为同学、成为校友，是华中科技大学新闻与信息传播学院在血缘家庭之外给了我们学缘意义上的精神家园。这么多的学兄、学弟、学姐、学妹，这么大一个温馨、充满着爱意的家园。当我们学有所成，当我们背起行囊闯荡天涯时，在遥远的他乡还有一个温馨的家，这是多么令人向往的事啊！我希望新闻与信息传播学院北京校友会就是这样一个家！我和学院的同人们愿意和同学们一起努力！

祝华中科技大学新闻与信息传播学院北京校友会成立大会圆满成功，祝各位校友身体康泰，一切顺心！

谢谢大家！

（本文系张昆教授 2017 年 2 月 26 日在华中科技大学新闻与信息传播学院北京校友会成立会议上的致辞）

论新闻传播教育的产学合作

从世界历史演化的轨迹来看，自工业革命以来，教育的发展总是关系到社会进步，乃至国运的兴衰。新闻传播教育作为现代教育的重要组成部分，固然有其特殊性，但其与产业界的密切关联，跟其他教育领域毫无二致。新闻传播教育的发展，一方面必须遵循教育规律，加大投入；另一方面有赖于与产业界特别是媒体业界的密切合作。这种合作，乃是当代新闻传播教育发展的重要动力之一。

一 产学合作是促进产学互利双赢的必要举措

媒体业界与新闻传播教育界的密切合作，不仅是推动新闻传播教育发展的动力，也是媒体业界实现可持续发展的必要举措。两者合则互利双赢，分则皆蒙其害。站在学校的立场，就新闻传播教育的发展而言，与产业界的合作至少在下面六个方面有助于新闻传播教育的进步。

一是有助于学校吸纳社会资源，满足新闻传播教育对资金及其他物质条件的需求。新闻传播教育的发展不仅与媒体业界乃至整个社会密切相关，而且需要巨大的成本投入。在学科分类的意义上，新闻传播教育属于人文科学，但其对技术的依赖，并不亚于一般的理工科。所以有人称新闻传播学为文科中的工科。在日益开放的现代，要完全满足新闻传播教育的物质需求，单纯依靠学校的投入是不够的。必须拓宽视野，面向业界特别是媒体业界，通过与业界的合作吸纳社会资源，以弥补学校投入的不足。

二是有助于拓展新闻传播院系的就业市场。大学是高级专业人才培养的工厂。新闻传播教育的宗旨是向媒体业界输送具有专业知识、技能和职业精神的高级专门人才。这种专门人才能否适应社会、业界的需求，能否占领专业人才市场的关键，与其说在培养过程结束之后，不如说是在培养过程之中。只有根据业界具体的人才需求，在培养过程中，从培养方案、课程设计到课程讲授和实践安排，全面适应业界要求的品质和规格，才能在人才市场竞争中立于不败之地。没有产学合作，是无法做到这一点的。

三是有助于完善新闻传播人才培养环节。新闻传播教育具有职业教育的特质，社会要求新闻传播人才不仅要有合理的知识结构，而且要有完善的能力结构。一般而言，知识问题基本上可以在校园内完成，能力问题在校园内充其量只能打下基础，更多的是要借助于媒体业界的专业实践。在这个意义上，新闻传播教育必须产学结合，没有业界的配合，新闻传播学院的在校学生就没有必要的专业实践平台。只有借助于这一平台，学生才能完成自己的学业，学校的人才培养链才算是完整的。

四是有助于改善新闻传播院系教师队伍的结构。毫无疑问，新闻传播教育的主体是院校专业教师队伍。不论是我国内地，还是欧美主要国家的新闻传播院系，其学者型教授队伍的学术水平决定了其办学水平的高低。但是，新闻传播教育不同于一般的文科教育，新闻传播职业对业务能力的要求，决定了仅靠学者型的教师无法达到人才培养的目标。只有充分利用业界职业新闻传播工作者，吸收他们进入教师队伍，利用他们丰富的实践经验和专业技能，才能使学生在知识和能力结构间达成一定的平衡。如果新闻传播院系与媒体业界间没有良好的合作机制，是难以做到这一点的。

五是有助于跟踪业界发展，聚焦热点问题。与其他行业对相关专业教育的推动一样，媒体业界与新闻传播教育也呈现出良性的互动关系。这种互动，对于新闻传播教育而言，有利于拉近业界与学界的距离，有利于学界跟踪业界的发展，聚焦业界的热点问题，将学界的兴奋点与业界的焦点统一起来，急业界之所急，想业界之所想，为业界面临的难题提供解决方案，从而引领传播业界的发展方向，提升业界与学界的合作水平。

六是有助于更新教学内容，进占学术前沿。新闻传播院系与传播业界的合作，学界与业界兴奋点的契合，有利于学界掌握业界发展的最新动态，掌握学术发展的新方向，进占学术前沿，在此基础上吸收最新的研究成果、最新的成功经验，更新教学内容，提高教学水平。受到这种教育的学生，自然眼界开阔，基础扎实，思维活跃，得到业界的欢迎。

媒体业界与学界的密切合作不仅有助于学界的发展，有助于提升新闻传播教育的水平，提高新闻传播人才培养的质量，而且对业界本身也有莫大的助益。如果某项合作，只对一方有利，而合作的另一方只有付出没有收益，那么这种合作是无法持续下去的。站在媒体业界的立场，其与新闻传播学界的合作对业界自身的积极影响，主要表现在以下几个方面。

一是借助学界的智力资源，共商媒体发展战略。在当今媒介化社会，信息传播对社会的渗透可谓无孔不入，对社会意识、民众生活、政治过程具有重大的影响力；同时，传播媒介作为一个日益扩张的文化产业，其经济实力及其改变社会的潜力也与日俱增。如何确定媒体未来的发展战略？怎样发挥媒体的建设性作用，以实现媒体的社会功能？怎样才能保证媒体在与同行的竞争中立于不败之地？要考虑这些战略课题，不仅需要实业家的商业天才和常人难及的直觉，更需要学者的理性思考。所以，在决定自己未来战略目标和具体策略时，媒体业界更需要外界的智力支持。而新闻传播院系的智力资源正是媒介取之不尽的宝库。与学界联手，意味着打开了智慧之门。

二是合作打造适用的高级专门人才。在激烈的媒体竞争之中，人才是制胜的决定性因素。谁拥有一流的人才队伍，谁就拥有了决胜天下的资本。但是新闻传播院系提供的人才，在具体的规格上，是按照传播业界的最大公约数来制造的，能够满足业界的普通需要，但未必能够满足某一媒体自身的特殊要求。而这种特殊要求往往是特色竞争不可或缺的。要拥有这样的特殊人才，必须与传播院系合作，向院系提出明确的要求、具体的规格，这样，新闻传播院系才能为媒体量身定制，满足其个性化的需求，变大规模生产为精细化生产。

三是解决业界的紧急问题。在市场经济条件下，媒体业界的竞争已超越了国家的范围而臻于全球的规模，空前激烈。加之环境的不确定性和受众要求的多样化，新的困难、复杂的问题和挑战层出不穷。要在竞争中立于不败之地，必须妥善处理这些问题和挑战。很显然，媒体这一努力也需要借助于学界的智慧。学者的理性思考，及其作为局外人的冷静观察，完全有可能提出局中人难以想到的决策方案，促成问题的合理解决。所以，仰仗学界的智力支持，有利于保证媒体在市场中的主动地位。

四是补充人力资源（实习生）。通过与新闻传播院系的合作，通过向新闻传播院系的学生提供专业实习基地，一方面可以满足传播院系专业学生实践能力的培养需要，延伸专业人才培养链；另一方面，这些新闻传播专业的实习生，又可以成为媒体业界急需的劳动力资源。这些年轻的专业劳力虽然缺乏实践经验，但是他们富有专业知识，有理想，有热情，敢于创新，乐于奉献。他们的到来，既弥补了劳动力的不足，又可以激活媒体内部的由"老人"控制的一汪死水，打破陈旧格局，解放生产力。

五是为媒体业界在职员工提供继续教育。新闻传播职业富有强烈的挑战性。随着传播技术的不断革新，社会环境的飞速变化，业界竞争的日趋激烈，媒体员工的工作适应将成为难题。要实现媒体的可持续发展，必须对员工进行继续教育，即在岗职业培训，以保证员工能与时俱进。由于职能的局限，媒体自身很难周全地规划和实施对员工的继续教育，而这正是大学新闻传播院系的强项。依托新闻传播院系，利用院系的充沛师资和其他学术资源，科学规划，认真落实对员工的培训，提高员工的专业能力和综合素质，不仅质量高，而且投入低，收益高。

可见，通过与新闻传播院系的合作，媒体自身的收益并不比新闻传播院系少，这是一种典型的互利双赢的合作模式。媒体和业界彼此互通有无，密切协作，是媒体也是传播教育发展的重要动力之一，它不仅提升了媒介产业的品质，而且提高了新闻传播教育的水准。

二　新闻传播教育的产学合作有待于进一步拓展

新闻传播教育的产学合作，不是产学双方出于一时冲动的偶然选择，而是势在必行。在市场化环境下，不论是媒介，还是传播院系，为了生存和发展的需要，单凭自身的努力是远远不够的。它们必须不断地从社会、从环境获取资源，以弥补自身的不足。而媒介和传播院系，各有短长，在社会系统内完全能够彼此互补、相互协作。

就新闻传播教育的历史进程而言，产学合作有一个从小到大，从幼稚到逐步成熟的过程。在媒体产业规模还不是很大、传播教育还处于幼年阶段时，产学合作处于比较低的层次，其空间局限于地区的范围。随着新闻传播教育和媒介产业的发展，主权国家的领土空间成了产学合作的基本平台。媒介和传播院系均可利用国家政策，在法律许可的范围内，彼此合作，以延伸各自的生存空间。当全球化浪潮席卷大地，各主权国家竞相融入全球体系时，传播事业的发展已进入世界级的规模，其实力远非此前任何阶段所能比。全球一体化的背景，给新闻传播教育的产学合作提供了更大的空间，媒体企业和新闻传播院系不仅可以超越国家的政治地理界限，在世界范围内寻觅合作伙伴，而且其合作的力度也较此前大为加强。纵观欧美各国新闻传播教育的发展轨迹，正好印证了这一总的趋势。

我国内地的新闻传播教育起步较晚，其媒体产业的发展也远未达到西方同业的水平。就目前的情况而言，新闻传播教育界产学合作的范围尚未超越本国的政治地理空间，基本上是在地区级或国家级的层面上进行的。同时，这种合作，大多呈现自发性特征，缺乏整体的战略性规划和全局性合作，而以个体性的、零星的项目咨询，或单纯的实习基地建设、兼职教授为合作的主体。这种合作远远不能满足新闻传播教育发展的需要，离业界的要求也有相当大的距离，学界、业界都具有提升合作层次的强烈愿望。

怎样才能促进媒体业界和学界的相互合作，这是两者面临的共同课题。要解决这一问题，媒体业界和传播教育界首先要从自身的实际出发，并且考虑到对方的需要和相关政策的限制；同时，政府相关部门也应基于支持新闻传播事业和新闻传播教育的立场，采取有利于后者发展的具体政策。只有业界、学界和政府三者齐心，共同努力，新闻传播教育的产学合作才能提升到新的水平。

从新闻传播院系本身的实际情况来看，要解决产学合作的深层次问题，必须做好以下三个方面的工作。

第一，树立新的办学理念，确立开门办学的方针。在信息传播高度发达的现代社会，新闻传播教育已成为一个开放性的社会事业，不是学校院系一家所能独立完成的。由于传播教育与新闻传播事业的高度关联，以及传播技术更新频率的提升，新闻传播教育的硬件投入远非一般文科教育所能比，加上学生实践能力的培养还需依赖业界提供的实习平台，学生的就业更是离不开业界，新闻传播院系不能关起门来办学。新闻传播院系必须树立开门办学的理念，向社会主要是向业界敞开大门，吸纳社会资源，争取业界的物质和人力支持，为新闻传播人才的成长创造一切必要条件。

第二，新闻传播院系在与业界合作时，必须牢记互利互惠的原则，致力于形成双赢的长效机制。新闻传播教育的产学合作，应该是双向的。如果新闻传播院系只想从对方索取，不想自己付出，这种合作就不可能持续下去。事实上，新闻传播院系也有自己的优势，其智力资源就是业界最为缺乏的。如果业界和学界能够彼此互通有无，取长补短，这种合作就能为双方带来实际利益。从近年来产学合作的实际情况来看，比较成功的经验是，业界付出物质资源，换取学界提供的金点子，而新闻传播院系主要付出的是智力资源，获得的却是自身发展急需的真金白银。虽然双方的付出和获取不尽相同，但目的一致，那就是通过这种互利互惠的合作，为自身的发展打下坚实的基础。所以，新闻传播院系必须时刻注意，要想让对方能够持续地支持自己，自己也应该为对方提供些什么。

第三，以传统方式的合作为基础，同时致力于开辟产学合作的新领域。产学合作的传统方式是：媒体向新闻传播院系提供专业实习平台，为新闻传播院系提供业务师资，为传播专业学生提供正式工作岗位，或者向新闻传播院系提供物质支持（如设立奖学金、研究基金等）；传播院系为媒体发展提供战略咨询、承担媒体委托的研究课题、承担媒体员工的继续教育等。这些方式在过去被证明是非常富有成效的。在可预见的未来，这些方式仍将是新闻传播教育产学合作的主体。在此基础上，新闻传播院系和媒体业界还要努力开辟新的合作领域，如媒体业界与院系联手，共同研究媒体格局变迁带来的影响，共同投资新的传播领域等，只有这样，新闻传播教育的产学合作才能与时俱进，攀上新的阶梯。

媒体业界也要充分利用新闻传播院系的智力资源，利用新闻传播院系的人力资源优势，开展发展战略研究、进行员工的继续教育。同时，为了吸纳能够满足自己需要的专业人才，媒体业界还要主动参与新闻传播院系的人才培养过程，从人才培养方案制定、师资队伍建设、专业实验室建设，到专业实习平台的维持、就业市场的开拓，都可以发挥自己的作用。媒体业界在与新闻传播教育界合作时，也面临着与学界同样的问题。不仅要从合作中有所获取，更要有付出的准备和胸怀。面对学界的困境，媒体业界一毛不拔，于情于理都是说不过去的。媒体应该主动表达自己支持教育事业的诚意和决心，以实际行动实现支持新闻传播教育的承诺，从而维持学界、业界互利双赢的机制。

此外，作为社会管理者，政府及其他管理部门也要有所作为。无论是媒体产业还是新闻传播教育，都关系到社会发展、国家命运和民族未来。必须站在战略高度考虑如何促进传播教育的产学合作。政府可以采取特别政策，对支持新闻传播教育的媒体产业或其他行业给予特殊的优惠措施。当某个企业捐助新闻传播院系，在物质方面帮助传播教育，或者以其自身的平台延伸新闻传播院系的培养链条时，政府相关部门应该在其他方面予以相应的补偿，如减免部分税收，或者对其相关开发项目的贷款实行一定的贴息政策。这种政策的实施，有助于解除有志于新闻传播教育的产业界人士的后顾之忧，至少可以在经济成本上为其减少一些压力，从而有利于形成促进传播教育产学合作的长效机制。

总之，媒体业界与新闻传播院系的合作乃是新闻传播教育可持续发展的重要动力之一。但这种合作得以开展，不是没有条件的。媒体产业自身的发展水平，产学合作本身的成本与效益、政策环境等，都会在一定程度上影响到合作的程度和范围，从而影响到新闻传播教育的发展。所以，促进媒体业界与新闻传播院系的产学合作，实际上是一个复杂的系统工程，必须从多个方面、不同的视角思考其总体战略与具体策略，只有这样，产学合作才能立足于稳健的平台，实现可持续发展。

（本文系张昆教授参加台湾铭传大学新闻传播学院校庆学术会议时提交的论文，文章原载于《今传媒》2007年第9期）

幸运　感恩　期待

—— 卸任感言

各位领导、各位同人：

大家好！

今天对我、对我们新闻学院（即华中科技大学新闻与信息传播学院，下同）而言，都是一个重要的历史节点。现在我正式卸下了院长的职务，如释重负，一身轻松；而新的学院管理团队从此上路，一个新的时代将由此开始。

十二年前，我从吴廷俊教授的手中接下院长的职务，学校朱玉泉书记的嘱托，根叔校长的勉励与期待，言犹在耳，仿佛就在昨天。

十二年来，我们新闻学院在学校领导的关怀下，在业界、学界朋友的支持下，坚持"敢于竞争，善于转化"的优良传统，秉持"文工交叉，应用领先；与时俱进，开放办学"的理念，党政合体，上下齐心，精诚团结，努力奋斗，书写了属于我们这一代华科大新闻人的精彩。

十二年前，我们学院只有28位教师，如今我们专职教师已有40位；此前我们的教师队伍是一个哑铃型结构，老中青之间呈现中间坍陷，如今橄榄球型的师资结构，使得我们的中青年学者特别优秀，实力雄厚。由于老师们的耕耘和栽培，华科大新闻学院的学生健康成长，随着红树林团队、V-fun团队、loading团队等学生创新团队的崛起，我们学院的学生得到了学界、业界的普遍喝彩。

十二年前，我们学院申请国家级科研项目，每年最多只有一项，在研的不过数项。如今我们早已实现了国家重大课题的突破，平均每年三项国家课题进账；此前，学院师生发表的论文，屈指可数，刊物的级别也比较低，如今华科大新闻学院是国内 A 刊论文发表大户，其绝对数量稳居国内前四。

十二年前，我们学院的老师们苦于没有自己的安身立命之所，没有自己的大楼、没有自己的工作室，如今，装饰一新的新闻学院大楼已经耸立在大家的面前。新闻学院几代人的梦想终于实现。我们可以自豪地说，华科大新闻学院不仅有大师，也有自己的大楼。

十二年前，制约我们发展的主要是物质瓶颈。当时我们的主要的任务是筹措办学资源，以加强学院的硬实力。今天，我们不仅克服了物质瓶颈，而且建设和繁荣了我们的学院文化，我们编修了令人自豪的院史、唱响了我们的院歌，"秉中持正，求新博闻"的院训成了全体师生的座右铭。在专业精神和教育情怀的基础上，强化了我们的学院认同和学科认同。我们的软实力令教育界同行羡慕。

十二年前，我们刚刚经历了第一次一级学科评估，华科大新闻传播学科的百分位是 40%；九年前，第二次评估，我们的百分位上升到 20%；六年前第三次评估，我们的百分位上升到 10%。去年底，第四次一级学科评估，华科大新闻传播学科的百分位上升到 5%以内，与复旦大学新闻传播学科并列全国第三。

诸如此类的蝶变，还有许多，我想用不着在此一一列举，这也足以激发起我们的光荣感、自豪感。这是我们学院、我们大家自己创造的历史。作为一个华科大的新闻人，我为此深感骄傲！

经过这不平凡的十二年，我从 44 岁来到了 56 岁，从满头青丝到华发丛生。这是我生命年轮中最重要的阶段。这一阶段能够融入华科大新闻学院的历史，成为推动华科大巨轮前行的一分子，是我人生最大的幸运。

回首这十二年的点点滴滴，我唯有感恩。

在这里我首先要感谢根叔校长、朱玉泉书记对我的信任，当年他们任命我为新闻学院院长时，没有任何条件、没有任何指标，只有满满的信任和没有保留的支持。

我要感谢我的前辈、前任院长吴廷俊教授、程世寿教授、汪新源教授，正是在他们创下的基业上，我们才取得了今天的成功。

我要感谢前后两届班子的同僚。特别要感谢三任党委书记：唐燕红、陈刚和詹健，我们的合作非常愉快，学院机器的运作十分流畅；我要感谢石长顺教授、舒咏平教授，在我的第一届班子里，他们是兄长，他们的支持让我感受到了真情无价；我要感谢现任班子的三位副院长：钟瑛教授、何志武教授、陈先红教授，李磊副书记和作为院长助理的张明新教授、唐海江教授、郭小平教授。在这里我还要特别感谢学院党政办公室主任王维真老师，她在这一岗位上为我们服务了十二年。还有学工组、资料室、实验室的老师们。我们不能忘记他们的付出和贡献。

当然，我还应该感谢的是学院全体老师的信任、包容和理解。新闻学院是一个命运共同体，是全体教职工和学生的精神家园。我们在一起工作、生活，难免会出现磕磕碰碰。但是老师们还是给了我最大的支持。一年一度的考核，大家每一张肯定票里所包含的友谊和深情，我永远不会忘记。

我们新闻学院全体同人还要牢记一个重要的事实，那就是我们的每一个进步、每一个成就，都离不开新闻业界、新闻教育界同行、前辈的支持、提携。在新闻教育行业，我们开始晚、起点低，正是因为这些老大哥们的帮助和指点，我们才少走了不少弯路，而达到今天的位置！

在这里，我要由衷地感谢以上一切提携过、支持过我，帮助过、支持过华科大新闻学院的前辈、领导、老师和同人们。你们不仅是我人生中的贵人，也是华科大新闻传播学科发展历史上的功臣。

除了感恩，还有负疚和惭愧！这主要是对我的家人而言的。在妻子和儿子的眼里，我是一个典型的负责任的"公家人"。我自己评价自己，作为公家人我可以得到七八十分，作为丈夫和父亲，我却很难及格。可是在这十二年间，我得到了家人完全的理解和无条件的支持。

回首十二年，我满怀自豪，但也有遗憾。十二年前，我就任新闻学院院长时，暗自立下了四个宏愿：建立一支富有活力的强大的学术团队、一个高水平的学科平台、一栋属于新闻学院的大楼和一座新闻博物馆。这是我一直以来的内在动力。如今，前三个愿望已经实现，只有新闻博物馆没有建成。我希望并相信，下一代新闻学院的管理团队会带领我们实现这一愿望。

今天，在我卸任新闻学院院长职务的同时，我们学院新的管理团队正式诞生。这是一个年轻的充满着希望、充满着想象力的团队。我信任并且愿意全力地支持他们，也期待全体老师在新院长的带领下，勇敢地迈进属于我们的新时代。

我的使命已经完成，但我的心和大家在一起跳动。我会为学院新的管理团队、为我们伟大的新闻学院喝彩，加油！

祝福华科大，祝福新闻学院！

（本文是张昆教授 2018 年 4 月 24 在华中科技大学新闻与信息传播
学院新老院长交接的会议上发表的卸任感言，
人民网等媒体全文转载）

图书在版编目（CIP）数据

张昆自选集. 卷一，新闻传播教育研究 / 张昆著
. -- 北京：社会科学文献出版社，2021.2
（喻园新闻传播学者论丛）
ISBN 978-7-5201-7915-7

Ⅰ.①张… Ⅱ.①张… Ⅲ.①新闻学-传播学-教育
研究-中国-文集 Ⅳ.①G219.2-53

中国版本图书馆 CIP 数据核字（2021）第 018377 号

喻园新闻传播学者论丛
张昆自选集（全四卷）

卷一：新闻传播教育研究

著　　者／张　昆

出 版 人／王利民
责任编辑／周　琼
文稿编辑／杨云芳

出　　　版／社会科学文献出版社·政法传媒分社（010）59367156
　　　　　　　地址：北京市北三环中路甲 29 号院华龙大厦　邮编：100029
　　　　　　　网址：www.ssap.com.cn
发　　　行／市场营销中心（010）59367081　59367083
印　　　装／三河市东方印刷有限公司

规　　　格／开　本：787mm×1092mm　1/16
　　　　　　　本卷印张：31　本卷字数：490 千字
版　　　次／2021 年 2 月第 1 版　2021 年 2 月第 1 次印刷
书　　　号／ISBN 978-7-5201-7915-7
定　　　价／698.00 元（全四卷）